百年中外关系系列丛书

丛书主编　杨闯　周启朋

百年中英关系

王为民　主编

世界知识出版社

图书在版编目（CIP）数据

百年中英关系/王为民主编．—北京：世界知识出版社，2006.9

（百年中外关系系列丛书/丛书主编杨闯 周启朋）

ISBN 7－5012－2731－4

Ⅰ. 百...　Ⅱ. 王...　Ⅲ. ①中英关系—国际关系史—近代②中英关系—国际关系史—现代　Ⅳ. D829.561

中国版本图书馆 CIP 数据核字（2006）第 049888 号

书　　名　**百年中英关系**

责任编辑　田　非

文字编辑　田　非

责任出版　孙唐平

责任校对　马莉娜

出版发行　世界知识出版社

地址邮编　北京市东城区干面胡同 51 号（100010）

排　　版　北京世知萨隆文化交流中心

印　　刷　世界知识印刷厂

经　　销　新华书店

开本印张　880×1230 毫米　1/32　14⅛印张

字　　数　360 千字

版次印次　2006 年 9 月第一版　2006 年 9 月第一次印刷

定　　价　28.00 元

《百年中外关系系列丛书》总序

总结历史，面向未来

20世纪已经过去，成为了历史。历史是不可改变的，20世纪对世界各国都是不可磨灭的。正是在20世纪，人类经历了两次世界大战和一次冷战。历史是一面镜子，可予人启迪。总结历史经验，分析历史的演变，对任何国家都有重要意义。中国在20世纪的历史进程中处于洪流之中，经历了被欺侮、被侵略和不断地抗争，最终站立起来、发展起来的曲折道路。回顾过去一个世纪的西方大国及周边国家与中国关系的历史，对于中国这个饱受欺凌、又有五千年文明历史的大国来说，尤其具有重大意义。

在100年的历史中，中国的命运经历了三次大的转折。

1900年的义和团运动掀开了20世纪中国人民反抗外来侵略的高潮。1911年辛亥革命推翻了统治中国两千年之久的封建专制主义统治，确立了资产阶级的共和政治体制，出现了中国20世纪历史第一次大转折。但辛亥革命后，中国并没有改变被西方列强欺凌的命运，相反由于失去传统的政治中心，中国陷入了军阀混战。

西方国家对中国这种局面起了推波助澜的作用。中国作为协约国的盟国参加了第一次世界大战，但是作为战胜国的中国，不仅没有收回战败国德国在山东的特权，反而受到日本和更多的西方国家的控制。抗日战争是第二次世界大战的重要组成部分，也是中国人民第二次全民族反对外来侵略斗争的高潮。抗日战争最终胜利，解除了中华民族生存与发展的最大威胁。但是抗战胜利后，中国并没有出现一个联合政府，中国也没有出现中国百姓祈盼的国内和平、安居乐业的局面。在外部势力的干预下，中国的国共两党两大政治力量以内战的方式，回答了中国向何处去的问题。

中华人民共和国建立，开始了中国20世纪历史的第二次大转折。20世纪后50年，中国以崭新面貌出现在世界舞台。但是在冷战条件下的前20年，以美国为首的西方国家在总体上试图孤立中国，干涉中国的内政，干涉中国的国家统一大业。中国坚持独立自主的和平外交政策，在国际舞台不仅站住脚，而且影响不断扩大。50～60年代，中国与以美国为首的西方国家政治上对峙，也曾发生过抗美援朝和抗美援越两次较大的军事较量，但同时也同其他资本主义国家发展经济往来，建立外交关系或半外交关系。随着60年代初新兴民族民主国家的独立，西方大国之间矛盾的发展，中国获得了愈来愈多国家的承认与支持。

从20世纪70年代初开始，形成中美苏大三角关系。随着中国自身政治影响力的壮大、苏美争霸和美国力量收缩，美国不能无视中国的存在与影响。中国国内的“文化大革命”对中国的发展具有灾难性的影响。由于“四人帮”的干扰破坏，大批领导干部和知识分子受到迫害，国内的经济建设陷于停顿，国家的经济水平与西方国家的差距拉大。但在外交方面，由于毛主席和周总理亲自领导，尽管也受到干扰，但独立自主的外交方针总体得以贯彻。中国根据国际形势的变化，调整了中美关系。1971年，中国恢复了在联合国的合法席位。尼克松总统也

于次年访华，推动中美关系改善和发展。这两件事带动了西方国家与中国的建交高潮。

中国实行改革开放政策是中国命运在20世纪的第三次大转折。西方国家看重中国的市场和中国在联合国安理会常任理事国的地位，在一些重大国际问题上需要中国的合作，而中国的经济发展也需要西方国家的资金与技术，中国与西方国家关系中的合作因素增多了。中国调整了“一条线”的外交战略，实现了中苏关系的正常化，为改革开放争取了建国以来最好的外部环境。

在两极格局瓦解后，中国与西方国家关系出现倒退和波折，大国关系进行了新的组合。在国际关系处于“一超多强”、力量对比失衡的态势下，中国在邓小平外交思想的指导下，坚持独立自主和平外交政策，坚持“韬光养晦，有所作为”的外交战略思想，从中国的国家安全与外部环境着眼，调整了与西方国家关系。这一调整影响到21世纪世界国际关系格局的走向。

以史为鉴，可见兴衰。本系列丛书站在历史的高度，从双边关系角度，研究、总结在过去的100年里，中国同西方主要大国和主要周边国家的历史，特别是政治与外交关系，在我国出版界尚属首次。国外目前尚未见此类专著问世。中国的国际关系史学者从历史发展变化的纵切面高度和国家与国家相互关系的横切面广度，研究一个世纪以来西方国家对华政策，分析其演变，总结强权外交与霸权主义对中外关系的破坏，总结中国与西方国家关系正常发展的经验和不正常的教训；探寻世界各国应该遵守的国际关系准则和各国的外交原则的关系，探寻社会制度、意识形态对国际关系发展的影响，探寻国家关系正常发展和共处的规律。这既是国际关系学者应担负的历史责任，也是对国际关系学术界的贡献。

本丛书具有以下特点：一是历史资料翔实，材料新，作者用了大量历史档案资料；二是立论有突破，从双边角度探寻事态发展的原因；三是力求客观、公正，以历史事实说话。

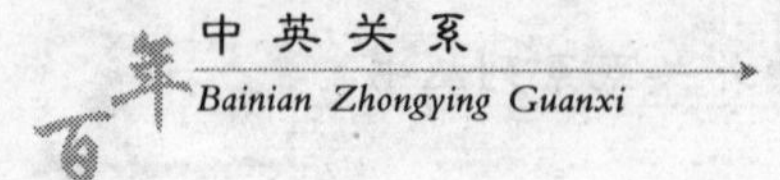

由外交学院、中国社会科学院欧洲研究所专家、学者分别撰写的这套《百年中外关系系列丛书》，按中美、中俄、中英、中法、中日、中德、中印百年关系分卷著述，总计七卷。专家、学者们为此付出了巨大的辛劳。我相信，这套丛书会为我国外交政策的制订者提供很好的历史依据，为国际关系研究者提供一套有价值的参考书。

外交学院院长 杨福昌

（全国政协委员、外交部前副部长）

2000 年 4 月 13 日

序言

王为民同志主编的《百年中英关系》一书行将出版，这是值得祝贺的一件事情。20多年来，中国的国际关系史研究，包括中外关系史研究是很繁荣的。特别要指出的是，这门学科的研究领域迅速拓展，其前沿不断推进，并且形成了理论、历史和现状三者并重的整体研究格局。从研究队伍方面看，可称人才辈出，有一大批具有学术实力的中青年学者成为学科研究的骨干。他们刻苦精进，一日千里，善于在完成课题任务过程中同心协力，充分体现出一种可贵的团队精神。《百年中英关系》由多位志同道合的中青年学者共同执笔，从面向21世纪的新视野，回溯历史的既往轨迹。以一知万，以微知明。这些中青年学者孜孜不倦地以辛勤的笔耕，完成这部中英关系史，正反映出当前中国国际关系史学术研究的蓬勃现状。

中国和英国都是世界历史和国际关系发展进程中有着重要影响的国家。中英关系也可谓源远流长。据史料记载，早在700多年前，中英两国之间就有了断续的交往。随着17世纪两国通商贸易关系的建立，中英之间的联系日益密切。进入19世纪之后，中英交往的规模和深度都达到了空前的程度，但其性质却以英国发动鸦片战争为标志而发生了根本性逆转。

本书以百余年来的中英关系为主要内容。对该课题的研究是很有学术价值和现实意义的。百余年来的中英关系内容丰富，但历程曲折。从发展线索上说，不仅包括了英国帝国主义侵略中国的历史，也包括中国人民英勇反抗英国侵略，捍卫国家主权和领土完整，维护民族尊严和收复失地的历史，更包括1949年以来，中华人民共和国和英国通过外交谈判与交涉，建立正常外交关系，解决历史遗留问题，实现香港回归，以及着手建立面向21世纪全面伙伴关系的历史。中英关系涉及诸多领域，包括政治、外交、经济、金融、外贸、投资、关税、科技、文化、思想、教育、文学、语言等许多方面。因此，总结百年来的中英关系历史，并从中找寻出历史规律来，除了要有马克思主义的科学理论指导外，还应有广博精湛的各科专业知识，才可能完成。

历史分期问题始终是历史方法论的重要问题。中英关系史的分期，拙见以为可以分为五个时期：

一、从13世纪至17世纪中期中英间的早期接触到19世纪30年代英国对华发动侵略战争前夕，为中英关系史的初期。

二、从19世纪40年代第一次鸦片战争到1927年第一次国内革命战争期间武汉政府收回汉口、九江两地的英国租界，为英帝国主义侵略中国与中国人民反抗英国侵略、中英矛盾最为集中和尖锐的时期。

三、1928年初至1949年10月1日中华人民共和国成立前夕，为国民党政府统治时期的中英关系。国民党政府成立后，把对美关系置于首位，中英关系放在次位。1931年日本帝国主义发动“九·一八事变”后，英国对日本侵华采取绥靖政策近十年之久。直到1941年太平洋战争爆发，国际反法西斯统一战线形成后，中英间始得形成战时同盟关系。但1945年中国抗日战争和世界反法西斯战争胜利之后，英国不仅重新占领香港，而且在中国的解放战争期间，对中国共产党和中国人民革命力量采取敌视态度，当中国人民解放军渡江作战时，“紫石英号”等4艘英舰甚至进行了军事挑衅。

四、从1949年10月1日中华人民共和国成立到1997年7

月1日香港回归中国期间的中英关系。中华人民共和国成立后，英国于1950年1月6日宣布在外交上承认新中国，以维护在中国的巨大经济利益和对香港的殖民统治，但同时又追随美国敌视中国的政策，宣称将与美国在意识形态上长期坚持“反对中国的共产主义”。英国不肯接受中国提出的合情合理的建交条件，同逃至台湾的国民党集团保持官方政治关系，在台湾设置领事机构，并阻挠中国恢复在联合国的合法席位，致使建交谈判旷日持久，一再搁浅。经过朝鲜战争和1954年的日内瓦会议，鉴于英国在印度支那问题上采取了有别于美国的立场，多次表示愿意改善对华关系，同时仍对中国恢复在联合国的合法席位问题含糊其词，因此中国只同意同英国“半建交”，互派代办级常驻外交代表。1954年6月17日，中英建立代办级外交关系后，双方关系虽有一定改善，但发展仍然缓慢，原因在于英国对台湾问题不肯根本改变立场，而同美国配合，在国际上妄图制造“两个中国”，阻挠中国在联合国恢复合法席位。在香港，英国屡屡强化其殖民统治，纵容台湾国民党集团利用香港对大陆进行破坏活动。1959年中国平息西藏武装叛乱，1962年中印边境发生武装冲突，英国都采取了对中国不友好的态度。“文化大革命”期间，中英关系曾受到严重冲击。1967年8月北京发生了火烧英国代办处事件，中国政府及时严肃地纠正偏差，使中英关系恢复到正常状态。20世纪70年代初随着国际形势的改变、中美关系的解冻，英国在发展对华关系上的态度转趋积极。1971年英国表示愿从台湾淡水撤领，支持恢复中国在联合国的合法席位，希望就中英外交关系升格为大使级举行谈判。1972年3月13日，中英达成协议，决定建立大使级外交关系。英国承认台湾是中国的一个省，承认中华人民共和国政府是中国的唯一合法政府。此后，两国在政治、经济、贸易、科技和文化等领域的友好合作得到了迅速发展。

中华人民共和国成立后，中国政府多次申明：香港是中国的领土，中国不承认帝国主义强加给旧中国的不平等条约。对于这一历史遗留下来的问题，将在适当时机，通过谈判和平解决，未解决之前暂时维持现状。20世纪80年代初，鉴于“新界”租期将满，香港问题的最终解决遂提上议事日程。为顺利实现香港回归祖国，中国政府按照邓小平关于“一国两制”的方针，根据香港的历史和现实情况，从收回主权、保持繁荣出发，提出在中国对香港恢复行使主权的前提下，在相当长的时间内，香港可保留原有的资本主义制度，成为中国的一个特别行政区。1984年12月19日，中英签署关于香港问题的联合声明，决定从1997年7月1日起中国对香港恢复行使主权。中英关系随之取得了新的进展。1989年北京政治风波后，英国参与对华“制裁”，致使中英关系再次受到损害。1992年10月，英方违反中英联合声明，炮制出所谓香港“政改方案”，中英关系又一度跌入低谷。在此背景下，中国政府被迫“另起炉灶”。随着中国政局的稳定，经济的快速发展和国际关系的扩展，特别是经过中国政府的坚决斗争，英国不得不寻求与中国改善关系，就有关香港的具体问题同中方达成协议。1997年7月1日香港主权的顺利交接，翻开了中英关系史上新的一页，为中英关系的发展提供了一个良好的机遇。

五、从1997年7月1日以来的中英关系，应该说是结束过去、开辟未来的跨世纪的中英关系。中英两国都是世界上的大国和联合国安理会的常任理事国，对于维护世界和平及繁荣稳定负有特殊的国际责任。正是认识到了这一点，中英双方在新世纪到来之际，为推动两国关系的进一步发展采取了一系列切实步骤。1998年双方宣布建立“全面伙伴关系”，2004年又进一步提升为“全面战略伙伴关系”。很显然，中英之间建立面向21世纪的全面战略伙伴关系，不断加强双方的理解和对话，拓展两国间的合作与交流，形成长期稳定和友好合作的双边关系，这不仅符合中英两国人民的长远利益，也符合全世界人民的根本利益。

一部百余年来的中英关系史是整个20世纪两国在政治、经

济、文化和社会等各领域交往的历史。其中前半个世纪中英关系发展进程的基本内涵，是英国继19世纪以来继续在中国进行侵略扩张的历史。但是由于第一次世界大战后英国国力明显衰落，从20世纪20年代末开始，英国在侵华的各帝国主义列强中，从为首变为次等的地位，因而力图借助与其他国家的结盟和协调，来维持自己既得的侵华利益。20世纪中英关系发展进程中，中国人民反对英国侵略的斗争，是中国人民旧民主主义革命和新民主主义革命的重要组成部分。1924年至1927年的中国第一次革命战争期间，以第一次国共政治合作为基础的广东—武汉革命政府，在执行革命外交的对外斗争中制定了集中打击英帝国主义的策略。这一策略是正确的，也是收得成效的。轰轰烈烈的五卅运动和一举收复汉、浔英租界的斗争，充分体现出中国人民已经觉醒的反抗外来侵略的强烈意志。中国抗日战争后期和世界反法西斯战争期间，中英两国在共同抵抗德意日法西斯国家的侵略的目标下，建立了战时联盟关系。尽管两国间历史遗留下来的问题此时尚未得到解决，但是历史经验证明，世界上国与国之间，若以大局为重，平等相处，求同存异，进行磋商与合作，双方关系是可以稳定并获得发展的。

20世纪下半叶，随着1949年中国革命的胜利，中国社会制度发生了根本的变化，中国人民从此站了起来，中国以社会主义发展中大国的崭新面貌活跃于国际舞台之上，中英关系的性质也发生了深刻的变化。回顾20世纪后50年的历史发展，中英关系起伏变化的重要影响因素有：中英两国社会制度、意识形态和国家利益的不同；冷战背景下，英国出于英美特殊关系的考虑，其对华政策力图与美国保持协调；此外还有香港问题。值得强调的是，随着冷战的结束和香港问题的最终解决，两国政府在世纪交替之际已共同对中英关系做出了全新的战略定位，都强调要从战略高度来看待中英关系。这为中英关系在下一个百年间的深入发展奠定了坚实基础。

《百年中英关系》一书，以严谨的治学态度，丰富翔实的史料，逻辑有序的篇章，清新流畅的文笔，忠实地记录了20世纪以来中英关系发展的历程。富有智慧的读者一定会从对这部书的阅读中，汲取到大量有用的历史知识，并且可以从历史和现实中进一步体察到中英关系发展的基本脉络和主要特征。是为序。

王德仁

2005年7月于外交学院

清末民初时期的中英关系

第一章

英国与中国的民族危机

第一节　英国与列强瓜分中国的狂潮

大英帝国

在 19 世纪里，英国凭借其“世界工厂”和“海上霸主”的地位，建立了世界上拥有最为庞大的海外殖民地的“日不落帝国”。从美洲的加拿大、英属圭亚那和西印度群岛的若干岛屿，到大洋洲的新西兰、澳大利亚，到亚洲的马来亚、新加坡、缅甸、印度和锡兰，再到非洲的肯尼亚、乌干达、苏丹、南非、加纳、尼日利亚，最后回到欧洲的马耳他、直布罗陀，大英殖民帝国的规模是古往今来无与伦比的。维多利亚女王临朝的 64 年（1837 ~ 1901）更是英国的“极盛时代”。1851 年伦敦博览会的开幕，向全世界展示了当时英国在工业和技术方面所处的领先地位。到 19 世纪末，虽然英国在工业生产总量和煤、钢等重要工业品产量方面已经被美国、德国这些新兴工业国家所赶超，但是英国的“海上霸主”和“殖民帝国”地位还未受到根本动摇，尤其是英国在国际金融方面的地位非常稳固，伦敦仍然是世界金融中心。到1901年维多利亚女王去世时，英国的极盛时代达到了顶峰。但进入20世纪之后，这个显赫一时的殖民帝国开始了不断衰落和解体的无情过程，然而大英帝国仍然有着世界性影响。在垄断资本占统治地位的帝国主义阶段，英国利用其强大的军事实力和金融帝国的优势不仅在瓜分世界的角逐中，而且在对华权益的争夺上，都占有绝对的优势。

强划势力范围

经过两次鸦片战争，到19世纪末，帝国主义列强掀起了瓜分中国的狂潮。作为两次鸦片战争的发动者，英国自然不甘落后，围绕划分势力范围与其他列强展开了激烈争夺。自鸦片战争以来，中国的领土完整就不断遭到英国等帝国主义列强的蚕食和威胁。而19世纪末的这场瓜分中国浪潮的序幕，可以说是由俄国拉开的。俄国对中国东北的野心由来已久。甲午战争后，俄国策动“三国干涉还辽”，实际上就是要防止东北的任何一部分落入他国之手。1896年，俄国借沙皇尼古拉二世加冕登基、清廷派专使李鸿章前往祝贺之机，通过威胁与贿赂，诱使李鸿章于6月签订《中俄密约》，取得了在东北修建中东铁路以及铁路沿线的特权，1898年3月又强租旅顺和大连25年。这样，整个东北就成了俄国的势力范围。德国是第一个向中国强索租借地的国家，1898年3月强迫清政府把胶州湾租借给它99年，并可以在山东境内修筑铁路，开办企业。山东落入德国之手。瓜分狂潮由此而起。

英国的第一个目标是威海卫。它首先与正占据着威海卫的日本进行了协商，接着又与德国达成默契。1898年，英国以海军行动相威胁，迫使腐败无能的清政府于7月1日签订了中英《订租威海卫专条》。英国租占山东省威海卫以及其附近的海面。“所租之地系刘公岛，并在威海湾之群岛，及威海全湾沿岸以内之十英里地方，”专归英国管辖。“在格林尼治东经一百二十一

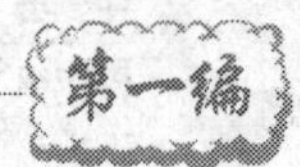

度四十分之东沿海暨附近沿海地方，均可择地建筑炮台、驻扎兵丁。”在“界内，所有中国管辖治理此地，英国并不干预，惟除中英两国兵丁之外，不准他国兵丁擅入”。又议定“现在威海城内驻扎之中国官员，仍可在城内各司其事，惟不得与保卫租地之武备有所妨碍”。条约明确规定，威海卫租期与俄国租借旅顺之期相同，为25年。①

清政府在答应把威海卫租借给英国的同时，要求英国不再提出进一步的领土要求，英国对此竟断然拒绝。为了使自己在长江流域的势力范围不会受到其他列强的损害，自己在长江沿岸的既得利益不致被他国夺走，英国要求清政府保证其在该地区的优势地位。1898年2月9日，英国驻华公使窦纳乐照会清政府总理衙门，强调指出，“中国国家深悉英国十分重视中国保有原属中国之扬子江沿岸，以保贸易自由和发展，本大臣深悉中国国家确切保证不将扬子江沿岸各省以租借、出典以及其他名义让予他国……”。对于英国公使的照会，总理衙门当即复照，保证：“扬子江沿岸地方均属中国要地，中国断不暂时或长久地，或以租借，或以其他任何名义，让予其他任何国家。”②这样，英国在长江流域的掠夺扩张就得到了清政府的保证。长江流域遂成为英国的势力范围。

接着，英国为抵制法国在广州湾的势力，向清总理衙门提出租借九龙半岛的要求，1898年6月迫使清政府签订《展拓香港界址专条》，③ 取得了对新界的为期99年的租借权，其范围从深圳河以南到界限街以北九龙半岛的大片土地及其邻近海面和岛屿，直到1997年7月1日。

英国除胁迫清政府强占租借地、划分势力范围外，还与其

① 王铁崖编：《中外旧约章汇编》第1册，782~783页，北京，三联书店，1957。

② 王铁崖编：《中外旧约章汇编》第2册，574~585页，北京，三联书店，1959。

③ 王铁崖编：《中外旧约章汇编》第1册，769页，北京，三联书店，1957。

他列强达成各种协定，协调矛盾来共同宰割中国。1896 年的《英法协定》规定：云南、四川两省一切权利由英法两国共同享受；在 1899 年的《英俄协定》中，俄国承认长江流域为英国的势力范围。

争夺筑路权

与争夺势力范围连在一起的是铁路修筑权的争夺。在各列强看来，通过修筑铁路，可以把自己的势力从它们所控制的租借地、通商口岸等扩展到内地，并通过控制铁路沿线的广大地区，使其势力由点到线、由线到面，获取更大的政治、经济和军事利益。

从 19 世纪 60 年代至 80 年代，英国就已在中国修了一些铁路，走在了各列强的前头。中日甲午战争后，俄、法、德后来居上，分别在东北、西南和山东攫取了铁路修建权。1897 年，英国修建了天津至卢沟桥的铁路，并想修建关外铁路，把势力伸向东北，因俄国从中作梗，未能得逞。但在南方，英国于 1898 年取得了修建沪宁铁路的权利。各列强不愿看到英国独吞这一富庶之地，极力阻挠。1898 年 6 月，俄、法通过获取卢汉铁路的修建权，把势力渗透到了长江流域。但英国又于 8 月取得了从北京至牛庄（今营口）的铁路控制权，从而把势力伸向了俄国的势力范围。

1898 年 8 月，英国再次向清政府提出了修筑五条铁路的要求：天津至镇江、山西河南至长江沿岸、九龙至广州、浦口至信阳、苏州至杭州或宁波。其中除广九线外，其他铁路线均汇合于长江流域。英国的企图一目了然。此外，天津至镇江铁路还要经过山东，这又对德国构成了挑战。在英国的压力下，清政府接受了除津镇线之外的全部要求。随后，英国与德国展开谈判，于 1898 年 9 月达成了对中国铁路进行分赃的协议。1899 年，英国与美国又达成协议，分享在中国所取得的铁路权益。

英德妥协，英美联手，大大改变了英国在铁路权益争夺中

的不利地位。俄国处境孤立，不得不于1899年4月与英国达成妥协：英国不在长城以北、俄国不在长江流域谋求铁路权益，也不阻止对方谋求权益。英国在长江流域的势力范围得到了俄国的承认。

支持“门户开放”

1895年甲午战争后，英、俄、德、法、日等国疯狂地在中国划分势力范围，强占租借地，强索路权矿权。但在这场权益争夺战中，美国所获甚少，主要是因为美国忙于与西班牙的战争而无暇东顾。此时，美国对华贸易已得到很大发展，美国国内要求保护在华商业利益的呼声也日益高涨。但作为一个后起的国家，美国的军事力量仍然有限，而且列强对中国的瓜分已基本完毕。在此背景下，美国国务卿海·约翰提出了“门户开放”政策。

1899年9月，美国政府把这项政策以照会的形式通知英、俄、法、德、日等国，其基本原则是：（1）列强在中国的势力范围或租借地或既得利益，不得干涉；（2）各国运往所有势力范围内各口岸的货物，一律由中国政府按现行税率征税；（3）各国在其势力范围内不得征收高于本国的港口税和铁路运费。“门户开放”政策的核心内容是，各国在华“机会均等”，“利益均沾”。美国的真实意图是，通过承认各国在华势力范围等既得利益，维护自已的在华利益。

英国最早复照，表示接受该政策。1899年9月29日，英国外交大臣索尔兹伯里向美国驻英大使发出照会，表示：“我国始终拥护之政策，乃在对于一切国家之人民确保商业企业之机会均等，我国政府毫无放弃此种政策之意向。”但英国同时表示，有关原则在英国租借地及势力范围的适用，应以他国接受这些原则为条件，此外，九龙租借地不适用这些原则。

英国之所以支持美国的这一建议，有着深刻的历史和现实原因。长期以来，英国一直拥有在华权益的最大优势，但是到

19 世纪末，它在中国的地位已经受到俄、法、德、日等国的威胁和挑战，特别是沙俄，不仅控制了中国东北和外蒙古，而且觊觎华北，极大威胁到了英国的在华利益。但英国这时要阻止别国在中国划分势力范围已经是力不能及了。而“门户开放”政策有利于英国在其他列强的势力范围内实现自身利益的最大化。

1900 年 7 月，美国向各国发出了第二个门户开放照会，其中增加了“保持中国领土和行政完整”的新内容。而在英国同其他列强订立的有关中国的协定中，也多有类似“保持清帝国的独立与领土完整，保证列强在华商工业机会均等的原则，以维持列强在华的共同利益”的条文。英国的目的是在形式上保持中国的独立与完整，而在实际上则是要加强对中国的全面控制。梁启超主办的《新民丛报》曾评论说：列强推行“机会均等”、“划分势力范围”的政策，其结果必将导致“中国之一草一木无非在各国同盟协约势力之下，然则所谓保全中国者，亦不过瓜分之一变相而已”。“各国所标榜之主义，曰领土保全，曰机会均等，其实可一言以蔽之曰，维持东亚之现状而已。各国在东亚之地位势力，其既确定者曰谋保存，其未确定者，使之巩固，则汲汲于维持现状亦无足怪。独是各国维持现状之主义，利用中国之黑暗以遂其蚕食鲸吞之野心，诚各国之利矣。”①

在“门户开放”的原则下，中国保住了“领土完整”，帝国主义的在华势力也维持了一段时间的均衡。但 1901 年列强与清政府签订的《辛丑条约》再次以法律形式肯定了列强在中国的特殊权益与地位。

---

① 与之：《论日法协约与中国之关系》，《新民丛报》第九十四号（1907 年 6 月），2、14～15 页。转引自胡绳著：《从鸦片战争到五四运动》下册，772 页，北京，人民出版社，1981。

第二节　英国与八国联军侵华

义和团运动

19 世纪中期以来，列强通过军事、外交、政治、经济等手段，取得了大量权益，严重破坏了中国主权。帝国主义的侵略也激发了中国人民的觉醒。中国百姓忧虑重重，悲愤交加。他们惜国势之衰微，忧民族之前途，悲清廷之无能，愤列强之贪婪，怀着对侵略者的满腔怒火和对民族振兴的殷殷期盼，展开了一次又一次的反侵略斗争。1900 年，在新世纪来临之际，终于掀起了规模宏大的义和团运动。

义和团，原名义和拳，是带有浓厚迷信色彩的民间秘密组织，参加者包括农民、手工业者、城市贫民、运输工人、小商贩等，曾因反抗清朝统治而遭镇压。随着西方列强的野蛮侵略和民族危机的日益加深，他们打出了“扶清灭洋”的旗帜，并把矛头首先对准了列强侵华的开路先锋传教士。

山东是外国教会势力最猖獗的省区之一。甲午战争后，日本、德国、英国接踵对这片土地的侵略蚕食更是激起了齐鲁人民的满腔怒火和激烈反抗。1898 年 10 月，义和团运动首先从这里爆发。清政府担心再起祸端，急令惩办拳民，保护教堂，但义和团还是不断发展壮大。1900 年初，义和团的反帝斗争又以京津为中心轰轰烈烈地展开。

面对中国人民的激烈抗争，英国和其他列强一起要求清政府取缔义和团，但慈禧太后对列强支持变法维新运动不满，因而想对打着“扶清灭洋”旗帜的义和团加以利用。在她的默许下，义和团潮水般涌入北京城。他们搜杀“教民”，焚烧洋店，包围外国使馆，切断对外联系，提出了废除不平等条约，归还割占领土等要求。反洋教斗争终于发展成了反帝风暴。

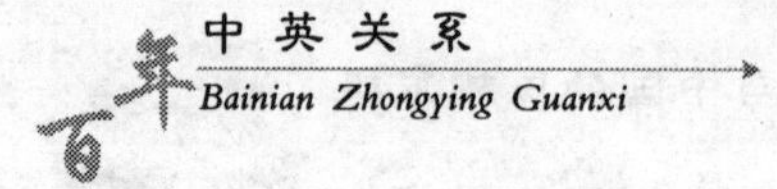

八国联军侵华

1900年初，英、法、美、德、意五国公使连续多次向清政府提出同文照会，要求严厉镇压义和团，否则将要求各自政府采取措施，保护在华侨民安全。3月下旬，英国公使窦纳乐建议其他公使，若清政府不作出满意答复，各国派军舰到大沽口示威。虽然其他公使表示同意，但最终只有英国派出军舰到大沽口示威，① 其他国家的军舰直至4月初才到来。

随着形势的发展，各列强决定联合采取行动。5月31日和6月3日，集结在大沽的426名八国海军分两批到达北京。6月4日，外交团会议决定武装干涉义和团运动。6月10日，英国海军上将西摩尔根据窦纳乐的急电指示，纠集德、俄、法、美、日、意、奥军队2000多人，由天津向北京进犯，揭开了八国联军侵略中国的序幕。

8月初，联军开始大规模进犯北京，14日攻陷北京。慈禧挟光绪仓皇离京，经太原逃往西安。八国联军占领北京后，强迫清政府于9月7日签订了《辛丑条约》，勒索了本息高达9.8亿多银两的巨额赔款，占领了京津及周边地区的战略要地，把京城置于他们的军事控制和威胁之下，东交民巷设立使馆区，由列强派兵把守，成为“国中之国”。

英国极力镇压义和团

八国联军攻占北京后，立即对义和团进行了残酷镇压。在此过程中，英国极为活跃。外交团决定联合武装干预后，英国外交部随即撤消了对窦纳乐的不要带头、凡事后退的训令，并授以便宜行事的权力。海军部也授权远东舰队司令、海军上将西摩尔“可以和其他各国舰队司令官一起，采取你认为适当可

---

① 丁名楠等著：《帝国主义侵华史》（第二卷），109页，北京，人民出版社，1986。

行的措施”。[①] 由于这一授权，在此后八国联军的行动中，英国扮演了重要角色。占领北京后，联军曾组织过46支讨伐队，其中每一支都少不了英国人。窦纳乐还建议联军总司令瓦德西从北京、天津分两路远征保定，图谋对1900年7月1日发生的4名英国人、11名美国人在保定被杀一事进行报复。英、德、法、意军队在保定组织了一个国际军事法庭，当场判处与事件有关的三名中国官员死刑，保定道台被押解到天津处斩，枭首示众6天。接着，他们又大肆破坏，拆毁城门与庙宇，并敲诈罚银10万两，抄走国库存银24万两。同时，英国人还与其他列强勾心斗角，互不相让，竭力谋求更多的利益。为抢占地盘，英国人与俄国人甚至发展到几乎火并的地步。

英国除在北方进行武装侵略外，还在中国南方策划、导演了一场“东南互保”、分裂中国的丑剧。英国早有独占长江中下游的野心。义和团运动爆发后，英国一方面担心拳民们向南发展势力，影响自己的既得利益，另一方面又想借机进一步扩展势力。当时英国公使窦纳乐和海关总税务司赫德都在北京。英国驻沪代理总领事霍必澜主动承担了保护英国权益的重要角色。1900年6月14日，他向英国外交部建议，立刻与湖广及两江总督取得谅解，只要他们能得到英国的支持，他们就将维持这一地区的和平与秩序。英国外交大臣称，这是维持长江流域秩序的最可取的办法，授权他向刘坤一和张之洞保证，如果采取措施维护秩序，他们将得到英国军舰的全力支持。[②] 英国的目的是在兵力不足的情况下，通过与地方实力派的“互保”，实现长江流域中立化，既防止北方的反帝斗争向该地区蔓延，又防止他国趁机向英国的势力范围渗透。6月下旬，刘坤一、张之洞与英、美等国驻沪领事商定，“上海租界归各国共同保护，长江及

① 丁名楠等著：《帝国主义侵华史》（第二卷），110～111页，北京，人民出版社，1986。

② 丁名楠等著：《帝国主义侵华史》（第二卷），125～126页，北京，人民出版社，1986。

苏、杭内地归各督抚保护，两不相扰。”这实际上是把中国南北分割了开来。

北京失陷之际，英国又从香港调集 3000 人的军队在上海登陆，图谋加强在长江流域的势力。英国还想通过康有为说服维新派唐才常率军起事，宣布东南“独立”，后因众列强反对只好作罢。英国策动李鸿章宣布两广独立，也未能得逞。

第三节　英国以资本挟制中国

英国资本对中国的控制

到清王朝统治的最后十年，不但中国的工矿交通已经完全在列强的直接控制之下，而且中国的金融财政也被列强的银行所垄断，中国的经济命脉已经牢牢掌握在了列强的手中。英国凭借自己雄厚的经济实力，取得了在华商业和经济利益的最大份额。

自 1842 年中英《南京条约》开五口通商到辛亥革命前，在列强迫使清政府开放的 69 处之多的通商口岸中，英国占有 28 处之多，居各列强之首。①

中英自通商以来，中英贸易额常占中国对外贸易额的首位。1911 年，中英贸易在中国对外贸易额及通商口岸间贸易中所占份额，远远高出日、德、法、美所占份额。到 1913 年，中英贸易额仍占中国对外贸易总额的一半左右。②

英国的怡和洋行是当时在中国的最大垄断组织之一。它的投资范围相当广，从保险、地产、轮船、码头到电车、铁路，仅工业一项，就包括纺织、木材、电灯、制糖、冷藏等。到 1914 年，它在中国先后成立的企业有 30 多个，资本达 4000 万

① 漆树芬著：《经济侵略下之中国》，16 ~ 21 页，北京，三联书店，1954。
② C. F. 雷麦著：《外国在华投资》，354 ~ 355 页，纽约，1968。

元以上。

英国的汇丰银行则长期控制了旧中国的金融财政，它主宰中国金融业达 85 年之久，被世界银行界吹嘘为“万能的垄断者”。1864 年，英国汇丰银行在香港设立总行。其业务活动的主要目标是中国，绝大部分资金集中运用于中国。1865 年 4 月，香港总行与上海分行同时开业，第二年即在福州、宁波、汕头、汉口分设代理处。到抗日战争爆发前夕，汇丰银行在中国的 12 个重要城市设立了分行，建立了一个北起京津，南临海口，从沿海的广州、上海到东北的沈阳和长江地区汉口、九江的庞大金融网。①

在中国沿海和内河航运方面，英国也始终占有绝对优势。英商设立的轮船公司——太古公司和怡和洋行长期操纵着中国沿海和内河的轮船航运业。到第一次世界大战爆发前，英国控制了中国对外、对内航运的 41% 。②

攫取开矿权

这是英国对华资本输出的一个重要渠道。山西省具有富饶的煤炭资源，此外还蕴藏着大量的铁矿。1898 年，英意合办、但由英国出资的福公司通过贿赂山西巡抚胡聘之和山西商务局官吏贾景仁、刘鹗等人，同山西省商务局订立了《山西开矿制铁以及转运各色矿产章程》，使福公司取得山西盂县、平定、潞安、泽州、平阳（今临汾西南）等地的煤、铁矿的开采权，期限为 60 年。此外，据另行议定，福公司可以筑路造桥，开掘河道，或修筑与干线或水道相连的铁路支线，以便运送煤、铁。不久，福公司又取得了怀庆和河南省黄河以北山区的开矿筑路的权利。山西人民坚决反对英国掠夺矿权，要求收回。从 1906 年初开始，山西绅商也参加了把矿权“收回自办”的斗争。经

① 《列强在中国》，110 ~ 111 页，哈尔滨，黑龙江人民出版社，1982。
② C. F. 雷麦著：《外国在华投资》，355 ~ 356 页，纽约，1968。

反复交涉，福公司不得不于1908年与山西商务局订立《赎回英商福公司开矿合同》，同意由山西绅民用白银275万两将矿权收回。

在八国联军进兵京津时，李鸿章创办的颇能赢利的开平煤矿也落到了英国资本的控制之下。开平矿务局的总办张翼在英军的胁迫下，把矿务局全部资产卖给了英国商人。这笔买卖完全是个骗局。英商为经营这个煤矿设立了“开平有限公司”，资金定为100万英镑。它以37.5万英镑的股票分给中国的老股东，作为购买全部产业的代价。其余属于英商的62.5万英镑的股票绝大部分都是所谓的“虚股”，根本没有缴纳股金。这样，英国商人就以少量资金得到了中国当时最大的煤矿。

通过修筑铁路延伸在华势力

铁路是近代国家的交通命脉。帝国主义列强通过在中国修建铁路，或提供铁路贷款，作为对华资本输出的重要方式，来攫取对中国铁路的实际管理权和经营权，进而控制铁路沿线的广大地区，巩固和扩大在中国的势力范围，掠夺中国的资源，获取巨大的经济利益。最先在中国修建铁路的是英国。早在1863年，英国商人就计划在上海至苏州间修筑铁路，但由于未得到苏州巡抚的同意，该计划未能实施。1876年，由英国怡和洋行修筑的上海至吴淞间的铁路通车。1881年李鸿章开办的开平煤矿公司，聘任英国工程师设计并修筑了一条从唐山到胥各庄的铁路，用于运煤。之后，该铁路不断延伸，西至天津，北通山海关，总称为关内铁路。

甲午战争后，清政府曾试图沟通全国的铁路交通，但国库空虚，无此财力，只得把铁路修筑权卖给各列强，致使帝国主义国家在中国争夺铁路修筑权的斗争日益激烈。从1895年至1898年间，列强通过签订各项合同，攫取了近5166公里的在华铁路修筑权，其中英国获得2252公里，居各列强之首。

1898年10月，英国怡和洋行代表英国银公司与清朝邮传部

尚书、铁路督办盛宣怀签订《苏杭甬铁路草约》四款，规定从苏州经杭州到宁波的铁路由英国银公司修建。但这个草约仅由盛宣怀画押，并没有报请清政府批准，也一直未签订正约。而且，草约签订后，英公司也未照规定期限勘测路线。到1903年，盛宣怀向英公司催促过一次，并声明如六个月之内再不勘路估价，过去所议即作罢论。到1905年，英方仍毫无动作，也未签正约，照理草约早成废纸。

在商办铁路高潮中，1905～1906年间，江浙绅商相继成立浙江与江苏铁路公司，一致要求将苏杭甬铁路收回自办。英国驻华公使萨道义却拿出存放了七八年的草约来进行阻挠，声称这项草合同应当立即切实照办，而对该省绅商另外拟订的各节，不应加以讨论，要求清政府迅速签订正式合同。两省绅商坚决反对，并积极筹集资金，于1907年开始动工修筑从苏州到杭州的路段。英国新任公使朱尔典得到消息，便跑到外务部，指责清政府“有意失信”，坚决要求按照草合同办理，立即下令终止两省绅商的筑路行动。

面对此种情形，清政府不敢说不。以庆亲王奕劻为首的外务部大臣们在和英国公使朱尔典商谈此事时说：“现在百姓多半醒悟，时势不同，今非昔比，如何能概用压力？只有遇事设法劝导，总期入和平一路，若操之过促，设或激成变故，亦岂各国之益？”清政府要用这种委婉之辞来使英国同意把办法稍稍改变一下，就是由英国资本家借款给邮传部，再由邮传部转借给江浙两省的铁路公司。这样既可以维持商办的名义，也可以使英国资本通过清政府而继续操纵这条铁路。

最后双方商定，将筑路与借款分为两事，路归江浙两省绅商兴建，而由英国贷款150万英镑，按93折扣交付，年息五厘，以三十年为期，并聘用英国人为总工程师；同时，把苏杭甬铁路的起点改为上海，同沪宁铁路连接在一起。这样，以“商办”名义兴建的苏杭甬铁路，实际上处在英国的控制之下。

清政府这种自欺欺人的办法，激起了江浙两省人民的爱国热潮，绅、商、学等各界人士纷纷举行筹款筑路的集会。如家政会、天足会等联合成立“女国民拒款公会”，发布公启说，这个英国银公司看得我们的铁路生意好，又眼热起来……英国人想的法子，名叫做借款，哪晓得英国人的款比砒霜还毒，向来英国人灭人家的国度，都是从借款起的……所以我们国民已经起了一个拒款公会，一定不承认借款的事！一定要请皇帝收回成命。

由于江浙两省人民的争路拒款斗争，盛宣怀不敢再坚持原议，便与英国新任驻华公使朱尔典勾结，将150万英镑的借款转归修筑从开封到徐州铁路之用。

英国利用其经济优势，向中国政府借款修筑的铁路还有沪宁铁路、广九铁路、津浦铁路、北宁铁路、平汉铁路、宁湘铁路等。从1898年到1914年间，中国已经修筑和将要修筑的铁路中有2万多公里与英国有关。清政府为修建铁路向英国各银行和公司贷款达1300万英镑，仅折扣一项，清政府的损失就达100万英镑，而利息的数目更为巨大。英国的势力随着其修筑的铁路线延伸到中华大地各个角落。

但列强对川粤汉铁路的争夺，清政府的“铁路干线国有”政策，以及由此引出的以英国为首的四国银行团与清政府签订的湖广铁路借款合同，直接导致了武昌起义的爆发。

川汉铁路作为西南地区的交通干线，早就被英、法、美三个强国所觊觎，这三国曾数度向清政府提出要求承办该路。

在19世纪末，一家美国公司最早提出要承筑四川川汉铁路，企图夺取该路路权，随后一家英国公司也请求承筑，但都没有得到清政府的同意。1903年春，英国驻华署理公使汤雷又多次提出请求，但仍然遭到清政府的拒绝。同年，美国驻华公使康格向庆亲王奕劻再次谈到此事，表示美国愿提供借款来修筑川汉铁路，奕劻当时给予了比较含混的允诺。英国得知这个消息后，汤雷当即于8月9日会见奕劻，提出：川省英国商务较盛，造路如用外国资本，应以多用英人者为宜。奕劻表示：

俟中国办理此事时，可以考虑多用英人股本。①

1904年，新任四川总督锡良向朝廷奏请兴办川汉铁路。该消息传出后，法国又指使华利公司出面，向清政府外务部要求议订招股勘路代办合同。法国驻重庆领事照会锡良，提出办理勘路工程的要求。锡良没敢应允，法领事就出面吵闹，气势汹汹，后来闹得锡良装病逃避。当法领事正在纠缠不休时，1904年秋，德国公使穆默又致函清政府外务部：川汉铁路借外款，不应专向英美，德国亦应"一律同沾利益"。于是对川汉铁路的争夺在英、法、美、德四国之间展开。

英国与铁路大借款

对粤汉铁路的争夺也始于19世纪末。1896年，湖广总督张之洞与铁路督办盛宣怀等提出修筑粤汉铁路的倡议，但甲午战争后负债累累的清政府根本没有这种能力。1897年，湘、鄂、粤三省绅商要求自设公司，修建粤汉铁路，得到清政府的许可。但因筹款不济，未得施工。1898年4月，清政府与美国华美合兴公司签订《粤汉铁路借款合同》，这对于迫切希望把香港和长江流域的势力范围联系起来的英国是一个极大威胁，因而遭到了英国的极大嫉恨。恰在此时，美西战争爆发，德国遂倡议欧洲各国共同干涉。英国便趁此机会以反对这一倡议为交换条件，于1899年2月与美国签订协定，取得了对粤汉铁路的投资权。1900年7月，清政府与美国合兴公司签订《粤汉铁路借款续约》，规定粤汉铁路归合兴公司承办，借款4000万美元，五年完成包括支路在内的全部工程，在此期间，美国不能将此合同转与他国及他国之人。

湘、鄂、粤三省绅商对清政府出卖路权深为不满。而美国合兴公司又违反规定，从1902年起，把股票的2/3卖给了得到

① 英署使汤雷致外务部函（1903年8月14日），转引自李新主编：《中华民国史》第一编，198页，北京，中华书局，1982。

俄、法两国支持的比利时资本家。到1904年秋为止，全部干路仍寸轨未铺，只修筑了从广州到佛山的一条32公里的支线。在这种情况下，三省绅商便掀起了“废约争路”的斗争。

1904年5月，湖南绅商致电湖广总督张之洞，力请废约，由湖南自行承办。10月，广东商务局举行会议，以“粤汉铁路由合兴公司转与他人，有背续约”等为由，决议力争废约。12月间，湖北绅商在给张之洞的呈文中坚决表示，美国合兴公司既然不能遵守五年完工以及不得转与他人的成约，那么该约应予废止。同时，三省留日学生成立了“鄂湘粤铁路联合会”，同样提出了废约自办的主张。此时，上海的报刊也不断发表消息和评论文章，声援收回粤汉路权的斗争。由于三省绅商要求收回粤汉铁路的呼声甚高，清政府经过与美国公司一年多的反复交涉，终于以675万美元的高昂代价，于1905年8月收回粤汉铁路，交由湘、鄂、粤三省绅商筹款，分段修筑。

粤汉铁路收回以后，清政府为了偿付合兴公司勒索的“赎款”，一时筹措不及，不得不向英国汇丰银行暂借，英国答应给予借款的条件是聘用英国工程师和准许英国日后有贷款的优先权等。当清政府的代表与中英公司代表濮兰德商洽时，濮兰德乘机勒索，不只要求得到粤汉、川汉铁路的筑路权，而且要求由该公司管理聘用人员和购料。这一要求使清政府甚为不满，双方几经交涉，没有结果。这时，德国的德华银行乘机活动，表示愿以“宽优”条件提供借款。1909年3月，张之洞与德华银行订立300万英镑的湖广铁路借款合同。英国财团闻讯之后，遂改派北京汇丰银行经理熙礼尔与张之洞的代表重开谈判。几经交涉磋商，最后英、德财团达成协议，参照两国分段承建津浦铁路时给予清政府的“宽优”条件，签订两湖粤汉路和鄂境川汉路借款合同。

其实，所谓的“宽优”条件只是指合同双方仅是债务关系，规定借款以税收做担保，铁路的建造和管理权归中方。但通过这种所谓“宽优”条件的借款，债权国政府却得到了通过本国

财团而对清政府的财政税收进行严格控制的权力。因此，法国也要求分享铁路借款的权利。最后，英、德、法三国在柏林达成秘密协议，组成了由英国的汇丰银行、德国的德华银行和法国的东方汇理银行参加的三国银行团，于 1909 年 6 月与川汉、粤汉铁路督办张之洞议定并草签了借款 600 万英镑，由三国分担的合同。[①] 意欲扩张在华利益的美国也要求加入这项借款。四方讨价还价，争执不休。直到 1910 年 11 月四国才签订协定，决定对清政府提供铁路借款 600 万英镑，四国银行团各出 1/4，并特别规定四国银行团的任何一方与清政府单独签订各种借款合同时，均应通知并允许其他三方分担和分享各种借款的权利和义务。

自张之洞酝酿筹借这笔款项开始，两湖绅民就一致反对。湖南的绅商民众首先掀起“拒债”“集股”的保路运动。湖北人民继而响应，并成立了湖北铁路协会，终于迫使邮传部在 1910 年 3 月 24 日批准湖北设立商办粤汉、川汉铁路公司。

英、法、德、美为了掠取中国的路权，蛮横地阻止清政府将粤汉与川汉铁路准归商办。1910 年 11 月 26 日，四国公使照会清朝外务部，催促将借款事宜“从速了结”。1911 年 5 月 8 日，皇族内阁成立，它不顾人民的强烈反对，第二天即颁发谕旨，提出“铁路国有”政策，宣布“干路均归国有，定为政策”，从前批准的干路各案，一律取消，并任命端方为督办川汉、粤汉铁路大臣，强行接收湘、鄂、粤、川四省的商办铁路公司。5 月 20 日，清政府同四国银行团签订了《湖北湖南两省境内粤汉铁路、湖北省境内川汉铁路借款合同》，规定借款总额 600 万英镑，年息 5 厘，以两湖厘金、盐税收入作担保，四国银行团享有这两条铁路的修筑权和延长时继续投资的优先权。[②] 这

---

① 王铁崖编：《中外旧约章汇编》第 2 册，574～585 页，北京，三联书店，1959。

② 王铁崖编：《中外旧约章汇编》第 2 册，723 页，北京，三联书店，1959。

样就满足了四国的各项要求。

清政府的卖国政策，激起了湖南、湖北、广东、四川四省绅民极大义愤。湖北的一留日学生在一次演讲时，在演讲台上竟用快刀割下自己左膀上的一块肉，在一块白布上血书“流血争路，路亡流血；路存国存，存路救国”16个大字。它被制成铜版，在全国各报登载。清政府的这项“铁路国有”政策最终引发了轰轰烈烈的辛亥革命，清王朝在中国的腐朽统治最终也被推翻。

辛亥革命期间，英国当局还精心策划由其控制的沪宁、津浦（南段）等铁路的“中立化”，以阻遏革命势力的发展。朱尔典致电英国驻上海总领事傅磊斯强调指出：“该路（指沪宁铁路）已经抵押给英国的债券持有者，所以我认为，您有理由采取您能够采取的一切办法，坚持该路作为一个纯粹的商业机构，按照中立的铁路进行经营管理。……双方中的任何一方都不得利用该路运送军队和军火。”于是，傅磊斯派英军“义勇队”一度占领了沪宁铁路上的上海站。沪宁铁路“中立化”阻挠了革命军光复南京，自然对清政府有利，津浦铁路（南段）“中立化”也起了阻挠革命军北伐推翻清政府的作用。

第四节　控制中国海关的英国人赫德

海关大权旁落

海关是国家的门户，是增加财政收入、保护本国经济的重要部门。然而，清末民初时期，中国的海关却长期掌控在英国人手里。自1861年清政府设立总税务司一职开始，80多年间，英帝国主义者一直霸占着这一要职。直到第二次世界大战期间，即1943年，英国的这一地位才被美国所取代。在这期间，英国人赫德霸占“大清”帝国的海关总税务司宝座近半个世纪，直到1909年4月才被另一位英国人安格联所接替。

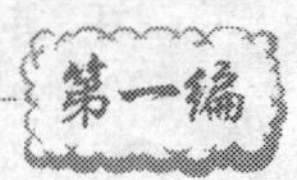

赫德其人

进入 19 世纪，大清帝国在英国和其他列强的骄横淫威之下，山河破碎，主权尽失，备受帝国主义的蹂躏欺凌。而一个原本普通的英国人赫德却从这里发迹起家，青云直上，成为一个权倾朝野的“人物”。他不仅为英国政府所器重，为英国商人所称道，而且深受清廷的信赖与倚重。

赫德于 1835 年 2 月 20 日出生于英国北爱尔兰的一个普通家庭，15 岁考入爱尔兰皇后大学贝尔法斯特学院，以优秀成绩顺利完成本科学业。在其他同学纷纷奔赴美国淘金的风潮中，赫德决定继续攻读硕士学位。1854 年春，英国外交部选拔驻华领事馆工作人员，赫德决定放弃学业，报名应试。由于校方青睐，他未经考试便被径直推荐给了英国外交部。1854 年 5 月，年仅 19 岁的赫德起程来华，7 月到达香港。

此时，英国国力超强，对外扩张也达到了前所未有的高峰，因而赫德来华时就怀有在这片神秘土地上大显身手干一番事业的勃勃野心。为此，一踏上中国土地，他就潜心学习中国语言，了解中国风俗习惯、历史地理，工作也干得有声有色。他甚至以和善谦恭的面目，赢得了清廷地方高级官吏的好感。这一点使他备受上司赏识，并引起了英国外交部的注意。

1859 年 10 月，年仅 25 岁的赫德以他对海关事务的深刻见解出任新建立的广州海关的“副税务司”，受掌握中国海关大权的“总税务司”、英国人李泰国领导。1861 年 4 月，李泰国请假回国，赫德代司其职。5 月，时任英国驻华公使的普鲁斯背着总理衙门邀请赫德进京，并安排会见了执掌总理衙门的恭亲王奕䜣等人。

起初，奕䜣等并不热情。但赫德深知清政府此时正因对外赔款和对内镇压太平天国运动而处于财政拮据的困境，于是就抓住要害，表示经过整顿，海关税收可从目前的 500 万两白银增加到 1000 万两。此论引起奕䜣等人的极大兴趣。当奕䜣流露出有意采购外国装备镇压太平天国运动时，赫德又为他筹划了这笔款项的来源。赫德还建议总理衙门集中收税权，要求将所收税款，按季报告。这也正合奕䜣之意。聪敏而有心计的赫德就这样赢得了恭亲王的宠信。此后，两人交往日益密切，内政、外交、税收、人事无所不谈。6 月 30 日，奕䜣正式认可赫德代行总税务司职务。1863 年李泰国返任后，赫德出任上海海关税务司。半年之后，他又正式取李而代之。

这一变故起因于“阿思本舰队事件”。自 19 世纪 50 年代以来，面对日益发展的太平天国，奕䜣等清廷高官产生了凭借洋枪洋炮根绝祸患的幻想。对此计划，赫德极力鼓动，并建议允许鸦片一次性交纳进口税后在全国自由买卖，以刺激鸦片贸易，增加税收，进而解决费用问题。得到认可后，他力主从英国采购，还亲自开列采购单，包括轮船、大炮，甚至鸟枪，价值达近百万两白银。

1862 年 3 月，赫德委托正在英国的李泰国办理此事。李泰国擅自招募英国海军官兵 600 余人，甚至聘请一个叫阿思本的人出任舰队司令。他们二人还签订合同约定，阿只执行由李所转达的中国皇帝的谕旨，对其他途径所转达的任何谕旨不予执行，而李也不转达自己不满意的任何谕旨。这样，这支由清政府出钱建立的舰队实际上就由李泰国一手控制。清政府大为不满，赫德也认为李泰国胃口过大，李泰国不得不答应舰队受中国人节制。但骄横跋扈的阿思本拒绝接受清政府的任何管制。清政府最终决定解散这一舰队。对此事件，清政府认为罪责全在李泰国，对自始至终参与此事的赫德，不仅未加追究，反而让他取代李泰国出任中国海关总税务司。

控制中国海关

赫德是靠海关起家的，因而对经营中国海关表现出了格外的“热情”。早在代行总税务司职务期间，他就积极着手建立新关，把外国人对中国海关的控制，推及到当时 14 个开放口岸中

的13个。赫德正式出任总税务司后，更是不遗余力，清政府开一商埠，他就建一海关，到1908年他回国时，共建立新关40余个，形成了绞扼中国经济命脉的海关网络。赫德在华活动54年，此间，扩大英国在华权益一直是他的根本出发点。为了大英帝国的利益，赫德可以说是不遗余力，甚至不顾个人得失。1885年，英国政府任命他为驻华公使，这是一个诱人的职位，也是一个令人羡慕的殊荣，他欣然接受。但是当李鸿章极力支持德国人德璀琳谋求总税务司一职时，他就忍痛割爱，毫不犹豫地辞去了公使职位。在他看来，中国海关“最重要的是它的领导权必须掌握在英国人的手里”。[①]

根据《通商章程善后条约》，任用洋人在海关供职之权，本属清政府通商事务衙门，但他们却把这一权力拱手让给了“总税务司”。赫德接手后，立即起草了一个章程，并由总理衙门颁布。章程规定，海关洋人的任用、薪水、调遣，统统由总税务司负责。后来，这一规定还适用到了中国人身上。这样，赫德就控制了海关的人事权。同时，赫德在上海设立了总税务司署，各口岸设立直属的税务司署，形成了金字塔状的管理体系，接着又通过提高外籍税务司的地位，架空了海关监督。赫德的权力与地位进一步巩固。

海关直接涉及外国商人的利益，因而海关权力成为各国觊觎争夺的对象。为消解各国对自己的妒忌，赫德采取“利益均沾”的原则，在确保英国人主宰地位的前提下，也吸收他国人员在海关任职。这种“以退为进”的办法确保了他对中国海关的稳定控制。甲午战争后，俄国人曾试图利用向清政府提供贷款的机会取而代之，赫德处变不惊，反戈相击，连续两次强迫清政府以条约形式认可了自己的地位。

为消除中国人对自己的威胁，赫德在极力排斥、压制中国人的同时，还奉劝自己的手下对中国官员要“温和”、“礼貌”，

---

① 卢汉超著：《赫德传》，185页，上海，上海人民出版社，1986。

要照顾他们的“面子”，以免招惹是非，引起敌视与憎恨。

清廷对于赫德十分满意。连年来，清政府内外交困，深受财政拮据之苦，赫德上任后带来了关税的持续增加，成为清政府财政的重要来源。19 世纪 60 年代初，清政府急于镇压太平天国运动，却又苦于军费不足，正是赫德筹措的关税款项化解了困境。清廷由衷感激，加赐赫德“按察使衔”。19 世纪 60 年代中期，清政府被英法赔款搞得焦头烂额，又是赫德一手操办，从关税中筹措所需款项，化解了燃眉之急。此后，由于关税用于办洋务，并成为对外赔款及举借外债的担保，清政府对赫德的依赖日益加深。

为“求强”图存，根绝外患，洋务派萌发了创建新式海军的念头。1874 年日本侵略台湾后，这种要求更加迫切。直隶总督兼北洋大臣李鸿章上奏，力主建立北洋水师。赫德立即在总理衙门展开活动，极力鼓动，积极策划。他首先与中国海关驻伦敦办事处的金登干秘密商量，接着又从关税中筹款，先后从英国购买炮船 8 艘，形成了中国近代海军的雏形。赫德从一开始就盯上了这支海军的指挥权，试图把拟议中的海防总署置于自己的控制之下。遭到反对后，他又成功促使清政府聘请了一个英国人来做海军总教习。

赫德与清政府的对外交往

自鸦片战争以来，清政府对外交涉日益增多，可它对如何与外部世界打交道却知之甚少，这一状况直到 19 世纪 60 年代也没有什么改变。于是，赫德进京后就借机扮演起外交顾问的角色来。赫德就任总税务司时，以“自强”、“求富”为目的的洋务运动已成大势。1865 年赫德奉召进京后，利用一切机会，直言进谏，极力鼓动，施加影响。他曾写了一份《局外旁观论》上呈总理衙门，在指出清政府内部腐败的同时，也指责清朝官吏“初视洋人以夷，待之如狗”，这样才导致了鸦片战争。他指出：“智浅而欲轻人，力浅而欲伏人”是痴心妄想，“势处极弱而不守信”则会带来祸患。他威胁说：“若违约，有动兵之举，国乱之灾”，而如果切实履行与外国签订的条约，西方各国“必致欣悦，无事不助，无时不合”。更重要的是，清政府应该睁眼西看，学习洋人的先进技术，还要允许外国公使觐见、派中国使节出国，只有这样才能做到“民化而国兴”。赫德的目的就是利用这一机会，改造清政府，加强自己和英国对清政府的控制。

正是在他的鼓动下，清政府于 1866 年 3 月第一次派赫德和斌椿率同文馆学生自上海赴欧洲，接着又于 1868 年 2 月派出蒲安臣、志刚和孙家毅经日本赴美国。这不能不说是清政府对外关系史上的重要转折。然而，赫德在把清政府官员推向世界的同时，也进一步把中国推进了丧权辱国的深渊。

赫德干预中外交涉

1875 年，中英关系因“马嘉理事件”趋于紧张，赫德以调停为名介入其中。谈判期间，赫德每天都要去见李鸿章，李鸿章遇事也要首先与赫德商量。赫德利用清廷对他的信任，与英国驻华公使威妥玛狼狈为奸，密切配合，对清政府大肆敲诈。威妥玛威胁要动用武力，赫德就向清政府传递情报，说英军已经出发；威妥玛要求扩大通商特权，赫德就建议开口岸，减关税。英国未动枪炮即大获其利，主要是由于这两个人的“里应外合”。

除竭力为英国谋利外，赫德还常常对其他列强慷慨相助。1883 年 12 月，法国挑起了中法战争。1885 年 1 月，赫德自作主张，私自草拟了一个调停协议，让亲信金登干前往巴黎密商。法国非常满意，请赫德出面调停。与此同时，赫德也四处活动，从总理衙门得到了议和权，金登干则被授权与法国谈判。就在谈判期间，清军于 3 月取得镇南关大捷。赫德担心战局的扭转会影响谈判的结局，急电金登干迅速签协议。中法正式协议也是这两个人暗中合作拟订的。

八国联军侵华期间，赫德更是既为英国、也为其他列强捞到了巨大的好处。当时，一些嫉妒英国把持中国海关的国家曾企图把赫德和英国抛开，成立一个国际管理委员会处理清政府的赔款问题。赫德一方面向英国代表提供中国的情报，以便确定中国所能偿付的赔款总额和最好的筹款方法，同时利用清政府惊慌失措、求他出谋划策的机会，以“拟不日回国”相要挟，胁迫清政府同意海关代征代管各省的地丁、厘金、盐税，从而为赔款的偿付提供了可靠的保证。随后，他又以“中国通”的面目与其他列强周旋，推销自己的赔款方案。各列强对中国内情并不了解，又见清政府与赫德商讨赔款事宜，只好接受赫德的建议，当然它们也是大获其益。

赫德在中国的收获

赫德在中国获益甚丰，真可谓名利双收。就钱财而言，仅薪金一项就有四五十万英镑，折合成白银则高达三百余万两。他更有理由感到荣耀的是，清廷曾先后赐予他“按察使衔”、“布政使衔”、“头品顶戴花翎”、“双龙二等第一宝星”、“三代一品封典”、“尚书衔”等。英国也授予他男爵爵位，另有10多个国家先后20多次授予他各种勋章。1911年赫德死后，清廷追封他为“太子太保”，对他顶礼膜拜的在华洋人则耗银1.5万两在上海为他建造了一座高达9英尺的铜像，哈佛大学校长爱理鹗为他撰写铭文，称赞他“立中华不朽之功，膺世界非常之誉”。

赫德晚年对中国的认识

赫德在华期间，目睹耳闻过太平天国运动和小刀会等此起彼伏的反帝、反封建、反侵略斗争，更亲身经历过义和团拳民视死如归、以血肉之躯鏖战洋枪洋炮的惊心动魄的场面，这使他在晚年对中国的未来得出了较为深刻的判断。1901年，正当八国联军在京城圣地杀人放火、大肆掳掠之时，赫德指出，中国人的“民族情感是一个恒久性的因素”，“永远也无法根除”，

相反，它会“永远在事物的深处生存下去，昂扬沸腾并且发挥作用”，义和团运动就是这种民族情感的体现，“是一个要发生变革的世纪的序曲，是远东未来历史的主调”，它预示着“外国的发号施令有一天必须停止，外国人有一天必须离开中国”。①赫德在他写的一篇《中国实测论》中指出，现在中国人“大梦将觉，渐有‘中国者中国人之中国也’之思想……自今以往，此种精神必更深入人心，弥漫全国”。②

第五节　英国对西藏的侵略

英国觊觎西藏由来已久

早在17世纪初，英国殖民主义者便成立了东印度公司。这个以征服南亚次大陆为己任的侵略机构，到19世纪70年代，不仅已经完成了英国殖民主义占领印度的计划，而且使其周围的喜马拉雅山地区的尼泊尔、锡金、不丹等国也相继沦为英国的附庸。这些国家和地区，有的原为中国的藩属，有的则是友好近邻。这些国家为英国人控制后，西藏地区便处于英国侵略势力的威胁之下。不言而喻，西藏已成为英国侵略者刺刀指向的目标。这以后，英国人为了打通去往西藏的通道，同西藏直接进行贸易，多次派人秘密潜入西藏，企图与西藏地方统治者进行接触，均遭拒绝。1841年1月，英国遂唆使克什米尔的森巴人侵西藏，被藏军击溃。1855年4月，英国人又唆使尼泊尔以边境商务纠纷为由侵藏，受到藏军反击。1856年3月24日，在清朝驻藏大臣的调停下，西藏地方政府与尼泊尔政府签订了议和条件十款，此为有关我国西藏地方的第一个不平等条约。而

---

① 卢汉超著：《赫德传》，264、265、266页，上海，上海人民出版社，1986。

② 转引自胡绳著：《从鸦片战争到五四运动》下册，636页，北京，人民出版社，1981。

后，英国人把希望寄托在昏庸的清朝当权者身上，利用在第二次鸦片战争中强迫中国政府签订的《中英天津条约》所取得的英国人可持照在中国内地游历的特权，于1868年和1874年两次派遣探险队越过中国边境进行侵略活动，企图打开一条从缅甸到云南的路线，但均未得逞。此后，英国人又抓住英国驻中国使馆翻译官马嘉理在云南边境被杀一案大做文章，以战争相威胁，迫使中国政府与其在1876年9月13日签订了《烟台条约》。但令人意想不到的是，英国人竟然在这个条约的正文之外，乘机搞了一个有关西藏的专条。这个专条的主要内容是，英人可以“探访”印度与我西藏间的路程。探访的路线，一是由北京出发，经甘肃、青海，或由四川等处入藏抵达印度；二是由印度与中国西藏交界的地方入藏。① 后来，英人正是利用在《烟台条约》中所攫取的对西藏的特权，开始对我国西藏进行渗透。

由于英国人在不丹、锡金、尼泊尔等地区的所作所为逐渐为广大藏族僧俗民众所了解，他们坚决抵制英国人到西藏活动，也反对清政府把英人放进西藏，声言要以武力相拒。西藏地方政府为阻止英人无端进入藏地，在1886年派了一小部分藏军到西藏卓木以南、热纳以北的隆吐山设卡防卫。同时，西藏地方政府还召集有三大寺（哲蚌寺、色拉寺、甘丹寺）代表参加的扩大会议，专门研究讨论有关抵御英人入侵事宜。会议向边境地区的官员、寺院和百姓下达命令，要求他们做好抗击英国人入侵西藏的准备工作，凡来藏贸易者一律予以阻止，不得放入；对已进入边境者，强行劝回；并希望各地在交通要道设卡，修筑碉堡，准备好武器、粮食，应付有可能发生的战争。当时西藏地方政府的态度是十分明确的，就是既不同意英人进藏做生

① 复旦大学历史系中国近代史教研组编：《中国近代对外关系史资料选辑》(1840～1949)，上卷第一分册，321页，上海，上海人民出版社，1977。

意，更不让英国的军队开进西藏。①

但是，英国人竟蛮横地对西藏地方政府在自己的土地上派兵设卡横加指责。英驻华公使华尔森向清政府总理衙门提出质问，胡言隆吐山哨卡威胁了印度大吉岭的安全。1887 年，英国政府又照会清政府，要清政府下令限期撤出隆吐山的军队，否则英印将以武力驱逐。同时，英军又在隆吐山南面大肆屯兵，修筑道路、工事，做进攻的准备。清政府屈服于英人的压力，命驻藏大臣强迫藏军撤出隆吐山哨卡。对此，西藏地方政府坚决反对。清廷对西藏人民的抗英斗争不仅不予支持，反而认为边衅一开，不可收拾，责令驻藏衙门劝导藏人拆除隆吐山巡卡。1887 年 11 月 25 日，英人照会清政府，蛮横地提出“绝不容番兵在彼过冬，迟即驱逐”。总理衙门答应了此事，仅要求英人将期限推迟至来年 3 月 15 日，随即电令川督飞咨藏中，令其如期撤兵，并说什么隆吐山“即不得谓之西藏界内”，如不撤卡，“致开兵衅，自取祸殃”。但是，藏军仍坚持驻守在隆吐山上。1888 年 2 月，英军向隆吐山发起进攻，开始了第一次侵藏战争。藏军与来犯之敌进行了英勇顽强的战斗，最终在英军猛烈炮火的攻击下，伤亡较大的西藏官兵不得不撤出阵地。1890 年 3 月 17 日，清政府与英印政府在印度加尔各答签订了《中英会议藏印条约》。英国人通过这个条约取得了在战场上得不到的权益。首先是哲孟雄（锡金）成了英国的保护国，锡金的一切内政外交皆听命于英国人。西藏失去了藩篱，唇亡齿寒。② 自此，英国人进入西藏的大门洞开，无险可固；其次，划定藏哲（锡金）边界，即由不丹边界支莫挚山，到尼泊尔的边界的分水岭，使西藏丢失了大片牧场和险要地区。这一条约签订后，受到西藏

---

① 杨公素著：《中国反对外国侵略干涉西藏地方斗争史》，66 页，北京，中国藏学出版社，1992。

② 西藏社会科学院、中国社会科学院民族研究所、中央民族学院、中国第二历史档案馆编：《西藏地方是中国不可分割的一部分》（史料选辑），411 ~ 412 页，拉萨，西藏人民出版社，1986。

人民的强烈反对。

由于《中英会议藏印条约》中遗留的通商、游牧、官员往来等问题最终没有解决，清政府在英国人的逼迫下，又继续开议。1893 年 12 月 5 日，双方在大吉岭又签订了《中英会议藏印条款》。其主要内容是：开放亚东为商埠，“听任英国诸色商民前往贸易”，印度派官员驻亚东，在 5 年内免纳进出口税；而仍在哲孟雄（锡金）游牧的藏人，则“应照英国在哲孟雄随时立定游牧章程办理”等。① 至此，英国人终于打开了西藏的大门。

20 世纪初英国对西藏的侵略

1895 年，十三世达赖喇嘛亲政后，受到广大群众爱国激情的感染，力主坚持抗击英国人侵藏和反对清政府的投降政策。1899 年至 1901 年间，英印总督寇松欲绕过清政府与西藏当局直接交涉“划界通商”事宜，数次给达赖喇嘛去信，均遭到拒绝，原函被退回。于是，英印政府又策划了新的阴谋。

先是 1902 年夏季，英印政府锡金行政官怀特率军 200 人侵入西藏甲冈地方，抢掠牛羊等。随后，1903 年 6 月，英军上校荣赫鹏借谈判之名，率领 500 余人第二次侵藏，深入到西藏南部重地干坝（岗巴宗）。荣赫鹏无视西藏官员的劝阻，于 7 月 7 日强行在该地扎营。7 月 22 日，中国代表与荣赫鹏举行首次会晤。因英方蛮横拒绝中国提出的英军必须撤至边境界口方能谈判的正当要求，并提出一些与会谈无关的苛刻条件，初次会谈破裂。随后，荣赫鹏以事先准备好的说贴英文本交给中方翻译，藏文本则交给陪同的藏族官员，以图达到绕过中央政府与西藏地方“直接交涉”的目的，离间西藏地方与中央政府的关系。由于西藏地方官员拒绝接受其说贴，使荣赫鹏导演的闹剧在十

① 西藏社会科学院等编：《西藏地方是中国不可分割的一部分》（史料选辑），413～414 页，拉萨，西藏人民出版社，1986。

分尴尬的场合中收场。①

英国人在谈判桌上没有达到预想的目的，便又开始策划以武力迫使中国就范。1903 年 12 月 10 日，英国派麦克唐纳、荣赫鹏带领侵略军在我隆吐山集结作战军队 3000 余人，连同其他后勤、测绘人员等约万人。12 月 11 日，英军偷越则利拉山口，13 日占我仁进岗，14 日进入春丕谷。当英军的大部队入侵时，驻干坝的英军却原地不动，佯作继续与中国谈判，以牵制驻扎该地的 700 余名藏军。驻藏大臣根本料想不到，英国人会干出背信弃义、不宣而战的勾当，匆忙中向英人提出严重抗议。但正在为偷袭成功而得意的荣赫鹏根本不予理睬。这时，英人在干坝的驻军和“使团”赶到春丕谷与主力会合。18 日，麦克唐纳率军 800 名向帕里进发，21 日占领帕里。1904 年 1 月 4 日，以荣赫鹏为首的“谈判使团”也赶到帕里，筹划进军西藏重镇江孜的行动。

对英军的入侵，以十三世达赖喇嘛为首的西藏政教上层和广大僧俗群众，早就义愤填膺，因此在精神和物质上有所准备。1903 年 6 月，西藏地方政府发布了征兵布告，号召人民起来回击英军的侵略暴行。但是，由于清朝驻藏大臣奉行妥协政策，对藏族人民的抗英斗争进行多方约束和限制，如不得首先开枪等。这样，藏军在狡诈的英军面前，等于自行解除了武装，先后在曲米仙角等地惨遭屠杀。1904 年 4 月 11 日，英军进抵江孜。7 月 6 日，藏军在历史名城江孜与英军展开了激烈的保卫战。藏军无畏的袭击，使英国人尝到了苦果，其首领也险些被活捉。恼羞成怒的英军又调集大批人马和重炮，依靠精良的武器装备，强行攻占了藏军阵地，江孜失守，西藏地方的武装力量损失殆尽。十三世达赖喇嘛深感已无回天之力，7 月 19 日派人与英国人接触，欲以和谈阻止英军进犯拉萨。但是，英军对

① 王贵、喜饶尼玛等著：《西藏历史地位辨》，186 页，北京，民族出版社，1995。

此置之不理，于7月底渡过雅鲁藏布江。在英军迫近拉萨之际，十三世达赖喇嘛在俄国人策动下出走俄国，经青海，到达外蒙古库伦。由于俄国在日俄战争中战败，国内形势不稳，十三世达赖喇嘛没有继续前行（1909年返回西藏）。8月3日，荣赫鹏率军占领拉萨。9月7日，西藏地方"摄政"和三大寺代表在英国人的刺刀下，与荣赫鹏签订了《拉萨条约》。[①] 这一条约规定承认锡金西藏边界、赔款50万英镑、开设江孜、亚东等通商口岸、拆除藏印边境炮台、英国驻兵春丕和英国谋求筑路开矿等特权，它遭到了全国人民的反对。由于该条约没有达赖喇嘛和驻藏大臣的签字，更没有得到中国政府的批准，无疑是非法的，不具备法律效力。

1904年11月4日，清朝政府命唐绍仪为与英印政府谈判西藏事宜全权代表。1905年2月11日，唐绍仪抵加尔各答，3月2日开始与英印政府谈判修改《拉萨条约》。清政府代表提出，必须删去《拉萨条约》中有损中国主权的第九条，坚持中国对西藏拥有主权。但是，英国人不同意修改，仅承认中国对西藏只有"宗主权"。对此，双方争执不下。9月16日，唐绍仪回国。

这期间，英国政局发生变化。执政的保守党下台，自由党组阁。1906年，中英双方恢复谈判。4月27日，《中英续订藏印条约》在北京签订。该条约共六款，《拉萨条约》被作为附约。值得注意的是，清政府代表经过力争，在这个被迫签订的非法条约第二款上终于写上了"英国国家允不占并藏境及不干涉西藏一切政治，中国国家亦应允不准他外国干涉藏境及其一切内治"的条文。[②] 这样，清政府对西藏的主权得到肯定，阻止英人直接同西藏地方政府谈判决定西藏命运的目的基本达到。

---

① 杨公素著：《中国反对外国侵略干涉西藏地方斗争史》，128页，北京，中国藏学出版社，1992。

② 王铁崖主编：《中外旧约章汇编》第二编，345～346页。

1907 年 6 月，中英双方谈判关于中印通商事宜。谈判前，英方坚持必须有权签字的西藏官员参加会议。中国代表虽然识破了英国人的阴谋，即“若一经承认直接交涉，西藏即成独立国性质。”但此时之清政府已是外弱中干，在英国人的胁迫下，只好增派西藏官员赴会。1908 年 4 月 20 日，经过近八个月的谈判，双方签订了《中英修订藏印通商章程》，共十五款。①

1906～1908 年清政府对西藏实行“收回政权”的政策，派大员和清军入藏，加强对西藏的控制。1910 年 2 月川军进藏，引起十三世达赖喇嘛极大的不安。在驻亚东的英国商务处代理的诱惑下，他于 2 月 21 日晨再次出走，后又由英国人贝尔送到印度大吉岭。事后，驻藏大臣奏报朝廷，清廷宣布革除达赖喇嘛的名号。英国一方面借此干涉中国内政，对清军入藏提出质问，并要求对革除达赖名号一事做出解释，同时又进一步拉拢达赖喇嘛，在西藏上层中培植亲英势力，图谋分裂西藏。1911 年秋辛亥革命爆发后，十三世达赖喇嘛在英印总督支持下，策动西藏叛乱，并于次年 6 月宣布“独立”。

1912 年 1 月 1 日，孙中山在南京正式就任中华民国临时大总统。他在《中华民国临时大总统宣言书》中针对西藏问题明确指出：“国家之本，在于人民，合汉、满、蒙、回、藏诸地为一国，即合汉、满、蒙、回、藏诸族为一人。是曰民族之统一。”3 月 11 日颁布的具有宪法性质的《中华民国临时约法》中也明确规定：“中华民国领土，为二十二行省，内外蒙古、西藏、青海。”也就是说，西藏是中华民国领土不可分割的一部分，在中央政府更替，中华民国取代清朝后，西藏的地位为新政府的宪法所确立。②

1912 年 3 月袁世凯上台后，对西藏地区也很重视。3 月 22

---

① 西藏社会科学院等编：《西藏地方是中国不可分割的一部分》（史料选辑），426～431 页，拉萨，西藏人民出版社，1986。

② 西藏社会科学院等编：《西藏地方是中国不可分割的一部分》（史料选辑），452 页，拉萨，西藏人民出版社，1986。

日，袁世凯给达赖喇嘛、班禅额尔德尼等发去劝谕令，希望他们安心内向。4月22日，袁世凯发布大总统令，重申“现在五族共和，凡蒙、藏、回疆各民族，即同为我中华民国国民”，并决定蒙、藏、回疆事宜由内务部管辖。[1] 5月，袁世凯命清末陆军统领钟颖为西藏办事长官，例行前驻藏大臣之职权。6月达赖喇嘛宣布西藏“独立”后，袁世凯政府于7月设立蒙藏事务局，隶属国务院，以加强对蒙藏地区的管理，甚至一度考虑发兵讨伐。总之，在中华民国初建时期，无论是孙中山，还是袁世凯，都根据清朝旧例和西藏地区的特殊地位，在制定国家大法时，明确规定西藏是中国不可分割的一部分。这一原则立场一直为以后中国的中央政府所坚持。

① 西藏社会科学院等编：《西藏地方是中国不可分割的一部分》（史料选辑），454页，拉萨，西藏人民出版社，1986。

第二章

民国初期的中英关系

第一节 中英在海关问题上的斗争

辛亥革命与国际银行团

1911 年 10 月 10 日的武昌起义，揭开了辛亥革命的序幕。辛亥革命完成了推翻封建帝制的历史使命。1912 年 1 月 1 日，以孙中山为临时大总统的南京临时政府的宣告成立，结束了中国延续两千多年的封建专制制度，中国的资产阶级开始按照西方共和国的方案来改造中国。然而，国库如洗的新政府如何发展本国的资本主义经济？

辛亥革命时期，帝国主义在侵华方式上改为以国际银行团为工具，采用国际垄断资本与强权外交相结合的方式进行。虽然英法等五国联名宣布中立，但实际上，他们却在“中立”的旗号下，对辛亥革命进行种种的干扰和破坏。为防止革命政权接管各地海关行政和税收，新上任的总税务司、英国人安格联与各列强积极密谋，寻求对策。1911 年 11 月 17 日，各国驻华公使团擅自决定，将中国海关的税收全部置于总税务司的控制之下，并指定汇丰银行、德华银行、道胜银行联合组成一个非常委员会，专门负责中国关税收入的分配事宜。这种行动给新生的革命政府造成了严重的财政困难。

在袁世凯窃取了中国的统治权后，列强便立即利用承认中华民国的问题，大肆地进行敲诈勒索。而袁世凯为了争取得到列强承认，借以取得国际上的政治支持，同时还为解决财政危机和筹措镇压南方革命党人的军费，也立刻恢复了在南北议和期间因南方革命政府反对而一度中断的大借款的谈判。袁世凯政府请求英、法、德、美“四国银行团”提供6000万英镑的巨额借款，同时，为解燃眉之急，再三恳求先行提供紧急垫款。

1912年3月12~13日，“四国银行团”决定立即向袁世凯提供1300万海关两的新垫款，然后在5个月内，每月向他提供600万两。5月，银行团又向袁世凯提供1200万海关两的垫款。列强通过不断地向袁世凯提供垫款，来支持他在中国的统治。英国政府这样说：“在承认中华民国尚未成为事实以前，停止给予垫款，甚至停止进行关于大借款的谈判，对于在中国建立秩序都是危险的。”

为了更有效地垄断对华借款，在经济上与列强当时的对华“一致行动”原则保持协调，英、法、德、美四国还邀请日、俄参加国际银行团。1912年6月，“四国银行团”扩大成为“六国银行团”，并立即向袁世凯提出了更为苛刻的借款条件，企图以此来垄断中国的财政大权。由于全国人民的一致坚决抗议，袁世凯为了保住自己的统治地位，最终未敢接受借款条件。

后来，由于“六国银行团”内部矛盾激化，美国退出，银行团不得不在借款条件上作出某些让步。而袁世凯的北京政府也由于旧债累累，筹措无门，各省都督又连电索饷，尤其是南方的“二次革命”在积极酝酿，袁世凯迫切需要列强的财政支持。所以，在银行团将借款条件稍加降低之后，1913年4月26日，袁世凯和银行团签订了《善后借款合同》。银行团向袁世凯

政府提供2500万英镑的巨额借款。列强通过这次大借款，掌握了中国的盐税，进一步加强了对中国财政的控制。而袁世凯在得到巨额借款后，为了维护自己的反动统治，遂把借款的大部分用于镇压南方革命党人的军事开支，从而使讨袁的“二次革命”很快遭到失败。

中英控制海关的斗争

武昌起义爆发后，英国为了阻止革命的发展，也为着维护它们在中国的侵略权益和完全控制中国的海关，立即开始了攫取中国海关税款的活动。1911年10月15日，总税务司安格联下令江汉关税务司苏古敦“将税款设法汇入汇丰银行我账内，等候事态发展。让税款跑到革命党的库里是不行的”。[①] 10月23日，他看到各地革命形势发展迅猛，便向清政府税务处帮办大臣胡维德提出：“采取某种方针，确保关税不致为革命党用作军费、并留供偿还外债，现在已经是时候了。”[②] 11月3日，他在致江海关税务司墨贤理的信中，又强调：“如果任何邻近上海的口岸加入革命，有关的税务司在紧急的时候向您征求意见时，我们的方针是这样的，关税是外债的担保品，因此，税务司应当向有关方面说明，为了避免外国干涉，关税必须以总税务司或领事团名义暂时存储。”

11月23日，英国驻华公使朱尔典也向英国外交大臣葛雷（又译格雷）报告说：“从中国革命运动的进展所引起的一些附属问题中，一个已经吸引而且继续吸引我密切注意的问题，就是如何处理各口岸所征收的海关岁入，以便保存它不被挪用，供偿还它所抵押的外债之用。”并说：“在一座已辟为条约口岸的城市，行政管理权一旦由清政府手中转入革命军手中，所征

---

① 中国近代经济史资料丛刊编辑委员会主编：《中国海关与辛亥革命》，8页，北京，中华书局，1983。

② 中国近代经济史资料丛刊编辑委员会主编：《中国海关与辛亥革命》，330页，北京，中华书局，1983。

收的税款便听任革命军支配，这些税款有被用来支持起义军政府的军事行动和满足其他紧急需要的危险。”为此，在他的提议下，外国公使团公然要求“把全部海关岁入置于总税务司的控制之下，那些岁入不仅包括清政府已失各口的岁入，而且包括清政府仍然控制的各口岸岁入在内”，并决定由外国在上海各银行组织专门机构负责接收这些税款。

针对列强劫夺中国海关税款的行为，资产阶级革命党人进行了抗争。这种斗争，首先发生在湖南长沙。1911 年 10 月 22 日，革命党人在长沙起义成功的当天，就以湖南军政府的名义照会长沙海关税务司伟克非，宣布自即日起，“所有海关、邮政局应归本军政府管理，所有徽章旗帜由本军政府即日派人前来更换，务希贵税务司并执事人等，一概仍旧办理，诸事悉听本军政府命令施行”。但这一照会，立即受到列强的抵制。10 月 26 日，安格联命令伟克非通知湖南军政府：“海关税收已指抵外债，为了避免与列强发生纠纷，最好暂将税收交由总税务司或领事团保管”，胁迫湖南军政府放弃接管长沙海关的打算。朱尔典也公然出面干涉，致电英国驻长沙领事，指示他同海关税务司合作，“听候海关总税务司或领事团的命令”。他声称：“应采用的论据是，该岁入确系各国债券持有人的财产，如果革命军擅自挪用，可能会引起同列强的纠纷。”在帝国主义的威逼下，革命党人作了让步，先是建议税款存在大汉银行，军政府和税务司都不得动用，在遭到拒绝后，又同意将税款存入汇丰银行，但是要用军政府的名义，未经军政府的许可，不得擅自挪用。最后，湖南军政府终于妥协，同意将税款以总税务司名义存入汇丰银行。

在汉口，革命党人在起义成功后，任命了自己的海关监督，准备接管海关，但同样遭到列强的反对。当地的海关税务司以当时驻扎在长江沿岸的各国强大海军力量为后盾，迫使革命党人达成了一项协议。根据该协议，海关征收的关税用海关总税务司的名义存入汇丰银行。

类似的事情也出现在上海。11 月 7 日，朱尔典指示英国驻上海领事，起义军政府不得动用任何款项，如海关税入，它已被指定用来偿还外债。

正是在这样的胁迫下，武昌起义后，凡爆发革命的各通商口岸的海关税收，无一例外地都被帝国主义攫取。12 月，朱尔典向葛雷报告："所有各口的海关岁入已完全置于海关税务司的控制之下，供偿付外债和赔款之用。"

第二节 英国支持袁世凯窃国

英国倾心袁世凯

英国作为 20 世纪之初的世界强国和世界上最大的殖民帝国，在中国占据着最为优势的地位，凭借其雄厚的经济实力和世界金融中心的地位，左右着中国的政局。英国驻华公使朱尔典极力与袁世凯相勾结，密谋策划，积极支持袁世凯篡权窃国，破坏革命，以维持其在华权益。

辛亥革命的爆发，对在华利益最多的英国是一个重大威胁，尤其革命又是在它的势力范围内发生的，因此，英国对中国的形势最为关切。但是，在局势还不明朗的情况下，英国要严守中立，以观动向。

英国之所以采取"中立"的政策，一方面是基于对清政府前途的估计。英国驻华公使朱尔典在 1911 年 10 月 16 日给外交大臣葛雷的报告中这样提到："满清之前途，实属黑暗。本国人民，多不信服。"① 另一方面，也考虑到了革命军的对外态度。10 月 13 日，朱尔典就把英国驻汉口领事葛福的报告转给葛雷，其中提到湖北军政府的照会内容。16 日朱尔典又表示，"此次革命举动，秩序井然。并于外人利益非常尊重，与从前此等乱事，

① 中国史学会编：《辛亥革命》，292 页，上海，上海人民出版社，1957。

大不相侔。"① 此外，还有一个原因就是，如果英国军事介入对立的革命军政府和清政府中的任何一方，都很可能引起另一方的排外，而这种排外首当其冲受到打击的是英国，从而使英国的在华利益蒙受损失。英国在革命初起时的这种基本态度在葛雷给朱尔典的训令中有所反映。训令这样写道："我国遇英人性命财产危险之时，应用全力保护，然无论如何办法，总不能稍使越此范围之外。"② 于是，10 月 17 日，英国连同俄、法、德、日等国驻汉口领事发布了"严守中立"的布告。

11 月 14 日，英国外交大臣葛雷说："我希望中国革命的结果将组成一个中国政府，这个政府会使中国强大，并能不受外力的干涉而执行其政务。这样的政府，不仅会为我们所承认，而且会得到我们的友谊和支持。我们希望看到一个强大的中国政府来保持贸易上的门户开放。至于由何人组成政府，对我们并无关紧要。"③

难道英国真的不关心由谁来组成中国的新政府吗？当然不会。其实，英国政府早就积极地在中国寻找和扶植代理人，从而达到避免动用武力，而通过和平手段保护既得利益的目的。在英国外交大臣葛雷和驻华公使朱尔典的心目中，这个人已经选定，他既不是清政府，也不是革命军政府，而是即将出山"挽救颓局"的袁世凯。

袁世凯其人

袁世凯，字慰亭，别号容庵，1859 年 9 月 16 日（清咸丰九年八月二十日）出生于河南省项城县袁寨的一个大官僚世家。袁世凯的叔祖袁甲三以在安徽办团练镇压捻军和太平军起家，曾任漕运总督。其嗣父袁保庆在袁甲三军中带兵立"功"，官至

---

① 中国史学会编：《辛亥革命》，291 页，上海，上海人民出版社，1957。

② 中国史学会编：《辛亥革命》，266 页，上海，上海人民出版社，1957。

③ 《英国外交部档案》第 10032 卷，302 号，1911 年 11 月 14 日葛雷致朱尔典电。

江南盐巡道。袁世凯年轻时嗜酒，好骑马，不喜欢读书。1876年、1879年，他两次乡试落第，就把诗文付之一炬，自诩“大丈夫当效命疆场，安内攘外，焉能龌龊久困笔砚间自误光阴耶”。1881年，他带领其家旧部数十人，前往登州，投靠其嗣父袁保庆的结拜兄弟、淮军统领吴长庆，充当庆军营务处会办。以后又随同赴朝鲜，在“甲申政变”中，因能随机应变，受到当时直隶总督李鸿章的赏识，被推荐驻朝总理交涉通商事务。也就是在朝鲜，袁世凯结识了英国的朱尔典，并与他成为好朋友。1894年中日甲午战争爆发，他身居交涉的关键岗位，却避祸回国。战后，他投靠西太后的宠臣荣禄，之后在天津小站训练新军。接着，在戊戌政变中，他以出卖维新志士而巩固了自己的政治地位。在山东，他又以镇压义和团和参与“东南互保”博得了帝国主义者的青睐。

1896年，袁世凯在天津小站为清廷训练新建陆军，从而起家。在外国人帮助下，新建陆军不断扩充，拥有了当时号称最强的“新建陆军”的称号。1901年李鸿章死时，袁世凯被推荐为直隶总督兼北洋大臣，威权大增。他又与恭亲王奕劻朋比为奸，飞扬跋扈，左右朝政，因此受到政府中其他派系的嫉妒和排挤。尤其是一些满洲人的官僚们，对袁世凯的野心更是忧心忡忡。在这场派系斗争中，袁世凯败北。1909年，清政府以袁世凯“患足疾，步履维艰，难胜职任”为由，迫使其辞职，回河南老家“养疴”。

到辛亥革命爆发时，已在河南彰德洹上村居住了两年的袁世凯，名为颐养天年，其实一天也没有停止政治活动。他在“养寿园”内专门设置了电报房，时刻都在同朝廷内外的心腹暗通消息，密切注视着时局的变化。武昌起义的消息传来，袁世凯料到清朝廷终将会请他出来收拾残局。因为当时号称最骁勇善战的新建陆军统制段祺瑞、冯国璋等都是他的旧部，他不出山，北洋军就不会卖力，清政府就无力对付革命军。而就在清政府为对付革命军手忙脚乱、惊慌失措的时候，列强却趁此通过各种方式制造“非袁不可收拾局势”的舆论，逼迫清廷让袁世凯重掌中央大权。1911年10月11日，四国银行团美方代表司戴德鼓吹：“如果清朝获得像袁世凯那样强有力的人襄助，叛乱自得平息。”在这些内外压力下，清政府于10月14日下谕旨，请袁世凯出山。但是这道谕旨授予袁世凯的权力并没有满足他的需求，因此他便以“足疾未痊”为托辞，故意拖延，迟迟不起程。

10月16日，革命军攻占重要战略据点刘家庙，北洋军接连溃败，退至溵口。如坐针毡的奕䜣赶忙派徐世昌潜赴彰德，力劝袁世凯抱病出征。袁世凯便通过徐世昌向朝廷提出六条要求：(1)翌年召开国会；(2)组织责任内阁；(3)宽容参与武昌事变诸人；(4)解除党禁；(5)授予指挥水陆各军及关于军队编制的全权；(6)供给充足的军费。摄政王载沣不得不向袁世凯让步，在10月30日以皇帝的名义连发四道上谕，任命袁世凯为钦差大臣，拨出白银100万两充当湖北军费，让袁世凯的亲信冯国璋和段祺瑞分别统率第一军和第二军，并且命令所有赴援的海陆军以及长江水师等，均归袁世凯节制。

接着，清廷为了缓和紧张的时局，以摄政王载沣的名义下了一道“罪己诏”的谕旨，随后又宣布开放党禁，解散皇族内阁，颁布《宪法信条》19条，改任袁世凯为总理大臣，要他赶快回京组织所谓“责任内阁”。这样，袁世凯遂率领大批卫队耀武扬威地于11月13日到达北京。袁世凯抵达北京后，英国外交大臣葛雷当即表示：“我们对袁世凯怀有极友好的感情和尊敬，我们希望看到，中国在革命后将建立一个足够强健的政府，它能够公正地处理对外关系，并能维持国内秩序及为发展贸易创造有利的条件。这样的政府将会得到我们能够给予它的一切外交上的支持。”① 16日，袁世凯组织内阁完毕，当上了内阁总理

---

① 中国史学会主编：《辛亥革命》第2册，58页，上海，上海人民出版社，1957。

大臣。此时的袁世凯，手中握有了清政府的一切军政大权，而摄政王载沣反而成了徒有虚名的傀儡。

朱尔典协助袁世凯窃国

帝国主义极力扶植袁世凯的目的还远未达到，让他夺取清王朝大权只是完成了第一步，下一步就是要破坏革命。英国的如意算盘是通过南北“议和”的途径，迫使革命党人妥协，从而达到自己不可告人的目的。

朱尔典早就这样说过：“袁世凯的威望，或许使他能够安排某种妥协。革命运动已经蔓延如此之广，像袁世凯这样的人，根据他的常识，大概是不会认为武装镇压有成功之望的。”袁世凯也清楚地认识到，在革命形势汹涌发展的情势下，只用武力是难以扑灭革命烈火的。因此，对于革命党人，不仅要“剿”，同时也要“抚”，要“剿”“抚”兼施。为此，袁世凯多次向革命党人进行“和平”试探。1911 年 11 月 26 日，朱尔典在和袁世凯进行密商后，电令驻汉口的英国总领事葛福，要他向武昌军政府都督黎元洪提出停战议和的建议。与此同时，袁世凯又秘密授意指挥湖北战事的冯国璋向革命军发动猛烈攻势，占领汉阳，以此向武昌革命军政府施加军事压力，迫使其接受和谈。在这种软硬兼施的攻势之下，武昌革命军政府接受了停战建议。英国驻华公使朱尔典利用这一有利局面，继续扮演调停者的角色，奔走于袁世凯和革命党人之间，进行破坏革命的阴谋。

12 月 4 日，在朱尔典的协助下，袁世凯拟就了“议和大纲”，由朱尔典电告葛福促使革命军接受。这时，武昌的军政府也已准备和袁世凯进行妥协的谈判。12 月 2 日，革命军各省区代表在汉口英租界顺昌洋行举行的第一次代表会议中，就已经通过了“虚临时总统之席以待袁君反正来归”的决议案。所以英国的“调停”迅速为军政府所接受。这样，革命军对袁世凯和帝国主义公开妥协的南北议和就开始了。

1911 年 12 月 18 日，伍廷芳和唐绍仪分别代表南北双方，在上海英租界的市政厅开始议和谈判。为了使谈判能够按照帝国主义者的意图顺利进行，北京公使团委托朱尔典给英国驻上海总领事傅磊斯寄去一份声明，要他主动担任协调英、法、德、美、俄领事的活动。12 月 19 日，傅磊斯拜访南北和谈代表，转交了英国政府的照会。照会宣称："本国政府认为，中国目前的战争如果继续下去，不惟使中国本身，抑且使外人的物质利益与安全，受到严重的危险。本国政府迄今保持着它所采取的绝对中立态度；但却认为，有义务非正式唤起双方代表的注意，必须尽可能迅速地达成足以防止目前冲突的协议。"① 这份照会其实是向革命党人施加压力。

议和期间，袁世凯方面的代表唐绍仪始终与傅磊斯保持着密切联系，每当有重大问题时，唐绍仪总是立即通知傅磊斯。和谈双方发生争执时，唐绍仪也是请他出面调和。在北京，袁世凯和朱尔典的密谋策划更为频繁。朱尔典俨然成了袁世凯的最高顾问和决策人，赤裸裸地干涉和破坏辛亥革命。而革命派内部的意见分歧对袁世凯施展政治阴谋更为有利。最后，南方代表在内外压力下做出让步，同意"开国民大会，解决国体问题，从多数取决"。

就在南北和谈期间，孙中山于 12 月 25 日回国，并于 29 日被选举为临时大总统。1912 年 1 月 1 日，孙中山宣布中华民国正式建立。但是，英法等列强拒不承认中华民国，反而更明目张胆地支持袁世凯夺权，向孙中山施加压力。虽然孙中山不愿向袁世凯妥协，但后来鉴于各种压力的继续增大，他从保证共和政体确立的原则出发，表示只要清帝退位，袁世凯赞成共和，他本人愿意辞去总统职务，而推举袁世凯为大总统。1912 年 2 月 12 日，清帝下诏退位。14 日，孙中山向南京临时参议院提出辞职，推举袁世凯继任总统，同时提出三项条件：（1）临时政府设于南京；（2）新任总统须到南京就职；（3）新总统须保证

① British and Foreign State Papers, 1913, p. 166.

遵守《中华民国临时约法》，以此来约束袁世凯的行动，防范其独裁野心。但孙中山的这一计划却遭到侵略者和袁世凯的联合抵制。英国驻南京的总领事居然出面干涉这一纯属中国内政的问题，他蛮横地向临时政府表示：在各国驻华使节看来，拟决定奠都南京是一种“过分的要求”。袁世凯也使出各种花招，在北京等地布置所谓“兵变”，制造不能南下的借口。同时，各列强也为袁世凯帮腔助势，制造紧张气氛。在此情形下，孙中山等革命党人再次向中外反动势力迁就让步。3 月 10 日，袁世凯在北京就任中华民国临时大总统。就这样，袁世凯在帝国主义侵略者的帮助下窃夺了辛亥革命的果实。

1913 年 10 月 6 日，袁世凯当上了正式大总统。10 日，袁世凯举行隆重的就职典礼暨开国纪念。在就任正式大总统的时候，袁世凯没有忘记对列强的一贯支持表示感激，他在就职宣言中说：“本大总统声明，所有前清政府及中华民国临时政府与各外国政府所订条约协约公约必应恪守，及前政府与外国公司人民所订之正当契约亦当恪守，又各外国人民在中国按国际契约及国内法律并各项成案成例已享之权利，并特权豁免各事，亦切实承认，以联交谊而保和平。”①

第三节　英日在中国山东问题上的勾结

日本的野心

20 世纪初欧洲两大军事集团形成后，战争危机和局部战争不断，帝国主义列强间的矛盾再也难以调和。以 1914 年 6 月 28 日奥匈帝国皇储在萨拉热窝被刺为导火线，引发了帝国主义重新分割世界的第一次世界大战。

---

① 转引自胡绳：《从鸦片战争到五四运动》下册，904 页，北京，人民出版社，1981。

日本早就觊觎中国这片广阔富饶的领土，但是在大战前，它的实力远远落后于英美等欧美列强，对于中国，虽然它是“近水楼台”，但无奈心有余而力不足。眼看在辛亥革命后，英、法、德、美等国通过国际银行团，在华夺取了大量的贷款筑路权和开矿利权，日本十分不甘心。

欧战的爆发正好为日本提供了一个大力扩张“在中国之领土与权益”① 的难得机会。日本元老井上馨在给元老头目山县有朋和首相大隈重信的信中提到，这次欧洲之大乱，对日本国运之发展，乃大正新时代之天机。日本国必须立即举国团结一致，享受此上天之机。他认为，当务之急是确立日本对东洋之利权，怀柔统一中国之人物（指袁世凯），争取与欧美列强并驾齐驱的世界地位。山县和大隈都完全赞同井上馨的意见，决定利用列强陷于欧战而无暇东顾的时机，加紧向远东扩张，妄图独占中国、独霸远东。当时的一家日本杂志也发表这样的评论，说，此值欧洲多事之秋，正是我们多年努力取得总收获的时机。我们倘若失掉这个机会，将永远成为世界的落伍者。这样，在英国对德国宣战后仅 4 天的 8 月 8 日，日本政府便急忙召开会议，秘密决定以履行《英日同盟条约》的义务为借口，参加对德作战。

另一方面，袁世凯的北京政府因害怕战火蔓延到中国，曾于 8 月 6 日发表声明，要求各国保证在华租界租借地的“中立”，并公布《局外中立条规》24 款，同时又向美、日两国建议，希望它们能设法“限制战区，保全东方。劝告交战各国，勿及远东”。② 出于自身战略利益考虑，日本政府拒绝了中国的建议，并积极调兵遣将进行攻取德国在华租借地青岛的军事部署。

---

① 转引自刘培华著：《近代中外关系史》下册，366 页，北京，北京大学出版社，1986。

② 程道德、张敏孚等编：《中华民国外交史资料选编—1911～1919》，153 页，北京，北京大学出版社，1988。

英日勾结

8月8日，日本军舰已经驶抵青岛附近海域。为了顺利实现占领青岛的军事计划，日本积极地进行外交活动。首先，它就参战事宜同英国进行磋商，希望借履行对英同盟义务之名由英国正式要求日本参战。8月10日，日本政府向英国政府发出有关参战问题的《备忘录》。《备忘录》中提出：根据《英日同盟条约》的规定，英国可以向日本要求合作，共同对敌。

英国对于是否要求日本参战，心情颇为矛盾。一方面英国担心日本会乘机扩大在华势力，这样必然影响到自己的在华权益；另一方面，英国又希望借助日本的军事力量，来消除自己最主要的竞争对手——德国的在华影响。经过一番权衡，英国向日本提出，要求日本声明不攻击德国占领区以外的地区。这样，英、日两国经过谈判交涉，双方达成协议：日本承诺按照《英日同盟条约》的规定，保护英国在中国的权益不受侵害；英国则保证对于日本在山东的军事行动“不加干涉”。

日本在同英国取得协议后，背着中国，于8月15日以英日同盟的名义向德国发出最后通牒：要求德国“立即撤退在日本及中国海上之一切德国军舰，不能撤退者立即解除武装”；在9月15日以前，将全部胶州租借地，无条件交付于日本帝国官宪，以备将来交还中国。日本还要求德国在8月23日正午以前作出答复，否则，日本将“采取认为必要之手段”。[①] 日本侵占中国山东的野心昭然若揭。

英日进攻山东

8月23日，日本的最后通牒期限已到，而德国仍未答复。当天下午5时30分，日本正式宣布对德作战，在对德宣战的幌

---

① 程道德、张敏孚等编：《中华民国外交史资料选编—1911～1919》，153页，北京，北京大学出版社，1988。

子下，开始了武装侵占中国山东的军事行动。9 月 3 日，日本陆海军两万多人，分别在龙口（距德国租借地约 150 英里）、莱州附近地区登陆，无视北京政府所划定的“战区”范围，肆意扩大侵略地盘，日军铁蹄所到之处，对居民百般骚扰，种种暴行层出不穷，“在附近各县占用民房，勒派车辆，奸淫妇女，毙伤人命”。①

就在日本出兵山东的同时，英国也在 9 月 23 日派海军陆战队 1500 人在青岛附近的崂山登陆。10 月底，英、日两国军队联合向德国在青岛的守军发动进攻。11 月 7 日，英日联军攻下青岛，德军残部 2300 多人被俘。11 月 14 日，就在德国强占胶州湾 17 周年纪念日的这一天，德国的胶州总督华德克作为俘虏，被押送至东京本愿寺监禁。这样，胶州湾在侵略者之间易手。

北京政府围绕山东问题的对日交涉

北京政府虽然深知日本的侵略图谋，但是，在日本强硬外交面前，却表现得极其软弱。它不仅没有向日本提出抗议，反而极力讨好日本。8 月 18 日，北京政府外交部电令其驻日公使陆宗舆，命令他向日本政府表示，中国政府认为：“日政府与德国最后通牒，亦系愿永保东亚和平。”对于日本关于“并无占领中国土地之野心，且尊重中国中立”的声明，“深信不疑”，并且对日本所谓准备将来把胶州租借地完全交还中国的保证，“至为感谢”。②

另一方面，对于日本在山东不断扩大侵略的行径，北京政府曾于 9 月 26 日、27 日、30 日接连向日本提出抗议，同时也向英国提出抗议，因为英国是日本的盟国，它应该对日本的行动负责，但数次的抗议均无结果。

---

① 王芸生编著：《六十年来中国与日本》第六卷，51 页，北京，三联书店，1980。

② 程道德、张敏孚等编：《中华民国外交史资料选编—1911～1919》，158～159 页，北京，北京大学出版社，1988。

1915年1月7日，北京政府外交部照会英、日两国公使："现在战争已终，双方交战国之军事设备已完全解除，自无再行使用龙口及胶州湾附近一带为行军地点之需要。所有前此本国划出该区域之通告，自应声明取消，回复原状"，要求留驻胶济铁路沿线及龙口、青岛间的日军撤退至胶澳租借地范围之内。本来，这是顺理成章的事情，但日本打算长期占领山东的决心已定，蛮横地拒不撤军，并公然在山东各地设立民政署，架设军用电线，驱逐青岛海关人员。日本的行径清楚地表明它要把整个山东划为其独占的"势力范围"。

英诱华接受"二十一条"

日本出兵山东仅仅是它大规模侵华行动的一个序幕。随着欧战的继续和扩大，国际形势更加有利于日本在远东的扩张。而就在日本大举进攻中国之时，袁世凯却在积极策划复辟帝制。日本正是利用了袁世凯一心要当皇帝的迫切心理，开始在外交上讨价还价，并提出了举世震惊的灭亡中国的"二十一条"。

1915年1月18日，日本驻京公使日置益当面向袁世凯提交了二十一条照会，并对袁世凯说："日本政府对大总统表示诚意，愿将多年悬案和衷解决，以进达亲善目的。兹奉政府训令，面递条款，愿大总统赐以接受，迅速商议解决，并守秘密，实为两国之幸。"① 对于这个明确要把中国变为日本殖民地的照会，袁世凯竟然收下了，并派外交总长陆徵祥、次长曹汝霖同日置益进行秘密谈判。

就在日本向中国提出二十一条照会几天后，1月22日，日本外务省将"二十一条"中不含明显排除其他列强在华势力内容的各条要求通知英国政府。据日本政府估计，英日之间因有同盟关系，英国不会出面反对。果不出日本所料，英国外交副

---

① 程道德、张敏孚等编：《中华民国外交史资料选编—1911～1919》，187页，北京，北京大学出版社，1988。

大臣普里姆露斯在下议院表示：只要英国在华利益能够获得确实保障，它就不反对日本在中国谋取新的政治特权和经济利益。2月12日，伦敦《泰晤士报》在初次发表日本删略的要求大纲时，发表了这样的社论，称“日本提出的这些要求是合理的，可以接受的”。3月5日，英国外交大臣葛雷电告英国驻日大使格林，如果日本像其他列强一样巩固英国的地位，英国不反对日本的对华要求；但若日本要占领北京或建立对中国事实上的保护权，那将是违背英日同盟意志的。

当中国把“二十一条”中的第5号要求各条内容，即日本提出要在长江流域以及华南各省建造铁路，秘密告知英国后，英国的态度有了变化。因为这侵犯了英国在长江流域苦心经营的“势力范围”及其经济利益。4月下旬，英国照会日本政府，提出异议。同时美国也反对第5号条款，这样迫使日本不得不把第5号要求暂予保留。

在中日之间就“二十一条”进行秘密谈判中，虽然中国代表作了很多妥协和让步，但仍不能满足日本的欲望。4月26日，日本向北京政府提出修正案，声明这是最后方案，胁迫中国代表接受，同时调兵遣将，以武力相威胁。

5月5日，朱尔典表示英国不会给中国任何支持。5月7日，日本向中国提出最后通牒，限期在5月9日下午6时前答复，如果得不到圆满的答复，日本政府将“执行认为必要之手段”。就在同一天，英国外交大臣葛雷向中国公使表示，中日之间的纠纷只能由中国自己去解决。

来自英国的压力

对于日本政府的最后通牒，北京政府惊恐不已。5月8日的上下午，袁世凯相继召集副总统、国务卿、左右丞、参谋总长、各部部长、各参政、外交次长、秘书长举行两次特别紧急会议，讨论日本提出的最后通牒。此时，英、美两国的驻华使节进行频繁的活动，劝说和敦促北京政府妥协。就在这一天，英国公

使朱尔典送信给袁世凯，劝他无条件地接受日本的要求。中午12时20分，朱尔典又拜会外交总长陆徵祥，进行游说，说："中日交涉，竟至决裂，深为可惜。贵总长知哀的美敦只有诺与否之答复。目前中国情形，至为危险，各国不暇东顾，若与日本开衅，即将自陷于万劫不复之地位。各国即同情，亦无能为力。为目前计，只有忍辱负重之一法，接受日本要求，以避危机。""今日会议，决定大计，关系中国存亡，我恐不明大势者，徒逞虚骄之气，不知利害，为不利于国家之空论。贵总长应力排众议，负起责任，辅佐总统，接受日本要求，以支危局。"①外交总长很快就接受了朱尔典公使的劝说，并以感激之情答复说，除了呈报大总统，向国会报告外，还"必以外交总长之资格负责接受日本最后通牒之要求，若必不能，以去就争之"。

由于日本的武力恫吓和英美的诱压，1915年5月9日，北京政府照会日本政府，全盘接受日本最后通牒中所提出的条件。

5月25日，北京政府与日本正式签订了丧权辱国的《民四条约》。袁世凯为了实现自己称帝的野心，把中国的大片领土和权益拱手奉送给了日本侵略者。

英国为虎作伥，协助日本侵略中国，但随着日本在中国侵略的步步得逞，英国的在华权益受到重大威胁。

第四节　英国在巴黎和会上对中国代表施压

英国在华地位削弱

虽然英国在第一次世界大战中打败了它战前的主要竞争对手德国，以一个胜利者的姿态出现在战后缔结和约的国际舞台上，但英国为战争的胜利付出了巨大代价，实力大为削弱，昔

---

① 复旦大学历史系中国近代史教研组编《中国近代对外关系史资料选辑》上卷，第二分册，371页，上海，上海人民出版社，1977。

日的世界大国地位已逐渐被美国所取代，其标志是伦敦作为世界金融中心的地位已经让位给纽约。英国赢得了战争，但输掉了帝国。长期以来在远东和中国市场所占据的优势地位也在战争期间被日本所夺取。英国认为，“1918 年后，日本在中国占据着绝对优势。美国其次。英国虽然还拥有着战前的一些势力，但大势已去。”① 相对于美日两国在华势力的增长，英国的地位显然已经大大削弱了。战前超强大国的独尊之势也已无力保持。

巴黎和会上的山东问题

1919 年 1 月 18 日，人们翘首以待的和平会议终于在法国巴黎凡尔赛宫开幕。27 个国家的代表出席了巴黎和会。会议把与会国代表人数根据各国在战争中的作用分为三等。美、英、法、意、日五大国为第一类，出席和会正式代表各 5 人；比利时、波兰、捷克斯洛伐克等 18 国为第二类，出席和会正式代表各 3 人；而中国和其他一些小国则被列为第三类，正式代表人数仅 2 人。

中国作为第一次世界大战的战胜国，又看到威尔逊的“十四点原则”中有“民族自决”的口号，因而对和会抱有很大的希望。中国政府派出了陆徵祥总长和顾维钧、王正廷、施肇基、魏宸组四位博士为全权代表出席会议。但由于日本政府千方百计地破坏和阻挠，中国代表迟迟未接到参加会议的邀请通知。参加会议的中国代表虽然于 1918 年 12 月初陆续到达巴黎，但直到和会开幕后的第三天才公布了中国代表的名单。由于会议只给了中国 2 个代表名额，中方在会议开幕前多次同美、英、法交涉，争取派出代表 3 人，但最终也未成功。

和会期间所召开的会议，分为三种。一种是全体大会，各国代表都参加；第二种是最高会议，由英、法、美、日、意五大国首脑和外长组成，称“十人会议”，后又成立由美国总统威

① J. E. Hoare, *Embassies in the East*, p. 11, Curzon Press, England, 1999.

尔逊、英国首相劳合·乔治、法国总理克列孟梭和意大利首相奥兰多组成的“四人会议”，由于意大利实力有限，实际操纵会议的是威尔逊、劳合·乔治、克列孟梭三人；第三种会议是专门会议，由有关国家的代表组成的专门委员会来召开。

1919年1月27日，和会“十人会”讨论德属殖民地的处置问题。由于和会议事规则明确规定：最高会议讨论的问题凡涉及五强之外其他国家的利益时应邀请有关国家代表列席，因此，当讨论到青岛问题时，尽管有日本代表的反对，中国代表顾维钧和王正廷还是列席了最高会议。

会上，日本代表牧野伸显提出，德国应无条件地把其在太平洋上赤道以北的岛屿和在中国山东的一切权益让与日本。日本已经同英、法、俄、意就上述要求达成秘密谅解，这四个国家都支持日本的要求。早在大战期间，即1917年1月9日，当英国外交部请求日本给予提供海军援助时，日本提出的交换条件就是在未来的和会上，当处理德国在山东的权益时，英国保证支持日本的要求和支持日本对赤道以北德属岛屿的占领。当时英国政府的考虑是，日本的支持对协约国是很重要的，而日本对山东和太平洋岛屿的控制不会妨碍英国的根本利益，并且中国在1915年5月已同意承认日德之间作出的任何安排，所以这方面英国不负任何责任。1917年2月14日，英国以备忘录的形式向日本表示接受其要求。17日，英国又向法国、俄国和意大利通告了英国对日本作出的保证。随后这三个国家又分别给予日本以同样的保证。

中国力争山东主权

面对这种情况，要收回山东的权益，想得到英法等国的支持显然是不可能的，只能靠中国代表自己来据理力争。1919年1月28日，最高会议举行会议听取中国代表的意见。顾维钧慷慨陈词，他指出：出于历史、地理、文化等方面的原因，根据和会所承认的民族领土完整的原则，胶州租借地、铁路和德国在山东的其他权益应当直接交还中国。① 针对日本代表声称的日本尊重中日之间的成约，山东问题应在日、中两国之间，以双方所商定之条约、协议为基础来解决这一点，顾维钧反驳说，日本所指系1915年“二十一条”及换文而言，“中国所处地位极为困难，此项条约换文经日本送达最后通牒，中国始不得已而允之”。况且此条约是发生在战事期间，中国视为“临时暂行之办法，仍须由和平会议为最后之审查解决”。“且中国对德宣战之文，业已显然声明中德间一切约章，全数因宣战地位而消灭。约章既如是而消灭，则中国本为领土之主，德国在山东所享胶州租借地暨他项权利，于法律上已经早归中国矣”。“然该约内既有不准转交他国之明文，则德国本无转交他国之权也”。② 顾维钧的发言，论理清楚，态度坚决，在会场上引起了强烈反响。但由于日本蛮横无理，坚决要得到山东，而英、法、美等大国出于自身利益考虑又不给中国以支持，致使当天的讨论毫无结果。

美英对日本的支持

直到4月中旬，山东问题逐渐成为和会的中心议题。4月15日，在五国外长会议上，美国代表提出将胶州交五国托管的建议，遭到日本反对。21日的“四人会议”上，英国首相劳合·乔治建议把德国在山东的租借地让与国联，由国联以委托统治地的方式管理。第二天上午，会议继续进行，日本代表也出席了。当劳合·乔治重申其建议时，日本代表立即提出严厉警告，说日本政府已有训令，如果山东问题不能获得圆满解决，日本将不在和约上签字。

下午，中国代表也列席了会议。美国总统威尔逊在发言中

① 吴东之主编：《中国外交史》（中华民国时期1911～1949），61页，郑州，河南人民出版社，1990。

② 王芸生编著：《六十年来中国与日本》第七卷，264～267页，北京，三联书店，1981。

说：关于胶州问题，中国与日本在1915年订立了条约和交换了换文，后来在1918年9月又有新的换文，这些文件都同意了日本在山东的权利，特别是后者，中国方面使用了“欣然同意”一词，而且英法等国也与日本订立协定，同意了日本的有关条件，所以中国对德宣战不能取消中日间的成约。英国首相劳合·乔治甚至对中国代表施加威胁，说：“中国如像具斯曼贺尔维格（战前德国首相）那样把条约看作为废纸，不需要时即予推翻，那对中国是没有帮助的。”① 他提出山东问题的两种解决办法：一是按照中日之间1918年9月24日的协定，即日本得到在济南等地的驻军权、合办胶济铁路和沿线警权等；二是按照英、法等国同日本的协议，由日本继承德国在山东的权利。由于这两个方法都对中国不利，中国代表表示不能接受。会议结果决定由英、法、美三国专家组成的小组就劳合·乔治的建议进行研究。

此时和会内部纠纷日益严重。意大利首相因要求得不到满足而于4月24日退出和会。同一天，日本代表也提出书面要求，山东问题必须尽快解决，以此向会议施压。在4月25日的“四人会议”上，英、法代表都表示有支持日本在山东权利的义务，英国代表还打算同日本商谈条件。4月30日，英、美、法三国在没有中国代表参加的情况下，决定把德国在山东的权益全部让给日本。中国代表得知后立即提出抗议，但毫无结果。这样，在英、美、法的妥协下，《凡尔赛和约》规定将山东权益让与日本。

中国外交在巴黎和会上的失败引发了中国国内声势浩大的反帝反封建的“五四”爱国运动。在全国人民的强烈要求和声援下，中国代表团最终拒绝在对德和约上签字。另外，由于美国国会也拒绝批准这个和约，致使日本妄图巩固在大战中所获

---

① 吴东之主编：《中国外交史》（中华民国时期1911～1949），64页，郑州，河南人民出版社，1990。

权益的阴谋并未完全得逞。

第五节　西姆拉会议与"麦克马洪线"

西姆拉会议背景

袁世凯北京政府成立后，原在辛亥革命之初纷纷脱离清朝统治的地方势力集团，有的宣布与袁世凯合作，拥护与承认北京共和政府，有的则各据一方，形成新的军阀封建割据局面。在这种政治气候下，西藏也卷入了这股浊浪，欲形成封建割据的态势。1912 年 6 月，达赖在英印军队护送下返回西藏。1913 年 1 月，十三世达赖喇嘛在内地政局风云突变、中央政府交替的形势下，在英国人的煽惑下，也效仿内地的地方实力派，发布了一个被称作"水牛年文告"的东西，公然宣布西藏独立，分裂国家，严重违背了民国时期北京政府和南京政府宣布的"五族共和"的政策。这个文告严重地歪曲了历史上西藏地方和中央政府的关系，甚至否认连他的合法地位需要报请中央政府批准方能有效这一基本事实。他组织了所谓"民军"，将清朝驻藏大臣联豫以及驻藏川军挤出西藏。由于英帝国主义插手西藏，干预中国政府处理藏事的各项方针、措施的实施，使西藏政局呈现出纷繁复杂的局面。

十三世达赖喇嘛一改当年"仇英"初衷，转而向英国人靠拢，发布"水牛年文告"给西藏地方和中央政府的关系定了调子，致使西藏上层宗教人士中的少数亲英分子有恃无恐，与英国人打得火热。但是，广大西藏僧俗民众都不同意、更不支持他们倒行逆施的行径，尤其看到西藏的近邻不丹、尼泊尔、锡金落入英国人之手后事事受制的状况，都力劝达赖喇嘛主持正道，拥护新的中央政府，并提出了若干内附条件。中央政府对西藏问题，在坚持原则的情况下，一直是主张并坚持用和平的手段解决，强调这是中国的内政问题，反对英国干涉，同时也

同意西藏地方提出的不改西藏为行省，维持西藏旧有的制度，保护西藏的宗教，尊重和维护达赖喇嘛的政教地位，尊重群众的宗教信仰等条件。

1913 年 4 月 2 日，民国政府任命对藏事有丰富经验的陆兴祺为护理西藏办事长官。同月 25 日，国务院电告达赖喇嘛，其薪俸开支等一切照旧支给，并赏赐拉萨各大寺银一千两。在是年的国家预算中，民国政府在当时经济比较困难的情况下，决定给西藏拨款 411750 元。这说明，中央对西藏问题处理的方针是坚持不变的，各项开支也是参照清朝旧制，照常供给。这期间，尽管由于英帝国主义的阻挠，新任驻藏办事长官未能从印度入藏，西藏地区国会议员的选举也未能如期举行，但后经在京西藏代表罗卜桑车珠尔等呈文，民国政府同意西藏议员的选举在北京举行。1913 年 5 月 15 日，公布西藏参众两院当选人员名单正式公布，共 40 名。[①] 西藏代表进入国会本身标志着西藏地方民众对国家政治生活的参与，他们是中华民国国民的组成部分。

这时，英帝国主义对西藏局势的发展颇为不安，一是看到西藏地方和中央政府的关系，以及有着悠久历史传统的汉藏关系根深蒂固，有了裂痕也容易修复；二是达赖喇嘛虽然发表过亲英讲话，但态度多变，前后矛盾；三是北京政府决定出兵征藏，川军、滇军已连败藏军，收复了多处失地。如果北京政府在军事上最终取胜，西藏局势的发展显然对英国人不利。为此，英国人决意加快干预中国西藏的步伐，直接出面向中国政府施加压力。1912 年 8 月 17 日，英国驻华公使朱尔典就川藏局势问题向北京政府提出所谓强烈抗议："（一）中国不得干涉西藏之内政。（二）中国官吏不得在西藏地方行使与内地行省同样之行政权。（三）中国除驻藏官员卫队外，不得派遣军队驻扎藏境。

---

① 西藏社会科学院等编：《西藏地方是中国不可分割的一部分》（史料选辑），460 页，拉萨，西藏人民出版社，1986。

(四) 关于西藏问题，中英两国另以新约定之。(五) 中国如不承认以上各款，英国即不承认民国政府，且经印度入藏之交通，亦须暂时断绝。"[1] 北京政府对英国的照会开始未予理睬。但是，英国政府日趋猖狂。不久，英方无视中国在西藏的主权地位，开始修筑由印度边境经西藏江孜至拉萨的公路。对此，中国政府照会英国公使，要求他们立即停止有损中国主权的侵略活动。而英使复称，在中国政府未将 8 月 17 日照会所提各项条款允认前，不得讨论藏事。9 月 7 日，朱尔典又到北京政府外交部提出"抗议"说，如果民国政府继续派遣征西军，则英国政府非但对于中华民国政府不予承认，而且当以实力帮助西藏独立。[2] 北京政府在英国人的压力下，不得不命令川军停止西征，同时也就西藏问题表明了自己的严正立场。12 月 23 日，北京政府就英国政府照会复照朱尔典，逐条作了批驳。中国照会的主要内容为："(甲) 中国按照一千九百零六年之中英西藏条约，除中国之外，其他国皆无干涉西藏内政之权，今谓中国无干涉西藏内政之权，理由甚无根据。至于改设行省一事，为民国必要之政务，各国既承认中华民国，即不能不承认中国改西藏为行省。况中国对于西藏，并无即时改设行省之意，此中颇有误会。惟现在中国认定不许其他一切外国干涉西藏之领土权及其内政。(乙) 查中国并无派遣无限制军队驻扎西藏之事，惟按照一千九百零八年之通商条约，英国以市场之警察权及保护印藏交通，委任于中国，故中国于西藏紧要各处，当然派遣军队。(丙) 中英关于西藏之交涉，已经两次订立条约，一切皆已规定明确，今日并无改订新约之必要。(丁) 中国政府从前并无有意断阻印藏交通之事，以后更当加意保护，断不阻碍印藏交通。(戊) 承认中华民国是另一问题，不能与西藏问题并为一谈。深望英国先各国而

---

① 北京大学历史系编：《西藏地方历史资料选辑》，293 页，北京，三联书店，1963。

② 吴丰培编：《民元藏事电稿》，63 页，拉萨，西藏人民出版社，1983。

承认中华民国。”①

朱尔典接到照会后，于24日到北京政府外交部，表示不同意中国的驳复，声称中国在西藏已无权、无实，照贵国此项答复，本人深信本国政府断难承诺，必不满意。并坚持认为目前西藏情形与以前迥异，需要另行订立新约以取代过去的旧约，如不按英国政府8月17日提出的各项条款办理，没有再开谈判之余地，也就是说中国政府要按英国政府所开列的“方子”来谈判。本来，中国中央政府与西藏地方政府一再协商，在昌都或印度大吉岭开议谈判，而且取得了进展，终因英国人从中阻挠未果。这期间俄国人也加紧了对我西藏的侵略活动。于是，朱尔典向英国政府提出：“英国、中国、西藏订立三方条约，可能是最好的解决办法，而三方在印度举行谈判将是订立此种条约的良好开端；即使谈判失败，我们也可以获得更加有利的地位与独立于中国之外的西藏进行会谈。”英国政府采纳了这一建议，开始极力策划召开所谓“三方会议”。②

西姆拉会议

1913年6月，朱尔典暂时离任回国，由艾斯敦代理英国公使之职。朱尔典行前拜见北京政府外交总长陆徵祥，询问中国对西藏问题的态度。陆告，中国曾派唐绍仪赴印与英方谈判未果，希望双方在北京或伦敦再议，待双方决定后再通知西藏。朱尔典则称，如果不让西藏与会，有关决定也难实现，并坚持中英协商要以去年8月17日英国的建议为基础。7月14日，英国代理公使艾斯敦会晤北京政府外交部次长，称英国和西藏已确定讨论藏事的专员，请中国也派专员前往西姆拉参加会议。第二天，中国外交部派参事顾维钧会晤艾斯敦，要求英方告知

① 北京大学历史系编：《西藏地方历史资料选辑》，293页，北京，三联书店，1963。

② 宋黎明：《西姆拉会议召开的历史背景述略》，《中国藏学》1992年第3期，35页。

会议的名称和议题，并说明西藏代表以何名称任命。艾斯敦声言，英国的代表虽指定但未任命，待任命后奉告，西藏已与中国脱离关系，不必过问。至于将来如何，当在西姆拉磋商，其代表之名可以随便称呼。顾维钧当即进行驳斥，指出西藏与中国的关系，历史已有定论，英国在条约上也一再承认。因此，西藏代表的名称不能任意称之，假如擅用全权大臣等字，中国政府不能承认。如认定三方代表平等，即其所代表的一方亦为平等，这与中藏历来关系大有抵触，因而应按照1908年《中英修订藏印通商章程》的做法，西藏代表称“西藏掌权之员”，随同商议。顾维钧还强调，将来会议终结签字时，西藏代表不能以与中英代表平等的资格同时签字，中国政府不能承认西藏有立约之权。艾斯敦强调，签字问题待会议有结果时再由各代表商定。如果事先讨论这一问题，会议可能遥遥无期。顾维钧表示，签字问题迟早都会发生，会前解决较妥。他还向英方转达了陆徵祥总长的意见，在会议结束后，可根据会议的条款，由中藏代表另拟文件作为中藏备件，由中藏代表签字，然后再由中英代表根据议定的款项订立条约，正式签字。如果西藏代表参加签字，可按1908年办法，准其附签于后。艾斯敦认为，对中国政府的提议，英国政府恐难照允，答应如实电告伦敦。7月28日，艾斯敦向北京政府外交部转达英国政府关于西藏商定条约意见，将西藏地方列于同中央政府平等的地位，英国人则扮演调停人角色，并说系由达赖喇嘛敦请，英国特派麦克马洪为全权大臣，与中藏两方全权代表会商。英国政府的意见事先根本没有同中国政府商议，显然是一个新的阴谋。为此，中国政府毅然拒绝英国人的意见。艾斯敦遂强词夺理，声称一定要按英国人的办法行事，否则会议之事只好作罢。①

当时，袁世凯政府困难重重。从政治上讲，它需要得到包

① 祝启源、喜饶尼玛著：《中华民国时期西藏地方与中央政府的关系》，31～33页，北京，中国藏学出版社，1991。

括英国在内的外国政府的承认和支持；从经济上看，国库空虚，财政拮据。因而不得不作出让步，于 1913 年 3 月 27 日通知英方，表示中国方面准备按其上年 8 月 17 日所提条件进行谈判。

此后，英国对中国政府进一步施加压力。1913 年 4 月，民国政府将任命陆兴祺为护理驻藏办事长官一事通知英方，英印总督却对陆兴祺声称："英使已咨中国外交部，声明藏约未议结期间，中国不能由印与藏交通，来文宣布护理驻藏办事长官一节，英国不能承认，原文退回，并切诫君不得与藏人通信。倘必抗办，印政府惟有令君离印。"① 英国的目的就是要阻挠中国中央政府同西藏地方政府进行直接谈判的一切可能，迫使中国政府完全同意举行三方谈判，否则就不承认中华民国。

英国甚至对于出席西姆拉会议的中国代表的人选也横加干涉，多方挑剔。袁世凯曾提名担任过驻藏帮办大臣的张荫棠，但英方深知其难以对付而加以拒绝。袁世凯遂又提名陈贻范，才获同意，因为陈在英使馆任职多年，对英"友好"。民国政府因此对陈存有戒心，不久又任命具有反英倾向的胡汉民为代表，与陈享有同等权力。英方对此立即提出抗议，迫使民国政府收回成命。可见，英国干涉中国内政已到何等地步。

1913 年 8 月 2 日，民国政府任命陈贻范为西藏会议条约全权专员，并通知了英国政府。8 月 25 日，英公使馆告我外交部，称英方已定于 10 月 6 日在印度西姆拉开议，届时若陈贻范专员不能与会，英国将与西藏直接订约。由此可见，英国人在与其利益攸关时，将会不顾其所谓调停人身份，随心所欲地摆弄会议议程。在英国人的要挟下，袁世凯政府只好紧急电令尚在江苏任职的陈贻范尽快进京，准备赴会。

英国政府为策划西姆拉会议，用心可谓良苦。实际上，英方在正式通知中国政府于 10 月赴会的前几个月，就已私下告诉

① 北京大学历史系编：《西藏地方历史资料选辑》，243 页，北京，三联书店，1963。

西藏地方政府赶快组织代表团，着手准备工作。据西藏办事长官陆兴祺报告，“英人当藏代表来印时，先派商务员贝尔在江孜迎接，又随同至靖西，留住至三月之久。每日互商对付中国交涉办法，协而谋我，其布置已甚周密。”① 当年为英国殖民主义政策充任马前卒的贝尔也承认，“当中国全权大使逗留中国之时，吾于江孜遇伦钦夏扎。彼方自拉萨起程，为西藏全权代表，赴印度参加会议。”“吾劝其搜集所有关于昔日中藏交涉，以及陆续为中国占领而西藏现今要求归还之各州县等项之文牍，携之赴会。故彼乘中国代表淹留于其国中，迟滞不前之时，留于西藏，于拉萨政府之档卷处，大行搜罗书籍。”“举凡家宅、寺院、佃户、田主、租税、进款之册籍，门户炉灶之册籍，忠顺之保结，民兵之表册，与夫各县分摊军费之合同，法律规章、判决书、指令，以及其他实际行政之证据等等，无不收集，以便要求将先后为中国管辖之各县藏民，仍然退还归拉萨政府统治。”② 由此可见，英国与西藏地方政府为策划西姆拉会议，非一朝一夕，而是长期密谋的结果。驻在印度的西藏办事长官陆兴祺十分注意贝尔和伦钦夏扎等人的活动。9 月 14 日，他电告国务院，说西藏参加会议的代表已经抵达印度，希望陈贻范专员立即乘快船赴印，以免过了期限，给英国人制造事端提供条件。10 月 2 日，陈贻范到达印度。陆兴祺将个人为会议准备的资料等交给不熟悉西藏情况的陈贻范，并向他一一作了说明，以便他参加会议时参考。英国深知西藏历来属于中国，惟恐西藏官员见到中国中央政府官员后动摇其原定决心，因而不许陈贻范与藏方人员接触，并以派人陪同、招待为名，对西藏代表的一切行动进行严密的控制与监视。

1913 年 10 月 6 日，英国政府宣布“承认中华民国”，作为

---

① 西藏社会科学院等编：《西藏地方是中国不可分割的一部分》（史料选辑），469 页，拉萨，西藏人民出版社，1986。

② 柏尔著，宫廷璋译：《西藏的过去与现在》，137～139 页，北京，商务印书馆，1938。

对民国政府最终同意召开西姆拉会议的报答。

1913 年 10 月 13 日，英国人一手策划的中英藏会议在印度的西姆拉开场。参加会议的代表，英国以英印政府外务大臣麦克马洪为首席代表，英驻华公使馆官员罗斯为中国事务顾问，锡金行政官贝尔为西藏事务顾问；中国首席代表为西藏宣抚使陈贻范，副使王海平；西藏首席代表为伦钦夏扎，助理人员有副马基（藏军副司令）、台吉泽墨巴及三大寺代表等。

会议伊始，西藏代表伦钦夏扎首先抛出在贝尔等人帮助下炮制的六项强硬的无理要求。其基本点是所谓“汉藏地方是谁也不属于谁的”。主要内容是：

第一条，今后中藏双方互不干涉对方之权利，确定西藏为独立国家，至尊的达赖喇嘛为西藏政教之君主。中英于 1906 年 4 月在北京签订条约时，因无西藏代表及其盖印，故而无效，非三国所宜遵行者。（按：1906 年中英条约承认中国对西藏享有宗主权）

第二条，中国和西藏的边界，东北以西宁所属美如岗立石处为界，然后沿东自马钦崩热雪山的河水向东迄于黄河谷底，东南以坚章地方的白塔为界。现具体划定边界：北为昆仑山、阿尔旦达山，沿柴达木山脉，至若尼里山，自巴康波妥山至青海湖北面之巴拿喀宋地方；经中国的甘肃省边界，旋折向南转东南，包括果洛、霍尔科、新龙、金川十八土司地、明政及康定；由此向南，至四川与云南之交界处，又循西藏边界向西至日马为止。这些地方，近期被汉方逐步侵占，新取名为西康。上述诸境土地系归属西藏，民族亦系藏人，今后悉归西藏政府所有，历年所收税款亦应退还西藏政府。

第三条，有关西藏通商事宜，1893 年 12 月 5 日及 1908 年 4 月 20 日订立之条约，由英国政府与西藏政府磋商，进行有利于双方之修改，中国不得干预。

第四条，以往中国官兵驻藏产生巨大仇怨，今后两族共居一地，必再发生龃龉，中国既为此耗费巨大，又不在藏征税，并将骚扰西藏政府、百姓，为目前及长远相安之计，今后不准中国大臣、官员、军队、百姓等入藏居住。中国商人非持有西藏政府发给之护照，不得入藏。

第五条，第十三世达赖喇嘛索南嘉措曾前往蒙古传播佛法，与之形成师徒之谊。活佛哲布尊丹巴转世灵童之确认及其随从官员之委派，封诰公文之颁赐，一应继续行之。中国、蒙古各地可继续向西藏各大寺庙输送僧徒或布施财物，中国、蒙古各地之佛教僧徒遵行达赖喇嘛之教法者，一律仍按旧规行之。

第六条，中国官兵、百姓勒索、抢劫、强借西藏政府之财物，夺占新龙等地区并收捐税，屠杀德格地方官民，（又在拉萨）屠杀不丹和尼泊尔商人，并抢掠、损坏其财产，焚烧、毁坏其房屋等；西藏当然不能忍受此种亏耗，中国应立字据尽速予以赔偿。①

综观上述各条，西藏地方政府完全摆出已经“独立”的架势，特别是所谓赔偿一节，视西藏地方与中央政府为交战国双方的地位，这显然是英国策划的“成果”。

11 月1 日，陈贻范根据民国政府的指示，对伦钦夏扎的六条提案作了驳复，强调“对于西藏方面所提出之基本意见，不能予以承认”。陈贻范回顾汉藏间的悠久历史关系，阐明了西藏为中国领土的根据，并提出七条议案，要点是：

第一，缔约各方一致承认西藏为中国领土之一部分。对此，西藏政府与英国政府均不得制造纠葛。过去中国对西藏之统治，西藏仍需照旧予以尊重。对此，英国政府亦应做出承诺。中华民国允准不将西藏改为中国的行省。英国政府亦不得将西藏或西藏之部分地区划入英国范围。

第二，中华民国政府得委派长官一人常驻拉萨，其权限与待遇仍按旧例，并得设卫队2600 名，其中1000 名驻扎拉萨，其

① 恰白·次旦平措等著：《西藏简明通史》（藏文），下册，665 ~667 页，拉萨，西藏藏文古籍出版社，1991。

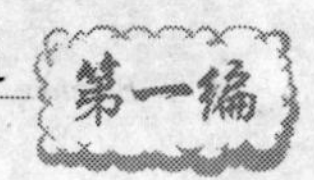

余1600名由该长官斟酌分驻各处。

第三，西藏在外交、军事方面均应按中国中央政府之指示办理，非经过中国中央政府同意，不得与任何外国进行交涉。但根据1904年9月7日"英藏条约"第五款所载（并经1906年中英《藏印条约》所肯定），对英国商务委员与西藏官员会晤及商谈有关商务事宜等，不予限制。

第四，西藏官员、百姓因心向汉方而身遭监禁、产业被封者，西藏允许一律释放、给还。

第五，西藏方面所提之第五项要求，可以进行商谈。

第六，前订之通商条约，即1893年12月5日及1908年4月20日之通商章程条约，如需进行修改，应由缔约各方按照1906年4月27日中英《藏印条约》第三款之规定商议修改。

第七，关于中藏边界，现附上标明大体界线的略图一份。①

由于双方提案立场相差悬殊，特别是"西藏独立"和西藏地域范围两点相距太远，彼此均不能接受，遂转入互相申辩驳述之非正式会谈。陈贻范声明，西藏是中国的领土，无划分西藏与中国间疆界之必要，即使西藏自治，亦应以工布江达以西为其范围，而自治也应以当时的外蒙为例，仍为中国主权所管辖。伦钦夏扎等人则在英方怂恿下，争辩不休，不但要求独立，且要将西藏的范围扩大至康定等地。到12月18日，谈判仍无结果。

这时，以调解人自居的麦克马洪提出先就所谓中藏疆界等问题进行谈判。伦钦夏扎对英方的阴谋心领神会，表示拥护此议。陈贻范认为疆界问题非会议议题，应当首先就伦钦夏扎所提独立问题等，按照中国中央政府提案的基本意见，逐条进行商谈。但是，英方坚持要讨论疆界问题，否则它将与西藏方面磋商。在麦克马洪的导演下，伦钦夏扎立即拿出一个早已准备

① 恰白·次旦平措等著：《西藏简明通史》（藏文）下册，669～671页，拉萨，西藏藏文古籍出版社，1991。

好的所谓中藏疆界问题的文件。1914 年 1 月 12 日，中国中央政府和西藏地方政府各自向会议提交了“中藏疆界问题理由的申述书”。

2 月 17 日，举行全体会议。按照英国一再大肆标榜自己只是充当“诚实的掮客”之说，麦克马洪以貌似公正的调停者面孔出现，用西藏“自治”代替西藏“独立”一词，用中国对藏的“宗主权”替代中国对西藏的“主权”一词，以此为基调，仿照区分内外蒙古之例，抛出了一个“调停意见书”，公开提出一个划分“内藏”与“外藏”的建议，并在地图上以红线和蓝线分别标出“内藏”和“外藏”的界线。

这一标定所谓“内藏”边界的红线，大体是沿着现今新疆与西藏交界的昆仑山划出，向东北横穿青海省偏北部，从柴达木盆地东北边沿折向东南，直到康定，再向南转西，穿过云南西北部，沿喜马拉雅山脊到达旺以北的不丹边境。而标定所谓“内藏”和“外藏”边界的蓝线，则从现今新疆、青海、西藏三省区交界处起，离开红线，向东大体沿昆仑山、巴颜喀喇山划出，又折转东南，从澜沧江和金沙江之间画到现今云南、四川、西藏三省区交界处，汇入红线。这条蓝线表明，要将青海西南部的安多藏区以及康巴藏区的西部，划归西藏地方政府管辖。实际上，西藏政府从未直接管辖过安多、康巴藏区。如其中的三十九族地区在清代即归驻藏大臣直接管辖，昌都以东的一些藏区归清廷直接加封的一些土司管辖等。

英方的建议称，中国可在“内藏”享有若干主权，“外藏”则由藏人自治。英国人的这一建议，为西藏方面事先所不知。其阴谋在于，第一步，使“外藏 ”以自治之名，行独立之实，将其从中国分割出去，置于英国控制之下，而以“内藏”为缓冲地带；第二步，待英方在外藏的势力逐步巩固，英国支持的西藏军事力量向东扩展以后，再图将“内藏”并入附属于英国

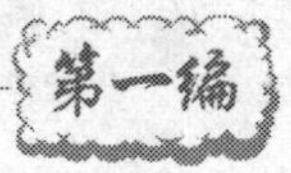

的“西藏独立国”。这一阴谋当时连十三世达赖喇嘛都不知道。[①]

对于麦克马洪这一显然是压陈贻范、偏袒伦钦夏扎的建议，西藏代表装出一副不能接受的样子，要求维持藏方原先所提六条，以配合麦克马洪进一步压陈贻范。陈当时尚未完全识破英方的阴谋，没有从根本上反对这一建议，但也对划分“内、外藏”的范围提出了修改意见：唐古拉山（当拉岭）以北，所有青海原界以南，凡迪庆（阿墩子）、巴塘、理塘诸地仍为中国内地，归中国政府管理。怒江以东及德格、新龙（瞻堆）、昌都（察木多）、三十九族诸地，沿用康定（喀木）之名称，为特别区域。[②]

英方对中国代表的意见置之不理。3 月 11 日，英国人在全体会议上以承认中国对西藏有宗主权为诱饵，提出使中国从速接受英国要求的所谓“调停约稿”十一条，主要内容是：西藏按所附之地图划分为“内、外藏”；“外藏”实行自治，中国在“外藏”不得派驻军队，不驻文武官员并不办殖民之事，但中国仍可派大员带有卫队驻扎拉萨，卫队人员不得超过百人；1893 年和 1908 年的通商章程作废，西藏政府允与英国政府议订通商章程。这个十一条表面看来似乎与伦钦夏扎所提六条有所不同，但实质是一样的。[③] 如伦钦夏扎提“独立”，英方改为表面好听一些的“自治”，其共同点都是排除中国政府对西藏的主权。英方所提中国不在藏驻军，外省人民不得入藏（即所谓不殖民），西藏有权与英国单独订立条约等各项，均与伦钦夏扎的六条内容相一致。

当时北京政府正与南方各省讨袁大军作战，为争取英国等列强的支持，加之英方在西姆拉会议上软硬兼施，北京政府逐

---

① 王贵、喜饶尼玛等著：《西藏历史地位辨》，186 页，北京，民族出版社，1995。

② 陈健夫著：《西藏问题》，30 页，北京，商务印书馆，1937。

③ 杨公素著：《中国反对外国侵略干涉西藏地方斗争史》，184 ~ 185 页，北京，中国藏学出版社，1992。

渐改变了会议开始时比较强硬的立场，放弃了“内外之名不可用藏”的原则立场，对有损国格主权的英方“调停约稿”十一条一一应允，就连疆界问题，也连续三次做了重大让步，声称从原先坚持的川藏以工布江达为界，让到丹达山，再让到怒江为界，仅直线距离就后退了约600里。[①]

在麦克马洪和伦钦夏扎等人一唱一和的配合下，会议的形势发展愈加严峻。本来属于中国内部的民族关系问题，中国自己完全可以处理并逐步加以解决，却被英国这个“诚实的掮客”以“调停”之名加以利用，造成中国在藏主权岌岌可危的局面。

在此期间，英方又背着中国中央政府代表，愚弄欺压西藏地方政府，由麦克马洪、贝尔等人同伦钦夏扎等暗中进行了一项更为见不得人的肮脏交易，即：西藏方面把中印边境东段的9万平方公里中国领土划给英国，换取英国对中国进一步施压，以求“西藏独立”。简单地说，就是“以土地换独立”。当时，在阴暗角落里鲜为人知，如今却大白于天下的“麦克马洪线”，就是在这种情况下出笼的。

中印边境东段的传统习惯线，是沿喜马拉雅山南麓，邻近印度阿萨姆平原而形成，千百年来一直如此。从这条传统习惯线向北到喜马拉雅山脊，是历来属于中国西藏地方管辖的门隅、珞瑜、察隅三个地区。这些地区气候温和，森林资源极其丰富，居民分别为门巴族、珞巴族和登人的部落，也有一些藏族。他们历来只同西藏各地藏民进行贸易等，同英国人向无来往。19世纪初，英国为了巩固其对阿萨姆地方的统治，沿布拉马普特拉河（雅鲁藏布江下游进入印度的部分）划了一条边界，称为内线，在内线以南的阿萨姆地方，为英印政府管辖领域；而沿喜马拉雅山麓与平原交界处又划了一条外线（大体就是上述传统习惯线），规定非经英印政府允许不得越过这条外线。19世纪后半叶起，英国在阿萨姆邦进行殖民活动的茶园、木材公司的

① 梅心如著：《西康》，89页，正中书局，1934。

老板等，企图扩大种茶面积，采伐喜马拉雅山南坡的森林，便产生了越过传统习惯线向北渗透的想法。到了 20 世纪初，英帝国主义又出于侵略西藏、对付中国的军事考虑，乘中国局势混乱之机，从 1903 年就开始派遣军事人员进入下察隅、下珞瑜活动，但是遭到当地部落居民的反对乃至武力抵抗。1910 年，英印总督明托首先提出“向西藏延伸外线”，以解决这些部落居民问题。1911 年 9 月，新任英印总督哈定进一步提出“全力以赴在中国与不丹之间划定一条尽可能完善的战略边界”。

1911 年冬到 1913 年，英国看准辛亥革命以后全中国特别是西藏地方持续动荡的局势，乘人之危，先后几次派遣军事人员非法潜入下察隅、珞瑜、门隅以至藏南河谷地带，进行侦察勘测。此间，1913 年 5 月至 11 月，在西姆拉会议召开前，麦克马洪直接派遣上尉贝利等人到上述地区活动，进行了具体踏勘和相应的社会调查，搜集了不少资料，绘制出比较详细的地图。在此基础上，贝利等按照英印政府的意向，另行标画出一条基本上沿着喜马拉雅山脊从中国、缅甸接壤处的东段“中印边界线”，实际上是企图吞占中国 9 万多平方公里领土的赤裸裸的侵略线。这就是著名的“麦克马洪线”。这些标画了“麦克马洪线”的地图、资料，迅即提交给正在参加西姆拉会议的麦克马洪等人。

英方在 1914 年 2 月 17 日提交的、划分“内、外藏”的地图上所标画的红线，其南部的西段，就已经是偷偷地按照“麦克马洪线”画的。但是，不大熟悉西藏情况的陈贻范，全然没有与英方谈判中印边界问题的思想准备，没有看出英方要侵吞门隅、珞瑜、下察隅大片领土的阴谋。

还在陈贻范、伦钦夏扎等就英方所提出的划分“内、外藏”和“中藏疆界”等问题进行反复争辩之时，英方即由贝尔背着中国代表突然向伦钦夏扎提交了绘制有“麦克马洪线”的地图，要求西藏方面将该线以南的门隅、珞瑜、下察隅地区全部划归英印政府所有，而以英国支持西藏独立并帮助西藏赶走驻昌都等地的川军为交换条件。①

伦钦夏扎等西藏代表认为此事太大，英国欲占领土牵涉在这大片土地上的西藏地方政府、寺庙和贵族的许多庄园、牧场和经济收入，所以不敢贸然同意英方所提“麦克马洪线”为边界。伦钦夏扎等人向英方提出：“我们未奉有关谈判英藏边界问题的委托，珞瑜和西藏的边界涉及地区很多，所有不了解的疑点，这里也不能解决”，借此进行推托。但是，贝尔威胁说：“这次议和是否能很快得到解决，也都要以此事（指‘麦克马洪线’）而定”，口气非常强硬。他还说，“麦克马洪线”以南属西藏贵族、寺庙等的收入，可以考虑照旧。在英国人的威胁利诱下，急于谋求“西藏独立”的伦钦夏扎，遂派人返回拉萨请示。西藏地方政府虽然意识到“所受损失及长远危害甚巨”，但又担心“西藏衷心依靠之大英政府有所不悦”，于是复信伦钦夏扎“……希望强调提出要求，今后只要能使西藏获得独立，并使康区所有的汉军官兵立即撤回内地，则在接到（英方）通知后，即可立即派人划界及将西藏政府的收入和土地、百姓，移交给大英政府之人员。”②

西藏地方政府提出的条件，英国人自然答应。3 月 24 日，麦克马洪致函伦钦夏扎，并附两份印藏边界的“地图”（用粗略红线标记“麦克马洪线”），要求签字盖章并给予确认。次日，伦钦夏扎复信麦克马洪，并在两份地图上签字盖章，一份交英方，一份留西藏，达成了一笔肮脏的交易。这个见不得人的勾当，连英国也长期不敢公之于世。西藏上层分裂主义分子更是讳莫如深，不敢告知人民，但却一直盼望英国实践诺言，促成他们实现“西藏独立”。到今天，西姆拉会议已经过去 90 余年，英国并未能帮助西藏少数人搞成什么独立，而“麦克马洪线”

---

① 杨公素著：《中国反对外国侵略干涉西藏地方斗争史》，193～194 页，北京，中国藏学出版社，1992。

② 杨公素著：《中国反对外国侵略干涉西藏地方斗争史》，194 页，北京，中国藏学出版社，1992。

以南的大片沃土却被他人非法吞占。

英国人诱迫西藏地方政府承认“麦克马洪线”取得成功后，又进一步逼迫中国政府同意以其“调停约稿”为条约草案。鉴于袁世凯政府始终不敢放弃中国对藏主权，麦克马洪狡猾地对“调停约稿”略加修饰，但保留了十一条的基本内容。4月27日，麦克马洪在会上提出以此修订稿及附图作为条约草案，并以最后通牒的口吻说，中国方面今日必须对草约和地图签字问题做出肯定答复，如再不接受此案，即宣布会议破裂，由英国直接与西藏订约。该草案的要点是：（1）西藏分为“内藏外藏”两区；（2）承认中国对全藏之宗主权，但中国不得改西藏为行省；（3）英国不并吞西藏任何部分；（4）承认“外藏”自治，中国不得干涉其行政，不派驻军队及文武官员［惟下（6）除外］，不办殖民，英国在藏亦不为此事，但仍保留商务委员及一定数量卫队；（5）拉萨之西藏政府对“内藏”仍保留已有之权，包括管理大多数寺院，任命各地方长官，但中国可向“内藏”派遣军队、官吏，或办殖民；（6）中国仍派大臣驻拉萨，卫队限300人；（7）允许江孜之英国商务委员赴拉萨解决在江孜不能解决之事。①

对草案的签字问题，英方又做了手脚，让伦钦夏扎先行签字，当陈贻范到场时，麦克马洪宣称英藏双方已签字完毕，要中国方面立即决定。陈看英人意甚坚决，害怕与其决裂，遂被迫在草约上画行。画行前，陈贻范声明：“画行与签押，当截然为两事”，正式条约须经中国中央政府批准，“如政府不认，尚可作废。”②

西藏办事长官陆兴祺在印度看到陈贻范等寄去的草约签字稿后，立即致电袁世凯，报告称：“惊悉印度政府外交手段之老到不可企及，其内容之酷烈，直据西藏为己有，固不仅剥尽我

① 牙含章著：《达赖喇嘛传》，220～221页，北京，三联书店，1964。

② 西藏社会科学院等编：《西藏地方是中国不可分割的一部分》（史料选辑），469页，拉萨，西藏人民出版社，1986。

国主权而已”。“事关领土主权，岂可因受人所逼而拱手退让。”[①] 草案内容传出后，国人群起而攻之，尤以新疆、四川、云南、青海等省官员和人民团体反对最为激烈，痛骂陈贻范为“庸臣误国，良可痛心”，“贻范之罪，实不容赦!”

众怒难犯，民国政府迅即于5月1日电令陈贻范不得在正式条约上签字，同时照会英国驻华公使馆指出：陈贻范没有政府训令，其草签纯属个人行为，已声明无效，但中国愿与英国继续商议，和平解决。[②]

其后，英国又在北京、西姆拉两地运用种种手法，反复诱迫中国在条约稿上正式签字。延至7月2日，麦克马洪照会陈贻范，定于次日召开最后一次会议。当天，中国外交部明确电示陈贻范：“英藏双方签字，不能承认。”[③]

1914年7月3日，英国政府不顾中国政府的反对，悍然令麦克马洪代表英国同西藏代表伦钦夏扎在《西姆拉条约》上签字，并搞了一个附约，称“中国政府因未在此条约上盖印，故条约中所载中国政府所有一应权利均作无效”。[④] 对此，陈贻范当场发表中国外交部声明：该条约未得中国同意，英藏方面签字画押，中国万不能承认。7月6日，中国外交部又致电中国驻英公使，令其向英国政府外交部声明：“中国政府不能擅让领土，致不能同意签押，并不能承认中国未经承诺之英藏所签之约或类似之文牍。”[⑤] 这一未经中国政府正式签字的“西姆拉条

---

① 西藏社会科学院等编：《西藏地方是中国不可分割的一部分》（史料选辑），471页，拉萨，西藏人民出版社，1986。

② 西藏社会科学院等编：《西藏地方是中国不可分割的一部分》（史料选辑），471页，拉萨，西藏人民出版社，1986。

③ 祝启源、喜饶尼玛著：《中华民国时期西藏地方与中央政府的关系》，31～33页，北京，中国藏学出版社，1991。

④ 祝启源、喜饶尼玛著：《中华民国时期西藏地方与中央政府的关系》，51页，北京，中国藏学出版社，1991。

⑤ 西藏社会科学院等编：《西藏地方是中国不可分割的一部分》（史料选辑），469页，拉萨，西藏人民出版社，1986。

约”纯属非法。以后的历届中国政府也从未承认过这一非法“条约”。

这样，持续近十个月的所谓“中、英、藏三方”西姆拉会议，最后就此破产。

国人反对英人干涉我西藏事务

西姆拉会议破产后，英国人在西藏问题上并没有善罢甘休。他们利用西藏地方与川康当局的矛盾，以帮助西藏地方政府为名，企图进一步控制西藏。1917 年秋，经过补充英国武器并受英式训练的藏军终于因故与驻防类乌齐的川军彭日升部开战。川军饷械匮乏，军无斗志，又因分防多处，兵力益单，在藏军的猛烈攻势下，防不胜防。1918 年，川军大败，统领彭日升也当了俘虏。至此，藏军已占有同普、德格、白玉、邓柯、石渠、武城等县，并渡过金沙江，整个四川为之震动。这时，英国人见藏军在前线的任务已经大体完成，即占领了所谓“外藏”地区，于是命令在甘肃调查所谓“烟苗”的英驻华官员台克满赴昌都，以调解人的身份出面调解川藏战事。8 月 8 日，达赖喇嘛表示愿意停火息兵，由川、藏、英的代表谈判解决川藏纠纷。这样，在台克满的“主持”下，川藏两军派员在察木多（今昌都）开始谈判。事前，台克满曾与西藏地方官员秘密商议拟订川藏停战协议问题，因此很快在会上抛出了“停战协定”十三款，让与会者签字。川军代表认为，“川藏两军之冲突，为中国境内局部之事，非外人所可得而干预”，拒绝在停战协定上签字。川边镇守使陈遐龄也“以条约损失威权，作为无效”，拒绝承认，最后将协定原文电告中央政府，就近与驻京英公使切实交涉了事。①

陈遐龄同时又派出交涉员到甘孜与藏军代表直接交涉。台克满闻讯，又赶去充当“调停人”，于 10 月 10 日签订了期限为

---

① 牙含章著：《达赖喇嘛传》，230 页，北京，三联书店，1964。

一年的"停战协定"四款，主要内容为："汉藏长官，均愿和平办理，汉军退出甘孜，藏军退出德格所管之境内。自退兵之日起，南北两路汉藏各军，不得前进。停战一年，听候大总统与达赖喇嘛和平解决。"①

1919年5月，英国人又想重温西姆拉会议未圆的旧梦。他们以停战一年的期限已到为由，催促中国政府重新开议，以解决他们炮制的"内、外藏"划界问题。此时，中国爆发了伟大的"五四"运动，爱国学生和群众提出"外争国权，内惩国贼"、"拒绝和约签字"、"废除二十一条"等强烈要求，反对中国代表在巴黎和约上签字。所以，在8月26日召开的民国政府国务会议上，许多人慑于公众舆论，不敢答应英国人提出的"内外藏划界"的条文，决定暂不开议，并将此事告诉了英国驻华公使朱尔典。而后，英公使持该国政府照会，找到中国政府总理龚心湛和大总统徐世昌，坚决要求开议。徐世昌坚持"此案须审查国内舆论之向背，征求国会之同意，咨询四川、甘肃、云南等关系各省，一时实难解决"，② 拒绝了朱尔典的无理要求。9月15日，民国政府在全国舆论压力下，不得不通电全国，公布了自1914年西姆拉会议以来，中英藏交涉西藏问题的谈判情况。至此，全国人民才了解了民国政府在西藏问题上屈服于英国人压力而妥协让步的情况，以及英国人运用外交手段耍两面派，企图控制西藏，使之变为其势力范围的阴谋。

西藏问题曝光后，全国舆论为之哗然，各阶层人民都起来反对英帝国主义粗暴干涉中国内政、分裂西藏的行径。川、滇、黔、陕四省联合通电全国，指出"西藏交涉之为英人播弄"，希望各界"用种种良法鼓动民气，誓死力争，以国民外交，作政务后援，务期博得最后之胜利而后已"。通电提醒全国人民"严

---

① 杨公素著：《中国反对外国侵略干涉西藏地方斗争史》，128页，北京，中国藏学出版社，1992。

② 祝启源、喜饶尼玛著：《中华民国时期西藏地方与中央政府的关系》，55页，北京，中国藏学出版社，1991。

密监视政府对藏之行动，勿许断送”西藏的大好河山。[①] 中国留日学生也发回通电，指出：“夫西藏者，中国之版图也，领土主权，自始属我”，切不可在这一原则问题上让步。同时，他们还一针见血地指出，造成当前西藏局势的原因是，“频年以来，吾国当局，只知有党派之争，无暇及守土之计，以致欧洲大战之机，而不能利用以解决中英悬案。致使他人先发制我，补牢无策，贻误事机，莫此为甚”，“诸公果欲保全西藏，拥护国权，则对英交涉，不宜稍让”。[②] 留日学生身居海外，洞悉世界政治风云，对军阀混战有切肤之痛，对西藏政局弊病之成因有比较公正的评说。由于全国人民对西藏命运的高度关注，以及全国范围内兴起的“西藏热”，民国政府最终拒绝了英国人关于重开西藏问题谈判的要求，使其阴谋未能得逞。

① 《上海时报》，1919 年 10 月 19 日。
② 《上海民国日报》，1919 年 12 月 5 日。

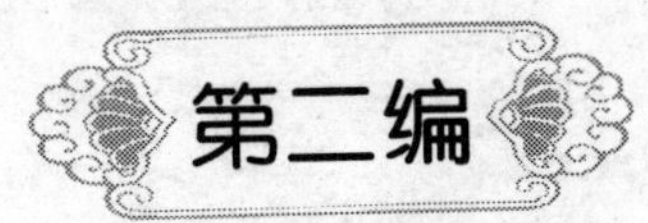

第二编

民国时期的中英关系

第一章

20世纪20年代的中英关系

第一节　中英在华盛顿会议上的再较量

英国阻挠中国收复主权

巴黎和会解决了战后根据新的力量对比态势确立欧洲新秩序的问题，但并未考虑列强在远东及太平洋地区实力对比所发生的显著变化。战后，在远东势力大大增强的美国和卷土重来的英国对日本在战争期间所取得的地区优势极为不满，三国在该地区展开了激烈争夺。这样，作为巴黎和会的延续，美、英、日三国关于在远东、尤其是在华利益再分配和“势力范围”再分割的华盛顿会议于1921年11月12日召开。参加会议的有9个国家的代表。中国政府派驻美公使施肇基、驻英公使顾维钧和大理院院长王宠惠为全权代表出席。

华盛顿会议的议题有两个：一是限制海军军备，一是远东及太平洋问题。所谓远东及太平洋问题，核心就是“中国问题”。大会下设两个委员会，即限制军备委员会和远东及太平洋委员会。

1921年11月16日，远东及太平洋委员会召开第一次会议。中国首席代表施肇基提出了解决中国问题的一般原则，即“十项原则”，希望各国尊重中国的领土完整和政治独立。经总委员会讨论，由美国代表根据中国的提案修改为“四点原则”，得到九国议决通过，构成为《九国公约》的基本原则。

“四点原则”通过后，中国代表陆续向会议提出具体议案。11月23日，顾维钧提出了第一个实质性提案——“税则自由案”，要求恢复中国关税自主；准许中国收取至高之价，并有权区别必需品及奢侈品以及其他各品；请自1922年1月1日起，将关税升至12.5%。这一提案一经提出，立即遭到各国的反对，尤其是英国。英国是把持中国关税管理权时间最长、控制最深的国家。所以，中国关税税则的任何变动，都关系着英国在华实质性的经济利益。朱尔典当即声称“一时恐难办到”，加税而不裁撤厘金，“外商必受其累”。英方还认为，中国要求将税率从名义上的5%提高到12.5%，实属过高，诬称中国“漫天要价”。最后，列强争议的结果是，由于中国的内战已经使各国商业利益受损，所以只能同意设法使税率达到5%，而不能同意中国关税自主。议定结果是，将来召开特别会讨论修正税则问题；中国现行税率为5%，裁撤厘金，附加税一律2.5%。1922年2月6日，华盛顿会议正式通过《关于中国关税税则之条约》。将中国关税自主的要求推到遥远的未来。这样，北京政府想通过增加税收以挽救其财政危机的希望破灭。

1921年11月25日，中国代表王宠惠在会上提出废止领事裁判权的《治外法权案》，并列举了领事裁判权侵害中国主权、扰乱司法程序等五项弊端。王宠惠还称，“此制一日不废，则中国未便开放内地任何人居住贸易。”① 英国代表虽然当时没有立

① 天津市历史博物馆编：《秘笈录存》，425～426页，北京，中国社会科学出版社，1984。

即正面反对，但表示，由于中国的司法制度迄今尚未健全，为保证旅华英人生命财产的安全及应享有的权益，英国希望废止领事裁判权案延至中国司法状况彻底改善后再作考虑。12 月 10 日，会议通过《关于在中国之领事裁判权决案》，决定由各国组成一个委员会考察在华领事裁判权的现状后再作决定。这样，中国废除治外法权的希望又成泡影。

中国代表又相继提出撤除在华外国邮局、无线电电台、撤退在华外国军警以及归还租借地等问题。各国代表虽然口头上声称尊重中国主权，不干涉中国内政，但事实上都想方设法地尽力维持其在华既得利益，致使中国代表在华盛顿会议上争取主权的斗争收效甚微。

作为远东及太平洋地区的一个令人瞩目的重大问题——山东问题，虽然在华盛顿会议开始后，中国代表几次向英美试探在会议上讨论的可能性，但均遭拒绝。英美要中国与日本在会外交涉，由他们从中调停。实际上，英美是把山东问题当作压制日本的一张牌，同时在关键时候又联合向中国施加压力。英国时任枢密院议长贝尔福甚至抱怨说："如此重要的华盛顿会议，就因为中国在这个（山东）问题上的僵硬立场而无法结束，外界对此是不能理解的。"1922 年 2 月 4 日，中日双方正式签署《解决山东悬案条约》及附约。① 日本仍然在山东保留了相当的权益。

中国作为第一次世界大战的战胜国，满怀希望地参加战后和平会议，本来以为能通过和会，结束帝国主义列强在中国的特权，改变其不利的国际地位，但是，从巴黎和会到华盛顿会议，中国代表的一次次努力均告失败，一个个希望相继破灭。在帝国主义的强权政治时代，政治上支离破碎，经济上孱弱不堪，更没有强大的武力为后盾的中国希图在外交上以公理战胜

① 王铁崖编：《中外旧约章汇编》第 3 册，208 ~ 213 页，北京，三联书店，1962。

强权，纯粹是一种浪漫的幻想。

英国支持“门户开放”

第一次世界大战前和战争期间，英国凭借经济实力，消极对待美国的“门户开放”要求。当时外国在中国的直接投资和贷款数额，英国占第一位，然后是俄、德、日、法、美。但战后英国已无力抵挡美国对中国的经济渗透，也无法阻止日本对中国的经济进攻，便逐渐转向支持“门户开放”政策。在华盛顿会议上，英国代表贝尔福明确声明：“就英国而言，利益范围已为过去之事”，① 美国对此认为这是英国最公开、最肯定的否定“势力范围”的政策。贝尔福还提出了关于中国问题的四项原则，后经美方修改而成为《九国公约》的基础。1922 年 2 月 6 日，华盛顿会议签订了《九国关于中国事件应适用各原则及政策之条约》，又称《九国公约》，虽然制约了日本独占中国的野心，但又使中国回复到由若干帝国主义国家共同支配的局面。

第二节　英国武力镇压中国人民的反帝革命运动

巴黎和会和华盛顿会议的结果，使中国人民大失所望，同时也更加清楚地认识到了帝国主义者的本质。中国人民纷纷起来反抗帝国主义者的压迫和剥削。1921 年 7 月 1 日中国共产党诞生后，中国工人阶级开始登上历史舞台，成为反帝爱国运动的领导力量。英国为了保住其在华特权，对中国人民的反抗运动进行了残酷的镇压，制造了一系列骇人听闻的惨案。

“五卅运动”与英国

1925 年是中国工人运动空前高涨的一年。这一年发生的“五卅”运动在全国掀起了一阵反帝狂飙。1925 年 5 月 30 日，

① 威罗贝著：《外人在华特权和利益》，45 页，北京，三联书店，1957。

上海学生2000余人，为抗议日本资本家枪杀工人、共产党员顾正红（党员）和声援上海日商纱厂工人罢工，在公共租界示威游行进行反帝宣传。各界群众主动加入，在南京路上汇成一股浩浩荡荡的反帝洪流。“收回租界！”“上海人的上海！”“打倒帝国主义！”的口号震天。以英国为首的租界当局，出动武装巡捕逮捕学生，仅南京路上的老闸巡捕房一处，就拘捕了上百名学生。租界当局的野蛮行径使得学生、市民更为愤怒。下午，近万名群众围住老闸捕房，要求释放被捕学生。英国捕头竟下令向手无寸铁的群众开枪，几十个外国巡捕一起射击，当场打死13人，重伤数十人，捕走40多人。这就是震惊中外的“五卅惨案”。

惨案发生后，上海各界民众异常愤慨，纷纷起来抗议帝国主义者的暴行，工人罢工、学生罢课、商人罢市的斗争相继开始。然而，英租界当局却策划以更为凶残的手段扑灭中国人民的反帝怒火。由英国出面牵头，英、美、意、日等国海军陆战队合编为租界保卫团，继续对手无寸铁的群众进行血腥镇压。从5月30日到6月10日，连续发生惨案9起，惨遭杀害的无辜中国人达113人，同时，上海大学、同德医校、大夏大学、南方大学、文治大学等也被列强以武力封闭和强占。

五卅惨案震惊了全国，各地相继起来反对帝国主义者的暴行。省港大罢工和沙基惨案就是由声援五卅运动而起，也是全国五卅反帝爱国运动的重要组成部分和最为悲壮的一幕。

1925年6月18日，中华全国总工会为“五卅”惨案致函香港各工团，通令全港工人罢工声援上海工人。6月19日，省港大罢工正式开始。香港海员、电车和印刷工人首先发难，接着洋务、装卸、煤炭以及各业工人相继响应，半个月内香港全体工人总罢工，罢工人数达25万人。6月21日，广州沙面租界区洋务工人3000人宣布罢工，并组织了“沙面中国工人援助上海惨案罢工委员会”，广州各业工人一致响应，一天内广州工人全部举行罢工。

6 月 23 日，广州工人、学生、农民和黄埔军校学员 10 余万人为声援五卅运动，抗议英帝国主义暴行，举行游行示威。当队伍行经沙面英租界对岸的沙基时，英国领事竟命令士兵用机关枪扫射游行队伍，同时停泊在白鹅潭及沙基口的英法兵舰也纷纷放炮助击，弹如雨下，当场打死 52 人，重伤 170 余人，轻伤无数，酿成了震惊中外的沙基惨案。

然而，英方却嫁祸于人，诬蔑“华人方面先行开火”，“我方不过仅为自卫起见，始行放枪”，“此重大责任，应由华人负担”。

事件发生后，广州国民政府连续 3 次向英法领事提出抗议照会，谴责英法之举动为“灭绝人道之蛮横举动”，“为世界公理所不容”。因而提出“最严重之抗议”，并提出谢罪、惩凶、赔偿等多项要求。但英、法领事却极力狡辩抵赖，反诬是我游行军人先向租界开枪，英法方面则是出于自卫才开枪开炮，责任应由中方承担。广州国民政府见单靠外交交涉不能使英法认罪，便决定实行“单独对英”的方针，把英国作为重点打击对象，领导人民对英国实行经济绝交，断绝同香港的交通。同时，以政府的力量接济罢工工人支持省港大罢工。这样，沙基惨案使得已经开始的省港大罢工规模更为扩大。

7 月初，香港工团联合会总会与中华全国总工会、广东总工会的代表联合组成省港罢工委员会，以苏兆征为主席，成立工人纠察队，分往各海口码头，严密封锁香港及沙面租界，截留出口粮食，扣押走私船只，厉行抵制英货。这些措施使香港英国商业全部停顿，交通运输中断，肉食蔬菜供应断绝，商店货源枯竭，街道垃圾粪便堆积，香港顿成“臭港”，英帝国主义在经济上受到沉重打击。

省港罢工期间，英国曾考虑再以武力征服中国。1926 年 2 月 20 日，上海英文《字林西报》所发表的一段伦敦通讯透露了“英国进攻中国之计划”，说：“干涉中国，扑灭中国民族运动的战争计划，已经过详细的考虑，……依专家的计算，征服中国

只须用10万军队……”。然而，这时的英国已今非昔比，无力再逞当年的威风，中国也已不是清政府统治时期的中国，中国人民已经觉醒，反帝怒潮日益高涨。《伦敦邮报》也哀叹道：“1925年英国尊严之堕落，实为中英通商二百年来所未有”，“既然不能以兵力征服中国，便只有先让些步”。

1926年7月，广州国民政府出师北伐。但持续了一年之久的省港大罢工不仅沉重打击了英国在华南的利益，也严重影响了广州国民政府的财政状况。为消除北伐的后顾之忧，解除经济困难，安定后方，广州政府决定同港英当局协商，解决罢工问题。从7月15日到25日，双方进行了5次对话，但均无结果。于是广州国民政府决定自设税务司长，自主提高关税，对平常入口货物加征特别税2.5%，奢侈品加征5%，用这项收入抚恤罢工工人，终止对香港实行一年多的经济封锁，让工人开始复工。10月10日是辛亥革命武昌起义15周年纪念日，罢工委员会发布停止罢工宣言，同时发布关于停止对香港封锁及撤回纠察队的布告。这样，历时16个月的省港大罢工宣告结束。

万县惨案

北伐开始后不到半年的时间，北伐军就从珠江流域推进到长江流域。长江流域是英国长期苦心经营的势力范围，因而引起了英国的痛恨和恐慌。英国开始对中国革命进行直接武装干涉。在广州、汕头等地，英舰强行驶入港口、占领码头，抓捕工人纠察队员，收缴他们的武器，破坏和打击革命后方。北伐军到达武汉时，英舰公然开炮轰击北伐军，并用高射炮炮击北伐军的飞机。英国舰船利用在天津条约中取得的内河航行权，在长江各埠及内河流域任意闯进闯出。在川江上，英国的商轮不断滋事，多次无故撞沉民船，导致许多群众丧生。四川当局曾一再向英领事提出抗议，英方不但置之不理，反而不断扩大事态。

1926年8月29日，英轮“万流”号由长江下游上驶万县，停靠四川境内云阳。四川军阀讨贼联军第一路军总司令兼四川省长杨森的部下从云阳提取盐款及粮税 8 千多元，准备搭乘“万流”号返回万县。当官兵乘木船靠近“万流”号，正准备登轮时，该轮违反常规，故意开足马力，撞沉载有川军官兵的木船，淹死川军官兵 58 人。

当肇事的英轮抵达万县时，杨森的川军士兵登轮查询事件经过，却被英舰派兵缴械，并有二人被打死。英舰甚至还以炮轰万县相威胁。在忍无可忍的情况下，杨森部队将英轮“万通”号和“万淪”号扣押，以便进一步与英方交涉。万县人民为抗议英国人的暴行，组织“英轮惨毙同志雪耻会”，提出对英实行经济绝交，要求废除内河航行权及一切不平等条约。英方执意扩大事态，反诬中国扣押英轮“显系作战行为”。9 月 4 日晚，英领事向杨森发出最后通牒，限他 24 小时内释放被扣英轮，否则立即开炮。5 日，英方专门调来军舰炮轰万县县城，在 3 个小时内发炮 300 余发，重点轰击南津街一带民房及商场、万县中学、省长行署及杨森司令部等地，并用硫磺弹焚毁民房、商店数百家，造成财产损失达数千万元，军民死伤数千人。这就是震惊中外的“万县惨案”。

万县惨案之后，重庆、上海、北京等全国各大城市，掀起了声势浩大的反英怒潮。数十万人参加了抗议集会，示威游行。万县英美烟草公司的工人、长江上游领航工人，纷纷举行罢工。万县、重庆的商界一致宣言，拒绝经营英货。但是，北京政府由于正受到北伐军胜利进军的严重威胁，担心事态扩大，结果不了了之。

英国扩大在中国的军事行动

万县惨案发生时，英国在华舰艇已近 50 艘。惨案发生后，英国又紧急调遣航空母舰 1 艘，驱逐舰 9 艘来华，加强军事力量，进行军事威胁。与此同时，英国还积极鼓吹各国出兵，特别是联合美、日等国，“共同干涉”中国革命。但随着万县惨案

后全国反英浪潮的兴起，特别是国民政府在坚持北伐、加强武装斗争的同时，也采取了一系列灵活的策略措施，在很大程度上分化了西方列强，打击了英国“共同干涉”的图谋。

但列强对中国革命的仇视是不会改变的。1927 年 3 月 24 日，北伐军击溃直鲁驻军，攻占了南京。在此背景下，一些人趁南京城内秩序混乱之机，抢劫了外侨商店、住宅、学校，造成了一些外国人的生命财产损失。这天下午，英国伙同美、日、法、意等国领事借口保护侨民及领事馆免受“暴民”侵害，命令停泊在下关江面的英美军舰向南京城开炮，连续轰击一个多小时，大批民房被毁，两千多平民伤亡，制造了震惊中外的“南京惨案”。

虽然英帝国主义对中国人民的反帝爱国斗争进行了残酷的武力镇压，但它的高压政策不仅没有奏效，反而激起了中国人民更为强烈的反抗。自“五卅”运动以来，反帝浪潮持续不断。风起云涌的反英浪潮沉重打击了英国在华势力，也迫使英国政府不得不开始考虑调整其对华政策。

第三节　英国插手西藏与内地的纷争

民国政府派员入藏

全国人民反对西姆拉会议和抗议英国干涉中国内政的高潮，也促使民国政府进一步寻求解决西藏问题的方案，以维护对西藏的主权。1919 年 8 月，甘肃督军遵照国务院令，派军事参议朱绣等经青海玉树至拉萨，并会见了达赖喇嘛。这是自辛亥革命八年来，中国中央政府第一次冲破英国的阻挠，直接派员入藏。朱绣等在拉萨期间与达赖喇嘛和西藏地方政府的代表进行了多次磋商。此后，双方感情渐趋融洽，西藏方面感到非常高兴，认为西藏与中央政府的关系“从此断而复续，甚愿照旧和好”。达赖喇嘛表示：“余亲英非出本心，因钦差逼迫过甚，不得已而为之。此次贵代表等来藏，余甚感激，惟望大总统从速特派全权代表解决悬案。余誓倾心内向，同谋五族幸福，至于‘西姆拉会议草案’亦可修改。”①

甘肃督军代表团入藏取得了可喜的成果，受到英国人的忌恨。英国认为，“中国使者已设法腐化西藏政府与其人民之心，使之反英。”② 为了破坏民国政府恢复同西藏地方政府关系的努力，进一步阻挠达赖喇嘛与祖国的接近，英国派其驻锡金行政官柏尔（又译贝尔）·查尔斯·艾尔弗雷德等于1920年到达拉萨，随行还带来军械240余驮。柏尔等在拉萨竭力挑拨汉藏关系，并允诺再借给西藏5000支快枪。柏尔声称，“西藏要维护她的独立，反击中国侵略的惟一希望，取决于增加和改进她的军队。”③ 于是，西藏地方政府按其想法，年年扩军。但是，藏军扩编使西藏地方政府的财力严重不足。柏尔又向达赖喇嘛提出了对寺庙、贵族增税的办法。柏尔所提扩军、增税的方案传到社会上后，引起强烈反响。1921年，拉萨举行传昭大法会时，三大寺参加法会的20000多僧人情绪激昂，提出惩处奸人，赶走洋人。达赖喇嘛正感紧张之际，柏尔让其调用军队对付寺庙僧人。于是，藏军包围了哲蚌寺，解除了喇嘛的武装。但是，藏族人民的反英情绪并未减低，柏尔住所的门外常发现“速行离藏，免伤性命”的字条，使柏尔十分恐惧。此外，柏尔在拉萨曾向达赖喇嘛提出，按照西姆拉会议英藏秘密换文的要求将“麦克马洪线”以南的领土割与英方，被达赖喇嘛顶了回去。达赖喇嘛还对他说：“藏人仇视已深，若不速行，不能复任保护之

---

① 西藏社会科学院等编：《西藏地方是中国不可分割的一部分》（史料选辑），464～465页，拉萨，西藏人民出版社，1986。

② 北京大学历史系编：《西藏地方历史资料选辑》，316页，北京，三联书店，1963。

③ 柏尔著，冯其友等译：《十三世达赖喇嘛传》，206页，西藏社会科学院，1985。

责。"[①] 柏尔被迫于当年10月离藏返印。这样，英国促使西藏扩军、增税的企图，由于西藏僧俗民众的反对，未能全部实现。

英国破坏西藏同中央政府的关系

1925年以后，十三世达赖喇嘛彻底认清了英国人的真实用心，开始倾向中央，先后派员至内地，促进了西藏地方政府与中央政府的联系。1929年，国民政府委任达赖喇嘛派驻雍和宫的堪布为"赴藏慰问专员"前往西藏，受到空前欢迎。1930年，西藏地方在南京成立了驻京办事处，以贡觉仲尼为首的西藏驻京人员也先后加入国民党，成为中央政府的高级官员。

在西藏已经攫取了诸多特权的英国，对西藏地方与中央政府的频繁接触，特别是对达赖喇嘛的思想变化大为不满，一直想挑起事端，破坏西藏地方同中央政府的关系。先是蛊惑尼泊尔以在拉萨的尼商被拘一事，向西藏炫耀武力未果；继而又挑唆西藏的亲英派利用甘孜大金寺与当地白利土司的纠纷，趁四川军阀混战之机，于1930年6月出兵与川军作战。战火烧起后，国民政府就英国向藏军供应军火事件提出质问。英国人除狡辩外，还宣称英国愿为"中藏纠纷"调解。对此，中国驻英大使以"纠纷"系我国内政而予以拒绝。为了解决川藏纠纷，1931年4月，国民政府派蒙藏委员会委员唐柯三前往甘孜调查事件真相，同时还通过西藏驻京办事处致电达赖喇嘛，请其令藏军停止战事，以和平的方式解决纠纷。5月，达赖喇嘛复电同意中央意见。1932年春，双方代表签订了停战草约。

当康区的战火还在继续时，1931年8月，英国派其锡金行政长官到拉萨，策动西藏地方政府向青海出兵。英国人此举正好投合西藏地方政府中少数人扩张统治区域，控制青海玉树等藏区的野心，遂把战火烧向玉树藏区。但这次西藏地方政府中的少数人失算了。藏军遭遇到青海军阀马步芳的奋力反击，被

① 北京大学历史系编：《西藏地方历史资料选辑》，318页，三联书店，1963。

赶出了青海地界。青海军队乘胜进入西康境内，占领数县。这就改变了原来有利于藏军的康区战局，迫使藏军向金沙江以西撤退。西康军阀刘文辉也指挥川军乘机推进，攻占甘孜、德格等县。至此，形成了川、藏两军以金沙江为界隔江对峙的局面。藏军溃败已成定局，这时以代表西藏利益自居的英国政府又运用外交手腕，指令其驻华使馆代办到中国政府外交部提出所谓抗议，声言中国政府破坏了"西姆拉条约"，侵略"外藏"，威胁中国政府如不和平解决康藏纠纷，必将发生严重后果云云。对此，中国外交部以中国未在"西姆拉条约"上签字，自当无效而驳回。

但此时的国民政府在考虑解决西藏问题时，总不敢过于得罪英国政府，加之国内其他军阀仍在内战，日本帝国主义在东北等地发动侵略战争，蒋介石希望康藏纠纷赶快结束。而西藏地方政府也看到藏军已无力再战，人民对连年不断的藏东战事深恶痛绝，不愿意支持这场不义之战。因此，1932 年 10 月，康藏双方签订了《岗拖停战协定》。1933 年 6 月，青藏双方也签订了停战合约。到此，康藏、青藏纠纷终于结束，英国在这场分裂行径中仍然是两手空空。

第四节　英国对华"新政策"

中国的新形势与英国的"新政策"

1926 年 7 月广州国民政府出师北伐之后，中国的革命形势迅速发展，北伐军在不到半年的时间里就突进到长江流域。1926 年 12 月，广州国民政府迁都武汉。英国在华势力及利益受到空前挑战。英国一方面图谋对中国革命进行干涉，另一方面又面临着调整对华政策的巨大压力。到 1926 年年底，英国保守党政府所执行的对华政策在国会内部遭到了在野党的猛烈抨击，国会要求调整对华政策，以适应中国局势的变化。12 月，英国

政府派遣“中国通”蓝普森出任驻华公使。

此前，1926年8月，英国副外交大臣、对华政策的主要设计者之一维克多·韦尔斯利发表《备忘录》，主张英国应改变对华政策，放弃其传统的对华炮舰政策。他指出，“从陆、海军的观点来看，对付像中国那样的一大群混乱的民众，我们多少是无能为力的；必须排除任何强制性的东西，除非有可能与其他列强一起进行海军示威。”①

1926年10月，当北伐的国民革命军进入武汉，直接威胁到英国在华势力范围——长江流域时，为了免受革命锋芒的打击，英国着手实施两手政策，即在不放弃进行武装干涉的同时，决心采取所谓的对华“新政策”。

12月，英国新任驻华公使蓝普森来华后，不是直赴北京，而是先抵武汉，会见国民政府代理外交部长陈友仁，试探国民政府的对外政策。在会晤中，陈友仁提出废除不平等条约及承认国民政府等问题，蓝普森的答复是：此时国民政府尚未统一中国，故根本上对于修改不平等条约及承认国民政府，此时尚谈不到，但可以承认国民政府征收二五附加税，以换取国民政府对英国的谅解。这遭到了陈友仁的严词拒绝：国民政府重在主权，不重利益，如果能收回关税主权让国民政府自定关税，即使收入不到2.5%，亦所欣慰。因此，这次会晤并未取得任何结果。

1926年12月18日，鉴于美、日等国都与武汉国民政府建立了联系，为了切实维护英国在华权益，在外交上占据主动地位，英国政府照会参加华盛顿会议的各个国家，提出了它的对华“新政策”备忘录。

备忘录宣称，英国政府对中国的国内政局不予以干涉。它声称：“当中国内争期间，本政府对于双方党派及其政府，向守

① 《韦尔斯利备忘录》FO371/11653F3424/8/10，1926年8月20日。转引自萨本仁、潘兴明著：《20世纪的中英关系》，158页，上海，上海人民出版社，1996。

不干涉之政策。”但备忘录同时承认“北京政府威权凌夷，至于垂灭”，而国民政府却“强健”有力，中国政局已形成一种与华盛顿会议时完全不同的局面。英国呼吁列强发表一联合宣言，宣布“一俟中国成立一有权商谈之政府时，即拟商谈条约之修改与其他一切悬案之解决；在该种政府未成立期间，采取一种与华盛顿会议精神相符、并与现已改变之情形相适宜的政策，以尽量迎合中国国家正当之愿望”；并请中国维持一切文明国尊重条约神圣的义务。对于中国的关税自主要求，备忘录提出：一俟中国新税法公布后，即可承认中国关税自主。备忘录同时声明英国的主张是：“各国对于附加税，应即行准予征收，而不必要求担保，或附加条件。”备忘录还认为，英国对中国的让步是有分寸、有步骤的。它提出，对于小事，列强无须提出抗议，对于违反条约义务的重大行为，列强应采取共同行动，中国应尊重条约的义务。①

英国的对华“新政策”承认了国民政府的存在，同意在一定条件下修改对华条约，表示准备承认中国关税自主，等等。但此项“新政策”的实质显然是在新形势下，在武装干涉行不通的时候，通过变换手法来保有其在华权益，并不意味着英国甘心情愿地放弃武装干涉政策。正如《向导》杂志当时所说的：“英帝国主义者，不管由兰浦生（即蓝普森）口中怎样说出愿意开始对华的‘新政策’，但事实上，没有一分钟放弃其干涉中国的阴谋”。② 1927年1月发生的“一·三血案”就是在英国“新政策”出台之后不久发生的。

“一·三血案”与中国人民的抗争

当北伐军进入武汉后，英租界当局在租界四周遍设作战工

---

① 转引自石源华著：《中华民国外交史》，302～303页，上海，上海人民出版社，1994。

② 转引自吴东之主编：《中国外交史》（中华民国时期1911～1949），164页，河南，河南人民出版社，1990。

事，并从长江下游调来多艘军舰，加强实力。英租界的《楚报》等报纸甚至鼓吹各国派军舰来汉口对北伐军加以抵制。同时，英国又寻找借口向国民政府抗议，企图压服武汉国民政府。11月19日，英领事壁约翰（布雷南·约翰）以北伐军通过汉口英租界为借口，向国民政府外交部提出抗议，称：国民革命军如果“继续闯入英租界，恐与租界兵警发生冲突，酿成国际严重事件……此事断难容忍”，甚至要求国民革命军“如确需经过租界，必须以指定到达地点通知驻汉口英领事，获得‘许可’，方可通过”。对于英国领事这种公然蔑视中国主权的行为，国民政府代理外交部长陈友仁给予了义正词严的反击。11月27日，陈友仁复函指出：所谓“汉口租界章程，本来系处于中国主权准许之下的一种自治法规，主权者之行为，对于其所准许或曾经准许之法规，本来不生违法之问题”。

1926年12月底，国民政府由广州迁都武汉。武汉的工农、市民，为国民政府的北迁和北伐军的伟大胜利，从1927年1月1日起，举行隆重的庆祝活动。3日下午，由中央军事政治学校组成的一支宣传队，在英租界附近江汉关码头前进行演讲，听众千余人，秩序井然。但英国借机挑衅，调来大批英国水兵，荷枪实弹，驱逐听讲的群众。英国水兵冲入人群，用刺刀乱刺，刺死宣传员1名，重伤2人，轻伤者数以百计。这就是英国一手制造的“一·三血案”。

惨案发生后，武汉国民政府代理外交部长陈友仁立即召见英国驻汉总领事，对英国水兵的暴行提出强烈抗议。但英国总领事却辩称，“如果你们的政府是文明的政府，你们应该能够为武汉的英国人的生命财产提供保护”。陈友仁回答说：“我们的政府是文明的政府，是中国人民的政府，正如你所知道的，当中国人身穿丝绸时，恐怕英国人只不过身体涂着蓝颜色，到处乱跑。至于说到保护，显然你们已经把这一任务承担起来了，因为你们已采取措施来保护你们的国民。中国国民政府再参与此事是不合适的；这样做，可能导致混乱和适得其反的效果。”

"你们已经命令你们的海军陆战队登陆了，而且在租界周围设置路障站岗，那些哨兵还手持了上刺刀的枪。按中国人民的看法，这是用一种野蛮的方式来处理事情。"陈友仁要求英国总领事："撤走你们的海军陆战队，命令你们的水兵返回军舰。"陈友仁理直气壮的反驳打击了一向骄狂蛮横的英国总领事的气焰。4日一早，国民政府又发布临时公告，表示当于24小时内决定对此案办法，为民报仇雪耻。①

在中国共产党的推动下，国民党湖北省党部、汉口特别市党部、湖北省总工会等200多个群众团体，500多名代表，于4月上午举行联席会议，当即提出处理"一·三血案"的八项条件。这些条件是：（1）立即向英领事提出严重抗议；（2）英政府必须赔偿此次同胞死伤之损失；（3）英政府要立即将肇祸凶手交中国政府惩办；（4）英政府必须向中国政府道歉；（5）撤退驻汉英国军舰，撤除英租界沙包、电网等作战物；（6）英租界内中国人，有集会、结社、游行、演讲的绝对自由；（7）解除英巡捕及义勇队之武装；（8）英租界交中国政府军警管理。上述条件，限英政府在72小时内做出圆满答复，否则，中国人民将立即收回租界、海关，取消英人内河航行权及领事裁判权。武汉国民政府完全接受了这些条件，并立即向英领事提出严正交涉。

在汉口各界人民的强大压力下，4日上午英领事被迫将水兵、义勇队、巡捕撤退。傍晚，武汉卫戍司令部派出3连军队进驻英租界，湖北总工会也派了300名纠察队员随往协助维持秩序。汉口市民纷纷进入租界，将沙包、铁丝网等物全部拆除。

5日下午，武汉各界30万群众冒雨举行反英大会，宣传惨案真相，重申8条对英要求，并通电全国。会后举行声势浩大的反英示威游行，愤怒的群众冲入英租界并加以占领。英政府

---

① 周燕芳："革命外交家陈友仁"，参见期刊《民国春秋》1998年第1期，7~8页。

被迫同意国民政府派军警进驻租界。武汉国民政府立即设立“汉口英租界临时管理委员会”，接管租界内一切事宜。

第五节　中国收回英国在华权益的初步斗争

收回九江英租界

汉口“一·三血案”尚未完全平息，英国就于1927年1月6日在九江再次挑起事端。1926年11月北伐军攻占九江后，当地的工人运动迅猛发展。九江英资太古、怡和轮船公司的码头工人也组织了工会，举行了罢工。1927年1月6日，一名英国人雇佣码头以外的搬运工人为其搬运行李上船，码头工人纠察队发现后上前制止，劝其不要为英国人卖力破坏罢工，双方发生口角。该英国人呼唤英国水兵登岸进行干涉，以大棒殴打纠察队员，致使多人受伤。停泊在江中的英舰也开炮示威，进一步激起九江工人、市民的强烈愤慨，奋起反击。数万工人群众当日冲进九江英租界，驱逐了英巡捕，迫使水兵退回军舰。武汉国民政府派人到九江，9日成立了“九江英租界临时管理委员会”，接管了九江英租界。

汉口、九江收回英租界后，全国各地纷纷响应。1月14日，南昌召开了10万人的反英大会。1月16日，长沙20万人集会反英，并从英人手里收回长沙、岳阳海关及湖南邮政管理权。

在中国人民的压力下，1月12日，英驻北京公使派参赞欧马利，到汉口与陈友仁进行交涉。欧马利要求国民政府退还英租界，恢复以前状态。陈友仁当即予以拒绝，明确告诉欧马利：现在谈判只能以现状为先决条件，绝对不可能恢复过去的状态。

1月22日，陈友仁代表国民政府外交部发表宣言，明确阐述了对解决汉口事件的政策，称：“国民政府之意见，以为欲脱离外人帝国主义之羁轭，初不须与列强从事武力之战争，故国民政府深望以谈判及协议之手续，解决中国与列强间一切之问题……但此项谈判须根据经济平等之原则及彼此主权互相尊重之权利。”“今日汉口英租界之情形，已丕然一变……本政府对于汉口事件之处置与上述政策完全符合。”陈友仁集中抨击英国的对华政策，称“英国于鸦片战事战胜吾国后，即剥夺吾自由”，“至今创巨通深，一息犹存，胡能淡焉若忘”？中国民族主义的主要目的是恢复被英人剥夺之完全的自由。“倘一日不能达到，则中国民族主义与英国帝国主义之间，必无妥协之可能。”宣言警告英国及其他国家，“尚有悍然不顾为虎作伥者，吾人亦当以国际土匪观之，尽法严办，不使幸免也。”① 该宣言言语之激烈，态度之严厉是前所未有的。它一扫80多年来清政府及北京政府的媚外辱国态度，义正词严地对帝国主义的侵略加以斥责。

1月27日，欧马利奉命将一份备忘录及附件7款送交武汉国民政府。《备忘录》称：如果汉口、九江之英租界问题能得到圆满解决，国民政府能切实声明除用谈判手续外，不以任何方式变更在华租界及国际居留地，英国政府准备立即照附件所开办法，承认中国国民党对于英国大部分之要求。《附件》的主要内容是：英国准备承认中国之新式法院审判英人原告提起之诉讼案件，放弃列席观审权；承认中国国籍法；在驻华英国法院中适用中国新式法典；使英国侨民缴纳中国正规与合法的捐税，讨论各英租界市政之修改，并缔结协定；承认英国传教士今后不得有在中国内地购买土地的权利，英人遵守中国法律等。

实际上，英国是准备放弃汉口、九江，而固守上海。1月29日，英国外交大臣张伯伦在伯明翰发表演说，宣布英政府“已决定派兵前往上海”。武汉国民政府得知后，于2月初发表声明，指出：“英国之武装军队，声势汹汹向上海直逼而至，……且公然饰以中国远征队之名称，……国民政府不得不

① 程道德、张敏孚等编：《中华民国外交史参考资料选编1919～1931》，370～374页，北京，北京大学出版社，1988。

视英国集中军队之行为，为一种对于中国民族主义勒迫之行为……”[①]因而中断了与英方的谈判。在这种情况下，2 月 10 日，张伯伦发表演说，明确表示，英调遣来华军队之大部分将不集中于上海，而改向香港进发。

2 月 19 日，陈友仁与英国驻华公使代表欧马利签订了《汉口英租界协定》，20 日又签署了《九江英租界协定》。中国政府正式收回汉口、九江英租界。[②]

汉口、九江英租界的收回，对英帝国主义的在华势力是一个沉重的打击，也是中国人民反帝斗争所取得的一次伟大胜利。

南京国民政府态度的变化

鸦片战争以来，中国人民反对外来侵略的斗争一刻也没有停止。进入 20 世纪之后，中国人民的反帝运动更是风起云涌，斗争矛头直指最早入侵中国的英帝国主义。20 世纪 20 年代以来，全国各地相继爆发了反英示威、罢工并出现流血事件，中国人民要求收回英租界，收回海关，取消英国在华治外法权的斗争日益壮大，中英矛盾急剧激化。英国对此十分惧怕，担心这将彻底消灭英国在华势力，因此企图联合美、日进行干涉。但美日各怀鬼胎，都坐看英国如何应对中国人民的反英斗争，故对英国的要求不予理睬。在此情况下，英国不得不让步，从完全镇压变为保住重要利益，同意修改不平等条约，陆续将汉口、九江、镇江、厦门、重庆、威海卫等租界地交还中国，正式承认了中国关税自主，并将庚子赔款的 1118 万英镑还给中国。

英国的让步是以维护它在中国的主要利益为最终目的的。中国反帝爱国运动的兴起及收回租界等国家主权的斗争的展开，

---

① 程道德、张敏孚等编：《中华民国外交史资料选编—1919～1931》，379～381 页，北京，北京大学出版社，1988。

② 王铁崖编：《中外旧约章汇编》第三册，607～609 页，北京，三联书店，1962。

更坚定了英国的这一立场。

就在汉口、九江人民收回英租界的同时，上海也出现了广泛的、群众性的要求收回租界的斗争。英美两国虽然口头上表示愿意就上海租界问题进行谈判，但实际上都不想放弃在上海的特权利益。上海是英国在华利益的聚集之地，英国在华投资的75%集中于此。因此，英国政府声称："上海一处约有英人1.5万人，而英人财产以亿兆计，……英政府有无论如何代价必自行保护此种利益之责。"在英国看来，"目前尚未到放弃租界管理权之时机，尤其上海租界不肯放松。最大之让步，亦不过许中国加入共同管理"。为保护上海租界，英国政府还决定派1.6万名士兵前往上海，并鼓动美日等国集中了数十艘军舰到上海长江沿线。对此，武汉国民政府发表声明，严厉谴责其行径，并命令上海的英军必须立即撤退。

1927年"四一二"反革命政变后，南京国民政府宣告成立。为换取帝国主义者的外交承认和支持，南京国民政府首任外交部长伍朝枢于5月10日宣布了该政府的外交方针，其中首先是不采用暴力手段，其次是在适当的时候提议废止不平等条约。"七一五"反革命政变、宁汉走向合流后，南京国民政府开始谋求与列强的妥协，试图用和平手段解决长期悬而未决的废除不平等条约问题。外交部则明确表示：陈友仁时代的汉口事件，是可一而不可再，可用于局部而不可施于全盘。

南京国民政府成立后，英国意识到它毕竟面对的是一个名义上统一的中国，因此全面贯彻执行其"对华新政策"，表示愿意放弃暴力，通过和平谈判解决争端。但是，在当时的情况下，英国不可能轻易放弃其在华重大权益，谈判也不能解决双方之间的根本性问题，其中包括英国在上海的特殊权益问题。

罢免英人总税务司的斗争

在这个时期，北京政府还与英国政府进行了罢免英人安格联的总税务司之职的交涉。

1911 年赫德死后，另一个英国人安格联接任总税务司之职。北京政府的财政大权长期处在英国人的控制之下。由于安格联的权势日益增长，他与北京政府要员的矛盾也在加深。1926 年底，随着英国对华政策的变化，安格联开始与南方革命政府联络，这更引起北京政府的疑忌。1926 年 8 月，北京政府为了筹集资金，决定用对奥赔款的豁免部分作为担保，发行一种债券。此项措施必须得到总税务司的签字。安格联却表示，在当时中国分裂为两个部分的政治形势下，他不能签字。安格联的这种态度在北京政府看来，无疑是迫使其因财源缺乏而垮台，因而对他更为痛恨。

1927 年 1 月，北京政府决定征收附加税，税率 2.5%，但没有像广州国民政府那样另设征税机构，而是决定由海关统一征收，以免为各地控制截留。但安格联声称，海关不能征收未经列强批准的外贸税，拒绝执行北京政府的命令。这使北京政府极为愤慨。署理内阁总理顾维钧认为，总税务司作为中国政府的雇员，无权使自己处于可以对政府施加压力的地位上。① 为此，北京政府于 1927 年 1 月 31 日宣布将其革职，由总税务司主任秘书易纨士代理。

北京政府的决定受到了中国舆论界的普遍欢迎。《晨报》发表评论指出："安格联向有太上财政总长之称，既掌握海关全权，又负保管内外债之责，操纵金融，左右财政，历来当局无不仰其鼻息，而安格联之允诺，可以生死内阁，安格联之言论，又可以高低公债。虽安之滥用职权，有以致此，而官僚财阀迷信外人，实为主因，举国人心之愤慨已非一日，此次当局毅然罢免，无不痛快！"②《大公报》也评论说："北京政府迅雷不及掩耳的手段"是"总税务司用客卿以来未有之创举"。③

① 《顾维钧回忆录》，第 1 分册，307 页，北京，中华书局，1983。
② 《晨报》，1927 年 2 月 8 日。
③ 《大公报》，1927 年 2 月 5 日。

但北京政府的这一举措在国际上却遭到各国、特别是英国的反对。安格联被罢免后，英国驻华公使蓝普森立即展开活动，先后会见顾维钧及安国军总司令张作霖，企图迫使北京政府收回成命，未被理睬。2 月 7 日，在蓝普森的策划下，英、美、法、日等国的驻华公使一起会见顾维钧，向其提出抗议。蓝普森还指使易纨士不接受北京政府的任命，仍以总税务司主任秘书行事。同时，素来与总税务司有勾结的中国银行界也向北京政府施加压力，要求收回成命。

2 月 8 日，在内外压力之下，北京政府对蓝普森表示，中国政府绝不收回罢免成命，但愿采取折衷办法，使海关职能正常运作；易纨士必须在两周内到任，否则将考虑其他人选。北京政府还就蓝普森干涉中国内政一事向英国政府提出了抗议。英国政府对蓝普森的行为表示异议，希望寻求一种和缓的保全面子的解决办法。

2 月 9 日，双方达成协议：北京政府不强迫海关执行征收附加税的命令；罢免安格联改为“准假 1 年”，仍予以总税务司待遇，并以税务处名义致函安格联，“嘉尚”其任职期间的“劳绩”；安格联向易纨士移交工作；北京政府另立征收附加税处，附设于海关内，由海关与财政部会同办理等。中英之间关于罢免安格联的交涉由此结束。

第二章

30～40年代的中英关系

第一节 英国对日本的绥靖政策

英国的经济危机

华盛顿会议之后，英国力图保持华盛顿体制确立的现状，维持并发展在华利益。就在英国为固守在华势力范围和利益，力图稳住大英帝国的阵脚时，资本主义世界有史以来最大的经济危机爆发了。

1929～1933年的资本主义世界经济危机，是在1930年春波及英国的。这场席卷全球的危机使英国原有的三大工业部门严重衰落，农业显著萎缩，对外贸易剧减，失业大军急剧膨胀，失业率从1929年的9.7%上升到1930年的16.2%，1931年又上升到22%，到1932年更高达22.8%。经济危机使英国国际收支逆差激增，财政状况极其严峻，英镑空前不稳。英国政府不得不于1931年9月21日宣布放弃金本位，实行英镑贬值，并且组成英镑集团以维护英镑的国际地位。经济危机迫使英国最终实行了保护关税政策。为抵制其他国家的倾销，1932年2月，英国制定了进口税法。8月，英国与英属各自治领缔结了《渥太华协定》，宣布在帝国内部实行贸易特惠制，这标志着英国这个“日不落”帝国已把其经济触角由向世界经济领域扩展转向巩固自治领集团经济。但这并未能从根本上扭转英国力量衰落的基本趋势，并且它注定要面对日本帝国主义在远东对其殖民利益发起的挑战。

日本对英国在华利益的挑战

日本对英国在华盛顿会议上联美反日政策十分不满，认为华盛顿会议是“英美以牺牲日本为代价的秘密同盟”。[①] 20年代，就在英国忙于应付中国的反帝浪潮时，日本变换侵略手法，打着“协调外交”的旗号，加紧了对中国的经济侵略，与英国展开角逐，并最终成为英国在华利益的主要威胁。日本所谓的“协调外交”，是以对外全面经济侵略方式，维护、扩大日本的势力范围和权益，并在此旗号下，加紧对中国的经济侵略，欲把中国东北变成它的一统天下。南满铁路是日本在中国东北进行经济扩张的枢纽。到1930年，日本通过“南满铁路株式会社”把中国东北的主要经济命脉掌握在自己手中，几乎完全排斥了英美在东北的投资。与此同时，日本的经济侵略继续向中国长城以南地区扩张，不断排挤英国利益。此时日本在华的棉纱生产占中国全部生产的35.8%，棉布生产占44.7%，已超过英国的3.9%和10.2%。[②] 在中国对外贸易中，对日贸易已占24.63%，对英贸易则占24.59%。[③] 在外国对华投资中，英日不相上下。日本已在经济上对英国在华利益造成极大威胁。

---

① 尼施编：《英日离异1919～1952年》，8页，剑桥，1982。
② 高村直助著：《日中战争与在华纺》，329～347页，东京原书房，1989。
③ 格尔著：《英国在远东的经济利益》，111页，伦敦，1943。

“九一八”事变与英国对日本的偏袒

日本正是利用了当时帝国主义国家第一次世界大战后互相争斗，矛盾重重的有利国际环境，扩张欲望迅速膨胀，侵略势力有恃无恐，无视国际舆论和国际公约，以武装侵略的卑劣行径粉碎了华盛顿体系的制约。1931年9月18日，日本有计划、有预谋地发动“九一八”事变，揭开了武装侵略中国的序幕。面对日军的猖狂进攻，南京政府采取了不抵抗和依赖国际联盟解决问题的误国政策。而国际联盟在英美态度的影响下，在听到这一事变的消息时，气氛是“麻木的和完全不相信的”。[①] 国际联盟在9月22日仓促做出决议，要求中日双方停止一切冲突，撤退军队，不顾国际法准则，把侵略者与被侵略者同等对待。

此时的英国，正疲于应付国内的水兵哗变及被迫放弃金本位而无暇东顾。为尽早摆脱经济危机的冲击，英国只对对华贸易感兴趣，只注意本国在华利益是否受损，根本无意维护中国领土主权完整，因而对日本的侵略行径，仅寄希望于国际联盟出面“调停”，不愿主持国际正义，不表态制裁日本。因此事变发生后英国就持袖手旁观及袒护日本的立场和态度。

对于中国政府的控诉及有关要求，以总统胡佛为代表的美国政府也仅是敷衍，极不愿对日本采取任何经济和军事的制裁，只肯采取“不承认主义”进行所谓“道德制裁”。英、美对此事的消极态度，导致国际联盟软弱无为。由英国驻国联代表李顿任团长的国际联盟“调查团”在1932年1月发表的“不承认主义”照会并无实际意义，但就是这样的照会，英国都拒绝参与。实际上，英国当局早已默认东北地区是日本的“势力范围”，因而除希望国联派遣“调查团”来华走走形式外，并不准备做出

① 徐蓝著：《英国与中日战争1931～1941》，32页，北京，北京师范学院出版社，1991。

更多的积极有效的反应。

英国对日本的妥协

继“九一八”事变之后，日本帝国主义又在1932年1月28日发动了武装侵犯上海的“一·二八”事变。这样，日本帝国主义的侵略魔爪从东北继续伸向一直被英国称为“重要利益”所在的“势力范围”，即中国长江中下游地区，开始严重威胁到英国在华利益。此时外国在华投资的34.3%、英国在华投资的76.5%都集中在上海，[①] 因此日本对上海的进攻，使英国产生了要被日本从中国市场排挤出去的强烈危机感。于是，英国采取了与“满洲事变”完全不同的强硬态度。英国内阁于1月31日开会讨论上海形势和派遣军舰问题，这与“九一八”事变时隔50天后才正式讨论远东问题形成了鲜明对比。

日本制造“上海事变”的重要目的，是要转移列强对中国东北的注意力，以确保对中国东北的完全控制。“上海事变”爆发后，“满洲”独立的谋划也在加紧进行。但由于列强对上海问题的态度强硬，使日本担心“满洲”独立计划失败。因此日本就在外交上努力把“满洲事变”和“上海事变”分开解决，坚持“就地解决”的方针。

英国对日本分裂中国、建立傀儡政权的阴谋并非完全不知，但为了保住自己在上海的利益，对日本的无耻要求再次妥协让步。为了让日本人坐下来谈判，英国外交大臣西蒙坚决反对制裁日本。英国外交部认为，英国不应该由于“东北事变”反对日本，英国在“满洲”的利益相对不太重要（英国在东北投资尚不足600万英镑）。因而，英国确认“远东形势的全面改善，来自在满洲满足日本的扩张要求”。[②] 至此，英国为保住在上海

① 雷麦著：《外人在华投资》，据53页表6、72页表11、82页计算，北京，商务印书馆，1959。

② 徐蓝著：《英国与中日战争1931～1941》，60页，北京，北京师范学院出版社，1991。

及华东的权益做出了放弃“满洲”权益的重大让步。

英国对日本的侵略采取袒护、纵容、让步的妥协政策，这首先是因为英国害怕在中国人民反帝斗争的浪潮中失去自己的利益，在帝国主义国家的共同利益关系及互相利用的基础上，认为满足了日本的“权益”要求，也就保护了自己的利益，而置中国人民的根本利益于不顾。其次，英国为了自己在长江流域和上海的重要权益而放弃在东北的“次要权益”，是想把日本的扩张魔爪挡在关外，避免日本南下，而保持由自己独统华东的利益格局。第三，英国把日本当作抗衡苏联的屏障和干将，纵容日本在中国东北的存在，无疑给英国保护其在中国的利益增加了安全感。最后，一战以后英国国力虚弱，国内矛盾激化，自顾不暇，这也是它极力避免卷入中日冲突的重要原因。

英国对日绥靖政策

到 20 世纪 30 年代初，英日贸易摩擦已日趋激烈。1930～1932 年，日本在对外贸易中，从印度、埃及、澳大利亚、西非及荷属东印度共获利 1.25 亿日元，其中从英帝国获利 0.91 亿日元，[①] 占获利总额的 72.8%。鉴于日本正在“发动一场国家运动去夺取亚洲和亚洲大陆以外的市场”，[②] 英国内阁先后批准废除了《印日通商条约》、西非英属殖民地的《英日通商条约》，日本称对此感到“惊愕”。当时国际社会出现了日英棉业战的说法，声称日英把世界棉业一分为二，形成东西对立状况。

但由于国防虚弱，英国内阁决定“尽一切可能改善我们同日本的政治关系……有必要尽可能避免任何能被解释为过分无礼的行为”，[③] 并主动与日本就世界市场的份额分配问题进行

① 路易斯著：《英国在远东的战略 1919～1939》，210 页，牛津，1971。

② 徐蓝著：《英国与中日战争 1931～1941》，56 页，北京，北京师范学院出版社，1991。

③ 徐蓝著：《英国与中日战争 1931～1941》，56 页，北京，北京师范学院出版社，1991。

谈判。

在这场贸易战中，日本认为它在中国东北的行为是有理的，于是要求进一步向华北扩张，南下势头强劲。1933 年初，日本进犯热河，并于 5 月 31 日与民国政府签署《塘沽停战协定》，又吞并了中国部分领土，将日本势力范围扩展到长城脚下，直接威胁到英国在华北的利益。至此，英国不得不承认国际形势、远东形势都发生了深刻变化，大英帝国的昔日雄风早已不在，日本已成为它在远东的主要敌手。尽管如此，由于英国担心重整军备所需的巨额军费开支将威胁政府财政计划的平衡和经济复兴，因而无意也无力改变远东防御的虚弱状态。英国国防委员会认为，“不能忽视由于我们完全没有能力保卫我们在远东的利益所引起的危险”，因此“应该利用任何机会去改善我们与日本的关系”，英国对日本政策的目的，就是“达到恢复我们近年来已经牺牲的地位和目标”。① 基于这种对日绥靖的政治立场，当时的财政大臣张伯伦提出了缔结英日互不侵犯条约的建议。

但英国外交部并不赞成缔结英日互不侵犯条约，认为英国应当继续培养与中国的友好关系以避免来自日本的危险，并建议寻找一种国际合作的办法使日本不能阻挡外国对中国的技术援助而成为惟一的获利者，进而认为英国的最佳政策应该是“承认日本经济的真正需要，不应该在满洲反对日本，或不必要地限制它的贸易扩张”。②

虽然英国内部在对日制约的具体措施上有纷争，但目标都是要以牺牲中国主权为筹码，对日本做出重大让步，来换取英日关系的改善。

1933 年 4 月，国际联盟通过了关于对中国进行技术援助的决定。6 月，中国与美国签订了 5000 万美元的棉麦贷款协定。

---

① 徐蓝著:《英国与中日战争 1931~1941》, 59 页，北京，北京师范学院出版社，1991。

② 徐蓝著:《英国与中日战争 1931~1941》, 60 页，北京，北京师范学院出版社，1991。

对此，日本极其不满，认为这是“不承认日本的现实地位，反而硬要使日本回到满洲事变以前的状态”。[①] 日本必须要让英美认识到，日本是“安定东亚的势力”，中国的事情不允许其他国家插手。为此，日本外务省情报部部长天羽英二在 1934 年 4 月 17 日发表声明，向中国和西方各国提出挑战：“如果中国采用利用其他国家排斥日本，违反东亚和平的措施，或者采取以夷制夷的排外政策，日本就不得不加以反对。”“各国也应考虑到由满洲事变、上海事变所产生的特殊情况，如果对于中国想采取共同行动，即使在名义上是财政或技术的援助，也必然带有政治意义，如果助长这种形势，终将在中国划定势力范围，开国际管理或者瓜分之端。这样不仅给中国带来莫大的不幸，并且对东亚的安全，甚至对日本也会带来严重后果。因此，日本在原则上不得不对此表示反对。”[②]

毛泽东对这一声明进行了最深刻的揭露，指出它是“日本帝国主义企图强占中国的最明显的表示”。[③] 国内国际舆论也一片哗然，认为这不过是日本“欲将欧美势力驱逐于亚洲之外，而独握宰割亚洲弱小国家主权的对外政策……也不过是更明确声明其亚细亚门罗主义而已”。[④]

“天羽声明”发表前，英国政府内部以张伯伦为首的绥靖派一直对日本抱有幻想，曾提出英日划分两国势力和贸易范围，平分英日在华利益的建议。“天羽声明”的发表，表明日本蓄谋已久的独占中国的政策和侵略掠夺行径是铁的事实，日本更不容许第三国的技术、武力援华抗日。这就使英国绥靖派失去了

---

① 天津市政协编译委员会：《重光葵外交回忆录》，129 页，北京，知识出版社，1982。

② 日本外务省编：《日本外交年表和主要文书（1840～1945）》下卷，284 页，东京原书房，1984。

③ 袁旭等编著：《第二次中日战争纪事 1931.9～1945.9》，284 页，北京，中国档案出版社，1988。

④ 《北京晨报》，1934 年 4 月 21 日。

立足点，但是他们不仅不清醒改过，却仍然顽固地认为这是对日本妥协退让还很不够的必然结果。英国政府由于把国内经济复苏放在第一位，以及远东的无防御状态和英日关于贸易问题谈判陷入僵局等因素，生怕再次刺激日本，因此对“天羽声明”的态度是消极、软弱、忍让的。外交大臣西蒙不仅不敢对日本进行谴责，反而替日本开脱，否认日本的声明是打算垄断远东，而是由于“担心可能来自其他在华国家的某种行动而引起的对和平、对中日友好关系或对中国主权的某些危险”，并要求英国驻日大使“本着最友好的精神”提醒日本注意英国应当继续享有的在华权利，并希望日本保证这一声明绝不打算减少其他国家在中国的共同权利。①

美国虽然认为“天羽声明”是日本政府对其长期目标的轻率表态，但由于自“满洲危机”以来，美国国内孤立主义情绪更加严重，因此美国企图避免增加美日关系中已经存在的危险。在美国看来，美国在中国的利益并不比他国（英、俄、法）的利益更重要，美国既不准备也不应该准备在这个时候对日本使用武力，也不会带头向其他国家建议采取任何行动。美国以冷漠的态度对“天羽声明”做出了反应，实际上，也是拒绝了英国要与美国联合照会日本的建议。

美国对“天羽声明”的冷漠态度，使本来就软弱的英国政府更要讨好日本，于是内阁指示商业大臣要“尽可能本着诚恳的，友好的和有帮助的精神与日本谈判英日贸易问题”。②

英、美对“天羽声明”的态度，助长了日本侵略扩张的嚣张气焰，它竟然公开宣称：“日本不仅从未侵犯过中国的独立性和利益，而且也没有加以侵犯的意图”，“日本没有侵犯第三国在中国的任何权益的意向”，“但是日本对于采取任何形式违反

---

① 徐蓝著：《英国与中日战争 1931～1941》，64 页，北京，北京师范学院出版社，1991。

② 徐蓝著：《英国与中日战争 1931～1941》，65 页，北京，北京师范学院出版社，1991。

东亚和平及秩序的行动不能置之不理”。[①] 对于日本这种公然否定侵占中国东北是侵犯中国独立主权和根本利益的言论，英国政府不仅不予驳斥，反而给予默认。英国外交大臣西蒙为了安抚日本人，竟然说“日本已经表明他们遵守《九国公约》的态度，这与英国政府的看法一致”，并认为“天羽声明”并不打算对公约的规定表示异议，说“日本政府还重申他们承认在中国的门户开放政策”。[②] 西蒙替日本人的辩解，当然会使日本满意，这实际上起到了鼓舞日本进一步侵略扩张的作用。

事实上，“天羽声明”的发表，对英国绥靖主义派——张伯伦、西蒙是一个警告，但是他们却视此为对日本妥协退让不够的必然结果。1934 年 10 月 16 日，张伯伦和西蒙提出一份《关于英日关系前途》的联合备忘录，居然说只要英国“政治绥靖”日本取得成功，就“毫无疑问地会从与日本的有保证的友谊中获得巨大利益”[③]。为此，英国政府有必要对“满洲国”做出事实上的承认，这个联合备忘录标志着英国绥靖日本的外交政策已初步形成。

当然，英国仅以牺牲中国的权益对日“政治绥靖”已经完全不够了。就在英国面对东西方的敌人自觉软弱、防御空虚时，仍把保住资本主义经济利益放在第一位，不肯增加军费，重整军备。为此，英国企图通过对日本的绥靖外交平衡远东国际关系，以弥补远东防御的虚弱状态，达到保卫英国远东利益的利己目的。而在此时，日本已开始积极扩军备战了。1934 年 12 月 29 日，日本单方面废除华盛顿海军条约，1936 年 1 月 16 日宣布退出伦敦裁军会议，这无疑表示了日本全面备战的决心。在严

---

① 日本外务省编：《日本外交年表和主要文书（1840～1945）》下卷，285～286 页，东京原书房，1984。

② 徐蓝著：《英国与中日战争 1931～1941》，65 页，北京，北京师范学院出版社，1991。

③ 英国外交部编：《英国外交政策文件》，第 3 辑第 13 卷，61 页，伦敦，1960。

酷的现实面前，张伯伦和西蒙关于争取缔结《英日互不侵犯条约》的奢望自然不可能实现。

另外，从1936年7月至1937年7月初，英日之间断断续续进行了将近一年的谈判。英国指望通过谈判与日本签订一份“政治协定”，英国承认日本在中国东北的“势力范围”和在华北的“特殊地位”，以此换取日本对英国在长江流域和华南地区诸多既得利益的尊重，不再继续南下。这表明英国为弥补国防力量不足，企图通过绥靖外交更多地出卖中国的权益，以求与日本达成妥协苟安于一时。日本则通过谈判继续麻痹英国，以拖延谈判争取扩军备战的时间。1937年7月7日，“卢沟桥事变”爆发，日本欲独霸中国的野心彻底暴露，英日谈判无果而终。

日本全面侵华与英国绥靖政策的发展

1937年7月7日，中日战争全面爆发，中国人民展开了全面的抗日民族解放战争。中英关系也进入了更为复杂多变的阶段。

当时，欧洲局势动荡不安，英国极怕在远东再爆发战争。战争一旦爆发，英国既担心日本利用“事变”加强其在华北的地位，侵占英国在华北的权益，又担心英美两国如若直接介入中日战事，将会引起中国人民的幻想，寄希望由英美牵制日本；更惧怕英美介入会引起日本军方势力进一步加强，对英国不利。因此，在事变爆发以后，英国先是不分侵略者和被侵略者，要求双方“克制”，继而消极调解，并指望得到美国的合作。

其实，英国对日本绥靖，与美国的“中立”一样，实质上都是纵容侵略、坐收渔利的政策。从事变爆发到8月初，英国除了在7月28日同美国一道要求日本保护在华的外国人的生命财产安全之外，对日本没有任何强硬的表示。就连7月18日日本飞机轰炸中国客车造成中国百姓24人死亡的事件，英国都不做任何反应，惟恐卷入中日冲突。更有甚者，7月28日和8月

24 日，当中国两次询问英国是否能卖飞机或其他军用物资给中国时，英国都编造各种理由来加以拒绝。同时，还取消了英国空军访问香港的计划，怕给日本造成中英“军事合作反对共同敌人的印象”。[①] 英国对中国的请援之所以推托，是因为英国关注的仅是其在华投资的价值实现与安全，力求保持与日本的“友谊”，以图保全其在中国乃至太平洋地区的巨大权益。

自中日战争全面爆发后，英国实际上未采取任何措施防止战争的扩大，仅是想把战争限制在华北，用牺牲其在华北的较小利益换得在华东、华南的巨大利益。但日本在“九一八事变”后从侵华中获得的巨大利益以及英美软弱自私的表现，更驱使其放胆步步南逼，根本不甘于与西方列强平分在华利益。

“八一三”上海之战爆发，击碎了英国的幻想。日本不仅要占领上海，紧逼南京，迫使国民党政府投降，还要实现 3 个月灭亡中国的计划，气焰极为嚣张。为此，日本为阻止中国得到外援，切断中国与英美国家的贸易，封锁了中国海岸，炸伤英国驻华大使许阁森，可谓狂妄至极。即使如此，也没有改变英国的对日妥协态度，它不仅不对中国人民抗日战争给予实际的支持与援助，反而在国联坚决反对中国关于制裁日本的要求，使日本在扩大侵略、夺取对中国的全部占领中更加肆无忌惮。

从中日战争爆发到布鲁塞尔会议，英国政府一直采取绥靖日本的消极政策，从而失去了制止日本扩大侵略的良机。而美国由于孤立主义盛行，对英国要求与其合作共同“调解”中日冲突的建议“不感兴趣”。日本由此确认了英美的软弱态度和绥靖政策，更加猖狂地扩大战争，于 1937 年 12 月 12 日制造了击伤击沉英国“瓢虫”号和美国“帕奈”号军舰的严重事件，毫不留情地向英国及列强在华利益发出正面挑战。

面对危机四伏的国际局势，英国既怕面临战争的危险，又

---

① 阿恩·谢著：《战争在东方的起源——英国、中国与日本 1937～1939》，156 页，伦敦，1976。

不忍放弃大英帝国的殖民利益，因而，它一面积极在欧洲推行绥靖德国和意大利的外交政策，一面在远东绥靖日本，以期达到无限期防止战争的目的。

英国对日出卖中国海关

日本抓住英国陷于经济、军力困境之短和自中日战争以来英国对日本采取的妥协退让态度，不但在口头上强硬地要求英国政府及国民应充分理解英日关系的重要性，而且在行动上对英国的在华地位提出了直截了当的要求——夺取英国独占的管理中国海关的特权。

中国海关自19世纪中叶以来一直处在以英国为首的列强的控制之下，是帝国主义侵略中国的重要手段，而占中国年预算总收入30%至40%的关税也就逐渐成为中国举债和对外赔款的经济担保。长期以来，中国海关最高管理职位总税务司一直由英国人把持。到中日战争爆发时，英国对中国贷款约2.5亿美元。[①] 因此，“保持对中国海关的管理经常被认为是英国在华政策的一个重要目标……因为海关的收入经常是中国信贷的主要支柱，英国的债券持有者同这种信贷利益攸关”。[②]

中日战争全面爆发，使中国进出口贸易受到沉重打击，这必然直接影响着中国海关的关税收入。1938年中国的关税总收入比1937年减少9800万美元，这不仅严重损害了中国的经济利益，也侵犯了英国在华利益。但英国慑于日本的武力，在津（天津）秦（秦皇岛）海关关税存放和税则问题上步步退让，出卖中国的主权利益，把占中国全国关税总收入10%的中国第二大海关收入全部交给日本人管理，接着又背着中国政府与日本签订了关于中国海关的非法协定，将占全国关税总收入48%的上海海关（江海关）关税及沦陷区的全部关税收入存入日本人

① 杨格著：《中国与外援1937～1945年》，88页，哈佛大学出版社，1963。

② 布拉德福·A. 李著：《英国与中日战争》，117页，伦敦，1973。

的正金银行，[①] 再一次交给日本人管理。这些税款收入占中国1938年关税收入的75%。[②]

英国为了保住自己的利益，坚持推行绥靖政策，以牺牲中国的主权和中国人民的根本利益取悦于日本，使中国海关变成了为中国的敌人收款的代理人。对此中国政府当然不能接受，于1938年5月6日向英国提出强烈抗议，声明中国绝不能受此非法协定的约束，保留中国在海关问题上的充分权利和自由。英国在逼迫中国接受非法协定不成后擅自实施伪税则，使中国政府税收大减。

尽管英国妥协退让，以转让其次要利益，保全其主要利益；以出卖中国人民的利益，换取自己的一杯羹，但这并不能满足日本侵略者贪婪的野心，更不能改变其独霸中国、剥夺列强在华一切权益的侵略方略，英日矛盾激化终将不可避免。

英日在华矛盾的发展

租界是帝国主义列强侵略中国的产物。“九一八事变”后，中日关系急剧恶化，日本与英美之间也冲突不断，这就改变了在国际租界管理中各国基本合作的状态。日本认为，解决外国租界问题是关系到建设“东亚新秩序”的最重要的问题之一，日本必要控制租界领导权、迫使租界当局对日本军队屈服或与日本合作，共同镇压中国人的抵抗活动，使租界在经济上和财政上成为日本的支持者。随着日本侵华战争的不断扩大，英国在国际租界中的领导地位必然受到日本的挑战。1938年至1939年，日本在上海国际租界、鼓浪屿国际租界和天津英租界先后发难，欲夺取觊觎已久的租界领导权。其中尤以在天津英租界的冲突更具对抗性，更具代表性。

---

① 徐蓝著：《英国与中日战争1931～1941》，212页，北京，北京师范学院出版社，1991。

② 日本国际政治学会太平洋战争原因研究部编：《通向太平洋战争之路》，第4卷，163页，东京，1963。

早在1938年，英国为了避免与日本人发生冲突，就开始在英租界内镇压中国人的抗日活动，并从9月起，英日双方就是否交出中国游击队领导人与所谓暗杀伪海关监督嫌疑犯进行了多次交涉。起初英方持否定态度。对此，日本态度强硬，并于1939年6月14日正式封锁了天津英法租界，对出入租界的英国人进行人身侮辱。天津日军声称，如果英国不改变对日政策，不同日本人合作，日军就不取消封锁，致使英日关系陷入危机。此后，尽管英国政府发表声明要采取积极措施保护自己的在华利益，在后来的谈判中抵制了日本的一些要求，但在日本咄咄逼人的进攻下，终于在7月22日与日本签订了《有田—克莱琪协议》，做出不光彩的妥协。日本通过这一协议获得了英国对日本在华行动权的认可。同时英国政府又向中国保证，此举绝不意味着英国支持日本对华侵略，亦不影响国联通过的与中国有关的决议。但是，无论英方如何解释，实际上都是默认日本对中国侵略的合法性，而且公开违反了在历次国际会议上英国做出的道义援华的承诺，把英国政府在过去两年内实际执行的纵容鼓励日本侵略的政策第一次用文字的形式表达了出来，是英国远东绥靖政策发展的顶点。

中国政府于1939年7月26日发表声明，表明中国政府的立场及对英国政府的失望态度："日军之对华侵略业经英国自身与其他国联会员国予以承认，而英国政府对于在华日军之所谓特殊需要竟声明知悉，是不能不深引为遗憾。对英国政府又担任使在华英国当局及英国侨民明悉彼等应避免任何阻碍达到日本军队目的之行动或办法，尤堪讶异。"中国政府认为，东京协议忽略了两个最重要的基本事实：第一，进行这些涉及中国领土、主权与利益的谈判没有邀请中国政府参加；第二，协议没有承认这样的基本事实，即日军在它作为侵略结果而占领的任何地方都不享有任何权利。日军对中国的占领违反了全部国际法，是国际联盟正式谴责的侵略行径。中国政府还要求英国政府在以后的谈判中不要做出任何不利于中国人民继续抵抗侵略的许

诺，并要求其采取具体措施来援助中国。[①]

第二节 英国被迫有限援助中国

英国对日绥靖政策的破产

1938年9月，英国面临欧洲的危机形势，在东西方同时推行绥靖政策。在亚洲，英国打算用不援助中国的办法讨好日本，以此当作对日本谈判的筹码，换得日本尊重英国在华利益，缓和英日关系。但是，英国对中国主权的出卖，使日本尝到了甜头，更起到了鼓励日本扩大战争的作用。尤其是在《慕尼黑协定》之后，日本完全看清了英国的意图，更加放胆侵略，进而正式提出建立“东亚新秩序”的口号，这使英国不得不重新考虑为保住在中国和亚洲的利益而援助中国的问题。

1938年夏季，中国战场发生重大变化。中日双方动用百万兵力，历时数月的武汉会战宣告结束。日本占领了武汉这一控制平汉、粤汉、长江交通的战略要地和华中地区最大的工商业中心。在华南，日本经短促突击，未遇重大抵抗，占领了广州，遏制了粤汉线南端，切断了经香港运入外援物资的通道。随着日本军事上的胜利，其外交对策也发生了重大变化，日本自以为已基本具备了控制中国的能力，就公开对“门户开放”政策提出挑战，于11月3日发表第二次“近卫声明”，提出建立“东亚新秩序”的口号，宣称“此种新秩序的建立，应以日满华三国合作在政治、经济、文化等各方面建立连环互助的关系为根本，希望在东亚建立国际正义，实现共同防共，创造新文化，实现经济的结合”。这表明日本要在东亚建立以它为霸主的、由它实施严密控制的一种新秩序。日本还宣称：“东亚新秩序宣言

---

① 陶文钊等著：《抗日战争时期中国对外关系》，130页，北京，中共党史出版社，1995。

就是东亚门罗主义宣言，列强坚持保留其在华权益是错误的……所谓‘门户开放’原则和‘机会均等’都必须加以修改。只有建立东亚新秩序，实现日满华合作，才能满足日本对原材料和市场的需求，东亚以外的国家的经济活动，必须服从于因新秩序所属各国的国防和经济安全的需要而做出的一定限制，并不得享有任何政治特权。”①

与此同时，日本侵略者开始加紧排挤外国在华势力。1938年11月下旬，英国舰船接连遭到日本轰炸和扣留。12月，日本不顾英国抗议强行占领接管广州海关，并对天津英租界实行严格交通检查，对英国在青岛、烟台两港的航运加以阻挠。在经济侵略上，从4月至11月，日本占领者成立了华中铁矿、水电、电信等公司，以及上海内河汽船、恒产等公司，疯狂掠夺中国资源，与英国特权相对抗。

当日本发表第一次“近卫声明”时，中国政府就曾提醒英国，日本对华南的侵入是对英国的直接挑战，是它反英政策的具体化，一旦日本在南中国获得一个基地，它就把英国在西太平洋地区的所有领土和利益看成是吞并的目标。因此中国要求英国对日本的行为给以实际的反应，并对中国提供援助，同时英国对日本的要求应采取强硬态度。但是英国却认为，“日本的行动似乎不是首先针对香港和我们在华南的地位的……断定我们和日本之间将产生多少摩擦是为时过早的”，② 因此内阁不同意给中国贷款。就在中国驻英大使11月1日再次要求英国重新研究给中国贷款以购买滇缅公路所需卡车，并要求英国支持法国反对日本占领海南岛的企图时，英国仍对日本抱有幻想，而对中国的抗战力量毫无信心。直到第二次“近卫声明”的发表，日本公开否认《九国公约》的对华原则，对英美发出公开挑战，

① 陶文钊等著：《抗日战争时期中国对外关系》，146～147页，北京，中共党史出版社，1995。

② 英国外交部编：《英国外交政策文件》，第3辑第8卷，150页，伦敦，1960。

在西方引起强烈震动，才粉碎了英国绥靖主义者的幻想。

英国对华经济援助的开始

日本侵华的升级以及“东亚新秩序”的公布，使西方国家进一步认清了日本决心独吞中国的真实意图和狂妄野心。英国认为这是日本外交政策的重要变化，是日本组织的一场泛亚运动，是有系统地企图垄断中国的经济和政治生活的证明。英国驻华大使卡尔认为，这“将消除对日本真实意图的所有疑问”，“这个声明摧毁了靠与日本的合作就能保卫我们在中国利益的任何希望”。[①] 英国第一次真正担心自己会被日本排挤出中国。

由于英国在对中国提供财政援助方面迟迟不肯决断，蒋介石于1938年11月6日表示，英国的态度将迫使中国改变政策并在其他地方寻找朋友，绝不再关心英国的远东政策，不再同英国商量有关中国未来的政策或任何其他问题。[②] 与此同时，中国政府强烈谴责英国对“近卫声明”的软弱态度，指出英国“今已到最后时期”，“如欲保全其在远东之地位，此时亟应采取积极措施，免失时机”,[③] 要求英国对是否援华给予明确答复。蒋介石说：如果英国向中国提供援助，中国人民将会长久铭记并会给予加倍的报答。[④] 中国外长王宠惠11月19日也提醒英国：“须知英国在华利益实较美国为大，英国如欲保全其在远东之地位，此时应采取积极政策，免失时机。”王宠惠还说，“中国政府正考虑对日宣战，因为在目前形势下，此举对中国非常

---

① 英国外交部编：《英国外交政策文件》，第3辑第8卷，251页，伦敦，1960。

② 英国外交部编：《英国外交政策文件》，第3辑第8卷，217~218页，伦敦，1960。

③ 秦孝仪主编：《中华民国重要史料初编——对日抗战时期》第三编：战时外交（二），30页，台北，中央文物供应社，1981。

④ 陶文钊等著：《抗日战争时期中国对外关系》，149~150页，北京，中共党史出版社，1995。

有利。”[①]

英国枢密院长哈里法克斯认为，中国已经发出威胁，要离开英国，转向俄国或日本，如果中国抵抗崩溃，日本将会处在南下的有利位置。[②] 他和驻华大使卡尔都积极推动英国政府采取援华措施。

就在英国议会就是否援华争论不休时，日本于11 月30 日通过了《调整日华新关系的方针》，把“东亚新秩序”侵略蓝图纳入了具体对华政策，强调“第三国在中国的经济活动和权益，由于日满华经济合作的加强，当然要受到限制”。[③]

日本的这一切行动都迫使英国不得不下决心，着手援助中国。英国副外交大臣表示：“英国准备采取一切可能的措施来保护英国的利益。”[④] 12 月 7 日，英国议会终于批准了给中国 1000 万英镑出口信贷的立法，但只能先给 50 万英镑为滇缅公路购买卡车，以后再考虑增加。可是对于这一立法和贷款数字，英国又迟迟不肯宣布，而是在观望，直到12 月15 日美国宣布给中国2500 万美元桐油贷款后，英国才于 12 月 19 日宣布给中国的贷款。1939 年 3 月 15 日，中英正式签订了这笔贷款合同。

自中日开战以来，英国一直推行绥靖政策，所以对中国方面多次要求给予贷款的呼吁不予理睬。即使在批准了 50 万英镑购车贷款后仍以“欧局紧张不宜再火上加油”[⑤] 为理由，拖延向中国提供平准基金。中国之所以请求这笔贷款，是由于战争破

---

① 秦孝仪主编：《中华民国重要史料初编——对日抗战时期》第三编：战时外交（二），30 页，台北，中央文物供应社，1981。

② 陶文钊等著：《抗日战争时期中国对外关系》，150 页，北京，中共党史出版社，1995。

③ 日本外务省：《日本外交年表和主要文书（1840 ~ 1945）》下卷，405 ~ 406 页，东京原书房，1984。

④ 英国外交部编：《英国外交政策文件》，第 3 辑第 8 卷，303 ~ 304 页，伦敦，1960。

⑤ 徐蓝著：《英国与中日战争 1931 ~ 1941》，265 页，北京，北京师范学院出版社，1991。

坏了中国的财政体系，加之英日非法海关协定，使中国失去了大约80%的关税和65%的盐税收入，外汇储备严重下降，使中国政府无力偿付外债。[①] 为此中国政府于1939年1月15日宣布停付一切由海关收入保证的外债，这一决定不仅是对英日非法海关协定的一个否定，也是对英国不向中国提供平准基金的一个警告，同时也是对英国债券持有者的打击。

3月18日，英国政府公布了对华提供500万英镑外汇平准基金的计划，以稳定中国的法币价值。英国方面解释说："鉴于我们同中国的财政和经济关系，中国的稳定对我国是十分重要的事情"，这"将是对英国在华贸易和企业的实际支持"。[②] 也可以说，这是因为日本的侵略在损害到了英国的实际利益时，英国才不得已对中国要求了一年多的贷款给予批准。

尽管英美贷款的数额非常有限，但作为战时英美向中国提供的第一笔贷款，标志着英美援华的开始，是国际形势向着有利于中国抗战方面转变的开端，鼓舞了中国军民的士气，增强了中国人民抗战到底的必胜信心。

英国对中国战略地位的再认识

第二次世界大战爆发后，欧洲战局急转直下，法西斯德国横扫欧洲大陆，1940年6月17日，法国投降，英、美深感震惊。而日本却由此得到了进一步排除英、法在远东势力的良机。首先，日本迫使法国维希政权关闭了滇越铁路，从而阻断了由越南海防港至昆明铁路每月25000吨援华物资的运输线。然后，又借英国陷于不列颠之战的时机，迫使英国于1940年7月18日关闭了滇缅公路，断绝了中国最重要的国际通道，切断了外部世界对中国抗日战争提供军需用品和其他物品的供应，使坚持

---

① 徐蓝著：《英国与中日战争1931～1941》，265页，北京，北京师范学院出版社，1991。

② 格尔著：《英国在远东的经济利益》，203页，伦敦，1943。

抗战的中国军民处境更加困难。

英国在滇缅公路问题上对日本妥协，使中国抗日军民失去了物资补给的国际支持，严重削弱了中国抵抗力量，是中日战争爆发以来英国在远东对日本采取的一系列绥靖行动中的最大行动。英国的绥靖政策，不仅未能避免其自身利益受损，还使其在大战来临之时国内军备状况严重不足，远东防御更是极为虚弱。在欧洲战争爆发后，英国为避免日本在远东挑起战争，便极力对日安抚，一味退让。中国政府对此向英国提出抗议："英国接受日本之要求，已给予侵略者以巨大利益，故英国之举动，无异帮助中国之敌人。"① 蒋介石也发表声明，指出英国的做法实际上等于支持日本使中国屈服，英国此举将失去中国的友谊，而且也将牺牲它自己在远东的地位。②

事态的发展，正如中国政府外交部 7 月 16 日声明中所指出的那样，英国对日妥协并未使远东得到和平，而是极大地刺激了日本的南进欲望，促使其最后下定了南进的决心。1940 年 7 月第二次组阁的近卫文麿一上台，便制定了日本《基本国策纲要》，提出建立"以皇国为中心，以日满华坚强团结为基础的大东亚新秩序"，③ 这个大东亚共荣圈以日满华为核心，范围包括整个东南亚地区，甚至包括澳大利亚和新西兰在内。④ 日本抓住法国败降的时机，强行进驻法属印度支那北部，从而迈出了南进的第一步。然后，日本又积极插手调解泰国和印度支那的边界纠纷，使远东局势骤然紧张，这引起了英国的极大恐慌。

英国担心日本借机在印支南部和泰国获得新的军事基地，

---

① 复旦大学中国近代史教研组编：《中国近代对外关系史资料选辑》，第二卷下部第三分册，143 页，上海人民出版社，1977。

② 伍德沃德著：《第二次世界大战期间的英国外交政策》，第二卷，100 页，伦敦，1971。

③ 日本外务省编：《日本外交年表和主要文书（1840～1945）》下卷，436 页，东京原书房，1984。

④ 日本外务省编：《日本外交年表和主要文书（1840～1945）》下卷，450 页，东京原书房，1984。

并以此作为配合德国攻打英国的前奏，进攻新加坡及英国在远东的其他领地。英国面对德军横扫西欧、北欧诸国的危机战局、德意日轴心同盟条约的签订、日本南进的攻势，才越来越感到中国是否坚持抗战对它的远东领土的安全有着直接的关系。国际社会舆论更明确指出：如果中国对日本的抵抗崩溃，那么英国与荷兰在远东的领土将几乎直接受到挑战。

在日本咄咄逼人的攻势之下，英国在远东的处境日益恶化。张伯伦被迫下台，丘吉尔出任首相。出于维护大英帝国的存在和利益，丘吉尔不得不调整它的对华政策，对中国坚持抗战转向较为积极的态度和政策，把与中国进行合作、支持中国继续抗日的问题提到议事日程上。

中英军事合作的起步

早在 1939 年 3 月，中国政府就曾向英国表示，一旦欧战爆发，中国准备在保卫中英双方利益方面与英国进行最大限度的合作。[①] 5 月 5 日，蒋介石又明确表示：即时“中国政府可以对英国提供 20 万人力作战，保卫香港”,[②] 但中方的合作意向均遭英国拒绝。直至 1940 年 10 月 14 日，英国已直接面对远东危机时，英国大使不得不向蒋介石主动提出：英国方面可以派遣重要军官二三人前来，与中国军事当局共同讨论军事合作问题，并建议中国政府可以考虑向英国政府要求提供军火、弹药、飞机等武器装备的援助，即使英国不能供给中国飞机，也可以转商美国供给之。中国还可以要求英国对华贷款 1000 万英镑，作为回报，中国则可考虑派出壮丁 30 万 ~40 万协助英国作战，或于日本进攻新加坡时，以大军攻击广州等地，牵制日军南下。

---

① 英国外交部编：《英国外交政策文件》，第 3 辑第 9 卷，5 页，伦敦，1960。

② 英国外交部编：《英国外交政策文件》，第 3 辑第 9 卷，52 ~ 53 页，伦敦，1960。

这一行动所耗军火，应由英美补充。[①] 对于英国的建议，蒋介石说："必俟英、美确实抱急切解决远东问题之决心，深切明了中国非半殖民地国家及其陆军贡献之重要，然后始可讨论军事、经济与政治之合作。"英国大使卡尔当即表示：英国现在国策已经改变，在战事结束后，即应取消一切不平等条约。[②]

英国在这时积极提议与中国进行军事合作，其目的说到底只不过是给中国一点好处，要中国劝说美国参加这个合作，这不过是英国拉美国参战的一系列行动中的一步。英国外交部认为，由于日本对印度支那的日益增长的压力，以及日本针对英、荷属地而准备南进的种种迹象表明，中国继续坚持抵抗对英国是利益攸关的，因此，英国希望帮助中国，但要以不刺激日本发动对英战争为限度。[③] 由此，在给中国政府《中英美三国合作方案》的答复是：由于目前不能指望美国明确承担义务，因此我们不能过于刺激日本，在这种情况下，三国军事同盟是不可能的，即使中英两国结盟也不可能。至于对中国的援助，必须在美国承担大部分援助的条件下，英国才可能考虑向中国提供相应的援助。但除了游击战争以外，英国不能过高估计中国军队可能给予英国的帮助，因此对华援助也只能是有限度的。[④] 英国的答复否定了中国提案的最重要部分，即：坚持《九国公约》门户开放，维护中国主权领土行政完整，反对日本建立大东亚新秩序，认定中国是远东和平、独立、自由的基础。这表明英国并不想在中英合作的路上走得太远，而在贷款和军事合作上留有余地，致使《中英美三国合作方案》未能实现。

---

① 秦孝仪主编：《中华民国重要史料初编——对日抗战时期》第三编：战时外交（二），38页，台北，中央文物供应社，1981。

② 徐蓝著：《英国与中日战争1931～1941》，382～383页，北京，北京师范学院出版社，1991。

③ 徐蓝著：《英国与中日战争1931～1941》，393页，北京，北京师范学院出版社，1991。

④ 伍德沃德著：《第二次世界大战期间的英国外交政策》，第二卷，116页，伦敦，1971。

事实上，关于中英军事合作，中国方面虽多次指出：当此日军积极准备南进之际，中英应及早决定军事合作方案，藉此防患于未然。而英方则强调英日尚未开战，英军不能卷入中日战争，军事合作时机还不成熟。因此除在1941年3月间同意将100架美援P40战斗机转让给中国，6月又同意将英国向美国订购的144架伏尔特战斗机让予中国外，并未制定一项切实可行的军事合作方案。1941年4月13日苏日签订中立条约，使日本得以集中军力恣意南进。中国政府认为中英军事合作已刻不容缓。经与英方反复磋商，直到8月中旬，才由于中国政府的让步而达成初步协议：英方承诺一旦英日开战，英方将派遣15名游击战顾问协助中国刚刚成立的15支游击队抗日作战，同意中国军队在中缅边境装配飞机及使用该地机场作战。中方承诺协助英军防卫香港；并于日军攻缅时，中国军队将由云南出兵侧击日军，并以驻缅空军协助英军防卫与中国接壤的缅北。中英协议共同保证滇缅公路运输畅通，共同负责修建由缅甸八莫至云南保山的公路。① 至于英国空军援华作战的问题未达成任何协议。

需要指出的是，中英联合军事行动协议中，虽然关于中英之间实质性的军事合作并不多，但这毕竟是太平洋战争爆发前中英军事合作起步的标志，是中国长期坚持抗战的结果，也是英国对华政策的初步转变，为中英正式结盟准备了初步的必要条件。

---

① 秦孝仪主编：《中华民国重要史料初编——对日抗战时期》第三编：战时外交（二），177～178页，台北，中央文物供应社，1981。

第三节　太平洋战争爆发后的中英关系

中国远征军入缅作战

1941年12月7日，日本偷袭珍珠港，太平洋战争爆发。美国终于摆脱了孤立主义的羁绊，对日本及德、意法西斯国家宣战。次日，英国对日宣战。而中国国民政府，在实际对日抗战四年半后，于1941年12月9日正式对日本宣战。作为世界反法西斯同盟国的一员，蒋介石代表民国政府宣布，中国绝不惜任何牺牲，竭尽全力与各友好国家对侵略者并肩作战。英国首相丘吉尔在对日宣战后致电蒋介石，表示“英帝国和美国已经受到日本的攻击。我们一向是朋友，而现在我们面对着一个共同的敌人”。[①] 蒋介石表示：“从此中英两国人民并肩作战，誓必铲除共同的仇敌。”[②]

1941年12月22日至1942年1月14日的华盛顿会议决定，将远东对日作战的指挥系统划分为南太平洋战区和中国战区。罗斯福建议由蒋介石担任中国战区盟军最高统帅，蒋介石接受了这一职务。而此时，日本正挥师横扫东南亚，侵夺英、法属地。1942年1月，日军进攻缅甸，英军无力抵抗，穷于应付，节节失利。对此状况，中国政府遵照1941年的三国协议，提议派中国军队入缅协同英缅作战。因为早在1941年春，英国为借助中国的军事力量保卫其在远东的属地及利益，曾邀中国军事考察团赴缅、印考察，中方曾提出了切实可行的共同防御计划草案。然而由于英国缺乏合作诚意，负责缅甸战场指挥作战的英印军总司令韦维尔疑虑重重，迟迟不答复中国的建议。其实，

---

① 温斯顿·丘吉尔《第二次世界大战回忆录》第二卷下部，第3分册，915页，北京，商务印书馆，1975。

② 秦孝仪主编：《中华民国重要史料初编——对日抗战时期》第三编：战时外交（二），89页，台北，中央文物供应社，1981。

英方的意图很明显，是既想仗恃中国远征军保卫缅甸，又惟恐中国乘机染指缅甸，或唤起缅甸人民的民族意识，反对英国殖民统治。英方的犹豫不决，贻误了战机，使缅甸战局急速恶化，仰光陷落，缅滇公路再度封闭。至此，英方无处求援，才不得不同意中国远征军入缅作战，与英缅军队共同抗击日军。由于中国方面的英勇参战，极大地缓解了英缅军队所受的压力。中国远征军还安全掩护英缅军队撤退，而使自己陷入日军重围。中方在抵抗侵缅日军的作战中付出了巨大的牺牲，为此英王致赠蒋介石大十字勋章的最高荣誉。但是，由于英方不肯忠实履行与中国协同作战的协议，不予增援，刁难补给，扰乱军情，坐观成败，致使缅甸于 5 月底陷于敌手。

中英战时经济合作

自“七七事变”至太平洋战争爆发前的四年多时间里，谋求美、英对华财政援助一直是中国政府对美、英展开外交交涉的主要工作，中国政府也获得了一定的成功。太平洋战争爆发后，中国政府以同盟国的身份要求美、英贷款就更为坚定。1942 年底，中国国民政府分别向美、英提出了贷款 5 亿美元和 1 亿英镑的要求，并把它看作是盟国支持中国抗战的一个实际行动。但是中国与英国的贷款商谈进展却很困难。

1942 年 2 月 3 日，英国大使通知中国政府英国同意贷款，但总数减为一半不超过 5000 万英镑，且贷款时间与用途由中英两国商定。当时英国政府宣布这一消息的主要目的在于宣传，是表示英国支持中国抗战的一种姿态而并不准备立即实施。因此借款交涉进展极为缓慢。英方的理由是，英美情况不同，英国作战时日较久，财政短缺，援助中国财力稍逊。[①] 由于双方都坚持自己的要求而不让步，形成谈判僵局，使交涉拖了一年多。

---

① 秦孝仪主编：《中华民国重要史料初编——对日抗战时期》第三编：战时外交（二），263 ~ 268 页，台北，中央文物供应社，1981。

及至1943年中英借款交涉才又重新提上议事日程。其间又经过反复商谈，至1944年5月2日中英两国政府才在《财政援助协定》上签字，决定按照租借的方式，尽量以各种军备及军火供给中国，拖延两年多的中英借款交涉总算结束。

可是直到第二次世界大战结束前，这笔贷款英国并未拨付中国分文。拖至战后，1945年年底，英方才首次拨付300万英镑，1948年7月再次拨付510万英镑。两笔合计仅810万英镑，与中英《财政援助协定》商定数目相去甚远。更为遗憾的是，这项贷款并未起到任何缓解中国人民抗日战争艰难处境的作用。①

胜利在望英美出卖中国

1945年春，世界人民反法西斯战争胜利在望，美英方面对苏联是否明确承诺对日作战问题极为关注，因为美国担心，如果没有苏联在亚洲大陆的进攻，牵制装备精良的数十万日本关东军，势必将使美军在登陆对日作战中付出很大的牺牲。更何况，罗斯福无论从战后继续保持大国合作主宰世界的角度，还是从战后太平洋地区及远东地区和平与安全的角度来考虑问题，都需要苏联方面的合作。特别是在中国问题上，如果战争结束前美苏不能就未来远东地区势力范围的划分达成一致，并说服中苏双方就相互间可能发生的争议达成妥协，那么，战后中苏之间必然会在新疆、外蒙、东北问题及至中共问题上发生严重冲突，最终破坏整个世界和平。

基于这一系列原因，1945年2月，美、英、苏三国首脑在雅尔塔会议上就战后远东的安排达成了秘密妥协与“谅解”，签订了严重地侵犯了中国主权和利益的《雅尔塔协定》。这是美英盟国对中国利益的出卖。

① 萨本仁、潘兴明著：《20世纪的中英关系》，253页，上海，上海人民出版社，1996。

百年来，中国深受帝国主义的欺凌，被迫签订了大量不平等条约，但自抗战以来，中国的国际地位已相对提高，特别是太平洋战争爆发后，中国成为抵抗法西斯侵略的同盟国，美英等国又先后宣布放弃在华特权与租界。在这种情况下，一旦日本战败，恢复中国的国家主权和领土完整，应当是理所当然的事。然而，美苏为了自己的利益，划分势力范围，严重侵犯并以牺牲弱小国家的利益达成妥协，这是少数大国主宰世界命运的强权政治的惯性使然。

在《雅尔塔协定》秘密地签订过程中，尽管英国处于配角地位，但英国为了得到美国的支持和帮助，插手签订密约，对损害中国主权仍有不可推卸的历史责任。

第四节　中英关于接收香港问题的斗争

英国重霸香港

1945 年 8 月 14 日，日本天皇裕仁宣布日本无条件投降。饱受日本侵略军蹂躏的中国军民，到处都在欢呼庆祝他们八年艰苦抗战来之不易的胜利。

香港人民在摆脱了日本人 3 年零 8 个月的残暴统治之后，也在盼望着一种全新的生活。

但就在此时，英国海军少将哈考特率领着英国皇家海军特遣舰队，于 8 月 30 日重返。9 月 1 日，哈考特在香港电台正式宣布成立香港军政府，从即日起从日本人手中接管香港所有政务。一些前港府官员，开始奔走于香港各地，协助军政府接管政权。

许多香港居民感到一阵阵疑惑，香港属于中国战区，按理应该由中国军队来接管香港，为什么英军先开了进来？再说，第二次世界大战期间，同盟国多次表示要在战后恢复殖民地的民族自决权，英国应该把这块本属中国的领土归还给中国，中国政府作为战胜国之一也应顺势收回香港，怎么英国人又回来重新统治香港了呢？

关于新界问题的谈判

从20世纪初起，随着中国人民的日益觉醒，民族主义的日益高涨，收回被帝国主义侵占的领土，就成了摆在历届中国政府面前的一个重要课题。

中国人民第一次要求收回包括新界在内的所有外国租借地，是在第一次世界大战后。中国作为战胜国之一，派代表出席了为解决战败国问题而召开的巴黎会议。在会上，中国代表提出了收回战败国德国所侵占的中国领土青岛，废除不平等条约，收回外国租借地等要求。但把持和会的英、法、美、日等不仅对中国的要求置之不理，反而拿中国的领土做交易，操纵和会通过决议，支持日本接管德国在山东的权益，使中国收回失地的努力归于失败。

帝国主义的强权政治和中国代表团努力的失败，在国内引起了强烈的反响，引爆了全国范围的“五四运动”。中国人民要求收回失地的正义呼声越来越强烈。

1921年11月，由美国发起召开了华盛顿会议，主要讨论限制各国海军军备及划分列强在远东和太平洋地区的势力范围等问题。出席会议的中国代表顾维钧等再次要求会议通过决议，承认中国的主权，把列强霸占的租借地交还给中国。美国由于在中国没有抢到租借地，为了达到让中国“门户开放、利益均沾”的目的，采取伪善态度支持中国代表的要求，法国也表示愿意立即撤出广州湾。

英国原来打算不放弃在中国的任何租借地，为此曾指示出席会议的英国代表，尽力阻止会议发表支持中国收回租借地的宣言。但看到与会多数国家都支持中国的要求，为了避免孤立，英国被迫表示愿意在其他国家都放弃在中国的租借地的情况下，将威海租借地还给中国。可是对香港和新界的交还问题，英国

却坚决不松口。

20 世纪 20 年代和 30 年代，中国政府在中国人民民族意识高涨、要求尽快收复失地呼声的推动下，先后收回了外国列强在中国的一大批租借地。1930 年 4 月，中国外交部宣布：外国在中国的租界，除了天津德、俄、比、奥租界、汉口英、俄、德租界和九江英租界已收回外，还有 23 处，中国政府准备全部收回；外国租借地除胶州湾、威海已收回外，还有日本所占的旅大、法国所占的广州湾和英国所占的九龙 3 处，中国也将在适当的机会收回。

英国本来想以交还威海换取中国政府永久性割让新界，但未能得逞。1937 年 7 月，日本发动了全面侵华战争后，港英当局趁火打劫，新到任的港督罗富国赤裸裸地宣称，新界对于香港非常重要，香港对于英国同样也非常重要，割让或延长新界租期的成熟时机终于来到了。

罗富国的意见一度受到了英国很多人的支持，但是因为抗战爆发后中国人民反侵略的呼声空前高涨，英国政府很快就放弃了在此时提出割让新界的想法。

由此可见，在第二次世界大战以前，历届中国政府，包括北洋政府、武汉革命政府和南京国民政府，虽然没有明确提出收回香港岛的主权，但一直坚持要收回新界。而英国则处心积虑，从不松口，企图永远霸占香港岛、九龙和新界。

1941 年 12 月，日本发动了太平洋战争。日军攻势凌厉，英军节节败退，英国在亚洲地区的殖民地，如香港、新加坡、缅甸等相继落入日本人的手中。这时，美国为了把英国挤出亚洲，趁机对英国施加压力，指责英国之所以在亚洲战场节节失利，就是因为殖民地太多，战线拉得过长。美国还放风说，如果战后欧洲各国在亚洲重建它们的殖民地，美国会有被利用的感觉。因此，假如中国在战后要求收回香港，美国会给予充分的同情和支持。美国总统罗斯福明确表示，战后应对殖民地问题做出新的安排，而不是恢复原状。美国的媒体也响应政府的政策，攻击英国的殖民主义心态，反对为大英帝国的完整而战。

早在1941年8月英美两国签署《大西洋宪章》时，在战后关于处理殖民地的原则问题上，英美两国就展开了较量。罗斯福讥讽英国的殖民主义政策是“18世纪的方法”，明确要求英国废除帝国特惠制，开放市场，尊重各民族的主权和自治权利。丘吉尔则认为这是美国在趁机拆英国的台，要摧毁大英帝国，并气急败坏地声称，“他当英国首相的目的，并不是来主持大英帝国解体的”。[①] 但由于战时英国对于美国的依赖日深，英国政府感受到了来自美国的强大压力，最后不得不同意就结束对华侵略特权等问题与美国一起分别与中国展开谈判。

1942年10月9日，为了使中国在东亚战场上发挥更大的作用，牵制更多的日军，减轻美军和英军的压力，美国国务院正式通知蒋介石政府外交部长宋子文和驻美大使魏道明，表示愿意立即就废除不平等条约、尤其是在华领事裁判权及驻军权、租界权等其他特权问题与中国政府进行谈判。第二天，中美、中英谈判正式开始。

当时，国民党发动的第二次反共高潮刚刚被打退，以蒋介石为首的国民党政府正处在国内外各界的强大压力之下。为了表示收复失地的决心，摆脱政治上的被动处境，蒋介石指示外交部长宋子文，在和英国谈判时，要把新界租借地问题列为谈判议题之一。这是抗战以来中国政府第一次向英国提出收回新界的要求。

1942年11月12日，宋子文在与英国驻华大使薛穆会晤时，委婉提出，中国人民一般都把租界与租借地视为同一种情况。因此，在终止租界的同时，应该谈判归还新界租借地，这个问题在有中国各党派参加的国民参政会上也曾提出过。所以，中国政府认为，一份不包括归还新界租借地的条约，将不可能达到加强中英两国友谊的目的，因而也不会为中国政府所接受。

---

① 伊利奥·罗斯福：《罗斯福见闻录》，22页，上海，新群出版社，1949。

中国政府在所提出的新约修正案中指出："英方在九龙租借地之行政管理权，连同其官有资产与官有债务，应移交中华民国政府。"①

从1942年夏秋开始，英国政府内部已经就香港的前途问题展开了讨论。英国政府确实感到，值此对日作战的关键时刻，放弃在华特权，不仅有利于调动中国人民抗日的积极性，而且从长远考虑，对英国在华的商业利益也不是没有好处。但是放弃在华特权和放弃新界并不是一回事。英国一向把香港岛、九龙半岛和新界看成是一个整体，没有了新界，香港的经济地位和战略价值将严重受损。因此，同意归还新界租借地，势必造成香港的孤立，进而最终导致香港的丧失。尽管香港地位特殊，在地理上是中国的一部分，英国也不能轻易将香港交还中国。有关香港前途的任何安排，都应该与战后英国在远东的利益结合起来，通盘加以考虑。即使退一步，英国必须交还香港，也要从中国方面得到相应的让步和报酬。

最后，英国政府内部主张绝不放弃香港的意见占了上风。在1942年10月底英国所提出的新约草案中，只字未提香港问题。11月30日英国内阁会议正式决定，"拒绝放弃我们在九龙的地位"。② 丘吉尔首相公开宣称：英美两国1941年9月签署的《大西洋宪章》中，关于"未经有关民族自由意志同意，不得改变其领土"和"恢复各民族的主权和治权"的原则，在亚太地区不能适用。丘吉尔的这番话，暗示英国不会把香港交还给中国。

薛穆大使在和宋子文会晤后，请示英国外交部，得到的答复当然是否定的。薛穆在给中国政府的答复中说，英国政府认为，此次中英谈判是解决英国在中国领土上，而不是在英国属

---

① 秦孝仪主编：《中华民国重要史料初编——对日抗战时期》第三编，《战时外交》（三），765页，台北，1981。

② 转引自余绳武、刘蜀永主编：《20世纪的香港》，210页，北京，中国大百科全书出版社，1995。

土内行使特权的问题，因此不能同意把归还新界问题列入这次谈判，不过英国政府愿意在对日战争胜利后与中国讨论这个问题。

12 月中旬，英国外交大臣艾登指示薛穆尽快结束谈判，争取在 1943 年元旦前后正式签约。因为此时中美谈判已进入尾声，双方已商定在 1943 年元旦签订新的“平等条约”，英国不愿意让人们以为它是在美国的压力下，才废除在华特权的，因此想和美国同时与中国签约。

中国方面得知了这个消息后，开始向英国施加压力，表示中国政府不反对在这次谈判之外讨论新界的归还问题，也不反对在战后才做出具体的安排，但是如果英国政府不同意把新界交还给中国，中国政府将不会在新的中英条约上签字。

英国作为老牌的帝国主义国家，有着丰富的殖民统治经验。他们认为如果这次在新界问题上屈服了，那么今后中国政府就会要回整个香港，而英国政府强硬起来，中国政府就会改变态度。于是，在丘吉尔首相的支持下，英国外交大臣艾登决定对新界问题不作任何让步，即使牺牲了新的中英条约也在所不惜。

事情果然不出英国人所料，当英国人表现出强硬的姿态时，中国政府的态度立即就软了下来。12 月 31 日，中国外交部长宋子文通知英国驻华大使薛穆，中国政府同意不把新界租借地与中英新条约混为一谈，但保留日后再提出这个问题的权利。

中英“新约”的签署

1943 年 1 月 11 日，中英双方签订了所谓“平等新约”。宣布废除英国在华所拥有的一切特权。中英关于新约的谈判，本该将百年来英国强迫中国签订的不平等条约来一个彻底清算，但由于英国坚持其殖民主义的立场，以及蒋介石政权的软弱和其“攘外必先安内”的心态，致使新界租借地这个起码应该解决的问题未能解决。

这次谈判，中英双方都小心翼翼地避免把香港与新界问题

混为一谈。中国政府没有提及整个香港问题，英国方面也只谈新界租约，绝口不提香港。但即使是新界问题，也没有取得任何结果。1943 年以后，随着进入战胜国就战后安排问题进行讨论和部署的阶段，国民党政府虽参与了其中重要的会议，但总的来说它对收回香港主权问题没有一个全盘认真的考虑，也没有不达目的绝不罢休的决心。

大战后期关于香港问题的讨论

从 1943 年年底开始，战胜国就战后的安排问题展开了一系列会上和会下的讨论和部署，香港主权是否应该交还中国，也在讨论之列。在这个问题上，美、英的态度是完全不同的。美国从其战后全球战略和削弱大英帝国的方针出发，在香港问题上采取了支持中国政府收回香港主权的态度。丘吉尔则顽固坚持战后绝不放弃香港的殖民主义立场，甚至扬言，“不通过战争就休想从英国手中夺去任何东西”。

1943 年 11 月，反法西斯同盟国家在开罗召开会议，讨论最终战胜德、意法西斯，重新安排战后的重建问题。蒋介石代表中国国民政府参加了会议。在开罗会议上，蒋介石与美国总统罗斯福讨论了战后中国收复失地的问题。罗斯福总统在关于中国收回香港主权的问题上，采取了积极支持的态度。罗斯福建议蒋介石，中国在从英国手中收回香港主权后，可在香港岛和九龙划出一块不征收捐税的自由港区，蒋介石满口答应。

在蒋介石看来，在香港问题上，能得到美国总统的支持，英国就不会坚持反对讨论这个问题了。蒋介石害怕中方向英国提出收回香港会得罪了丘吉尔，进而损害中英战时联盟，甚至会破坏战后蒋介石消灭共产党的全盘打算。因此，蒋介石请求罗斯福总统主动与英国方面“讨论一下这个问题”。

罗斯福在和丘吉尔讨论香港问题时，他敦促“丘吉尔把香港归还给中国，并且说，那里的居民百分之九十以上都是中国人，加之又十分靠近广州”。[①] 英国把香港交还中国后，由中国宣布其为自由港，“一视同仁地向全世界开放”，对大英帝国的长远利益并不构成多大的损失。丘吉尔愤然拒绝了美国总统的建议。11 月 29 日在德黑兰的一次晚餐会上，丘吉尔当着罗斯福和斯大林的面表示，英国虽不想得到任何新的领土或基地，但打算保持它原来所有的一切，尤其是香港和新加坡。蒋介石对丘吉尔的死硬态度无可奈何。

在开罗会议和随后的德黑兰会议上，关于香港问题的讨论因英国首相的强烈反对而没有任何结果。1945 年 2 月初召开的雅尔塔会议，对香港问题又进行协商，但丘吉尔的态度没有丝毫的改变。他表示，“英国不想得到任何新的领土或基地，但打算保持原来他们所有的一切。”“不通过战争，就不能从英国夺去任何东西。”[②] 丘吉尔抱定了一个信念，不能在他手中葬送大英帝国。他甚至说过，要交出殖民地除非是“跨过我的尸体”。[③]

在雅尔塔会议上，香港问题作为解决“远东问题”的一部分在三大盟国之间再次进行了意见交换。2 月 8 日，罗斯福在与斯大林的一次私下谈话中表示，他仍然坚持认为最好的解决办法是，英国将香港主权交还中国，中国作为对英国的回报，宣布将香港变成一个国际化的自由港。或者说，香港同大连一样，成为某种形式的国际委员会管理下的永久性的自由港。斯大林对此建议持支持的态度。

丘吉尔则坚持在殖民地问题上不做出任何让步，因为丘吉尔知道，在香港问题上一旦松口，会导致极其深远的后果，大英帝国在远东的地位不仅不保，在全世界的地位都会受损。因此，丘吉尔再次强调，如果中国、印度等国家要求满足自己的要求，那么大不列颠将会说“不”。

---

① 《顾维钧回忆录》第 5 分册，14 页，北京，中华书局，1987。

② 《德黑兰、雅尔塔、波茨坦会议记录摘编》，55 ~ 56 页，转引自石磊主编《现代国际关系史》下册，950 页，北京，燕山出版社，1995。

③ 《顾维钧回忆录》第 5 分册，501 页，北京，中华书局，1987。

1945年4月初，罗斯福总统再次授意前往英国进行访问的美国驻华大使赫尔利，向丘吉尔转达美国希望英国主动放弃香港，以换取苏联放弃对大连的优先权益，但丘吉尔表示他绝不会放弃英国国旗下的一寸土地。至此，美国支持中国收回香港主权的积极努力和热情，随着罗斯福总统4月12日的去世和国际形势的迅速变化而逐渐消失了。

英国在第二次世界大战后期，坚定了其不放弃香港的立场，因而在战后从日本人手中接收香港问题上进行了充分的准备。而蒋介石政府在同盟国讨论香港问题时，优柔寡断，瞻前顾后，态度还不如美国总统积极，导致了香港问题的讨论不了了之，没有最终的结果。

英国为抢先接收香港做准备

1945年5月，盟军攻克柏林，纳粹德国宣布投降，欧洲战事全部结束。在亚洲和太平洋战场上，日本失败在即，盟军胜利在望。香港位于中国战区，中国派军队接收香港，进而与英国重开谈判收回香港主权的大好时机到了。

但蒋介石国民党政府却认为，眼下压倒一切的中心任务应该是消灭共产党。蒋介石在1945年5月召开的国民党第六次全国代表大会上宣称："今天的中心工作在于消灭共产党！日本是我们国外的敌人，中共是我们国内的敌人！只有消灭中共，才能达成我们的任务。"

对于受降的问题，蒋介石首先考虑的是如何迅速派军队从日本人手中把沦陷区和日军的装备接收过来，以免它们落入中共的手中。在外交方面，蒋介石最急切要处理的是大战的和约，以及日军投降后苏军留在东北的问题。在这种情况下，蒋介石和国民党政府根本无暇顾及香港问题，因而也就没有做派出军队接收香港的准备。

英国政府则不同，它早就开始为抢先接收香港进行周密地部署。

自1942年下半年中英新约谈判期间，英国政府打定主意重新霸占香港以后，英国方面在思想上就已做好了战后收复香港的准备。大战胜利在望，英国殖民地部立即指示香港沦陷后逃往中国东南沿海一带活动的英军上校里德，配合政府负责谋划战后重占香港的各项准备工作，并组建由流亡英国的前港府官员组成的香港计划小组，负责派员潜入香港，与囚禁于集中营中的前港府官员建立联系，准备在日军投降后立即重建港英政府。

1945年8月6日，美国为了迅速结束对日作战，减少美军伤亡，加强战后美国在亚太地区的发言权，在日本广岛投下了一枚原子弹。8月9日，又在长崎投下了第二枚原子弹，日本无条件投降的迹象已十分明显。在这种情况下，英国政府于8月11日和13日两次密电英国驻华大使薛穆，指示他通过英军上校里德迅速与囚禁在香港赤柱集中营的前港英政府辅政司吉姆森取得联系，要他设法在接到日本投降的消息后，立即在香港恢复英国人的政权，等候英军的增援。与此同时，8月初，英国政府命令一支海军舰队驶往离香港不远的海域，以便需要时能火速赶到香港。

中英在接受驻港日军投降问题上的斗争

为了抢先接收香港，英国的准备真可以说是万无一失。1945年8月14日，日本宣布无条件投降。在此前一天，英国内阁已发出命令派舰队开往香港，英外交部并将此安排照会中国政府。

8月15日，美国总统杜鲁门发布日军投降的“第1号通令”，宣布凡在中国（东北除外）、台湾以及北纬16度以北印度支那境内的日军，均由重庆政府受降。①

8月16日，中国外交部代部长吴国桢奉蒋介石指示召见了

① 石磊主编：《现代国际关系史》下册，1140页，北京，燕山出版社，1995。

英驻华大使薛穆，表示中国政府尊重英国的利益，在接受日本投降问题上，双方应紧密合作，以求促成远东地区和平与安定。但中国希望英国在安排受降问题上，一切应按照“第1号通令”行动。也就是说，没有盟军最高统帅麦克阿瑟和中国战区总司令蒋介石的授权，英国不得派军队进驻中国战区内的任何地方。

官方谈话结束后，吴国桢又以私下聊天的口气对薛穆说，中国对香港并没有什么企图，也不打算利用香港属于中国战区这种情况，恢复中国在香港的主权，香港问题可以留待将来通过外交途径加以解决。中方只是觉得英国的做法不尊重中国，是在对中国施加压力。吴国桢的意图很明确，是暗示英国，应该表现出对蒋介石这个中国战区总司令的尊重，英国军队进入香港要经过蒋介石的授权。

在召见了薛穆大使后，吴国桢又与美国驻华大使赫尔利进行了接触，将蒋介石致杜鲁门总统的一封信交给了赫尔利。蒋介石在信中说，香港属于中国战区，不属于由英国掌管的东南亚战区。根据盟军最高统帅麦克阿瑟将军的第一号命令，香港应该由中国军队接受日军的投降，但是英国人却表示他们已派海军前往接收香港。英国这种违反协定的做法实在是盟国的不幸。因此他请求总统照会英国政府，不要再采取违反第一号命令的不恰当行为。

8月17日，薛穆再次会见吴国桢，解释英方的立场。他态度非常强硬，表示英国政府认为只要自己有足够的力量，不论失土在哪个战区，英国都要自己收回。英国在派军队收复香港前通知了中国政府，正反映出英国的友好态度。

薛穆在这次会谈后向英国政府报告说，中国虽然强调在接收香港问题上双方必须遵守既定的方针和程序，但实际上蒋介石不满的是英国在没有取得他的授权的情况下，就决定派兵到他的战区去。

8月18日，英国新任首相艾德礼密电杜鲁门总统，积极争取美国的支持。他在电报中说：“我们不能接受任何把第一号命令解释为香港包括在‘中国境内’的说法，香港是英国的领土”。他希望杜鲁门改变一号命令，保证香港日军向英国投降。[①]

本来，早在1945年1月29日，中国战区参谋长、美国驻华军队司令魏德迈就已制定了收复广州、香港的作战计划，并于2月中旬和4月20日分别获得了蒋介石和美国参谋长联席会议的批准。8月15日日本投降后，美国仍然认为香港属于中国战区，应当由中国军队受降。可见，直到这时，美国还是支持中国收复香港的。但由于美苏关系迅速恶化，美国开始调整外交政策，决心领导所谓“自由世界”，与苏联展开斗争。在这种情况下，美国为了争取英国的支持和配合，不愿因为香港问题影响美英关系。再加上许诺在香港问题上支持中国的罗斯福总统已经去世，杜鲁门并没有向蒋介石做出过什么承诺，也没有多深的私人关系，没有必要在香港问题上得罪英国。于是，杜鲁门总统在接到艾德礼的密电后，当即复电表示，只要英方能和中方达成协议，使香港为盟国在军事上提供便利，美国并不反对英国接收香港。杜鲁门还同时致电蒋介石，表示美国“不反对由一位英国军官在香港受降”，希望蒋介石能“以合作与谅解的精神看待此事”。[②]

美国表态不反对英国接收香港，给英国政府大大地撑了腰。得到了美国的首肯后，英国更加不肯放弃由英军直接接收香港的打算了。

8月19日，薛穆大使又向中国递交了一份备忘录，指出英国在接受日本投降问题上，不能同意把香港列入中国战区之内。英国政府希望身为军人的蒋主席理解英国的处境，因为英军曾在香港受辱于日军，所以必须直接从日军手中把香港接收回来，以洗前耻。英国方面欢迎蒋介石以中国战区总司令的身份，派

---

① *Foreign Relations of the United States*, 1943, vol. 7, Washington. United States Government Printing Office, 1963, p. 504.

② *Foreign Relations of the United States*, 1943, vol. 7, p. 509.

代表参加英方在香港接受日军投降的仪式。

蒋介石对杜鲁门偏袒英国人的态度颇为不满，便于 8 月 20 日再次致电杜鲁门总统，要求美国澄清立场，希望不要修改最高盟军统帅的命令。为了表示自己的诚意，蒋介石还提出了另一个方案，即驻港日军向他的代表投降，而他以中国战区总司令的身份邀请美英代表出席受降仪式。仪式之后，他再授权英国派兵进驻香港。

到了这个时候，蒋介石纠缠不放的仍然是他的面子问题，而不是由谁接收香港的实质问题。然而，即使如此，美国也不支持。第二天，杜鲁门总统给蒋介石回电说，他相信收复香港一事纯粹是军事问题，并没有政治成分。据他了解，中国并不准备提出香港主权回归问题。因此他已经复电给英国政府，只要中英双方能够在军事上达成协议，他并不反对英国接收香港，他希望蒋介石能同意他的意见。

蒋介石本来指望在这件事上能得到美国的支持，没想到希望落空，连续两封电报都无济于事。蒋介石一怒之下，于 8 月 21 日命令驻扎在广西梧州的第 13 军前往接收香港，并派特使到香港通知英国方面，中国军队将立即调遣到港，负责接受日军的正式投降，同时还命令驻广州的少量部队进入新界，准备接收日军的武器装备。但由于英国的拒绝和反对，蒋介石随即又改变了立场。8 月 23 日，蒋介石第三次致电杜鲁门，同意让步。但提出由他以中国战区总司令的身份，授权一名英国军官代表他在香港接受日军的投降。

为了让英国人完全放心，接受他这个建议，蒋介石又于 24 日发表公开声明，表示中国不会趁日本无条件投降这个机会，破坏国际公约或侵犯同盟国的利益，不会乘机派兵占领香港，也不会在同盟国之间挑起误会。中国政府认为，香港目前的地位是由中英两国签订的条约所规定的，任何改变都需要取得双方的一致同意。中国政府的立场是尊重条约，待时机成熟时再根据法律作出符合当时环境需要的合理改变。既然所有的租借地和租界都已经一个个地交还给了中国，新界租借地当然也不会例外。但是中国政府将会通过外交途径而不是武力途径与英国解决这一问题。但英国却无意改变自己的立场。

香港又飘“米字旗”

在接到蒋介石的建议后，英国政府内，不论是殖民地部还是外交部，都一致认为假如英国根据蒋介石的授权接收了香港，英国在香港的地位必定会受到很大的打击——既然蒋介石可以授权英国接收香港，那么他也可以继续以中国战区总司令的身份，下令驻港英军司令接受他的指示，这样一来后患无穷。因此，英国只能同意蒋介石派代表出席英国主持的受降仪式，并以目击者的身份在受降书上签字，别的办法没有商量的余地。

对此，蒋介石非常气愤。8 月 27 日，蒋介石第四次致电杜鲁门总统，恳求美国出面调解。他向杜鲁门建议说，既然英国已决定由哈考特少将率领舰队前往香港，那么他就授命哈考特为自己的代表，在香港接受日军的投降。蒋介石称这是最后的让步，无论如何希望杜鲁门总统给予支持。

当天，蒋介石还召见了英国大使薛穆，表示“委托英军官接收香港之主张，必须贯彻”。他要求薛穆转告英国政府，“如其不接受此委托而擅自受降，则破坏协定之责任在英国”。[①]

为了缓解一下中英之间的紧张气氛，8 月 28 日，英国外交部电令薛穆大使向中方提出一个折衷方案，即“仍由哈考特将军代表英国政府前往香港受降，同时由另一个英国军官代表中国战区最高司令，……共同接受日本人的投降。但这个代表中国方面的英国军官，应由英国政府指派”。[②]

蒋介石对此“痛愤无已”。[③]

---

① 《蒋总统秘录》，第 14 册，40 页，台湾，中央日报社，1977。

② 英国外交部档案，F0371/46253，外交部致薛穆电，1945 年 8 月 29 日。

③ 《蒋总统秘录》第 14 册，41 页，台湾，中央日报社，1977。

在中英之间外交交涉刚刚展开的时候，8 月 16 日，从赤柱集中营出来的原香港辅政司吉姆森，已按照英国内阁的指示，立即赶往香港市区，以香港政府行政长官的身份，向驻港日军司令提出照会，强调将由他接管香港的行政。

日军司令对吉姆森的要求表示异议，指出战后香港是否应该归还英国尚属疑问。按照日本天皇的训令，所有日本军队都应该就地向盟军所属的战区最高将领投降。香港属于中国战区，因此，驻港日军应向中国军队投降。

吉姆森回答说，他对日军的这个意见并不关注，他将尽力履行自己的职责。随后，吉姆森又返回集中营，与仍在那里的原英国驻港陆海空三军最高长官商量安排具体事宜，如立即到电台宣布港英临时政府已经成立，香港一切民政和行政事务都归临时政府管辖，造成英国已接管香港的既成事实。

8 月 30 日，哈考特少将率领的特遣舰队在海军航空兵的掩护下，由扫雷艇开路，浩浩荡荡地开进了维多利亚港。由于英军事先并未通知驻港日军，所以当英军在海军船坞登陆时，驻在那里的日军便开枪射击，不让英军上岸。英军只好用无线电与驻港日军司令冈田梅吉取得联系，冈田梅吉亲自到英军旗舰上会见哈考特，表示他没有接到日本大本营和在广州的日军第 23 军司令兼香港总督田中久一的命令，不能向英军投降。哈考特要求冈田尽快请示田中久一，而田中久一此时在广州并未接到中国方面有关受降的任何指示，见英军已经抵达香港，而且带有盟军统帅的命令，不敢反对。这样，当天下午，驻港日军向哈考特投降。

8 月 31 日，英国政府宣布，由哈考特少将主持驻港日军投降，他将同时代表英国政府和中国战区总司令蒋介石在日军投降书上签字。

面对英国人已接收香港的既成事实，蒋介石只好退而求其次，派代表与哈考特达成协议：中国政府同意英国方面接受驻港日军的正式投降，中国方面协助英军办理受降事宜；英国政府则同意自达成协议之日起，到1947年8月15日止，国民党军队可以从广州进入香港，由香港登船北上到内战前线，九龙塘的部分民房也租给国民党政府，作为北上部队的临时兵营。同时，驻港日军的武器装备也将移交给国民党军队。

9月16日，驻港日军司令正式在港督府向哈考特投降。本来8月30日英军抵港后，就可举行受降仪式，但蒋介石提出希望香港的受降仪式在南京的受降仪式之后举行，英国便决定把香港的受降仪式延后，给了蒋介石一点面子。

由于蒋介石在日本投降后一心要对付共产党，因而不愿因香港问题影响与英美的关系，因为在对付共产党这个问题上他需要英美的支持和帮助。因此，当英国答应让他以香港作为派兵北上的转运站，并把从日军手中接收来的武器装备给了他以后，蒋介石就放弃了在香港问题上的斗争。一个收回香港的大好时机，随之消失。

第五节　30~40年代中英关于西藏问题的斗争

民国政府在西藏设行署

1933年12月，十三世达赖喇嘛圆寂。1934年1月，热振呼图克图获准担任西藏地方摄政后，中央与西藏的关系更趋密切。1934年，国民政府参谋本部次长黄慕松奉命入藏致祭，受到西藏地方的热烈欢迎。9月23日，黄慕松等与拉萨各界在布达拉宫举行了国民政府追封十三世达赖喇嘛为“护国弘化普慈圆觉大师”的典礼，向十三世达赖喇嘛的遗像献了玉册玉印。10月1日，又按照西藏习俗选定的这一吉日和国民政府所定仪式，在布达拉宫举行了庄严的致祭典礼。[①] 在进行册封、致祭活动前

① 西藏社会科学院等编：《西藏地方是中国不可分割的一部分》（史料选辑），504~505页，拉萨，西藏人民出版社，1986。

后，黄慕松还与西藏地方政府就正式谈判解决中央与西藏地方的关系等问题进行了商谈。

英国对黄慕松入藏十分恼怒，他们深知中国中央政府大员入藏必将会进一步削弱其在西藏的影响。但是，因为中央致祭专员此行已经得到西藏地方政府的欢迎，而且黄慕松本人是经西康入藏，所以未能像过去对民国政府驻藏办事长官陆兴祺等人那样直接阻挠，可仍不死心，便派出其驻锡金政治专员等人入藏，名为祝贺热振呼图克图就任摄政，实为了解、监视黄慕松在藏活动。他们还与西藏亲英分子密商对付中央政府的办法，并向噶厦索要向英国购买枪支弹药的欠款，借此逼迫西藏倒向英国。由于英国从中作梗，黄慕松此行未能达到预想的目的。但是，他作为中华民国成立后首位入藏的中央大员，通过自己的工作，扩大了中央的影响，密切了与西藏地方的联系，特别是离藏时未撤专使行署，结束了民国以来中央在藏没有常驻机构的历史，粉碎了英国人进一步图藏的阴谋，效果是明显的。

英国在西藏设商务代表处

早在 1894 年 5 月，英国人就利用与中国政府签订的《中英会议藏印条约》这一不平等条约，在西藏亚东等地设置商务代办处，干尽了分裂中国的勾当。为了更有利于其侵略活动的进行，他们一直想在拉萨设立办事机构，但都遭到拒绝。此次黄慕松离藏时，将专使行署留在拉萨，成为国民政府常设驻藏机构。英国人对此十分恼怒，也企图在拉萨建立常设机构。西藏地方政府看出了英国人的阴谋，再次予以拒绝。1936 年，英国新任驻锡金政治专员古德率员到藏后又反复要求，并将英印政府驻江孜的商务代表黎吉生和电台强行留在拉萨，借口是便于同西藏地方政府长期交涉。就此，英国人终于达到了目的。以黎吉生为首的英国驻拉萨代表处，后来成为谋划“西藏独立”活动的一系列事件的策源地，给西藏地方和中央政府的关系造成极大的危害。

中国政府册封十三世达赖喇嘛转世灵童

热振呼图克图担任西藏地方摄政后，重视与中央政府的关系，在寻得达赖喇嘛转世灵童后，及时向中央政府作了汇报，并排除干扰，促成了国民政府蒙藏委员会委员长吴忠信赴藏主持达赖喇嘛转世事宜。吴忠信是 1940 年 1 月 15 日到达拉萨的，西藏地方政府举行了隆重的欢迎仪式，盛况空前。吴忠信到藏后，坚持对灵童的察看之权，并将热振呼图克图的报告转呈中央，请求免予掣签。2 月 5 日，国民政府正式颁令："青海灵童拉木登珠，慧性湛深，灵异特著，查系第十三辈达赖喇嘛转世，应即免予抽签，特准继任为第十四辈达赖喇嘛。"①

英国为了破坏西藏与祖国的关系，也派其驻锡金行政官古德以"观礼"为名赶到拉萨。在英国人的挑唆下，西藏地方政府的少数官员提出将吴忠信在大典上的座位设在热振对面，而且将英国人的座位与吴排在一起，企图以此降低中央大员的权限和地位。对此，吴忠信以自己代表中央政府，主管蒙藏事务，至少应循清朝驻藏大臣之例，在达赖喇嘛的平行左方设面南之座。经过严正交涉，在热振呼图克图的支持下，西藏地方政府终于改变了原议，应允按中央代表所提设座。

1940 年 2 月 22 日，十四世达赖喇嘛的坐床大典在布达拉宫举行，中央及西藏地方政府官员共 500 余人参加。吴忠信座位在达赖喇嘛之左，面南平坐，其他中央官员坐东面西。由于英国人挑唆低设吴忠信座位的阴谋破产，英国代表古德没有参加典礼。

吴忠信在藏期间，还在拉萨成功设立了国民政府蒙藏委员会驻藏办事处。

---

① 西藏社会科学院等编：《西藏地方是中国不可分割的一部分》（史料选辑），512 页，拉萨，西藏人民出版社，1986。

中国政府不承认西藏“外交局”

热振呼图克图担任西藏地方摄政期间，坚持爱国主义立场，尤其是蒙藏委员会驻藏办事处的设立，更加强了西藏地方与中央政府的关系。他自然也就成了英国的眼中钉、肉中刺。但是，热振活佛在西藏深得人心，他们不敢公开发难，便将一阵阵阴风刮向了年轻的热振活佛。1940 年，亲英分子大肆散布热振活佛与其弟媳有染，西藏将逢大难的流言。这一手十分阴险，对格鲁派活佛的打击是巨大的。它直接关系到翌年热振活佛能否为达赖喇嘛授沙弥戒，更危及他在西藏的政教地位。热振呼图克图被迫让位于他年迈的师傅达札活佛，回寺静养。1941 年，达札执政后，中央与西藏地方的关系遭到严重破坏。英国驻拉萨代表黎吉生是其“幕后导演”。

1942 年 7 月 6 日，西藏地方政府突然宣布成立“外交局”，并于次日致函蒙藏委员会驻藏办事处处长孔庆宗，表示所谓西藏外交局“于藏历五月二十三日正式成立机关。今后汉藏间事无巨细，请径向该机关洽办，希查照”，不可再直接与噶厦发生关系。[①] 英国“商务代表”黎吉生立即表示接受。其间，美国一个军事代表团也直接同这个“外交局”联系。驻藏办事处洞悉其奸，紧急电告中央，指出“……查外交局性质系与外国洽办事件之机关，今噶厦告职须向该局洽办一切事件，是视中央为外国，示西藏为独立国，如我予以承认，则前此国际条约所订西藏为中国领土之文无形消失，而西藏与外国所订明密各约未为中央所承认者，无形有效，事关重大，中央似宜明电噶厦不承认该局，中央驻藏官员仍须照旧与噶厦接洽一切事件”，并说明“事关我国对藏领土主权，祈请速决大计，批示应付方针”。[②]

---

① 蒙藏委员会档案。

② 西藏社会科学院等编：《西藏地方是中国不可分割的一部分》，531 页，拉萨，西藏人民出版社，1985。

这次事件实际上是达札等人谋求“西藏独立”的一次试探。只要驻藏办事处与这个机构联系，就表明西藏作为一个“国家”的存在。否则，办事处则形同虚设。西藏噶厦选择抗日战争的关键时刻，向中央政府发难，用心可谓险恶。由于蒙藏委员会驻藏办事处对此表示反对，西藏地方政府断绝了对他们的供应，并无故逮捕了一些内地人，以迫使驻藏办事处与这个非法“外交局”联系。驻藏办事处则采取强硬态度，宁愿自筹钱款在市场上购买物品，也不妥协。①

国民政府闻讯，立即会集军政、外交、交通各部及军事、蒙藏两委员会代表慎重研究对策，终以正值抗战之际，不得不“体念地方特殊困难，从宽处置”，经会拟方案，提报行政院第547次会议修正实施。蒙藏委员会委员长吴忠信随即于8月2日复电驻藏办事处转达了国民政府行政院8月1日的训令：“告以藏方……应注意遵守下列两事：甲、有关国家利益问题必须秉承中央意旨处理；乙、中央与西藏一切往还接洽方式，仍应照旧，不得径由上述外务机构办理。”② 同时要求驻藏办事处“仍照旧例接洽，不得与‘外交局’发生任何联系。西藏既新设此局，以图无形中转变中藏旧有关系，自必坚持到底，虽陷僵局，亦不顾之”。③ 不久，噶厦复电蒙藏委员会委员长吴忠信，辩称：“藏政府新设外交局，系重视中国政府及各外国提出巨细事务，使不致迟缓之便利，特为和睦计，乃呈请藏王兼征询西藏僧俗民众大会一致同意，设立办理外国事务机关。既经成立，无法变更，此为增进汉藏睦谊，决无妨害之意。谅邀洞悉者也，后

---

① 见1942年10月蒙藏委员会致外交部仁字第4556号函，转引自孙子和著《西藏研究论集》，192页，台湾商务印书馆，1989。

② 西藏社会科学院等编：《西藏地方是中国不可分割的一部分》，531页，拉萨，西藏人民出版社，1985。

③ 蒙藏委员会档案。

一切事务，均须向该机关接洽，并请令知孔处长遵办为祷。”① 针对这一说法，同年9月17日，行政院再度发布训令：“仰仍遵照本年八月一日机字第一五九号训令办理，此令。”② 蒋介石还亲自出马，召见西藏驻京办事处，提出如不撤销前议，中央只有动员军队，甚至派飞机轰炸。川、青军队随即作了相应的调动。由于中央政府的明确表态及全国人民的抗议谴责，加之驻藏办事处始终坚持不与“外交局”来往，西藏地方少数人才醒悟到“应与中央保持感情”，不再逼驻藏办事处与“外交局”联系。至此，英国策划的这一阴谋宣告破产。

英国分裂西藏的新阴谋

1946年，英国“商务代表”黎吉生暗中教唆西藏地方政府“外交局”总管索康·旺清次登向达札报告，要求西藏参加在印度新德里举行的“泛亚洲会议”。黎吉生煽动说：“如果西藏政府这次派代表出席会议，就能体现出西藏是一个独立的国家。从目前的世界形势来看，正是搞西藏独立的大好时机，务必要派出代表出席会议。英国政府已经表示要为西藏独立从各方面给予支持。此外，为了预防来自内外等各方面的干扰，对派代表团一事，要严格保密。”他还说，已收到邀请西藏代表出席会议的请柬。③ 达札等人决定不放过此次机会，即任命台吉桑颇·策旺仁增和堪穷罗桑旺吉为正副团长，前往印度参加“泛亚洲会议”。代表团出发后，黎吉生又通过西藏地方政府的所谓“外交局”向达札密呈建议说，代表团应带上“国旗”。达札令以藏军的“雪山狮子旗”替代，派人专程送给已抵亚东的代表团。

---

① 西藏社会科学院等编：《西藏地方是中国不可分割的一部分》，532页，拉萨，西藏人民出版社，1985。

② 西藏社会科学院等编：《西藏地方是中国不可分割的一部分》，533页，拉萨，西藏人民出版社，1985。

③ 西藏自治区政协文史资料编辑委员会编：《西藏文史资料选辑》，第2辑，12页，1984。

不久，黎吉生再度向西藏地方政府献计说，中国中央政府得悉西藏派团参加“泛亚洲会议”一事，已发表声明反对，建议西藏地方政府马上向该团团长发报，令代表团在中央代表团之前赶到新德里，造成既成事实。

当时，出席该会的中国代表团已就西藏地方政府此举向印度有关部门提出抗议，指出：“西藏非独立国家，未得我政府之同意，何能派代表参加。”印度方面表示，此次会议宗旨在促进亚洲各地区的工业、文教、宗教等事业的发展，是由印度世界福利会领袖尼赫鲁（后为奈都夫人）以私人名义邀请有关代表参加，没有邀请官方代表。[①] 但是，此次会议怪事迭出，会议组织者先是把“雪山狮子旗”与各国国旗并列在一起，继而在主席台悬挂的地图中把我西藏地方置于中国版图之外。这一切遭到了中国中央政府代表团的强烈抗议，迫使印度方面作了更正。

英国人反对热振活佛复位

“泛亚洲会议”后，西藏地方政府中一小撮亲英的分裂主义分子又策划了一起新的政治阴谋。1947 年，由于热振活佛原定静修三年的时间早已过去，达札及其手下人在英帝国主义的煽动下，千方百计阻挠热振呼图克图复位。黎吉生对热振呼图克图复位将给英侵藏计划带来的威胁更是看得很清楚，即上蹿下跳，利用达札和热振的矛盾，以求除掉倾心祖国的热振活佛。是年 3 月，当黎吉生获悉热振活佛已派人去南京出席国民大会，与中央政府联系密切后，暗自高兴，认为总算抓住了一个机会。他立即前往西藏摄政达札处密告：热振活佛已派亲信去南京参加“国民大会”，受到中央政府的优待。值得注意的是，这两人会后留在了南京。他们已向国民政府提出派兵入藏，并给予军事和经济援助。国民政府打算派大军进藏，还决定派飞机轰炸

① 祝启源、喜饶尼玛著：《中华民国时期西藏地方与中央政府的关系》，134～135 页，北京，中国藏学出版社，1991。

拉萨，以支持热振呼图克图重任摄政。黎吉生还说，国民党已给了热振的亲信很多武器和金钱，热振将与札什伦布寺联合起来，在色拉寺等处建立军事基地，发动叛乱。在英国人的挑唆下，达札大惊失色，即电告西藏驻京办事处，详查此事。西藏驻京代表不等调查详实，便捕风捉影向西藏地方政府报告说，热振活佛的亲信向国民政府请求派部队、飞机支援，蒋介石答应五天内答复，希当机立断。达札等接报后立即派兵前往拘捕热振活佛。

缺乏政治斗争经验的热振呼图克图毫无防备，被诱捕至拉萨。色拉寺僧人先是计划于途中救出热振活佛，未获成功，便立即发起武装暴动。西藏地方政府调集大批藏军包围了色拉寺。黎吉生对藏军的行动颇为赞赏，并认为应速战速决。他还表示，英国政府将作西藏地方政府的后盾，希望采取军事行动时不要有所顾忌。黎吉生为了更有效地镇压西藏僧俗民众的反抗，还特地派英报务员福克斯协助西藏地方政府架设了无线电台，“在炮轰（色拉寺）戒札仓时使用”，[①] 并时刻保持在整个事件进行中英国人与西藏地方政府的联系。黎吉生本人直接参与了攻打色拉寺的战斗。中国第一任驻印大使罗家伦先生就曾撰文指出：在此次事件中，“达札派兵去攻打，可是派去的军队不知如何放炮，据西藏朋友说，在没有办法的时候，英国商务专员黎吉生以罗宾汉的姿态出现，亲自教那些部队放炮，开了几炮以后，这三大寺喇嘛不知所措，也就先后投降了”。[②] 事实上，在逮捕、审讯热振活佛的全过程里，西藏地方政府都专门向黎吉生等人作了汇报，并听取了英国人的意见。

热振活佛被关押在布达拉宫孜夏角监狱，遭受到非人的折磨。西藏地方政府专门成立了所谓的“特别法庭”，数次提审

---

① 祝启源、喜饶尼玛著：《中华民国时期西藏地方与中央政府的关系》，139页，北京，中国藏学出版社，1991。

② 罗家伦先生文存编辑委员会编：《罗家伦先生文存》，第二册，305页，台湾，国史馆，中国国民党中央委员会党史委员会，1976。

他。面对种种罪名，热振活佛义正词严地反驳：祖国内地和西藏地方在地理上、宗教上都无法隔离。1904 年，英帝分子荣赫鹏率军侵入拉萨后，巨额的战争赔款一概由中央政府代付，倘非如此，英军岂能撤出西藏？至于说我暗害摄政，这是强加给我的罪名，我根本不知道此事。恶劣的监狱环境，莫须有的罪名，使热振呼图克图忧愤交集，开始发病，后服狱卒送来的药，竟突然逝世。就这样，在英国人的精心策划下，1947 年 5 月 7 日，反帝爱国的热振活佛被迫害致死。

同印度谋求在西藏特权的斗争

1947 年，曾经饱受英帝国主义压迫欺凌的印度获得了自由独立。西藏地方上层人士曾经产生幻想，认为英国从印度撤走了，英国在西藏享有的驻军、办邮电、驿站、占有租借地等各种特权也该取消了。但是 8 月 15 日，英国驻拉萨代表一变而为印度首任驻拉萨代表。正如黎吉生所说："现存人员全部留任，惟一的改变是换了一面国旗。"① 由亲英分子控制的西藏地方政府接受了这一事实。自此，黎吉生等英国人就以印度官员的身份一直待在拉萨，"深深地卷入西藏的政治中"，继续大搞"西藏独立"。

是年，黎吉生向西藏地方政府提出印度要保持西姆拉会议以及过去英国在藏特权、利益的备忘录，主要内容是：1914 年在西姆拉所订《英藏条约》及其附订的《通商条约》，在印、藏双方未订新约之前，照旧遵守这一条约；英国原驻江孜、亚东、噶大克三地的商务委员等照旧留任。对此大感意外的西藏地方政府于 11 月委婉地向黎吉生提出："过去英藏间发生战争，因而就边界、通商等陆续订有条约。如今英国在印度（的权利）已告彻底结束，自不能以英藏间所订条约施行于印度政府与西藏之间，因而印度新政府和西藏间的边界等问题，只怕会要重（新

① 黎吉生著：《西藏简史》，241 页，中国社会科学院民族所，1979。

订）约。”① 西藏地方政府的这一合理要求遭到黎吉生的拒绝。

1948 年 1 月 13 日，黎吉生代表印度政府向西藏地方政府催促并威胁说：“印度政府获得了连同（英国所订有关）印度的条约及其一切权利，只是为了友好，才请西藏回答遵守问题，如果不回答，或者不予置理，将使印度政府感到不快，会对西藏本身带来危害。而且这些条约不加遵守，西藏是没有什么可以作为国家的文件的依据。”②

从以上信函或口头的往返交涉中，可以很清楚地看出黎吉生的意思是：要西藏地方政府明确表态，继续承认非法的“西姆拉条约”，继续让印度保有英国在藏的特权，继续让印度占有“麦克马洪线”以南的地区；如果西藏地方政府不这样表态，那么英国和印度就不帮助“西藏独立”，不承认西藏是“国家”，不向西藏提供军火；而如果西藏地方政府同意按他们的意思表态，那么英印就可以帮助“西藏独立”，就可将本来没有文件依据、没有条件成为国家的西藏，当做一个“国家”予以承认。对于黎吉生鼓动西藏独立的行动，当时中国作出迅疾的反应，民国政府驻印大使罗家伦一再建议印度政府免除黎吉生这个英帝分子的职务。

英印政府侵占中国西藏领土

英帝国主义一直念念不忘侵占“麦克马洪线”以南的中国领土。继 1938 年派小分队到门隅地区的达旺侦察后，于 1944 年公然派兵侵占下察隅地区的瓦弄和门隅地区的噶拉塘两地，并赶走当地的西藏地方官员。是年 8 月，西藏地方政府向英国驻拉萨代表提出交涉，明确指出“瓦弄与噶拉塘无可争辩的属于西藏领土，西藏地方政府一直在那里征收税赋，英国占领西藏

---

① 杨公素著：《中国反对外国侵略干涉西藏地方斗争史》，343 页，北京，中国藏学出版社，1992。

② 杨公素著：《中国反对外国侵略干涉西藏地方斗争史》，344 页，北京，中国藏学出版社，1992。

领土并派官兵驻扎的做法，将来恐发生枝节。”关于门隅问题，西藏地方政府还说，“英、藏双方的各项条约中，并未载明上述地方给予英国政府，而且当前辈达赖喇嘛在世时丝毫也未提及……立即请将驻噶拉塘之印度官兵撤退。”[①] 这是西藏地方政府第一次以明确态度表示不承认“麦克马洪线”。对此，英印政府于10日致西藏地方政府一份备忘录，内容蛮横无理而带威胁口气，并继续挑拨西藏地方与祖国的关系，其要点有：

——英印政府将通过外交手段帮助西藏自治，帮助解决中藏关系；

——英印政府对西藏没有领土野心，但印藏边界（按：指“麦克马洪线”）南部地区，除不干预西藏私人土地所有权外，要照旧保持英印政府的各项权利；

——英印政府愿意改变边界，从色拉起向达旺以南而不是向以北伸长，英国不反对西藏在色拉以南征收一些寺院的布施（按：将税收改称布施）；

——西藏政府官员不要在色拉以南行使权力，英印政府已经建立的哨所不能撤退；

——未授权给西藏军事援助（按：英帝国主义以此要挟西藏地方政府）。

这是英国正式表示将“麦克马洪线”从达旺以北修改到以南的色拉山口。[②]

西藏地方政府不接受这一备忘录，于1945年、1946年接连数次向英方交涉。1945年，西藏地方政府致英国驻拉萨代表的信说：英国占瓦弄、噶拉塘是涉及边界问题的大事；查英国调解中藏问题，迄今并未获成效；条约也未将上述地方给予英国，30多年来边界未有任何异议，现在“却新生枝节，声称西藏领

① 杨公素著：《中国反对外国侵略干涉西藏地方斗争史》，224～225页，北京，中国藏学出版社，1992。

② 杨公素著：《中国反对外国侵略干涉西藏地方斗争史》，225页，北京，中国藏学出版社，1992。

土属英国占有，对此种说法实断难接受，若不立即撤走在瓦弄、噶拉塘的官兵，则有似大虫吃小虫的行径，势将构成英国之坏名声遍布于世，亦必然构成西藏僧俗人民深切痛心的因素。”①

但是，实力虚弱且政治目光短浅的西藏地方政府，仅凭几次交涉岂能对付得了老奸巨猾的英帝国主义强权政治手腕和军事行动呢？英军自然是不理会西藏地方政府，继续坚持侵占瓦弄、噶拉塘，赖在当地不走。

英国策动驱逐西藏汉人

1949 年，中国人民解放战争取得了决定性的胜利。4 月 21 日，毛泽东、朱德发布了“向全国进军”的命令，百万雄师过大江，两天后即占领南京。英国帝国主义惟恐失去在西藏地方的权益，又策划了一场驱逐汉人的新阴谋。这场阴谋的直接策划者还是英帝分子黎吉生。

面对拉萨日趋紧张的气氛，黎吉生显得十分活跃，其住处“大有门庭若市之概”。为了阻止中国人民解放军进藏，实现其“西藏独立”的梦想，黎吉生专门前往西藏地方政府向达札汇报：“拉萨有许多共产党的人，留他们在这里，将来就会充当内应，把解放军引进来。”他建议，立即驱逐国民政府驻藏人员出藏，同时他还说出了不少人的名字和住处。另一方面，他上书印度政府，请考虑接收被驱逐的 300 名“中国人”，他们是：(1) 共产党人；(2) 与中共有关系的官员；(3) 其他中国官员；(4) 其他中国公民。从这份材料看，名为“驱逐中共势力”，实为搞“西藏独立”。这种做法连当时的印度政府也觉得太不妥当，只同意接收被驱逐前两种人。② 美国藏学家谭·戈伦夫在其著作《现代西藏的诞生》中就驳斥了黎吉生后来为自己

---

① 杨公素著：《中国反对外国侵略干涉西藏地方斗争史》，225 页，北京，中国藏学出版社，1992。

② 谭·戈伦夫著，伍昆明等译：《现代西藏的诞生》，114 页，北京，中国藏学出版社，1990。

所做的辩解，认为“事实可能是，如果黎吉生从来不向藏族官员提起驱逐，那么藏人也想不到这一点，总之黎氏给印度方面的电文给人们留下的印象是，他无论有意无意，确实积极参与了拉萨的决策”。[①] 就这样，7 月 8 日，西藏地方政府在英国人的煽动下，经过数天的会议，终于决定以“防共”为名，致电蒙藏委员会，“认为凡国民党军政人员所到之处，即共产党所到之处，西藏方面现请驻藏办事处、学校、电台、医院等人员于两周内一律离开西藏。”[②] 西藏地方政府随即派遣藏军包围了蒙藏委员会驻藏办事处，占据电台，封闭学校，并将办事处官员及家眷强制送往印度。事件发生后，7 月 27 日，英国电讯宣称，“英国从来不承认中国所说的西藏是中国的一部分并受中国统辖的说法。”同日，英国还有人扬言，“如局势演变竟至影响 1914 年中英所订西姆拉条约中承认之西藏自治权时，英国可能出面干涉。”[③] 显而易见，正如当时新华社发表的社论所指出的，“7·8”事件是在英帝国主义的策划下发动的，“他们勾结西藏地方反动当局举行这个‘反共’事变的目的，就是企图在人民解放军即将解放全国的时候，使西藏人民不但不能得到解放，而且进一步丧失独立自由，变为外国帝国主义殖民地奴隶”，“英印侵略者唆使西藏地方当局，以‘反共’作为借口，发动变乱，企图浑水摸鱼，更是极端冒险的蠢事。不错，国民党反动派是应该从中国领土上驱逐和消灭的，但这是中国人民自己在中国共产党领导下所进行的革命斗争，与任何外国无干，与任何反共分子无干”。[④]

---

① 谭·戈伦夫著，伍昆明等译：《现代西藏的诞生》，114 页，北京，中国藏学出版社，1990。

② 全国政协文史资料编辑委员会编：《文史资料选辑》，第 79 辑，144 页，1982。

③ 杨公素著：《中国反对外国侵略干涉西藏地方斗争史》，234 页，北京，中国藏学出版社，1992。

④ 《人民日报》1949 年 9 月 3 日。

和平解放西藏

1949 年 9 月 7 日，《人民日报》发表《中国人民一定要解放西藏》的社论，进一步警告了帝国主义及其追随者，同时号召西藏人民团结起来，准备迎接人民解放军进军西藏，解放西藏，解放全中国。

1949 年 10 月 1 日，中华人民共和国宣告成立。1951 年 5 月 23 日，由西藏地方政府派出的全权代表阿沛·阿旺晋美等与中央政府全权代表李维汉等签订了《中央人民政府和西藏地方政府关于和平解放西藏办法的协议》。协议签订后，全国一片欢腾，广大藏族人民一致拥护。这一协议的签订，使西藏地方永远摆脱了帝国主义的羁绊，把藏汉各民族的团结和祖国的统一推进到一个新的历史发展阶段，为西藏民族的进步、发展开辟了无限广阔的前景。

第三章

新中国成立前中国共产党与英国的关系

第一节　抗日战争推动英国与中国共产党接触

中共反对英国对日绥靖

在20世纪上半叶中国的历史发展中，英国政府与中国共产党之间的关系经历了一个曲折的演进过程。正是在这一过程中，双方之间的关系从彼此敌对到相互接触，从不情愿的相逢到初步的“相知”，这不仅在客观上影响了中国革命的历史发展进程，而且为战后英国政府与中华人民共和国政府之间关系的发展打下了最初的铺垫。这种接触的开端是抗日战争的爆发。

作为法西斯主义在远东的策源地，日本帝国主义所发动的侵略战争不仅给包括中国在内的远东各国人民带来了深重的灾难，也对包括英国在内的老牌殖民国家在该地区的传统利益造成了巨大冲击。这一时期，由于中国共产党实行了灵活的反法西斯国际统一战线政策，并且在反对日本帝国主义的斗争中表现出了强大的生机和活力，使得英国政府不仅逐步改变了其初期的对日妥协立场，而且对中国共产党的认识也开始发生重大的转变，双方之间的关系因此实现了从相互敌对到彼此接触的实质性发展。

从1931年“九一八”事变到1937年“七七”事变，英国政府所采取的对华政策是“旁观袒日”的政策，其实质则是在亚洲对日绥靖。

1937年7月7日，卢沟桥事变爆发，英国执政者继续奉行所谓“中立”的“不干涉”政策。1939年7月24日，慑于日本威势的英国与日本签订了《有田一克莱琪协定》，英国表示充分认识日本在中国造成的实际局势，承认日军“为了保障其自身的安全和维持其控制地区的公共秩序”，“有其特殊的需要”，“必须压制或取消任何将妨碍他们或有利于他们敌人的行动或原因”，声明英国“无意鼓励任何有损于日本军队达到上述目的之行动或措施”。[①] 这一协定实际上承认了日本侵略中国的合法性，中国舆论斥之为“另一个慕尼黑协定”。在这之后的1940年6月，双方又将协议内容具体化，英国终于接受了日本在华北的独占地位。紧接着，在日本不惜开战的威胁下，英国政府又于1940年7月17日与日本签署了《关于封闭滇缅公路的协定》。该协定切断了中国最重要的国际通道，断绝了外部世界对于中国抗战的物资供应，给中国抗战带来了巨大的困难。

对于英国对日绥靖妥协的行为，中国共产党一直坚决反对。早在1939年6月6日《有田一克莱琪协定》尚在酝酿之际，毛泽东就代表中共中央发表了《反对投降活动》一文，向全国人民敲起警钟，号召全国人民团结起来，与投降妥协的阴谋作斗争。他明确指出：“日本帝国主义灭亡中国的根本方针是不会变的。……国际投降主义者（指英美等国——作者加）……纵容日本侵略中国，自己‘坐山观虎斗’，以待时机一到就策动所谓

---

① 《英国外交政策文件》第3辑第9卷，333页，参见石源华著：《中华民国外交史》，440页，上海，上海人民出版社，1994。

太平洋调停会议，藉收渔人之利。”“我们坚决地斥责那些认为太平洋会议并非东方慕尼黑的无稽之谈，所谓太平洋会议，就是东方慕尼黑，就是准备把中国变成捷克。”① 1939 年 7 月 7 日，中共中央发表了纪念抗战二周年宣言。宣言进而指出：“虽然我们的抗战获得了世界各国人民各先进人士的同情与援助，但是在帝国主义的反动营垒中却存在着鹬蚌相争、渔翁得利的私利主义者，存在着想以中华民族为牺牲而与侵略者妥协的阴谋家。”② 宣言号召全党和全国人民联合起来，与英美等国的投降主义作坚决的斗争。

中共国际统一战线与英政府对中共认识的初步转变

众所周知，自从中国共产党成立之后，许多外国政府大都对中国共产党有着一些不正确的认识，他们一般都否认中国共产党的马克思主义政党性质，并且不承认延安政权是共产主义政权。一直到抗日战争时期，苏联领导人仍不承认中国共产党是马克思主义的政党。1944 年，苏联外长莫洛托夫公开宣称，延安绝对不是共产主义的政权，而斯大林也竭力向美国特使、驻华大使赫尔利证明中国共产党根本不是共产党，认为中共是一堆红皮白心的萝卜或人造黄油。当然，苏共领导人之所以得出这种认识，主要就是因为中国共产党坚持独立自主的方针，表现出了明显的不愿受苏联控制的倾向。

与此相对应，由于受国际大环境的影响，英国政府对中国共产党的看法却明显不同于苏共领导人。尽管英国政府也不满国民党政权，双方存在着很多矛盾，但英国从反共的意识形态出发，一直支持国民党政权，而对中国共产党夺取政权的潜力估计不足。因此在很长一段时期内，英国政府不但不注意研究

---

① 《毛泽东选集》（合订本），559～563 页，北京，人民出版社，1964。

② 转引自吴东之：《中国外交史（1911～1949）》，497 页，郑州，河南人民出版社，1990。

和了解中国共产党，更不可能与中国共产党建立任何关系，而所谓的“扶蒋反共”也因此成为其长期以来的对华政策基调。

不过这种情况在抗日战争爆发后开始出现一些明显的变化。面对远东“事变”以及中国国内形势的新发展，从反对日本军国主义以尽可能维持东亚秩序这一根本利益出发，英国政府对中国共产党的认识有了一些初步的转变，而导致这些变化的直接动力，除了对国民党政权腐败无能和消极抗日的极度反感之外，更为重要的则是基于中国共产党在抗日和边区建设中所取得的巨大成就，以及为反对日本帝国主义而采取的灵活的国际统一战线政策。

客观地讲，在如何对待英国方面，中国共产党的政策明显具有“两重性”，这就是既联合、又斗争。当然，在具体的政策操作方面，中国共产党除了对英国政府初期的绥靖倾向进行了阶段性的强烈批评之外，在整个抗日战争期间都采取了一种极为灵活的国际统一战线政策，目的是联合一切可以联合的力量，以反对共同的敌人——日本帝国主义。为此，早在 1937 年 7 月 23 日，毛泽东就在一个文告中提出：“……争取英美同情我们抗日，在不丧失领土主权的条件下争取他们的援助。战胜日寇主要依靠自己的力量，但外援是不可少的，孤立政策是有利于敌人的。”① 在这之后的 8 月 25 日，中共中央发表了著名的“抗日救国十大纲领”，这一纲领明确提出了争取抗日战争最后胜利的具体道路。关于抗日的外交政策，宣言第五条明确提出要“在不丧失领土主权的范围内，和一切反对日本侵略主义的国家订立反侵略的同盟及抗日的军事互助协定。”② 随后不久，中共中央又进一步充实了联合一切反法西斯国家组成抗日民族统一战线的思想，并由此确立了抗日战争时期的基本外交政策，这就

① 《毛泽东选集》第 2 卷，303 页，北京，人民出版社，1952。

② 《毛泽东选集》第 2 卷，313 页，北京，人民出版社，1952。

是“以自力更生为主，同时不放弃一切可能争取的外援”。[①] 与此同时，毛泽东还具体规定了对待国际上三种不同力量的态度和政策，并且对争取外援的问题也做了严格细致的分析，并提出了著名的“四个区别”：“第一是苏联和资本主义各国的区别，第二是英美与德意的区别，第三是英美的人民和英美的帝国主义政府的区别，第四是英美政府在远东慕尼黑时期和在目前时期的区别。”[②]

应当说，中国共产党所采取的这种灵活的国际统一战线政策，在很大程度上适应了反法西斯战争时期英国政府的战略需求，从而促使它逐步改变了对中国共产党的认识。因为在猖狂的日本军国主义面前，英国需要像中国共产党那样的抗日队伍，以拖住日本兵力，尽可能确保大英帝国在远东地区的利益。与此相适应，从太平洋战争开始，英国政府对中共的看法逐步发生了转变。这一时期，许多到过和曾经在解放区生活过的英国人向英国政府报道了延安的情况，尤其是对中国共产党所领导的抗日战争的政策、策略以及所取得的伟大成就进行了较为详细的介绍，这些报道引起了英国政府的注意和重视。在这一方面，英国驻华大使馆做了许多工作，特别是从 1942 年 2 月起担任驻华大使的薛穆曾多次较为客观地向英国政府汇报有关中国共产党的情况，促使英国政府开始重视中国共产党的地位和作用。由于以毛泽东、周恩来为代表的中共高级领导人制订了正确的国际反法西斯统一战线的外交政策，对英国大使馆做了许多工作，从而使中国共产党和英国改善关系有了可能。这一时期，实际上构成了英国与中国共产党外交关系的起源时期。

英国大使薛穆的报告

1942 年 12 月 29 日，薛穆向英国外交部送交了第一份关于

---

① 《毛泽东选集》第 2 卷，566 页，北京，人民出版社，1952。
② 《毛泽东选集》第 2 卷，740 页，北京，人民出版社，1952。

报道陕甘宁边区的报告。这份报告是荷兰人布朗基写的。在报告中，布朗基介绍了八路军英勇抗击日本侵略者的伟大事迹，盛赞了边区政府为人民谋福利的政策，并且谈了他会见毛泽东的印象，认为中国共产党的政策是完全正确的。尽管此时的薛穆对中国共产党还不十分了解，认为布朗基报告有些内容只不过是中国共产党的宣传而已，但他还是向英国外交部强调指出，这份报告提供了中国共产党控制地区的社会和组织等方面有价值的情报。

这份报告引起了英国外交部的高度重视，英国外交部开始系统搜集和分析有关中国共产党的情报。1943 年 6 月，英国外交部把一份由两个法国人丹乔和魏尔曼写的关于他们在解放区访问的报告转给薛穆，要他发表意见。在看了报告之后，薛穆立即写信给英国外长艾登，认为这个报告比较真实地反映了边区的情况，他的结论是延安政权政治清明，人民安居乐业，在延安根本见不到旧中国到处皆是的腐败、投机、妓女、乞丐和鸦片，人民生活有了极大改善，与国统区相比，简直不可同日而语。

在这封于 1943 年 7 月 13 日发出的信中，薛穆特别引用了中国共产党在关于解散第三国际的宣言中的一段话。在这个宣言中，中国共产党再次重申要坚持马克思列宁主义，强调“中国共产党是马克思主义列宁主义政党，马克思列宁主义是一种科学，科学是没有国界的，中国共产党一定要按照中国的具体情况继续辩证地运用和发展马克思列宁主义，以使抗日战争胜利和建设全中国”。据此薛穆断定：“非常清楚，中国共产党绝不会放弃马列主义，而是要根据当前与未来的具体情况运用马克思列宁主义。”他坚信，中国共产党已经宣布她要建立一个红旗下联合起来的各党派组成的“人间天堂”，她的最终目标是夺取中国政权并把中国建设成为真正的共产主义社会。

与此同时，薛穆也认识到中国共产党明显不同于苏联共产党，而且与苏联共产党几乎没有什么联系，中国共产党也没有得到苏联的任何援助，哪怕是一些道义上的支持。据此薛穆的看法是：在目前，中国共产党是自成一类的党，“中国共产党是正统的苏联共产主义的种子发芽成长起来的，其最终目的是实现正统的共产主义。但是在目前的条件下，中国共产党已发展成为没有外界援助，特别是不受外界干涉控制的坚强的党”，而也正因为如此，使她成为一个真正的马克思列宁主义政党。

在薛穆的影响下，英国政府对中国共产党的看法逐渐转变。1944 年 5 月，英国外交部起草了一份机密文件，题目是“中国国民党同中国共产党在意识形态上的斗争”。这一文件主要反映了薛穆的观点，也体现了当时英国政府对国共斗争的看法。这份文件认为中国共产党是马克思列宁主义政党，其最高目标是在中国实现共产主义。文件引用的例证是 1937 年毛泽东为抗日统一战线所规定的策略和他的《新民主主义论》，但它集中分析的却只是其中的几个片段，也即毛泽东所说的在统一战线中，中国共产党绝对不能丢掉自己的最高目标——实现社会主义和共产主义，但同时必须坚持独立自主，中国革命的第一步是建立由所有革命阶级组成的民主政府，第二步是建立社会主义。据此该文件认为，全国民主革命只是中国共产党的最低和直接纲领，她的最终目标还是要推翻资本主义，消灭阶级和阶级差别，建立社会主义和共产主义。这样，英国政府忽视了薛穆关于中国共产党是“自成一类的政党”的看法，没有认识到中国共产党把马克思列宁主义同中国革命的具体实践相结合这一基本现实，因而也就无法真正了解中国共产党的统一战线和外交政策。

另外，英国政府还特别关注中国共产党是否是一个民主党的问题。尽管薛穆对中国共产党的民主表示怀疑，尤其在对中国共产党在陕甘宁边区实行的“三三制”心存疑虑，但他却一直认为国民党没有民主。1944 年 3 月，在认真研究了威廉·邦得报告中有关陕甘宁边区政府的材料后，薛穆向英国外长艾登谈了他自己的看法。他认为国民党的“民主”是间接代表制，从保到县，有一系列的代表团，是官办的。而中国共产党的县政府则是由人民选择，直接从人民手中得到权力的。但是尽管如此，薛穆还是认为中国共产党实行的民主并不是西方意义上的民主，而是具有中国特色的民主。

这样，这一时期的英国政府对中国共产党的认识已经有了明显的进步。虽然它对中国共产党的态度仍然是敬而远之，没有同中共建立任何正式的关系，但由于工作上的原因，英国驻华大使馆与中国共产党驻重庆代表处已经有了密切的联系，由此也形成了英国与中国共产党关系的起源。

最初的接触

在中国人民的英勇反击和世界各国人民的共同支持下，反对日本侵略的斗争正一步步取得胜利，最终打败日本帝国主义已成为指日可待的事情。当此之时，如何同未来的中国打交道，以最大限度地维护其在华利益，便成为英国当政者不得不预先考虑的问题。面对中国共产党领导的人民革命政权的蓬勃发展以及国民党腐朽政权的反动独裁本质，英国方面对中国的未来前途问题也逐渐形成了一种新的认识。

早在1943年7月13日提交给艾登的信中，薛穆就曾对中国共产党的土地改革政策作出过正面的评价。尽管当时的薛穆还不了解中国共产党是为人民谋福利的党，仍把中国共产党之所以推行土地改革归因于它要在军事上、政治上生存下去，必须依赖农民的友情和合作，所以才对农民友好，但薛穆还是认为中共的土地政策无论是在带给人民的经济安全还是在社会福利的保障方面都优于国民党。他完全同意中国共产党的看法，即中国共产党已经实践了孙中山先生的三民主义，为此他预言：“延安政府将是未来取代国民政府的唯一政府。”

薛穆的上述观点，也引起了英国政府对中国共产党的高度重视。这一时期，英国政府内部就中国共产党与中国的未来前途问题进行了多次激烈辩论，许多政府官员支持薛穆的观点。

曾经担任过英国驻南斯拉夫大使的乔治·扬就曾高度评价过薛穆的报告，认为“中国共产党取得的成绩给我们留下了深刻的印象，我相信无论他们在伦理上或精神上有何缺乏，也无论他们的处境好坏，他们将掌握中国的命运”。

1944 年底，有 5 位外国记者访问了延安，并做了大量有关延安和解放区的报道，这引起了英国政府的注意，薛穆和外交大臣艾登都极为重视。在这 5 位记者中，有一位是英国人冈瑟·斯坦因，他在边区待了几个月，做了大量认真而细致的调查，搜集了许多第一手的资料，并向英国驻华大使馆详细汇报了他的发现。薛穆大使对此予以了高度评价，并专门就此向英国政府做了汇报。为了强调斯坦因报告的分量，薛穆特别指出，斯坦因的报告已为美国纽约时报记者布鲁克斯·阿特金森和美国国防部新闻署中国处处长麦克雷肯·费希尔等人的报告所证实，上述三位记者都是可靠的老资格的中国问题专家，因此应该重视他们的观点。

在向英国政府的汇报中，薛穆首先肯定了他们三位对中国共产党在陕甘宁边区取得的成就的报道，认为“他们有充分理由去证明中共取得的成就，他们没有进行一丁点不利于中共的报道。在对比中共控制区与国统区时，没有一例说明延安比重庆差。他们发现在实践中，中国共产党的军事、政治和经济制度的运转都很正常。在士气上，在人民与领袖，军队和人民之间有一种精神。上述三位记者的看法，在国民党统治区是看不到的”。

与此同时，薛穆还特别向英国外交部介绍了他对中国共产党的领导人的非常深刻的印象。他认为中共领导人具有超乎寻常的强有力的个人品格，并且预言现在那些正在受培养训练的年轻人将来会发挥越来越大的作用。应当说，薛穆的预言是很有远见的，因为事实也确实如此，许多在延安的进步青年后来都成为了中国共产党的著名领导人。薛穆特别欣赏斯坦因的下列看法：“重庆的反动派和日本人污蔑中国共产党人为共匪，我却认为他们是有崇高理想的有能力的强人，他们已经超出了狭隘的党派理论，得到了比英伦三岛大 4 倍的地区所有社会阶层的人们的热情合作。中国共产党的领袖毛泽东给我的印象特别好。他是一个我从未遇见过的最伟大的中国人。他是可以与世界三强英美苏三国领导人媲美的伟人，而八路军总司令朱德则是人民军队第一流的领袖。”

为了全面反映边区的情况，薛穆还向英国政府汇报了陕甘宁边区的教育情况。他特别注重英国驻华大使馆文化参赞李约瑟的一份报告。李约瑟亲自拍摄了边区教育的一些相片，并对边区的教育状况作了细致的观察。李约瑟认为，尽管边区的教育条件比较落后，但却不同于中国其他地方的大学，边区的教育发展很快，而且特别重视自然科学和技术教学工作。

经过薛穆的极力推荐后，英国政府对待上述报告的态度可以说是极为认真的。在经过核实之后，英国政府对中国共产党的认识开始出现明显的变化。在此之后，薛穆不失时机地向英国政府报告一切有关中国共产党和陕甘宁边区政府的信息，而且在必要时还直接向丘吉尔汇报，以引起英国政府对中国共产党的重视。

1944 年 12 月 27 日，薛穆曾向英国外长艾登汇报了毛泽东关于中国共产党国际统一战线的讲话。毛泽东在这个讲话中号召全党要联合一切反法西斯力量，包括英国、美国在内，结成国际反法西斯统一战线。薛穆马上意识到这是英国改善同中国共产党关系的大好时机，只可惜英国政府并没有对他的汇报引起足够重视，以至于白白丧失了这次机会。

1945 年 6 月，薛穆收到一份该年春在延安召开的中国共产党第七次全国代表大会的文件集。众所周知，中国共产党第七次全国代表大会是中共历史上最重要的会议之一，这次会议正式确立了毛泽东在中国共产党内的领导地位，毛泽东思想被确认为是党的指导思想。薛穆当时就预感到了这份文件的重要性，并立即直接向丘吉尔作了汇报。在汇报中他一再强调：“我之所以用相当长的篇幅报告毛泽东的讲话，并不是毛泽东提出了什么新内容，而是因为你关于延安政策的信息不足。鉴于战后中国可能出现的麻烦，以及美国目前正在尽力了解中共，我想你一定想知道这位中国共产党的领袖所说的该党的奋斗目标。”

这样，通过到过延安的所有外国人的努力以及薛穆的重视，英国政府对中国共产党有了进一步的了解。在公开场合，薛穆已经毫不掩饰他对中国共产党的同情和支持。1944 年 10 月 17 日，在同英国外交部远东司新任司长贝纳特的谈话中，薛穆就曾坦言：“如果以抗战的名义，美国武装了国民党也武装了共产党，那么在日本投降后的中国混战中，我倾向于支持中国共产党”，他甚至明确表示：“延安是中国的希望。”

这一时期，尽管英国与重庆的国民党政府保有正式外交关系，但英国政府中的许多人都对国民党政权不满。作为英国政府派驻中国的代表，薛穆经常使用“CC 系反动阵营”、“反动”、“独裁”、“腐败”等词语去描述国民党。相反，他对中国共产党的领袖们和中国共产党的政策却印象很好，在向英国政府的报告中多次表露上述想法，并且能够及时向英国政府汇报一切有可能改善同中国共产党关系的信息。应当说，他的这种实事求是的客观态度在当时是难能可贵的，它使英国政府能公正、客观地认识和对待中国共产党，对英国政府在中国内战时期保持“中立”立场以及改善同中国共产党的关系都产生了重大影响。

这一时期，虽然薛穆对中国共产党的政策和领袖们的认识并不十分正确，但他承认毛泽东等中共高级领导人是有经验的共产党人，他十分赞赏毛泽东极富魅力的个性和平易近人的工作作风，十分佩服毛泽东的个人品质，因此一直希望有机会能与毛泽东当面交谈。

1945 年 8 月，毛泽东应蒋介石之邀赴重庆参加国共谈判，薛穆得以与毛泽东亲自会面。毛泽东和薛穆在苏联驻重庆大使馆第一次会面，双方进行了长时间的友好谈话。第一次见面，薛穆对毛泽东的印象非常好，他觉得毛泽东思想敏锐，眼光高

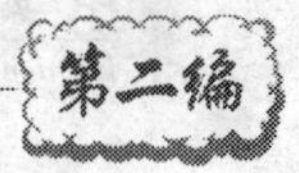

远，待人诚恳，绝非像蒋介石说的是一位“难以对付的政治首脑”。

9月6日，毛泽东专程到英国驻重庆大使馆拜访薛穆，中国共产党的另两位高级领导人周恩来、王若飞也一同前往。双方就当前中国的形势及国共和谈问题交换了看法。在会谈中，毛泽东向薛穆介绍了重庆谈判的一些情况，批判了蒋介石政权玩弄谈判、欺骗人民、准备内战的假和谈阴谋。薛穆认真听取了毛泽东的意见，并原原本本地向英国政府作了汇报，使英国政府对重庆谈判有了更深的了解，对国共斗争的复杂性也有了进一步的认识。可以说，毛泽东与薛穆的会谈对于战后英国对华政策的制定、中英关系的发展以及英国同中国共产党关系的起步都产生了重要影响。

第二天，薛穆设宴招待毛泽东等中共代表团成员。9月8日下午毛泽东又举行盛大招待会感谢支持中国人民进行抗日战争和同情陕甘宁边区的外国友好人士，薛穆夫妇也应邀出席。招待会上，毛泽东发表了讲话，对支持中国人民抗日的外国友好人士表示了衷心感谢。会上，薛穆也发表了讲话，他说，在抗日战争时期英国向中国提供的救济金纯粹是战时援助，在战后和平时期英国一定会帮助中国重新建设。这一段史实表明，毛泽东同薛穆的交往是相当友好的。

在中共的高级领导人当中，周恩来可以说是与薛穆交往最多的一个，而薛穆也认为周恩来是一位很有才干的外交家。其实，早在1942年12月英国议会代表团访华时，薛穆就对周恩来有了好感。就当时的情况看，英国议会代表团访华的目的，是为了了解中国战区的战况以及改善同国民党政府的关系，所以英国代表团到达重庆后只注意同国民党政府交往，而忽视了同中国共产党的接触。这时，薛穆精心安排了英国议会代表团与周恩来会面，而会谈地点就在英国驻华大使馆内。

通过这次会谈，英国议会代表团对中国共产党及其抗日政策有了初步了解，形成了对中国共产党的初步看法。尽管他们认为中国共产党力量还比较弱小，对战后中国共产党能否战胜国民党没有把握，但他们仍然认为中国共产党有周恩来这样一位有能力又诚恳的领袖和外交家，中国共产党是很有希望的。但是，对于薛穆安排英国议会代表团与周恩来会谈之事，蒋介石却极为恼火，于是指示特务头子戴笠派了许多特务监视英国议会代表团驻地，这更引起了薛穆及英国议会代表团的强烈不满。此后，在薛穆的口中和笔下，戴笠和 CC 便一直成为法西斯的代名词。

这一时期，周恩来利用与薛穆建立起来的联系，把中国共产党的方针政策及国共斗争的有关情况及时向国际社会作了介绍，这也使薛穆及英国政府对中国共产党有了更为深刻的认识。1945 年 2 月 27 日，薛穆与周恩来就中国当时的各种问题进行了一次长时间的谈话。通过这次谈话，薛穆进一步了解到国共谈判的一些内幕，并表示了对中国共产党的深深同情。1946 年 6 月 13 日，周恩来准备离开重庆返回延安，临行前他向薛穆道别。周恩来在话别时表达了对国民党政府的强烈不满，并且揭露了国民党蓄意破坏国共和谈的行为。周恩来表示，虽然中国共产党信任马歇尔，但中国共产党认为，中国的事情只能靠中国人自己来解决。周恩来的话委婉地表达了中国共产党不希望外国干涉中国，进行扶蒋反共的活动，希望在未来的国共斗争中所有外国政府都能够保持中立。从周恩来的谈话中，薛穆认识到国共和谈的前景很悲观，他把周恩来的话转告了英国政府，英国政府也完全同意薛穆的观点。

这一时期，除了毛泽东、周恩来之外，张闻天、王炳南等中国共产党的其他领导人也与薛穆有过很多的交往。他们经常去英国大使馆向薛穆介绍中国共产党对当时中国国内形势的看法，也因此在一定程度上影响了薛穆及英国政府对中国共产党与中国未来前途的认识。1946 年 1 月，薛穆曾向英国政府提交过一份报告，就国共和谈问题以及双方的分歧与争执做了介绍。他指出，中国共产党领导人认为国民党根本不准备去实现他们

曾许下的诺言，即建立民主政府，国民党也不会轻易放弃对中国政治的控制。在这份报告中，薛穆明显同意中国共产党的看法，并明确指出："毫不怀疑，共产党的上述宣言是真实的。尽管更正确地说应该是国民党所答应的'代表制'政府是顽固地保留最高行政长官的无限的权力。"

另一方面，与对中国共产党的态度相反，薛穆对国民党领导人的话不但听不进去，还经常提出一些批评意见。尽管英国与国民党政府保有正式外交关系，薛穆不得不尽力去维持与蒋介石的关系，但由于英蒋矛盾太深，而蒋介石对薛穆与中国共产党的关系也极为不满，因此薛穆与蒋介石的关系并不融洽，这也多少影响了英国政府对国民党政权的看法。1945 年 8 月 15 日，薛穆与蒋介石曾有一次谈话，蒋介石问薛穆如何看待中国共产党。薛穆坦率地说，从他耳闻目睹的情况来看，中国共产党的政策给人民带来了福利，受到人民的拥护。接着，薛穆反问蒋介石如何看待人民群众拥护中国共产党一事，闻听此言，蒋介石"龙颜"大怒，立即攻击中国共产党，他无中生有地说中国共产党统治下的农民被迫接受共产党的制度，因为他们别无选择，事实上没有一个人会说中国共产党做了什么好事。薛穆听后嗤之以鼻，事后他向英国政府汇报时认为，蒋介石在对待中国共产党这一问题上的态度是"极不老实"的。

这一时期，中国共产党对待薛穆的态度可以说是非常友好的。这可以从中国共产党对美国驻华大使赫尔利的态度对比中表现出来。众所周知，由于坚持扶蒋反共的顽固立场，赫尔利在中国搞得声名狼藉，但他却大吹大擂，大谈他的成绩，为此中国共产党曾多次对赫尔利进行批判。例如在延安的一次大会上，周恩来就曾强烈谴责美国的背信弃义。他说："我们怎么能与美国政府再打交道呢？它的大使和我们达成协议并签了字，但一周后又撕毁了协议。"可笑的是，一直到 1945 年 11 月赫尔利被迫辞职时，他仍然恬不知耻地说他是国共双方都乐于结交的调解者，但事实上，中国共产党发表了大量资料证明赫尔利背信弃义，并公开宣布由于不信任赫尔利，中国共产党不信任有赫尔利在场的任何谈判，并认为赫尔利应该回美国。在这种情况下，就连美国总统杜鲁门也不得不承认：“即使没有辞职信，赫尔利都应该被免职。”

与对待赫尔利的态度不同，中国共产党对薛穆始终都是以诚相待。1946 年 5 月，当薛穆卸职回国前想访问北京，并希望参观十三陵时，叶剑英亲笔下令要沿途的八路军保护薛穆及随行人员。这张命令条现仍保留在英国剑桥大学档案馆内，这或许也是对薛穆善待中共的一项回报吧！

值得一提的是，薛穆的夫人文森特女士也与中国共产党一直保持着良好关系。她曾与当时的陕甘宁边区政府主席林祖涵有过很多交往，也曾与邓颖超建立起了极为深厚的友谊。当时，邓颖超是中国共产党派驻重庆的代表之一，她经常向薛穆夫人介绍延安的情况，并揭露蒋介石消极抗日、积极反共的反动面目。1946 年，当薛穆夫妇回国时，邓颖超还赠送给文森特女士一幅描写解放区生活的木刻，这幅木刻目前也珍藏在英国剑桥大学的档案馆内。

应当说，作为英国驻华大使的薛穆之所以对中国共产党逐步形成了比较友好的态度，是由多个方面的因素所决定的。但其中最为重要的一点，就是他通过与中国共产党人的接触，看到中国共产党人坚持抗战，处处为人民着想，这与他在重庆看到的国民党的统治形成了鲜明的对比。正是基于对大英帝国利益的关心以及对中国未来前途的关注，薛穆从现实的观察中进行了理智的思考，并逐步对中国共产党与中国未来前途的关系形成了较为准确的认识，按照他的话说，就是“中国共产党是中国的希望之所在”。在此基础上，薛穆通过自己的努力，在事关中国未来前途的大决战来临之前，与中国共产党进行了初步的接触，而所有这一切，又为英国政府在中国内战时期将要采取的政策作了最有价值的铺垫。

第二节　中国命运大决战与英国的“有限中立”

伟大的抗日战争的胜利，本来应该成为中国人民重建家园的一个历史契机。但是，由于国民党政权玩弄“假和谈”阴谋，并于1946年悍然发动内战，致使中国共产党“建立民主联合政府”的愿望无以实现。面对中国国内形势的变化，英国政府并没有推行美国所极力主张并付诸实施的“扶蒋反共”政策，而是采取了一种灵活的“有限中立”政策，这不仅事实上有利于中国人民的解放事业，而且在客观上为改善其与中国共产党之间的关系做了重要的铺垫。

不干涉政策——一种无可奈何的选择

出于对中国未来命运及其在华利益的关心，抗日战争一结束，英国政府就密切关注中国局势的发展，并且重新审视其对华政策。在以薛穆为代表的“务实派”思想的影响下，到1945年底，英国政府已经基本确立了这样的观点，即一旦中国爆发内战，它就该站在局外，执行一种“不干涉”和“中立”的政策，以静观局势的发展。按照1948年6月24日英国外交部一份文件的说法：“英国政府认为，如果中国内战要得到根本解决，就必须由中国人自己去解决，任何外界的干涉都是有害无益的。”

就实际情况来看，从1946年蒋介石悍然发动内战开始，一直到1949年新中国建立，英国基本上是执行了这种不干涉政策。尽管当时英国政府仍然只承认国民党政权而不承认中国共产党领导的民主政权，也就是不干涉国民党消灭共产党，但由于英国执行中立政策，特别是在蒋介石急需英国的援助时，英国政府能够做到“不为所动”，坚持中立政策，这在客观上有利于中国共产党领导的解放事业。那么，为什么一直奉行扶蒋反共政策的英国政府会在中国内战时期采取这样一种不干涉立场呢?

首先，自第一次世界大战结束以来，伴随其国力的逐步下降，英国的在华势力日趋衰落，其对中国的影响也已今非昔比，因此在面对中国的任何重大事态时，都可以说是心有余而力不足，而第二次世界大战的爆发则进一步加速了这一进程。在整个二战期间，英国由于自顾不暇，因而对华援助十分有限。甚至曾经慑于日本压力，一度关闭滇缅公路，不仅使中国失去了一个获取外援的重要渠道，而且也使英国在华威信跌到了最低谷。这一时期，英国过去在中国享有的优势开始逐步被美国取代，无怪乎当时的一个英国驻华外交官曾发出感叹："将中国1943年的外交政策同它十年前的态度相比，没有比它依赖美国和接受美国的领导更引人注目的了。无论在文化、外交、经济、金融，还是军事上，这样的例子比比皆是。中国依靠美国，而不是英国，给它提供战争物资来打败日本，并在战后建立一个伟大的新中国。"战后，面对严重的财政、经济问题和资源枯竭、百废待兴的困境，英国政府最关心的是恢复自己的国力，事实上它已经无心也无力去过多关注中国的局势，以至于当美国多次要求英国支持国民党反共时，都被英国拒绝，而按照英国外交部的解释："我们的经济状况不允许我们这样做。"

其次，在"务实派"思想的影响下，特别是在中国共产党正确的对外政策的"感召"下，战后的英国政府对中国共产党和国民党的认识已经发生了实质性的变化。此时的英国政府已经开始认为，中国共产党不是苏联的附庸，中国共产党人首先是中国人，其次才是共产党人，因此不是也不可能是苏式共产党，他们不会完全受苏联的控制，也不可能成为日后苏联阵营的"坚定分子"。至于英国在华利益，英国政府也逐步形成了这样的认识，即英国的贸易在中国共产党统治之下绝对不会比在国民党统治下糟，在它看来，"除了对美国外，中国共产党政府对英国不会比对其它外国更坏"。与此相对应，此时的英国政府对国民党政权已经不抱任何希望，认为国民党无论如何也消灭不了共产党，而且无论怎样给国民党输血和打气，也都挽救不了国民党失败的命运，任何形式的干涉也只能最终减少与中国共产党改善关系的机会。

再次，就当时的情况来看，作为西方“自由世界”的所谓盟主，美国过于相信自己的力量，而从其急欲独自主导未来中国事务的私利出发，它也竭力反对英国插手国共问题。1945 年 2 月，当英、美、苏三国外长在马耳他开会时，美国国务卿虽曾建议美、英、苏三国齐心协力，帮助国共两党走向和解，但在实际的有关事务的具体操作中，美国却一直试图把英国拒之门外。同年 4 月，美驻华大使赫尔利曾经访问伦敦，英国满以为他会讨论在中国合作调停之事，但结果却只字未提。当然，美国之所以反对英国介入国共之争，除了企图把中国置于其独自控制之下外，还由于当时许多美国驻华官员并不信任英国人，认为英国并不真正希望出现一个统一的中国。对此，赫尔利在 1945 年 11 月 27 日发表的辞职演说中就公开指出，美国对华政策丝毫得不到英国官员的支持，而罗斯福总统在很长一段时间内也对英国是否希望中国统一表示出了极大的怀疑。在这种情况下，英国方面谋求影响中国未来发展的意图也就在根本上无缘体现。

最后，从当时的国际背景来看，虽然 1945 年 12 月英国参加了莫斯科会议，苏、美、英三国宣布支持国民党政权统一中国和实现民主，支持中国的各种民主力量参加国民政府，努力制止内部斗争，但三国政府同时重申了不干涉中国内部事务的立场。何况，英国并不愿因为过于偏向国民党一方，帮助国民党打共产党而成为苏联攻击的对象，这也因此成为英国政府在对华政策上有别于美国的根本原因之一。实际上，战后英国对华外交的直接目标是尽可能维持其百余年来在华形成的经济地位，但由于英国自身实力大幅度下降，美国在华大肆扩充势力，以及中英间因为香港问题等造成的矛盾，使其在华地位急剧下降。改变这种状况便成为英国推行其远东政策的当务之急。对此，顾维钧曾经作出过这样的评述："日本投降后，英国商人对美国人以其美国佬的精明，利用战争在对华贸易方面排挤了他们，深为怨恨，这在上海和香港都是公开的秘密。他们发誓要想一切办法从美国人手中夺回所失的一切。"① 另外，关于英国采取不同于美国的对华政策的原因，当时的《纽约时报》曾专门载文指出，"英国企业发源地和重点都在中国或者毗邻的香港"，而美国企业的"根基"仍在美国，在中国只从事"分支"性质的经营。美国企业关闭后资本可以转投到其他地方继续经营，而英国企业则不能。或许正因为如此，英国的外交部长贝文才一再重申：英国的基本立场是留在原地，尽力避免撤退或被赶走，他还屡次强调英美在中国的不同利益，以说明英国采取不同于美国的对华政策的依据。

武器禁运与"有限的中立"

在整个中国内战时期，英国政府"不干涉"立场的最主要表现就是它对国民党政府所采取的武器禁运政策。

中国内战爆发后，美国曾于 1946 年 8 月派马歇尔到中国执行"调处"使命。为迫使蒋介石停止内战，进行国共谈判，美国政府此时决定不准出口武器给国民党政府。与此同时，英国也于 1946 年 10 月公开宣布了对国民党的武器禁运令，并且此后一直执行这一政策。而到了 1947 年 5 月 27 日，英国政府又进一步重申了武器禁运令，强调"只要目前中国内战仍在继续进行，英国政府的政策就是不向中国出口武器"。根据这一禁运令，英国政府拒绝了国民党政府多次购买武器的要求，也数次拒绝国民党政府要求英国公司生产飞机和炸药的请求，还拒绝了一些英国官员和商人要求解除武器禁运的请求。1947 年 5 月 30 日，英国新任驻华大使史蒂文森曾向英国外交部建议解除武器禁运，这是对英国政府是否真正坚持中立政策的一次考验。英国政府

① 《顾维钧回忆录》，第 7 卷，440 页，北京，中华书局，1985。

在再三权衡之下，没有采纳史蒂文森的建议，宣布继续执行武器禁运政策。

当然，英国的各个部门在执行这一政策时，立场也并不完全一致。例如，英国殖民部就曾于 1947 年 7 月允许出售武器给广东警察部队，其借口是这些武器用于镇压“匪帮”。虽然英国政府多次声明这些武器不能用于内战，但在实际上，广东警察运用这些武器绝非仅仅是对付土匪，而是要对付共产党人和进步人士。对此，就连英国外交部也于 1949 年 5 月不得不承认：“从理论上讲，我们有一条严格禁运的法令，禁止向中国运送武器，但事实上，这条禁运令从未严格执行过。”

在整个中国内战时期，英国政府确实没有给国民党军队提供大量的武器装备，基本上还是执行了一条“中立”和“不干涉”的政策，这在事实上有利于中国人民解放事业的顺利发展。

“紫石英”号事件

在中国内战时期，由于英国政府基本上执行不干涉政策，处于中立的立场，所以它也没有像美国那样因为公开支持国民党政府而“陷入中国事务的泥潭之中”。在这一时期，针对英国方面所采取的这种事实上于我有利的政策，中国共产党一直很少公开批评英国，对英国的态度也是比较友好的。但是，双方的关系也并非总是一帆风顺，彼此之间偶尔也发生一些误解、分歧甚至冲突，这其中，1949 年 4 月的“紫石英”号事件就给双方的关系平添了一段不和谐的插曲。

伴随中国人民革命事业的进一步发展，到了 1949 年 1 月，国民党军队在辽沈、淮海、平津三大战役中彻底战败，而人民解放军则势如破竹，锐不可当，百万雄师兵临长江北岸，国民党老巢南京也已危如累卵。4 月，长江镇江、江阴段的人民解放军正积极准备渡江作战。但在 20 日上午，英国军舰“紫石英”号等与国民党海军军舰相伴，驶入解放军防区游弋。21 日下午，在人民解放军第 3 野战军某部渡江前，“紫石英”号等军舰再次从长江上游向解放军战区驶来，显然是对解放军渡江作战进行阻挠。因为此时离渡江作战只有不到半个小时，显然不容迟疑，解放军首长遂命令前沿观察所升起信号示警，命令这些军舰迅速驶离解放军防区，否则即发炮驱逐。但是，“紫石英”号等舰不仅不理会解放军发出的信号，反而将舰炮转向解放军阵地，解放军只得开炮，与敌舰展开了炮战。在激烈的炮战中，解放军击沉击伤国民党军舰18艘，“紫石英”号被击伤后被解放军俘获。炮战中共击毙英军46人、伤82人，而解放军则有252人的伤亡。

为使“紫石英”号获释，英国方面通过“紫石英”号舰长与解放军代表进行了多次谈判。解放军代表要求英方只有承认错误，赔礼道歉，才能考虑释放“紫石英”号。但是英方故意拖延，拒不认错。7月30日夜，“紫石英”号企图逃逸，不顾解放军令其停驶的警告反而向解放军开炮，在其仓皇逃遁中还撞沉中国民用木船多条，直至逃出长江驶入公海。

“紫石英”号事件发生后，毛泽东主席在为中国人民解放军总部发言人起草的声明中，严正驳斥了英国朝野污蔑解放军的种种滥调，他明确指出：“英国的军舰和国民党的军舰一道，闯入中国人民解放军防区，并向人民解放军开炮，致使人民解放军的忠勇战士伤亡二百五十二人之多。英国人跑进中国境内做出这样大的犯罪行为，中国人民解放军有理由要求英国政府承认错误，并执行道歉和赔偿，难道你们今后应当做的不是这些，反而是开动军队到中国来向中国人民解放军进行‘报复’吗？……长江是中国的内河，你们英国人有什么权利将军舰开进来？没有这种权利。中国的领土主权，中国人民必须保卫，绝不允许外国政府来侵犯。”①

而在此时，以反共著称的丘吉尔却在英国议会大吵大闹，

① 中华人民共和国外交部，中共中央文献研究室编：《毛泽东外交文选》，84页，北京，中央文献出版社，世界知识出版社，1994。

扬言要派航空母舰对中国进行报复。不过，英国议会的意见是不扩大事件，不与中国人民解放军发生战斗。因为英国大部分议员深知，在人民解放军渡江作战前夕，英国军舰驶入交战区，不仅是极度危险的，而且是十分愚蠢的。这样，尽管有丘吉尔等人的不断叫嚣，英国政府最终还是没有再采取什么行动。

就“紫石英”号事件而言，姑且不论英方的动机如何，但其军舰擅自闯入中国内河，且事先不向控制这一地区的人民解放军说明原因，反而向人民解放军开炮，就已经构成了对人民解放军的侵犯，而在客观上也是英国对中国内战时期“中立”和“不干涉”政策的背叛。所幸的是，英国并没有采取进一步的行动，事态也没有因此而无限扩大，“紫石英”号事件并没有严重影响中国共产党同英国的关系。按照英国下院议员韦亚特的说法：“毛泽东说过中国共产党人不会忘记英国没有帮助国民党扩大内战。”①

第三节　英国决定同胜利者打交道

尽管国民党军队得到了美国“扶蒋反共”政策的支持，但依然阻挡不了中国人民解放事业的胜利。随着中国国内战局的迅速演变，英国方面开始从“务实外交”的立场出发，开始寻求转移对华交涉对象，而“保持在华立足点”则成为这一时期英国对华政策的主要目标。

早在1948年初，英国官员就已经预测到，华北不久就会落入中共手中。于是，围绕着英国驻华官员的去留问题，英国政府内部展开了一场激烈的讨论。英国驻华大使馆此时认为：“共产党接管天津等大城市后，若不想让市民饿死，就离不开外国企业。因此，作为一项权宜之计，它也会在新政权成立初期，

---

① 李世安著：《太平洋战争时期的中英关系》，183页，北京，中国社会科学出版社，1994。

尊重外国企业。”根据这一推测，史蒂文森于1948年2月向英国政府提出建议，在共产党攻占沈阳后，英国在该城市的领事馆应继续保留。5月，他又进一步阐述了与中共建立关系的必要性，并且强调指出，“尽管我们无力阻挡中共前进的步伐，但没有理由对我们的利益撒手不管。如果将来有发展贸易的机会，我们绝不应该怕染红了手而让它失去。”

1948年11月，东北全境解放后，英国意识到中共在全国夺取胜利已仅是一个时间问题，于是加紧研究英国的对策。经过一个多月的深入讨论和广泛研究，外交大臣贝文集中了各个部门的意见，于12月9日向内阁提交了一份备忘录，分析了中共的胜利对周边国家可能产生的政治和经济影响。他进而指出，共产党在这些地区的活动将会增加，相互之间的联系将得到加强，一些重要生产部门的工潮问题也会更加突出。因此当务之急是在中国的周围地区加强反共力量，以阻止“共产主义的扩张”。

在这份备忘录中，贝文重点分析了外国在华经济利益可能受到的冲击和影响。他认为，随着共产党全面胜利的到来，目前外国商业利益面临的恶劣环境将会得到改善。严重的经济困难将迫使中共领导人对外国利益采取宽容的态度，并允许外国企业存在下去直到他们成功地克服经济困难。为此贝文建议，英国政府应鼓励英国商人和工业家继续留在中国。按照他的说法，“只要没有生命危险，驻华官员就应争取留在原处，在必要的情况下，与中共建立非正式的关系，研究在中国国内发展贸易的可能性”。这一建议于12月13日得到了英国内阁的批准。它标志着英国对待中国内战的态度发生了重大转变：由有限中立转变为谋求同中国共产党建立关系。就当时的情况来看，英国之所以将其官员留在原地，寻求同中国共产党建立关系，主要有两个目的：一是为了维护其在华长期建立起来的经济利益，占住中国市场；二是希望通过与中国共产党接触，避免它完全倒向苏联的怀抱。对于英国来说，这两个目的显然同等重要。

1948年底，中国战场国民党军队的溃败之势已经使英国政府确信，“共产党最后控制全中国已不可避免”。12月初，英国外交部远东司提出了关于处理中国善后问题的重要文件，题为《中国的局势》。该文件认为中共夺取政权后不会立即没收或驱逐外国商业利益。在一个走向工业化的稳定的共产党政权控制下，对外贸易渴望比目前在国民党有所改善，只有在若干年后，中共才会驱逐外商利益。因此，“只要没有现实的生命危险，我们就应尽力留在原地，在那些不可避免的范围内保持与中共事实上的联系，并调查在华继续贸易的可能性”。[①] 次年1月11日，英国驻美大使馆向美国国务院通报了英国政府的立场：英国在中国的最好希望是“保持一个立足点”，“原地不动，以寻求和中共建立不可避免的事实上的联系”。[②]

据此，在1949年1月国民党政府决定迁都广州时，英国外交部指示史蒂文森继续留在南京，只派一名代表随同国民党南迁。与此同时，英国政府下令驻沈阳、北平、天津等地领事馆在解放军进城后继续开放，并决定“承认中共为它所控制地区的事实上的政府，同时继续承认国民党政府为法律上的中央政府”。英国政府还电令驻华大使史蒂文森以平信形式通知驻北平和天津领事，让他们向中共地方当局表示：“在目前情况下并直至局势明朗前，英国非常愿意在事实的基础上与中共来往。”[③]

4月下旬，解放军横渡长江，占领南京。英国驻华大使馆同所有北大西洋公约组织国家驻华使馆一起留驻南京，表示出愿意与中国共产党建立联系的姿态。英国政府对待中共的方针开始由所谓“事实承认”向“法律承认”过渡。5月，驻华大使史蒂文森两次向英国外交部报告，针对中国共产党近期将成立中央政府事，提出了英国政府对中国新政权的法律承认问题。

---

① 《英国内阁会议备忘录》，1948年12月9日。

② 《美国对外关系文件》，1949年第9卷，821~822页。

③ 金冲及主编：《周恩来传》，742页，北京，人民出版社，1989。

8月，关于“法律承认”中国新政权的问题摆上了英国政府的正式议程。8日，英国外交部拟就了一份题为《中国》的备忘录，认为任何阻止中共建立全国政权的企图“不仅将注定失败，而且将在中国人新的价值观念中唤起传统的排外情绪”，英国应“尽可能避免与中共正面冲突”；西方的经济利益应尽可能长地在中国保持下去，“经营多年、根深蒂固的商业设施和联系一旦失去就再也无法恢复”，“从长远看，一个强大有效的政府管辖下的中国作为原材料和粮食供应地以及出口市场的潜力也不应忘记”；关于承认后的前景，从最坏方面设想，西方与中共关系将沿袭与东欧关系的模式，但也有发展成与南斯拉夫那样关系的可能。其结论是：“仓促承认一个共产党政权在政治上遇到的反对是明显的”，但不承认一个有效控制大部分中国的政权“在法律上是站不住脚的，并且在保护西方在华利益时将面临严重的实际困难”；在承认中共政权时附加任何条件作为交换是“最不可能的”，拖延承认则“可能严重损害西方在华利益而得不到任何补偿”。

由于英国在中国内战时期基本执行了“中立”和“不干涉”的政策，所以中国共产党对他们的态度是较为友好的。1949年3～4月，英国驻华大使史蒂文森就曾多次向英国政府汇报，说在人民解放军控制的地区，中国共产党对待英国领事馆的态度要比对待美国领事馆的态度好，对待英国商人也很好。英国确信中国共产党会让英国商人继续在中国做生意。同年8月，美国开始撤走其在华人员，而英国的决心仍没有动摇。按照外交大臣贝文的解释，“我们在华的经济利益要比美国大得多”。8月26日，中共上海外事局负责人章汉夫召见英国驻沪总领事，表示虽然中国共产党对外国在华外交和领事机构不予承认，但希望和外国商业界建立正常关系。章指出，上海的困难是由于国民党的军事封锁，并确信这种封锁是得到美国支持的，同意英国保护商船的军舰开到吴淞口。8月30日，章又安排上海英国商会主席凯瑟克会见了陈毅市长。陈毅再次重申，共产党正

在驱逐外国人出境的说法纯系误解，外国人要耐心些，对未来要有一个较乐观的期望。与此同时，英国驻华大使馆不仅从上海，而且从天津、北平等地领事馆的报告中也感觉到，中共当局正在克制任何损害英国利益的倾向，并愿意建立正常的商业关系。①

总之，在中国内战期间，英国从自己的国家利益和自身经济实力出发，考虑到当时国际形势的需要，对中国内战采取了“不干涉”和“中立”的政策，同坚持“扶蒋反共”的美国形成了鲜明的对比。这不仅有利于中国人民的解放事业，而且在客观上改善了与中国共产党的关系，并且为日后英国承认中华人民共和国做好了政策上的铺垫。

---

① 爱德温·W. 马丁著，姜中才译：《抉择与分歧——英美对共产党在中国的胜利的反应》，73～74页，北京，中共党史资料出版社，1990。

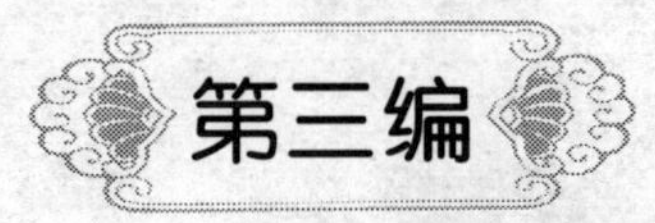

中华人民共和国成立至改革开放前的中英关系

第一章

新中国成立初期的中英关系

第一节　英国率先承认新中国

1949年10月1日，中华民族的历史翻开了新的一页。中华人民共和国的成立标志着一个旧时代的结束和一个新时代的开始。新中国以崭新的姿态登上了风云变幻的国际舞台。这不仅是中国自身历史的转折点，也是中国与包括英国在内的整个西方国家关系的转折点。新中国成立之初，中英双方都对发展相互关系表现出了良好的愿望，英国还作出正确决策，成为承认新中国的第一个西方大国。但由于英国在对待国民党集团和对中国在联合国的代表权等问题上所持的两面政策，加之朝鲜战争的冲击，两国关系在新中国成立之初发展并不顺利，直到1954年才建立起代办级的“半外交关系”。

新中国外交方针的确立

新中国成立是中国历史的根本性转折，是对自身百年屈辱历史的否定。重新站起来的中国人民必须牢牢掌握自己的命运。

早在1949年初，毛泽东就提出了新中国外交要坚持的“另起炉灶”、“打扫干净屋子再请客”的原则。“另起炉灶”的核心是不承认国民党政府同各国建立的旧的外交关系；不承认国民党时代任何外国在华外交机关和外交人员的合法地位，而以普通侨民对待；在平等、互利和互相尊重领土主权的基础上与各国建立新的外交关系。“打扫干净屋子再请客”是“另起炉灶”的直接逻辑结果。其核心是首先彻底清除帝国主义在华特权与势力，然后再与它们在新的基础上建立外交关系。毛泽东曾就这一问题指出：“我们这个国家，如果形象地把它比作一个家庭来讲，它的屋内太脏了。解放后我们必须认真地清理我们的屋子，从内到外，从各个角落以至门窗缝里，把那些脏东西打扫干净，有了秩序，陈设好了，再请客人进来。”① 其中一个“脏”字充分体现了中国新政府对旧政府软弱无能以及由此导致的国权沦丧、民族耻辱的痛恨，而“必须认真地清理”则充分显示了中国新政府为国家、为民族在国际舞台上谋求平等地位的坚定决心。

新中国是在冷战的大背景之下成立的。1947年3月“杜鲁门主义”的出台标志着美国敌视苏联等社会主义国家的遏制政策的确立，1949年8月“北约”的成立更是进一步把世界推向“两大阵营”的尖锐对立。为与苏联对抗，美国除了在欧洲实施大西洋联盟政策外，也开始在亚洲构筑战略防线。中国就是其中的重要一环。因此，美国在中国内战期间，极力推行“扶蒋反共”政策，以便把中国纳入自己的冷战轨道。但中国局势的发展却出乎美国的预料，不仅蒋介石败逃台湾，而且美国“缺乏时代感”的反共立场也把中国共产党推向了自己的对立面。实际上，尽管中国共产党的国际政策具有明显的反帝色彩，但抗战时期的合作仍使它对未来中美关系的发展寄予一定的期望，为自己未来的对美对英政策留下了相当大的政策回旋余地，而

① 师哲：《在历史巨人身边》，379页，北京，中央文献出版社，1991。

在中共与苏共之间、毛泽东与斯大林之间却存在着“种种猜疑”与“满腹怨气”。应当说，直到革命胜利前夕，追求民族独立与国际平等地位的中国共产党政权并不存在倒向苏联的必然性。正是美国错误的对华政策最终把新中国推向了苏联一边。[①] 1949年6月30日，毛泽东在《论人民民主专政》一文中明确指出：“欲达到胜利和巩固胜利，必须一边倒。……骑墙是不行的，第三条道路是没有的。我们反对倒向帝国主义一边的蒋介石反动派，我们也反对第三条道路的幻想。”[②] 这就确立了中国外交的又一原则。

这三个关于新中国外交政策的基本方针最终在1949年9月的《中国人民政治协商会议共同纲领》中得到了体现，为新中国的外交政策规定了基本方向。

现实利益与英国的务实决策

从1948年初开始，英国就逐步认识到中国共产党取得全国性胜利将只是一个时间问题，采取什么样的对策因而被提上英国政府的议事日程。1948年12月13日，英国内阁会议专门讨论了中国问题，决定“我们应务力保持原地不动，与中国共产党建立事实上的关系”。[③] 东北及平津地区解放后，英国政府电令其驻沈阳、天津、北平等城市的领事馆继续办公；1949年4月国民党政府南迁广州时，英国政府又指示当时的驻华大使史蒂文森继续留在南京，只派一名代表前往广州。所有这些都表明了英国与中共保持某种联系的意向。但直到新中国成立前夕，英国政府都没有完全下定决心。

这首先是由于英国人的矛盾心理。一方面，中共取胜已是不可逆转的事实，要维护自己的利益就必须与它建立某种联系，

① 曲星：《中国外交50年》，10～24页，南京，江苏人民出版社，2000。

② 《毛泽东选集》（第四卷），1472～1473页，北京，人民出版社，1991。

③ 萨本仁等：《20世纪的中英关系》，316页，上海，上海人民出版社，1996。

但另一方面，鉴于中共的政治追求，英国人又担心自己的在华利益是否会由于中国政权的变更而受到影响。

当然，对英国构成最大制约的还是美国。二战后，英国国内问题重重，处境艰难，不得不依赖美国通过“马歇尔计划”所提供的经济援助。新中国成立时，“马歇尔计划”正在实施当中，因此英国在“承认”问题上不能不考虑美国的态度。

美国在承认新中国问题上的态度是拖延。1949 年 5 月，国务卿艾奇逊在给驻华大使司徒雷登的电报中提出了美国承认中共新政权的三个条件：（1）实际控制该国领土和行政机构；（2）有能力并愿意履行国际义务；（3）其政权得到本国人民的广泛支持。美国的意图就是以“承认”为杠杆，通过拖延手法，迫使中共新政权“履行国际义务”。但这一要求恰恰是与该政权的“另起炉灶”和“打扫干净屋子再请客”的外交方针根本对立的。

为确保这一政策切实有效，美国在单方面拖延的同时，还试图在西方国家中建立一个“共同阵线”，阻挠西方其他国家承认新中国。

1949 年 4 月 29 日，美国驻华大使司徒雷登就承认中国新政权问题提出建议：美国应推动“尽可能多的国家”（主要是北约、英联邦、拉美及东地中海国家）采取联合行动。5 月初，司徒雷登又两次致电华盛顿，明确提出要建立“统一阵线”，争取北约盟国的支持，迫使中共新政权“迈出第一步”。他强调，在这方面，美、英、法、意保持一致尤为重要。① 美国政府接受了这一建议，并立即部署实施以便各盟国在“承认”问题上采取一致行动。

在这一活动中，美国对英国给予了高度重视。一是因为英国殖民利益直接涉及中国；二是英国虽然国力日衰，但依托英

---

① 林利民：《1949 年美国延宕承认新中国“共同阵线”政策述评》，载《世界历史》，1997 年第 2 期，33～34 页。

联邦的支持，它在国际事务中有相当大的影响；三是美英之间在二战中形成了一种“特殊关系”，战后仍是美国最重要的西方盟友，英国的支持自然会增强美国“拖延”承认政策的效力，否则将是对美国的沉重打击。四是英国在“承认”问题上已经表现出了与美国的不一致立场。早在1949年3月19日，英国就向美国表示，基于英国在华商业利益和香港问题，英国打算尽早承认新中国。[①] 为使“共同阵线”计划获得成功，把英国纳入其中就显得尤为重要。

1949年5~6月，美国与英国就承认新中国问题进行了磋商，但英国并没有因此而改变自己的态度。进入7月，中共与美国的关系由于司徒雷登访问北京之事夭折而变得微妙起来，就在此时，有传言说英国也与中共方面进行接触并表达了合作意向。为防止“共同阵线”计划失败，7月20日，艾奇逊急电指令美国驻英大使道格拉斯面见英国外交大臣贝文，就此“坦率地”表达美国的不满，并明确告知英国，美国在是否支持英国在香港的地位问题上拥有自由选择权，威胁英国与美国保持协调。贝文的立场是愿意就“共同阵线”问题进行协商，但不愿就是否与美国保持一致作出承诺。随后几个月，美英举行了一系列会谈，贝文还于9月访问了美国。在会谈中，英国再三申明，“不承认”政策会导致西方在华利益严重受损，为维护自己的利益，英国有必要承认新中国，同时承诺在采取进一步行动前先与美国进行协商。[②]

1949年10月1日，周恩来总理兼外长将中央人民政府愿意与遵循平等互利及互相尊重领土主权的任何外国政府建立外交关系的愿望函告各国。“承认”问题成为有关国家无可回避的现实问题。但英国此时对中国新政府仍心存疑虑。贝文在收到周

① 林利民：《1949年美国延宕承认新中国“共同阵线”政策述评》，载《世界历史》，1997年第2期，35页。

② 林利民：《1949年美国延宕承认新中国“共同阵线”政策述评》，载《世界历史》，1997年第2期，36~37页。

恩来函告的三天后表示，英国是否承认新政权，取决于中国以什么样的态度对待英国侨民。而在此前的9月28日，他还在第4届联大一般辩论中称，英国政府将不试图干涉中国选择它的政府，但是中国曾经承诺的某些国际义务必须遵守。英国继续保留从旧中国攫取的利益与特权的愿望十分明显。经过权衡，英国觉得还是有必要先与中国新政府建立起某种联系。10月5日，英国复照中国政府，建议在英国领事官员与“中央人民政府辖区内的相应当局之间”“先建立非正式关系”。这一行动显然构成了国际法意义上的“事实上的承认”。美国对此反应强烈，总统、国务卿和其他国务院官员都对英国进行了严厉批评。

随后，英国又采取了一些其他措施。10月10日，英国训令其驻广州的外交人员不再随国民党方面内迁重庆，不久，又召史蒂文森回国征询是否应迅速承认新中国的意见。11月，英国召开远东外交官员代表会议，会议建议英国政府就承认中国新政府采取积极行动。同月，在英、美、法三国外长巴黎会议期间，贝文又告诉艾奇逊，英国将在不久的将来承认新中国。艾奇逊对此表示不满，坚持两国应保持步调一致，要求英国重新考虑有关决定。最后，英国答应在承认的时间上适当推迟。①

在此期间，中国新政府的一些举措也对英国的决策产生了积极影响。1949年8月26日，上海市军管会外事处主任章汉夫召见英国原驻上海总领事柯钦，表示人民政府对原外国在华外交及领事机构不予承认，但是希望同外国建立正常的经贸关系；不久市长陈毅也接见了上海英国商会会长凯瑟克，再次表现出了友好姿态。12月3日，英国进步人士发起了旨在推动与新中国经贸关系、发展两国友谊的“英中会议”，英国10个最大的产业工会和198个群众团体的代表出席。对这次会议，毛泽东特意致电祝贺，表示中国人民欢迎一切加强中英人民友谊的努

① 徐京利等：《另起炉灶——崛起巨人的外交方略》，223～224页，北京，世界知识出版社，1998。

力，并希望这种努力获得成功。①

进入12月以后，英国在是否承认新中国的问题上面临的压力越来越大。首先是中苏关系的发展。新中国成立仅两个月，毛泽东于12月6日率团访问苏联，而自冷战爆发以来，英国一直把苏联看作自己的最大威胁；其次是承认新中国的国家不断增加，范围也不断扩大。继苏联等社会主义国家之后，曾为英国势力范围的缅甸和印度先后于1949年12月16日和30日宣布承认新中国，从而使承认新中国的国家突破了最初的社会主义国家的范围。

在此情况下，英国终于决定迈出关键性一步。1950年1月6日，英国原驻北平领事馆领事高来含拜会中国外交部办公厅主任王炳南和欧非司司长宦乡，递交英国外交大臣贝文的照会。照会宣布承认中华人民共和国中央人民政府为“中国法律上之政府”，同时表示愿意在平等互利及互相尊重领土主权的基础上与新中国建立外交关系，在此之前任命当时在南京的胡阶森为过渡时期的临时代办，与中国政府商谈委派大使及其他事宜。高来含还声明，英国已取消了对国民党政府的承认。1月9日，周恩来外长复电贝文，表示愿意与英国建立外交关系，接受胡阶森为英国代表来北京就建交问题进行谈判。就这样，英国在西方大国中第一个承认了新中国。

驱使英国作出“承认”决定的根本原因还是英国对其自身利益的考虑。英国的多元利益决定了英国与美国之间的距离。英国首先要考虑自己在中国的经济利益。当时，英国在中国的投资有10亿美元之巨，遍及各个经济部门。中英之间也有传统的贸易关系，但由于二战后美国在华经济势力的急剧膨胀，英中贸易额已大幅度减少，由二战前1.06亿英镑的历史记录，下

① 徐京利等：《另起炉灶——崛起巨人的外交方略》，224～225页，北京，世界知识出版社，1998。

降到1947年的1100万英镑，到1948年进一步降至600万英镑。[①] 英国人相信，中共政权为了自身利益不会把外国人拒之门外，不会断绝与西方的贸易往来。当时的英国正处在战后经济的恢复时期，自然不会放弃任何在华贸易机会。而且由于美国对新中国僵硬的敌视政策，英国商人在华经济利益还有可能进一步扩展。1948年12月上旬，英国外交大臣贝文在一份关于中国内战形势的备忘录中指出："从长远考虑，我们应力图在这世界最大的潜在市场之一站住脚"，通过在中国"保留立足点"的方法，在"与中共保持不可避免的事实上的联系"的同时，"调查在华继续进行贸易的可能性"。新中国成立后，殖民地大臣琼斯于1949年10月30日也在致港督葛量洪的电报中指出，中英贸易源远流长，非常重要，但英国政府的"保留立足点"政策只有在承认中共政府的情况下才能取得成果，而且应该给予法律上的承认。[②]

确保在香港的利益也是英国承认新中国的主要原因之一。作为传统的殖民国家，英国看重每一块属地和殖民地。它们可以给英国带来经济利益，同时也是英国传统势力的体现。香港是英国在远东地区的一个重要立足点，也是英国势力的重要载体和象征，由于二战而实力大损的英国对自己在香港的地位以及香港的命运自然十分关注。由于中国政府已明确宣布了对历史上所有不平等条约的不承认立场，这就否定了英国继续统治香港的法律依据；人民解放军也已抵达深圳河北岸，尽管英国从1948年下半年以来就调兵遣将，紧急部署，但这些举动并不具有任何实质性的军事意义。英国既不愿丢掉香港又无力防守，因而只能选择与中国新政府保持"尽可能友好的关系"。在英国看来，这才是维持其对香港统治的唯一出路。

---

① 谢益显主编：《中国外交史（中华人民共和国时期 1949～1979）》，29页，郑州，河南人民出版社，1988。

② 王红续：《七十年代以来的中英关系》，19页，哈尔滨，黑龙江教育出版社，1996。

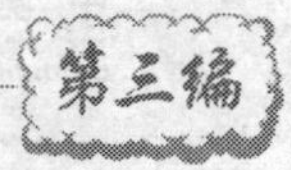

英国还试图谋求地缘政治利益，即通过“承认”政策防止中国倒向苏联。由于冷战向全球蔓延，离间中苏关系成为西方主要国家制定对华政策的重要考虑。1949 年 10 月 24 日，贝文在一份备忘录中指出，如果采取“不承认”政策，“目前这个共产党国家指望苏联的倾向”将会增强。[①] 毛泽东起程赴苏后，面对来自英国等盟国的压力，美国国务卿艾奇逊 1950 年 12 月 8 日会见英国驻美大使弗兰克斯，表示西方各国在承认问题上应相互协商，但不必承担一致行动的义务。各国利益不同，可根据其利益，自行作最后判断。[②] 这实际上是意识到了离间中苏关系的紧迫性。12 月 16 日毛泽东抵达莫斯科的当天，英国通知美国，它将于次年 1 月 6 日承认新中国。[③] 同时，毛泽东谋求中苏关系新定位的努力并不顺利，这也为美英离间中苏关系提供了希望。在此背景下，美国总统杜鲁门于 1950 年 1 月 5 日发表声明宣布了美国对台湾问题的“不介入”政策，紧接着，英国于 1 月 6 日宣布承认新中国。严格说来，我们不仅不能把这两个政策意向看作是时间上的巧合，也不能对英国的“承认”做单纯的字面上的理解。英国外交大臣贝文后来曾对英国的决定作出明确解释。1952 年 5 月 24 日，他在英国议会下院强调：“我相信我们当时承认人民政府是正确的。没有让俄国人以为他们是唯一可以帮助中国的国家。这是一个非常重要的因素。”[④] 这清楚地说明了英国“承认”决策所隐含的与苏联争夺中国的意图。在英国看来，西方只有积极发展与新中国的关系，才可能防止中国倒向苏联阵营，进而把中国纳入国际社会。

---

① David Clayton, *Imperialism Revisited: Political and Economic Relations between Britain and China, 1950 ~ 1954*, Macmillan Press Ltd. 1997, pp. 4 ~ 5.

② 林利民：《1949 年美国延宕承认新中国“共同阵线”政策述评》，载《世界历史》，1997 年第 2 期，38 页。

③ Robert Boardman, *Britain and the People's Republic of China 1949 ~ 79*, Harper & Row Publishers, Inc, Barnes & Noble Import Division, 1976, p. 43.

④ 萨本仁等：《20 世纪的中英关系》，322 页，上海，上海人民出版社，1996。

此外，英国国内包括艾登和丘吉尔在内，在承认新中国方面形成的政治一致；亚洲英联邦国家特别是印度的强大压力；国民党当局对解放区的封锁政策以及轰炸解放区港口内任何英国船只的威胁等，均成为英国作出“承认”决定的重要推动因素。

总之，在承认新中国的问题上，英国不能对美国的立场视而不见，又不愿对美国亦步亦趋，自身利益成为英国对华政策的最终出发点。这体现了英国务实的现实主义的外交传统。在英国决策者看来，承认新中国并不是对其所奉行的制度与政策的认同，而仅仅是对客观存在的事实的承认，正如丘吉尔在议会下院所说的，“人们不得不在这个充满罪恶和敌人的世界上承认他们并不喜欢的那些许许多多的人和事。建立外交关系的原因并不是要表达恭维之意，而是要获取便利”，特别是在情势巨变时期，这种政策就更为必要，“当关系处于最困难的境地时，最需要的就是外交”。[①] 只有这样才能最大限度地维护英国的利益。

不管英国作出承认的动机如何，它对新中国的承认不仅是中英关系的一个转折，也是中国与西方国家整体关系的一个里程碑，促进了中国与西方关系的发展。英国独树一帜的行动引起了连锁反应。此后两周内，挪威、丹麦、芬兰、瑞典、瑞士等国纷纷群起而效仿，掀起了一个引人注目的高潮。中国所处的国际环境有了很大改观。

中英建交谈判及其搁置

如上所述，中英两国外长于 1950 年 1 月初互致电文表达了建立外交关系的愿望。周恩来在复电中还谈到两国要就建交问题进行谈判。按照国际惯例，两国致电相互承认即可视为正式外交关系的建立，因而英方认为中方所提出的先谈判后建交没

---

① 萨本仁等：《20 世纪的中英关系》，321 页，上海，上海人民出版社，1996。

有先例，感到意外和不解。同时作为西方大国中第一个承认新中国的国家，英国的承认决定在国内外是面临着相当大的压力的，但中国政府的反应却使英国不能满意。为促成外交关系的迅速建立，英方决定再与中方沟通。1 月 16 日，高来含向中国外交部转达了英方的两点意见：（1）英方认为“英中双方换文本身已表示英中邦交已建立，不知中国意见是否亦如此”；（2）胡阶森只能以代办身份来北京，如果有什么技术性问题要谈，可先由高来含负责进行。英方的意图在于双方先宣布建立外交关系，然后再来谈其他问题。①

在英方看来，“谈判”与“建交”似乎仅仅是一个程序性问题，但对中国来说却是一个具有重大意义的原则问题。中国在建交问题上的这一要求是根据中国当时所面临的特殊的国际国内状况而提出的。在国内，国民党政府虽然已被推翻，但还控制着一定的领土；虽然它已败逃台湾，但在国际上仍然得到一些国家的支持和同情，特别是还窃据着中国的联合国席位。在国家处于分裂状态的情况下，与外国的建交行为必须按照特殊方式和特殊原则来进行。中国人民政治协商会议《共同纲领》第 56 条明确规定：“凡与国民党反动派断绝关系、并对中华人民共和国采取友好态度的外国政府，中华人民共和国中央人民政府可在平等、互利及互相尊重领土主权的基础上，与之谈判，建立外交关系。”这就对中国与外国建交所必须遵循的原则、条件和方式作出了明确的规定。中国据此确立了与外国建立外交关系的三原则：第一，凡愿同新中国建交的国家，必须同台湾当局断绝外交关系；第二，对新中国采取友好态度，支持恢复其在联合国的合法席位；第三，通过谈判澄清其对国民党集团的态度，证实其尊重中国主权的诚意。在这里，外国政府对国民党集团的态度显然已成为中国能否与之建交的首要前提。如

---

① 汪徐和等：《国之尊——新中国外交记事》，117 页，杭州，浙江人民出版社，1999。

果不坚持这一原则而援引相互承认即构成建交的传统惯例，就可能产生这样的情况：一国在与国民党当局保持所谓“外交关系”的同时，又与中国中央政府建立外交关系，这势必造成“两个中国”的严重后果。中国所确定的建交原则就是要杜绝这种情况出现，它既表明了中国与各国建立外交关系的良好愿望，也表明了新政府维护国家主权与领土完整的严肃态度和坚定决心。当时的中国领导人并不急于与西方国家建交，原因正在于他们不愿为求得建交而牺牲国家的根本利益。

英国是西方世界的重要国家，也曾在中国内战时期采取支持国民党集团的立场。中英外交关系的建立必须遵循上述原则。中方强调，两国间的换文只表明双方同意建交的意向，鉴于国民党还盘踞在台湾，一些国家仍然对它表示支持，甚至还有些国家借此制造“两个中国”或“一中一台”，因而在建交前，双方应该进行谈判，英方必须先明确澄清对国民党的态度，而后才能商谈建交日期和互换使节。

实际上，英国在台湾问题上一直留有“尾巴”。1949 年 4 月，英国表示希望“与中共当局建立友好关系”，但同时声称“这样做并不会影响英国与国民政府的现存关系”；① 1950 年 1 月 6 日，英国政府宣布从法律上承认中国新政府，撤销对国民党集团的承认，同日英国外交部又发表声明，宣称英国将继续与国民党当局“保持实际上的联系”，② 保留英国驻淡水的领事馆。鉴于这种情况，在建交前使英国首先澄清其在台湾问题以及其他与之相关的问题上的态度，是非常必要的，否则就可能构成另一“先例”。英国最终接受了中国政府提出的新规则。

1950 年 3 月 2 日，中英建交谈判正式拉开帷幕。中方代表为外交部副部长章汉夫，英方代表为驻华临时代办胡阶森。中

① 萨本仁等：《20 世纪的中英关系》，316、320 页，上海，上海人民出版社，1996。

② 潘瑾：《中英建交谈判的长期复杂历程》，载外交部外交史研究室编：《新中国外交风云》（第三辑），144 页，北京，世界知识出版社，1994。

国最高领导人毛泽东对谈判非常关注。此前的2月8日，他在访苏期间从莫斯科致电在国内主持工作的刘少奇，特别强调了谈判中应向英方提出的问题。① 根据这一指示，章汉夫在会谈中明确指出，中英建交的关键是英国对国民党集团的态度。英国必须断绝与国民党集团的关系，这是中英建交必须解决的最重要的问题。据此，中方要求英国就其对中国联合国代表权问题的立场、对国民党当局在港机构及在港中国国家资财的态度作出澄清。

关于中国的联合国代表权问题。新中国成立后，周恩来总理兼外长于1949年11月15日分别致电联合国秘书长和第四届联大主席，申明只有中华人民共和国中央人民政府才是代表中国人民的惟一合法政府，联合国应取消国民党集团代表中国人民参加联合国的权利。1950年1月13日，安理会就苏联代表马立克提出的驱逐国民党代表、接纳新中国政府代表（“驱蒋纳我”）的提案进行表决。这是英国在对华政策上遇到了第一个考验。此时离英国承认新中国仅数天，而且美国代表在前一天已明确表示它将把中国代表权问题看作是“关于成员国代表资格的程序问题”（这意味着美国将不能也不愿行使否决权），因而尽管它自己将投反对票，但也将接受安理会“7个理事国以可决票作出”的决定②。然而英国代表仍然认为目前提出中国代表权问题为时过早，因而投了弃权票，该提案最终也以3票赞成、6票反对、2票弃权被否决。苏联为此宣布在国民党代表被赶出安理会之前将不参加安理会工作。随后，英国在联合国其他机构关于中国代表权问题的表决中也投了弃权票。

关于对中国的联合国代表权如何投票的问题，英国外交部内曾有争论。有人认为英国既已承认新中国，就必须支持驱逐

---

① 《毛泽东外交文选》，129~130页，北京，中央文献出版社，世界知识出版社，1994。

② Robert Boardman, *Britain and the People's Republic of China 1949~79*, Harper & Row Publishers, Inc, Barnes & Noble Import Division, 1976, pp. 50. 另，当时安理会由5个常任理事国和6个非常任理事国组成，自1965年起，非常任理事国增加到10个。

国民党代表的提案，但另一些人则认为在承认中共政权问题上，英国已与美国发生分歧，不应再在投票问题上站到苏联一边而与美国对抗。况且，即使英国投赞成票，苏联提案也没有希望获得通过，因此没有必要冒无谓地得罪美国的风险，以免进一步恶化英美关系，而弃权则可以对两边都留有余地。[①] 在英国看来，这一投票政策是在特定形势下的一种策略运用，但中国却认为这一立场实际上表明了英国政府继续承认国民党代表的合法性而拒绝中国合法政府所派的代表，因而应予澄清，并以实际行动表明其建交的诚意。

关于在港中国国家资财问题。这主要是指滞留在香港的“中国航空公司”和“中央航空公司”两大航空公司飞机的归属问题。蒋介石逃离大陆前，把“两航”所属 80 余架飞机运到了香港。1949 年 11 月，“两航”宣布起义，所属 12 架飞机飞回北京，仍有 71 架飞机、飞机修理厂及零件设备等滞留香港。11 月 24 日，国民党当局向香港高等法院申请“临时禁止令”，冻结“两航”在港飞机和资产，同日，“两航”员工也申请了“临时禁止令”,[②] 以防国民党方面侵夺。12 月 3 日，周恩来代表中国政府发表声明，宣布“两航”资产为中华人民共和国中央人民政府所有，只有中央人民政府及其委托人才有权处置，绝不容许任何人以任何手段侵犯、移动或破坏，并要求港英当局尊重我产权，归还飞机。中国代表在谈判中表示，这一问题也体现着英国政府究竟是否已经与国民党集团断绝关系。

对于中国政府的要求，胡阶森表示将转报英国政府，同时也阐述他个人的意见：在联合国的问题绝不能由一国单方面的行动解决，而必须由大多数国家联合行动解决；关于在港资财问题，英国自承认中华人民共和国之日起，就不认为前国民党

---

① 王建朗：《新中国成立初年英国关于中国联合国代表权问题的政策演变》，载《中国社会科学》2000 年第 3 期，180 页。

② 李后：《百年屈辱史的终结——香港问题始末》，33 页，北京，中央文献出版社，1997。

政府在英国领土上尚可保有任何资财。①

3 月 17 日，胡阶森代表英国政府对中方的要求作出口头答复。关于国民党集团及联合国代表权问题，英方称，英国已于 1950 年 1 月 6 日承认了中华人民共和国政府，同时撤销了对前国民党政府的承认，自当日起英国与前国民党政府已无外交关系，伦敦的原中国大使馆已经关闭，原大使也不再具有外交官身份。至于英国保留驻淡水的领事馆也只是出于保护当地英国侨民利益的需要，并不意味着对国民党当局的承认。关于英国对中国在联合国代表权的态度问题，英方辩称，上次投弃权票并非祖护前国民党代表或反对新中国政府的表示，而是由于当时不存在支持中国代表权所必需的多数。英国欢迎中国中央人民政府代表出席联合国及其所属各机构。② 英国认为，驱逐国民党代表只能是一个集体性的决定，只能通过协商来取得多数票，而不是通过对多数人的意见公开投反对票来解决。因而英国政府一旦确认将出现多数支持，它将投赞成票。③

对英方的解释，中国政府于 5 月 7 日以书面形式阐述了自己的立场。在代表权问题上，中国所重视的不是同意票的多少，而是从投票中判断英国是否在行动上真正与国民党集团断绝了外交关系，是否对中国新政府持友好态度。因此，对英方上次的解释不能满意。中国认为，英国应以实际行动证明其与中国建交的诚意。关于在港国民党机构及中国国家资财，中国政府表示，知悉英国政府已确认中国政府对在港财产具有执行管理之权，同时再次强调，中国政府对有关资财的产权，应受到英

① 潘瑾：《中英建交谈判的长期复杂历程》，载外交部外交史研究室编：《新中国外交风云》（第三辑），146 页，北京，世界知识出版社，1994。

② 潘瑾：《中英建交谈判的长期复杂历程》，载外交部外交史研究室编：《新中国外交风云》（第三辑），146～147 页，北京，世界知识出版社，1994。

③ 王建朗：《新中国成立初年英国关于中国联合国代表权问题的政策演变》，载《中国社会科学》2000 年第 3 期，181 页。

国政府充分的尊重。[1]

此后，在中国的联合国代表权问题上，英国的态度确实发生了积极的变化。[2] 1950 年 3 月 7 日，英国外交大臣贝文与来访的法国外长舒曼会谈时就表示了采取行动鼓励安理会多数成员国投赞成票接纳新中国的意向。3 月底，英国决定在联合国各主要机构内，一旦形成支持新中国代表权的多数，英国将投赞成票，而在多数形成之前继续弃权。但英国并没有消极等待，而是努力促成这一多数的出现。当时，安理会 11 个成员国中，承认新中国的已有英国、苏联、印度、南斯拉夫和挪威 5 国，要形成多数还需 2 票。为此英国选择了埃及、厄瓜多尔和古巴三个安理会理事国作为突破对象，并通过其驻联合国使团和驻这三国的使馆同时展开游说活动，鼓励它们在安理会表决中支持新中国，但收效甚微。英国同时还对法国展开工作，但法国以中国支持越南共产党政权、以及法国正在争取美国对印度支那提供军事援助为由，不打算改变态度。通过这一系列活动英国发现，“只要美国继续坚持目前的态度，中国在联合国的席位问题就难以获得解决”。因此，在 5 月的英、美、法三国外长伦敦会议期间，贝文又以中共政权控制的领土远远超过国民党而对美国做了游说工作。但美国国务卿艾奇逊却把在中国代表权问题上的让步看作向苏联的屈服。英国的努力受挫。

此时中英谈判进程因英国在“两航”问题上的态度而蒙上了阴影。由于在滞港飞机问题上——鉴于战略考虑、美国压力和司法问题等因素——难以作出妥协，英国便试图通过代表权问题推动谈判进程。[3] 英国谈判代表胡阶森建议英国政府尽可能

---

① 潘瑾：《中英建交谈判的长期复杂历程》，载外交部外交史研究室编：《新中国外交风云》（第三辑），147 页，北京，世界知识出版社，1994。

② 王建朗：《新中国成立初年英国关于中国联合国代表权问题的政策演变》，载《中国社会科学》2000 年第 3 期，181 页。

③ Robert Boardman, *Britain and the People's Republic of China 1949～79*, Harper & Row Publishers, Inc, Barnes & Noble Import Division, 1976, p. 52.

采取积极态度，在任何情况下都对中国代表权变更问题投赞成票。英国外交部也对其投票政策进行了检讨，其中一份备忘录建议英国在新中国的代表权问题上执行无条件赞同的政策。外交部联合国司司长帕洛特还指出了一种英国不愿看到但又有可能出现的局面：由于英国的一张弃权票而使中国失去了进入联合国的机会，或者虽然没有英国的支持中国仍然得以进入联合国。为避免这一尴尬局面，英国外交部于6月15日正式通知英国和一些英联邦国家驻联合国使团：此后，无论关于中国代表权问题的提案是否可能获得多数支持，英国都将投票赞成中国代表权的变更，这一政策从即将举行的国际儿童基金会和经社理事会会议上开始实施。

英国过去投弃权票是为了避免与美国的直接冲突，这次调整则是为了推动中英建交进程。英国外交部在给驻联合国代表团的指示中明确表示，如果继续坚持过去的弃权政策，“将会给中国政府推迟与我们建立外交关系以额外的理由”。[①] 但美国再次以中止经济援助相威胁，最后，英国不得不改变立场，在6月19日国际儿童基金会会议表决的前一天深夜改变了对新中国代表权投赞成票的决定，但同时通知美国，英国将在7月3日经社理事会上投赞成票的立场没有改变。6月25日朝鲜战争爆发后，英国立即感到在经社理事会的投票问题因此而“复杂化”了。6月30日，英国外交部取消了投赞成票的决定。

在滞港资财问题上，英方的立场基本上是消极的。在周恩来代表中国政府强调对“两航”资产所有权的同时，台湾国民党当局却把“两航”飞机卖给了美国人陈纳德。台湾的意图就是在英国即将承认新中国的情况下，把美国拉进来以求对自己有利的结果。12月19日，陈纳德以美国民用航空公司负责人的身份，向香港高等法院提出申请，要求接受“两航”资产。此

① 王建朗：《新中国成立初年英国关于中国联合国代表权问题的政策演变》，载《中国社会科学》2000年第3期，185页。

后，美国向港英当局施加了巨大压力。美国派来的一名具有军方背景的律师，曾“怒气冲冲地跑到”港督葛量洪的办公室，“坚持要立即把所有的飞机交了给他，因为，假如不是美国的话，英国在大战时已经战败了”，他还威胁说，如果不答应这一要求，他就会到伦敦给港督“制造许多麻烦”。但港督仍然坚持“这个问题必定要循法律途径来解决”。[①] 1950 年 2 月 24 日，在英国已经承认新中国的情况下，香港高等法院作出判决，宣布“英国政府不承认国民政府为中国在法律上和事实上的政府”，国民党当局的“出售”行为无效，有关资产属于中国政府，同时驳回陈纳德的请求，解除“临时禁止令”。陈纳德不服判决提出上诉，又被驳回。由于“这两家公司及其装备具有相当重要的军事意义；大多数的飞机是美国制造的，并且是按非常优惠的条件从美国政府那里取得的”，美国人“不愿看到它们落入共产党人手中”。因此，美国驻英大使积极活动，到处强调这些飞机具有潜在军事价值。[②]

1950 年 4 月 2 日，7 架“两航”滞港飞机被炸。中方为此批评英方阻挠归还飞机，要求英方对中国所遭受的损失负全部责任，并立即放行剩余飞机。但在美国的压力下，英国政府于 4 月 24 日命令港英当局扣押“两航”所有在港飞机。当时正是中英建交谈判期间，中方在 5 月 7 日的谈判中，重申了在这一问题上的原则立场。由于英国已承认中国政府，中国政府的要求又是“有根有据”的，所以英国政府又试图“用法律途径把它装饰起来”。[③] 5 月 10 日，英国枢密院颁布枢密院令，以法律的形式重申了扣留飞机的决定，宣布在对有关财产产权作出终审裁决前，不许飞机离开香港。对此做法，就连时任港督的葛量

① 《葛量洪回忆录》，206 ~ 207 页，香港，广角镜出版社，1984。

② Robert Boardman, *Britain and the People's Republic of China 1949 ~ 79*, Harper & Row Publishers, Inc, Barnes & Noble Import Division, 1976, p. 43.

③ 《葛量洪回忆录》，207 页，香港，广角镜出版社，1984。

洪也认为“实在太差劲了”。[①] 5月17日，章汉夫致函胡阶森，向英国政府提出抗议，指出英方的决定是对中国“极不友好的态度的表现”。5月22日，中国外交部发言人发表谈话，介绍了中英谈判的全过程，指责英国在滞港飞机问题上的行为与其愿意与中国建交的言论不符，且在联合国中国的代表权问题上执行两面政策，在事实上一再表现出与国民党集团并未完全断绝关系，因而要求英方就其立场作出进一步澄清。但英方并未作出积极回应，6月，胡阶森反而指责由于中方拖延建交才造成了这些困难，试图把责任推到中国政府头上。章汉夫立即予以反驳，强调中国飞机在港被扣已有6个月，至今未能飞回，英国在联合国及其他机构中对中国代表权问题，弃权票也投了5个多月，迄今未见改变，所以中英延迟建交的责任在英方。[②] 中英谈判陷入僵局。

朝鲜战争爆发后，虽然英国在联合国内为中国的代表权问题展开的努力仍进行了一段时间，但中英谈判却被搁置了起来。不过英方在京谈判代表仍享有外交人员待遇，中英联系并未断绝。

第二节　朝鲜战争对中英关系的影响

朝鲜战争与中英对立的形成

朝鲜战争的爆发对中英关系构成了严重冲击。新中国成立之初两国关系中所出现的积极发展前景在朝鲜半岛的战火中化为乌有。

1950年6月25日，朝鲜战争爆发。尽管西方通讯社在战争

① 《葛量洪回忆录》，207页，香港，广角镜出版社，1984。

② 潘瑾：《中英建交谈判的长期复杂历程》，载外交部外交史研究室编：《新中国外交风云》（第三辑），148页，北京，世界知识出版社，1994。

爆发后从汉城发出的第一批快讯是关于南朝鲜军队占领处于三八线以北的北方重镇海州的消息，① 但美国从一开始就断定，这次进攻是北朝鲜在苏联的支持下发动的，并据此确定了直接出面进行武力干涉的政策。为给自己的干涉披上合法外衣，并得到国际支持，美国还决定把朝鲜问题提交安理会。国务卿艾奇逊接到战争爆发后的第一个决定，就是指示美国驻联合国代表要求安理会召开紧急会议讨论朝鲜局势。在美国的推动下，安理会于当日下午召开会议，在苏联缺席的情况下通过决议，要求北朝鲜立即停止敌对行动，将军队撤回三八线，并要求联合国所有会员国协助执行该决议，停止对北朝鲜的任何援助。6 月 27 日，杜鲁门发表声明，宣布他已命令美国海空军对南朝鲜部队进行掩护和支持，并命令第七舰队进入台湾海峡，阻止中国大陆对台湾的海空攻击。当日美国又把自己制造的既成事实强加于联合国，操纵安理会通过决议，声称各国迫切需要采取行动，以重建朝鲜半岛的和平与安全，建议联合国各会员国向南朝鲜提供必要援助，以击退对南朝鲜的武力进攻。为使联合国进一步介入朝鲜事务，美国还图谋把各国援助南朝鲜的军队以联合国的名义组织起来，建立以美国为首的“联合国军”。7 月 7 日，安理会通过决议，决定成立由美国人出任司令的“联合国军”，并授权其使用联合国旗帜。次日，杜鲁门任命美国远东驻军司令麦克阿瑟出任“联合国军”司令。

对美国这种假联合国之手推行其冷战对抗政策的行为，中国政府表示了坚决反对。7 月 6 日周恩来在致联合国秘书长赖伊的电报中明确指出，6 月 27 日安理会要求联合国会员国协助南朝鲜的决议是“支持美国武装侵略、干涉朝鲜内政和破坏世界和平的”，是在中苏没有参加的情况下通过的，是非法的，毫无法律效力，且违反了联合国宪章。在整个朝鲜战争期间，中国政府一直坚定地站在北朝鲜一边，坚决地反对美国假联合国之

① 曲星：《中国外交 50 年》，65 页，南京，江苏人民出版社，2000。

手推行的战争政策。

相反，英国却与美国站在同一条战线上。对美国操纵联合国于6月25日、6月27日和7月7日通过的三个决议，英国都投了赞成票。6月29日，英国宣布支持美国针对朝鲜的军事行动。这样，中英在朝鲜战争问题上就形成了政治立场上的尖锐对立。6月30日，美国向英国提出了派遣军队到朝鲜的要求。对此，英国内部虽有争论，但英国内阁会议还是于7月13日作出决定，履行盟国义务，派兵参加“联合国军”。随后，英国驻远东及香港的海军力量及部分地面军队开赴朝鲜战场，成为派兵参加朝鲜战争的16个国家之一。尽管在“联合国军”中美国的军队占到90%，但英国出兵的政治意义却是不容忽视的。麦克阿瑟曾就其他15国出兵朝鲜组建“联合国军”一事说过，这些部队“从军事上说，毫无用处，他们也许从未打过仗。但从政治上说，他们增添了一股联合国的香味”。[①] 李奇微也曾指出：“尽管联合国其他成员国实际提供的人力并不多，可是在联合国的旗帜下作战能使我们在朝鲜的行动带有道义上得到支持的色彩，而这在我们与自由世界其他国家打交道时具有无可估量的价值。”[②] 英国应美国要求出兵朝鲜的意义不在于朝鲜战场上英军的数量多少，而在于它作为美国当时最重要的盟国对朝鲜战争的参与。英国在朝鲜战场上的军事存在代表着它对美国战争政策的道义和政治支持，这正是美国所迫切需要的，也是与中国关于朝鲜战争的立场相对立的。

英国对美国的政治支持所产生的效果也不仅仅是政治性的。战争时期，政治行为同样可以带来军事后果。朝鲜战争爆发后，北朝鲜军队进展迅速，主力大举南下。为扭转败局，麦克阿瑟于1950年7月下旬就提出了在中部仁川登陆，切断北朝鲜南下

① （美）詹姆斯·F. 施纳贝尔：《朝鲜战争中的美国陆军》，第2卷，110页，北京，国防大学出版社，1990。

② 李奇微：《朝鲜战争》，149页，北京，军事科学院出版社，1983。

主力退路的计划。到 8 月美国军政各方就越过三八线问题形成一致意见，认为应抛弃安理会 6 月 27 日决议所提出的只要求击退对南朝鲜“武装进攻”的目标，而代之以建立一个“统一”的朝鲜。9 月 15 日，麦克阿瑟根据杜鲁门把军事行动伸展到三八线以北，占领北朝鲜的命令，实施仁川登陆取得成功。此后美国的目标就转到了“击溃北朝鲜的军事力量”上。

为配合这一目标，美国再次寻求联合国的合法外衣。在美国的鼓动下，英国与其他 7 国于 9 月 26 日在安理会联合提出了体现美国意图的“八国提案”，遭到苏联否决。为避开苏联的否决权，使美国的意图得以实施，英国等又于 29 日将该提案提交联大。为制造舆论，英国外交大臣贝文指出：“不应存在北朝鲜和南朝鲜。朝鲜国民就是朝鲜人。没有理由存在一种永久的东西，人为地分割南北。”① 对于美国扩大朝鲜战争的企图，中国政府作出强烈反应。9 月 30 日，周恩来提出严正警告：“中国人民热爱和平，但是为了保卫和平，从不也永不害怕反抗侵略战争。中国人民决不能容忍外国的侵略，也不能听任帝国主义者对自己的邻人肆行侵略而置之不理。”② 10 月 3 日，周恩来又会见印度驻华大使潘尼迦，再次发出“如果美国军队果真如此做的话，我们不能坐视不顾，我们要管”的警告，③ 美英未予理睬。英国仅要求美国作出保证，把战争限制在朝鲜境内，不轰炸中国东北和苏联西伯利亚地区。这样，英国的政策就转变为：只要美国承诺把战争限制在朝鲜境内，英国就支持美国将军事行动扩展到三八线以北的计划。10 月 7 日，英国的提案在联大获得通过，规定“应采取一切适当的措施，以确保整个朝鲜局

---

① 王绳祖主编：《国际关系史》第八卷（1949～1959），66 页，北京，世界知识出版社，1995。

② 中华人民共和国外交部、中共中央文献研究室编：《周恩来外交文选》，24 页，北京，中央文献出版社，1990。

③ 中华人民共和国外交部、中共中央文献研究室编：《周恩来外交文选》，25 页，北京，中央文献出版社，1990。

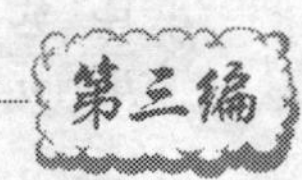

势的稳定”，以便在联合国主持下“建立一个统一、独立和民主的政府”，从而为美国扩大军事行动、在整个朝鲜进行战争提供了“法律”依据。当日，“联合国军”大规模越过三八线，全线北犯。10 月 10 日，中国外交部发表声明，警告“所有侵略者，必须对于他们自己扩大侵略的疯狂行为的一切后果负责”。英国外交大臣得知后，立即致函艾奇逊，要求美国重视中国的声明，务必不要将战争扩大到中国，否则就会迫使中国卷入战争。对此警告，美国并未重视。10 月 20 日，麦克阿瑟下令美军尽快进抵鸭绿江边境，美国飞机也不断入侵东北领空进行侦察、轰炸，直接威胁到中国的安全。在此危急时刻，中国政府最终决定派遣志愿军入朝作战。英国在朝鲜战争爆发以来一直力图避免的局面，终于在它对美国军事行动的政治支持下出现了。

中国参战后，战场形势发生了不利于美国的变化。为挽回败局，美国一方面考虑扩大战争，一方面又极力策划“停火”以争取喘息时间。1950 年 12 月，第 5 届联大在苏联等国的反对下强行通过亚非国家提出的“十三国提案”，决定组成三人委员会来确定在朝鲜实现停火的基础。1951 年 1 月联大政治委员会通过由“三人委员会”提出的有关朝鲜及其他远东问题的各项原则建议的决议。中国肯定该决议体现了不少国家的和平愿望，但认为先停战后谈判的原则只有利于美国的侵略而不能导致真正的和平。在此背景下，美国开始策划向联大提出了谴责中国为“侵略者”的提案。为确保提案获得通过，美国极力要求英国给予支持。就此问题，英国政府内部出现分歧。最后经过内阁会议讨论，对美国的提案提出修改意见：联合国应首先采用外交手段解决与中国的纠纷，若不成功，再考虑对中国实行制裁。美国原则上接受英国的意见，但未付诸行动。1951 年 1 月，英联邦国家首脑在伦敦举行会议，就朝鲜等问题达成共识，并通过联大政治委员会形成了新建议：在朝鲜立即实现停火；随后召开美、英、苏、中四国会议讨论解决所有远东问题，包括台湾问题和中国在联合国的代表权问题；所有外国军队分阶段撤出朝鲜；朝鲜人民按照自由意愿组建未来政府。中国政府认为，只有先经过谈判确定停火条件，然后再停战才是可行的，并提出了自己的建议。美国政府反对中国的立场。于是美国向政治委员会正式提出谴责中国为“侵略者”的提案。对这一行动，英国政府认为，提出该提案的时机不当，且无助于问题的解决，因而提出还需要与亚洲国家磋商继续寻求政治解决办法。但美国仅接受了英国提出的推迟考虑对中国实行制裁的意见，随后于 1951 年 2 月 1 日强行在联大付诸表决。为促使英国支持这一提案，美国曾以中止美国援助、支持丘吉尔上台等向艾德礼工党政府施加压力。最后，英国决定向美国妥协，在提出一些保留的情况下，投了赞成票。

除军事、政治领域外，英国政府还对美国的贸易禁运和经济封锁政策给予了积极支持。美国的对华贸易管制政策起源于 1949 年 3 月的新中国成立前。从一开始，美国就把英国考虑在内，要求英国配合美国的禁运政策，特别是要严格限制对香港的出口。从 5 月起，英国开始禁止从香港转运武器军火到中国大陆，但其他物资包括石油等没有包括在内。实施这种政策的原因主要是考虑到香港经济的特点。当时港英政府对发展与大陆的贸易持积极态度，他们认识到，从长远来看，香港贸易“必须继续与中国联系起来”，而且大陆迅速发展的政治形势也预示着“两地贸易的更为光明的前景即将到来”。①

朝鲜战争爆发后，美国于 1950 年 6 月 28 日宣布对北朝鲜实行全面禁运，29 日禁止对中国出口石油产品，7 月 20 日又进一步撤销了对中国大陆的所有出口许可证，1950 年 12 月 3 日开始对中国大陆实行全面禁运，“一个士兵可以利用的”任何物品都不许运往中国大陆，同时，香港、澳门被列入黑名单，对这两地的所有出口均实行严格的许可证制度。英国政府在一定程度上追随了美国的对华贸易管制政策，配合了美国的行动，如 7

① *Hong Kong Annual Report 1949*, Hong Kong Government, p. 33.

月，英国同意将对苏联东欧国家的禁运清单适用于中国。这意味着完全禁止所有具有军事意义的物品和许多可能有助于军事行动的物资。其他民用物资则限制在“正常数量”之内。7月中旬，英国又把所有石油产品纳入管制之列，香港的所有存油交由英国海军部处理。英国还对香港发出指令，要求加紧对中国大陆的出口管制。1951年5月9日，英国又宣布200种商品对中国禁运。

值得注意的是，这些管制物品多为具有军事意义的战略物资或半战略物资。英国政府激烈反对针对中国进行经济战争，内阁大臣们在议会再三强调全面贸易禁运并不是英国政府的政策。英国商界勉强接受了对战略物资的禁运，但同时向政府施加压力要求抵制美国对半战略物资实行更全面禁运的要求。①1950年10月底中国被迫参战后，英国改变了这一政策，禁运物资清单急剧扩大，以便与美国的政策保持一致，到年底，已达到比对苏联禁运更严厉的程度。1952年5月18日，美国在联合国提出对华全面禁运提案，建议禁运全部战略物资，英国投了赞成票。英国从6月底开始对所有出口中国的物品实行出口许可证制度。1953年初，艾登与杜勒斯会谈后，又对在英国注册的船只实行许可证制度，以防止他们从英国以外的地方运送战略物资到中国，随后又采取措施禁止运载有关物资的任何国籍的船只在英国港口添加燃料。② 与此同时，香港对中国的禁运也得到加强。1951年6月25日港府颁布法令，13类共300多种物品被列入管制之列，明确规定这些物品的出口须经特批，订购须先得批准，进口后须存入“公仓”，随后还对有关商品在香港

① David Clayton, *Imperialism Revisited: Political and Economic Relations between Britain and China, 1950 ~ 54*, MacMillan Press Ltd, 1997, pp. 131; Robert Boardman, *Britain and the People's Republic of China 1949 ~ 79*, Harper & Row Publishers, Inc, Barnes & Noble Import Division, 1976, p. 93.

② Robert Boardman, *Britain and the People's Republic of China 1949 ~ 79*, Harper & Row Publishers, Inc, Barnes & Noble Import Division, 1976, pp. 93 ~ 95.

的销售规定了签立宣誓书、限制销售数量等措施。此外还采取措施打击由于禁运而活跃起来的对大陆的走私活动，使美国政府感到满意。①

但禁运对英国和香港的贸易和经济都带来的重大影响。早在1951年2月英国就曾向美国提出放松对港禁运，到1952年2月，面对香港的困难和香港对美国禁运政策的积极配合，美国专门制定了对香港、澳门的出口控制政策，贸易管制政策有所放松。随着朝鲜战争接近尾声，香港也从1953年下半年开始着手放宽对大陆的禁运政策。

英国对华禁运政策也对英国在华经济利益构成了重大打击。在华经济利益曾经是英国承认新中国的重要推动力，英国政府认为，只有采取承认政策，才能保证其在华投资，确保其所占的市场份额。英国商界也对与中国发展经济关系持积极态度，并充满希望。但从1950年底开始，英国在华商界在中国遇到了越来越多的困难。经营活动减少，利润急剧下降，商业前景暗淡，“大部分英国在华商人认为，他们在这个国家的投资不可能在可预见的将来带来红利”，关张撤离成为大多数公司“唯一现实的选择”。② 造成这种情况的原因，除中国为巩固社会主义经济基础而有计划有步骤地执行的一系列经济政策——如对私人资本主义工商业实行利用、限制、改造——之外，朝鲜战争期间英国追随美国所推行的对华禁运政策也是一个根本性的因素。这一政策直接削弱了中国与英国的经济联系，迫使中国把更多的精力转向苏联等社会主义国家。1950年，中国对社会主义国家的贸易额仅占中国对外贸易总额的32%强，到1951年增加到近53%，1952年更是增加到72%，③ 西方国家所占份额显然急

① 《葛量洪回忆录》，211页，香港，广角镜出版社，1984。

② Robert Boardman, *Britain and the People's Republic of China 1949~79*, Harper & Row Publishers, Inc, Barnes & Noble Import Division, 1976, p. 82.

③ 陶文钊主编：《中美关系史：1949~1972》，112页，上海，上海人民出版社，1999。

剧减少，而在资本主义国家所占份额中，中国又把更多的注意力转向西方大国之外的其他资本主义国家。很显然，正是英国所执行的贸易禁运政策打击了中英之间的贸易往来，减少了英国商人从中获利的机会。1952 年 3 月，汇丰银行关闭了在北京、天津、青岛和汕头的分支机构，对在华英商的信心构成极大冲击。此后英美烟草公司、帝国化学工业公司、怡和洋行等 20 余家大公司纷纷决定撤离。4 月，英美烟草公司与中国有关方面达成协议，中止了在华经营活动。5 月 19 日，英国政府向中国政府发出照会，宣布英国在华工商业将集体结束其业务。5 月 20 日，英国外交大臣艾登在英国议会下院就此问题发表演说，把责任推到中国身上。7 月，外交部副部长章汉夫发表声明指出，中国政府曾为帮助在华英国公司采取多种措施，但英国政府的贸易管制和禁运政策最终给在华商界带来了苦果。1954 年日内瓦会议期间，周恩来与艾登就此问题进行了讨论。到 1956 年前后，英国在华公司及职员几乎全部撤离。

英方在战争期间的敌对政策招致中方报复也是导致英国在华经济势力遭受打击的一个原因。这方面有两个典型事件。

一为“永灏”轮事件。“永灏”轮原为日本黑潮丸油轮，二战时在台湾高雄附近海域被炸沉。1946 年台湾航业有限公司将其打捞出水，后转给前国营上海中国油轮公司。该轮载重 1.5 万吨，是当时中国最大的油轮。1948 年 7 月，该轮自高雄拖至香港英资黄埔船厂修理。1950 年 4 月 1 日，全体船员在港宣布起义，油轮归属交通部中国油轮公司直接管辖。1951 年 2 月，在修理工作即将完成时，黄埔船厂老板勾结台湾当局，就“永灏”轮产权问题向香港法院提出诉讼。3 月 14 日，中央人民政府交通部长章伯钧发表声明指出，“永灏”轮是中国国家财产，如被侵犯，港英当局负有完全责任。此后中方与港英当局海事处多次交涉，要求将该轮拖回大陆修理。港英当局蓄意拖延。在美国的压力下，港府于 4 月 7 日宣布实施《紧急条例》，以保证在朝鲜的英军和“联合国军”的安全为借口宣布征用该轮。

中国政府对此提出强烈抗议，全体船员也坚决反对。4 月 12 日，香港水师出动多艘巡逻艇，派出 200 多名全副武装的水警强行夺占了“永灏”轮。随后，港英当局立即把“永灏”轮转交给英国皇家海军。英国殖民地大臣葛里菲斯公然宣称：“为了在朝鲜的英国及联合国军的安全，绝不能让‘永灏’号油轮驶回中国去。”① 4 月 18 日，中国外交部副部长章汉夫发表抗议声明提出严重抗议，谴责港英当局的行动是对中国的“公开挑衅”，是为英美的侵略政策和战争政策服务的。随后，中国政府又采取具体行动进行报复。4 月 30 日，周恩来总理亲自发布命令，宣布征用英商亚细亚火油公司除办公处及推销处以外的在华全部财产和全部存油。该公司在华业务庞大，分布在包括上海、广州、南京、福州、汕头、汉口、重庆、青岛等主要城市在内的全国各地，分支机构多达 170 余家。英国损失可谓惨重，但英国政府和港英当局自知理亏，未作任何官方评论。

二为“两航”飞机问题。这一问题在战争之前已经出现，但英国枢密院 1950 年 5 月 10 日下令将“两航”飞机扣留在港，以便就其产权作出终审裁决。1951 年 3 月，陈纳德再次向香港高等法院申请有关飞机产权被驳回后，美国国务院 5 月 23 日直接插手，发表声明表示，希望通过法律方法阻止飞机落入共产党之手，“即使法律步骤已告失败，该项飞机亦不能向共产中国输出，因为联合国决议对共产中国禁运军用物资”。国务卿艾奇逊甚至攻击香港法院的判决有“故意讨好中共的企图，而且显然违反了联合国禁运决议的文字和精神”。② 1952 年 6 月 19 日，陈纳德向英国枢密院提出上诉。枢密院受理并推翻了香港高等法院的判决，将“两航”之一的“央行”飞机产权判给陈纳德。当晚港英当局就出动大批军警突袭停放飞机的启德机场和两航

---

① 徐京利等：《另起炉灶——崛起巨人的外交方略》，296 页，北京，世界知识出版社，1998。

② 李后：《百年屈辱史的终结——香港问题始末》，34 页，北京，中央文献出版社，1997。

仓库，劫夺了全部飞机和其他资产，并且还对“两航”员工施以暴力，逮捕员工200余人。中国政府发表声明谴责英方的“横暴行为”和对中国的“敌视态度”，再次要求归还剩余飞机。8月15日，上海市军管会宣布征用英资上海英联船厂和乌勒机器厂的全部财产。10月8日，香港高等法院也改判“中航”飞机为陈纳德所有。中国政府再次提出抗议，上海市军管会也于11月20日宣布征用了英资上海电车公司、自来水公司、煤气公司以及隆茂洋行财产。隆茂洋行在天津、武汉的财产也被征用。1953年3月1日，针对港英当局劫夺我6艘留港渔船的行为，广州市军管会征用了英资广州太古公司所属的码头、楼宇等全部财产。①

这样，英国政府力图维护和扩展的在华经济利益最终由于自己错误的对华政策而遭受重大打击。当然，朝鲜战争对英国在华利益带来的损失不仅仅是经济性的，与此相关的还有其在华政治存在。新中国成立时，由于英国政府明智务实的对华政策，分布在中国华北、华中、华南、华东、西北、西南各个地区的英国在华十余个领事馆照常运作，这与美国的情况形成鲜明对照。但朝鲜战争爆发后，英国驻沈阳、乌鲁木齐领事馆被迫关闭。之后，随着两国贸易交流、人员往来减少，其余领事馆的业务也在不断减少。1951年3月，英国关闭了驻重庆、昆明、汉口、南京、青岛和厦门的领事馆，1952年2月关闭驻广州领事馆，11月又关闭驻天津领事馆。这样，除北京外，英国仅在上海保留了领事馆。② 英国在华经济和政治存在都严重被削弱，两国关系在经过了1950年年初的高潮之后又跌入低谷。

英美政治军事分歧

朝鲜战争爆发后，英国在支持美国的同时，也在一些具体

① 萨本仁等：《20世纪中英关系》，342页，上海，上海人民出版社，1996。
② 萨本仁等：《20世纪中英关系》，345页，上海，上海人民出版社，1996。

问题上与美国保持了距离。朝鲜战争爆发之初，英国曾极力避免导致中国参战的局面出现，并为此采取了一些行动。但美国的战争行动越来越直接地威胁到中国安全，中国政府最终决定出兵朝鲜，“保家卫国”。从此以后，英国在朝鲜战争问题上就有一个重要的政策目标，即竭力阻止战争的进一步扩大。

1950 年 11 月中旬，美国政府针对麦克阿瑟轰炸中国东北军事目标的要求，通过驻英使馆征询英国的意见。对此，英国表示不同意美国飞机进入中国东北作战。不久，英国还提出在朝鲜北部建立“非军事缓冲区”的建议。11 月 30 日，面对朝鲜战场上的失败，杜鲁门在记者招待会上声称，美国准备加强军事力量以应付中国参战后的局势，而且“一直在积极地考虑”使用原子弹。这一言论引起英国极大不安，当天就有 100 名议员联名致函首相艾德礼对此表示抗议，艾德礼也在当天向美国使馆表示要求与杜鲁门紧急会晤。在与法国协商后，艾德礼于 12 月 4 ~ 8 日访问美国，当面阐述了英国避免战争扩大、以免影响欧洲防务的立场。最后在公报中，杜鲁门表示，他“希望世界形势将永远不需要动用原子弹”，而且将向英国通报“有可能引起形势变化的情况”，并表示“愿意用和平方法寻求停止敌对行动”。在会谈中，艾德礼还向美国表达了英国对中国的看法，认为中苏并非铁板一块，西方应进行分化工作；解决朝鲜问题的最好办法是让中国进入联合国。应该说，艾德礼的美国之行在一定程度上遏制了美国扩大战争的企图。到 1951 年 3 月下旬，当麦克阿瑟得知杜鲁门将发表声明，准备通过谈判解决朝鲜问题时，就抢先发表与杜鲁门的意图背道而驰的声明，声称如果把军事行动扩展到中国的沿海和内陆基地，中国就有可能在军事上立即崩溃。麦克阿瑟还写信给众议院共和党领袖，对他关于放蒋出笼开辟第二战场的主张大加赞扬。英国对这些言论深感忧虑，要求杜鲁门将其解职。杜鲁门也对麦克阿瑟极为不满，认为他直接挑战了自己的权威，便于 4 月解除了他的一切职务。

1951 年 7 月，朝鲜停战谈判开始后，美国考虑发表一项

“严厉制裁”声明，以防日后中国违反停战协定。其内容是，一旦中国违反停战协定，就对中国实行彻底的经济封锁并以联合国名义对中国实施海上封锁；轰炸中国境内的军事目标；拒绝考虑中国在联合国的代表权问题。在这个问题上，美国同样希望得到英国的支持。11 月，美国向重新上台的丘吉尔政府通报了声明内容。经过研究，英国政府对这些措施的有效性及其严重后果表示担忧，而且对中国和北朝鲜遵守停战协定持有信心。12 月，英国向美国表达了自己的看法。考虑到英国的立场，美国最终不得不放弃发表该声明的打算。

停战谈判中，遣返战俘成为交战双方的重要分歧点。中朝坚持全部遣返的原则，而美国则企图以“自愿遣返”达到其他政治目的，致使谈判迟迟难以达成协议，这一状况与英国希望英国战俘尽快获释的意愿相违背。1952 年 5 月，美国在巨济岛战俘营对拒绝接受强制“甄别”的中朝战俘进行了集体屠杀，招致英国严重不满。10 月，美国纠集 20 个国家在联合国提出“自愿遣返”提案，11 月，印度也提出成立国际委员会解决不愿被遣返的战俘问题的提案。这一提案因没有提到“自愿遣返”原则遭到美国反对，但英国却坚决支持。美国对此十分不满，威胁说，如果英国不放弃对印度提案的支持，北约将不复存在，英美友谊也将不复存在，但英国并没有因此而改变自己的立场。后来印度主动按照美国的意图修改了自己的提案，英美矛盾才得以缓解。

艾森豪威尔 1953 年上台后试图通过扩大战争增强其在谈判桌上的优势，甚至考虑动用核武器，他还放弃“中立”台湾政策，“放蒋出笼”，借以增强对中国的战争威胁。这一系列政策变化，特别是其对国民党集团的态度再次引起了英国不安。英国认为这不仅不会给美国带来好处，而且无助于朝鲜问题的解决。由于朝鲜战场上的失败，加之盟国内部的意见分歧和压力，美国最终不得不在停战协议上签字。

朝鲜战争期间，英国对美国的战争政策是有一定牵制作用的，在其他一些涉及中国的问题上也表现出了与美国的不同立场，这是不可否认的。但同样不可否认的是，这绝不是出于对中国人民的好感，而是出于对美国恣意扩大、拖延战争所带来的严重后果的恐惧。鉴于英国在朝鲜战争期间追随美国的立场，中国把英国看作美国的“走狗”和自己的“敌人”就毫不奇怪了。

朝鲜战争期间英国的对台政策

1950年6月27日，杜鲁门命令第七舰队开进台湾海峡，阻止中国大陆“对台湾的任何进攻”，因为在朝鲜战争爆发的情况下，“共产党部队的占领台湾，将直接威胁太平洋地区的安全”，他还抛出“台湾地位未定论”，声称“台湾未来地位的决定必须等待太平洋安全的恢复，对日和约的签订或经由联合国的考虑”。[①] 中国政府对此反应强烈。6月28日，周恩来发表声明指出：“杜鲁门27日的声明和美国海军的行动，乃是对于中国领土的武装侵略，对于联合国宪章的彻底破坏，”他强调：“我国全体人民，必将万众一心，为从美国侵略者手中解放台湾而奋斗到底，”声明还“号召全世界一切爱好和平正义和自由的人民，尤其是东方各被压迫民族和人民，一致奋起，制止美国帝国主义在东方的新侵略”。[②] 同日，毛泽东也发表讲话，谴责杜鲁门的声明“撕毁了美国关于不干涉中国内政的一切国际协议”，“暴露了自己的帝国主义面目”，呼吁“全国和全世界的人民团结起来，进行充分的准备，打败美帝国主义的任何挑衅”。[③]

美国侵入台湾海峡后，英国艾德礼政府中有一些人马上对

---

① 王绳祖主编：《国际关系史》第八卷（1949~1959），62页，北京，世界知识出版社，1995。

② 中华人民共和国外交部、中共中央文献研究室编：《周恩来外交文选》，18~19页，北京，中央文献出版社，1957。

③ 中华人民共和国外交部、中共中央文献研究室编：《毛泽东外交文选》，125页，北京，中央文献出版社，世界知识出版社，1994。

杜鲁门所提出的“台湾地位未定论”作出附和。7月间，英国政务次官培切勒代表英国政府在议会公开表示，《开罗宣言》虽然宣布战后应该把台湾归还中国，蒋介石政府虽然事实上于1945年开始统治台湾，但国民政府只不过是受盟国委托去管理台湾。从法律上看，台湾仍然属于日本，而不是中国领土。[①] 同月，英国国务大臣杨格也在下院答复议员质询的书面文件中声称，台湾在法律上仍是日本领土，台湾的地位应在对日和约缔结时再作最后决定。[②] 对这种言论，中国政府给予了严厉谴责，指出这是英国政府公开支持美国侵略台湾的极不友好的行为，是英国政府蔑视中国领土主权的敌意表现。

不过在当时的英国政府中，持这种观点的人仅占少数，艾德礼首相和贝文等大多数政府官员，均主张把台湾问题与朝鲜问题分开，反对杜鲁门封锁台湾海峡的行动，一再向美国表示在朝鲜问题上给美国以支持并不意味着在台湾问题上也给予支持。他们认为，美国必须切实执行其所谓“中立”台湾的政策，不能偏袒国民党军队，而且应该坚持《开罗宣言》的精神，在朝鲜战争结束后应把台湾归还中国。1950年8月初，麦克阿瑟访台，提出援台计划。8月4日，“麦克阿瑟总部驻台军事联络组”成立，8月5日美国第13航空队进驻台湾。这一行动显然是想把台湾纳入朝鲜战争轨道，最终把朝鲜战争扩大到中国。麦克阿瑟还声称美国绝对不允许台湾落入一个对美国不友好的国家手中，否则它就会变成“一艘不沉的航空母舰和潜水艇”。英国对此大为不满，向美国提出抗议。8月15日，艾德礼首相发表政策讲话，指出美国“保卫”台湾的决定是危险的。英国派兵到朝鲜支持美国的行动是以安理会决议为依据的，但联合国决议并没有涉及台湾。因此一旦美国因台湾问题而与中国开

① 李世安：《太平洋战争时期的中英关系》，206页，北京，中国社会科学出版社，1994。

② 王泰平主编：《中国外交50年》（中），1008页，北京，北京出版社，1999。

战，英国将不派兵支持。这实际上就是要在台湾问题上与美国拉开距离，避免让美国把自己拉入与中国大陆的冲突之中。在英国的压力下，艾奇逊被迫于 1950 年 9 月致函联合国秘书长，宣布美国派第七舰队进入台湾海峡不会损害台湾的状态，美国对台湾没有野心，也不在台湾寻求特权。[①]

但美国加紧军事控制台湾的行动引起了台海局势的紧张。为寻求缓和台海局势的途径，英国起草了一个关于解决台湾问题的决议草案，其内容为：台湾应在太平洋地区实现和平后归还中国；朝鲜战争期间，不允许破坏台湾的现状和利用台湾为基地反对中国；建立一个联合国委员会来研究归还台湾的时间。[②] 对这一草案美国极力反对，英国仍坚持自己的立场。9 月，美国提出拟议中的联合国委员会可以考虑中国的要求，但同时也要“在同等的水平上……考虑台湾人民的利益”。[③] 英国反对这一措辞。经过多次交涉，美国终于同意删除这一内容，有关决议得以在 9 月提交安理会。毫无疑问，这一决议同时也意味外部势力对台湾事务的干涉，但由于它规定了台湾应归还中国，因而还是有积极作用的。

1950 年 10 月中国出兵朝鲜，随着战场局势的逆转，杜鲁门曾威胁要对中国使用原子弹。艾德礼在与杜鲁门的会谈中表示，英国没有人同情蒋介石，因而要求美国考虑中国的联合国代表权问题和台湾问题。不过在美国坚持自己立场的情况下，艾德礼从原来的立场上有所后退。他表示，如果朝鲜战争拖延下去，联合国就应该建立一个委员会来考虑台湾的未来地位。[④] 他还接

---

① 李世安：《太平洋战争时期的中英关系》，216 页，北京，中国社会科学出版社，1994。

② 李世安：《太平洋战争时期的中英关系》，224 页，北京，中国社会科学出版社，1994。

③ David Clayton, *Imperialism Revisited: Political and Economic Relations between Britain and China, 1950 ~ 54*, MacMillan Press Ltd. 1997, p. 39.

④ David Clayton, *Imperialism Revisited: Political and Economic Relations between Britain and China, 1950 ~ 54*, MacMillan Press Ltd. 1997, p. 39.

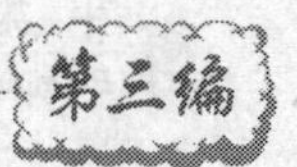

受了美国关于台湾在军事方面的作用的观点。双方最后发表联合声明称：“在台湾问题上，我们已经注意到海峡两边的中国人都要求坚持《开罗宣言》的有效性，都表示不愿由联合国考虑这个问题。我们同意这个问题应当用和平方法来解决，以此来保障台湾人民的利益和维护太平洋地区的和平与安全；而由联合国来考虑这个问题将有助于这些目标的实现。”① 这反映了英国对台政策的两点重要变化：1. 执意将台湾问题国际化；2. 接受美国的观点，主张“保障台湾人民的利益”。

美国军事控制台湾的活动引起了中国政府的强烈反应。1950 年 8 月 24 日，周恩来向联合国安理会提出控诉，要求制裁美国的侵台行径，立即采取措施使美国从台湾撤出其武装力量。8 月 29 日，安理会决定讨论美国侵略台湾问题，周恩来要求中国代表出席陈述意见并参加讨论，美国表示反对，英国则支持中国的要求。11 月，中国代表伍修权终于抵达纽约，在联合国控诉了美国对台湾的侵略。

新中国成立后，美国在远东的政策越来越向日本倾斜，朝鲜战争爆发后，美国更是加紧了对日媾和的步骤。在这一过程中，英国与美国围绕中国与会的问题上产生了矛盾。1951 年 4 月，英国曾拟订一份和约草案，其核心内容是邀请中国参加对日议和，台湾及其附近岛屿归还中国。英国的这一主张得到了英联邦国家的支持，但美国反对中国参加议和，而主张邀请台湾国民党当局。英国表示，由于它已经承认中国政府，因而不能同意台湾当局参加。但在美国的反对下，英国最终与美国达成协议，不邀请中国政府和台湾当局任何一方参加会议，从而剥夺了中国政府和人民的合法权利。6 月，英国又与美国起草了关于对日和约的联合声明草案，提议“日本放弃其对台湾和澎湖列岛的主权”，而“该条约的本身将不决定这些岛屿的未来归

① 萨本仁等：《20 世纪的中英关系》，363 ~ 364 页，上海，上海人民出版社，1996。

属”。最后达成的对日和约即按这一基调规定，日本放弃对台湾和澎湖列岛的主权，至于其主权归属问题则有意回避了。英国在这一和约上签了字。这不仅意味着英国放弃了原来所主张的台澎应归还中国的立场，而且也为今后与美国一起制造“两个中国”埋下了伏笔。对美英排斥中国、片面对日媾和的做法，中国政府进行了严厉谴责，周恩来为此发表声明，指责这一协议是“非法的、无效的，因而是绝对不能承认的”。1952 年 1 月，中国副外长章汉夫指出，二战结束以来，英国对美国一直奉行出卖英国人民利益和对美卑躬屈膝的政策。由于它参加了旧金山和会并迫不及待地想与日本签订和约，它就只能屈从于美国政府的政策——迫使日本承诺与国民党集团签订和平条约、敌视中国人民、加紧在远东发动新的侵略战争的准备。①

1952 年 1 月极端反共的丘吉尔重新上台后，进一步改变在台湾问题上的态度，积极追随美国的台湾政策。2 月，他在美国宣布，英国支持美国第七舰队侵入台湾海峡，愿意与美国合作防止中国大陆解放台湾。这与中国的原则立场是根本对立的。这一立场转变导致中国的严厉抨击，他在美国的言论也被斥为“无耻的讲话”。丘吉尔对台立场的转变直接影响了其他有关部门的对台政策主张。1952 年 5 月，英国驻淡水领事拉克康提出，要承认台湾是一个“国家”的事实，11 月又提出与之建立外交关系。由于此时英国已正式承认了中华人民共和国，所以这一主张实际上是抛出了“两个中国”论。还有人提出接纳中国进入联合国，同时在台湾建立临时政府的方案，这同样带有“两个中国”的色彩。1953 年初，英国外交部还提出了一份名为《台湾之命运》的文件，探讨通过联合国托管或成立台湾临时政府以求台湾独立的可能性，最终因可行性不大而搁置了该计划。这一时期英国的政策就是，在表面上坚持台湾是中国的一部分

① David Clayton, *Imperialism Revisited: Political and Economic Relations between Britain and China, 1950 ~ 54*, MacMillan Press Ltd. 1997, pp. 44 ~ 45.

的同时，暗中酝酿调整对台政策，同时采取一些具体步骤来加强与台湾的实际关系。1953 年 8 月，英国的政策进一步倒退。英国外交部在给新任驻华临时代办特弗言的指令中，要他在首次拜会周恩来时提出声明："英国接受开罗宣言，台湾应该归还'中华民国'。但是由于开罗宣言公布后，世界形势发生了变化，中国发生了内战，现在谁是中国的合法政府，世界各国都有不同看法。所以，目前不是解决台湾问题的时候。在缓和远东紧张局势之前，台湾应该保持现状。英国的上述政策不是两个中国。"①

在丘吉尔公开或暗地调整对台政策的情况下，英台关系得到了相当程度的实质性加强，合作有所发展。如它向台湾派出了海军顾问，加强了军事上的联系，在对台贸易政策上，英国逐渐抛弃了 1950 年 9 月开始实行的禁运政策，使贸易关系逐渐恢复。这种政策调整引起中国政府强烈不满，对原本就不稳固的中英关系产生了极大的消极影响。1952 年 5 月 10 日，毛泽东在与尼赫鲁夫人的谈话中指出，他本人很关心中英之间建立正式外交关系一事，但不幸的是，英国对华政策使之成为不可能。他特别指出，英国在台湾问题上一会儿是这种态度一会儿又是那种态度。周恩来也在 1953 年 2 月的人大会上揭露道，最近英国和国民党政府的"调情"明显增多，违背了承认新中国时所做的宣言。②

与对台政策相联系的是中国的联合国代表权问题。朝鲜战争爆发时，英国正酝酿改变它在中国代表权问题上的投票政策，但受美国的巨大压力和朝鲜战争的影响，英国在短短半个月的时间里两次改变对中国代表权的立场，到 1950 年 6 月 30 日决定继续执行"弃权"政策。

---

① 李世安：《太平洋战争时期的中英关系》，233～241 页，北京，中国社会科学出版社，1994。

② 李世安：《太平洋战争时期的中英关系》，233～241 页，北京，中国社会科学出版社，1994。

但事实表明，英国并没有立即放弃在联合国内进行的接纳新中国的努力。① 1950 年 7 月 1 日，印度提出，为尽早解决朝鲜问题，应接纳新中国代表进入联合国尤其是安理会，以便就朝鲜局势进行协商，遭到美国反对。7 月中旬，美国驻英大使道格拉斯对英国外交大臣贝文说，因朝鲜局势而作出这样的让步将刺激中国对台湾的要求。英国外交部国务大臣杨格就此在一份备忘录中批评说，美国对这一问题完全不是从国际事务而是从美国防务的角度来考虑的，如果大家都按照美国的意图去做，联合国将会变成“一个反共联盟”。7 月底，美国助理国务卿腊斯克又向英国驻美大使弗兰克斯表示，在接纳中国的问题上，即使是已承认新中国的安理会成员国也应考虑到中国政府给予北朝鲜的鼓励和支持，以及它对安理会阻止侵略行动的反对和藐视。对此，英国外交部认为，美国的态度“只能使事情变得更糟，并极大地增加朝鲜冲突扩大的可能性”。8 月 1 日，英国内阁会议讨论中国的代表权问题，其基本立场是，不赞成把朝鲜问题的解决作为解决中国代表权问题的条件，避免把英国置于阻碍中国进入联合国的地位。

8 月 3 日，重新回到安理会的苏联代表马立克提出要求讨论中国代表权问题的议案，当安理会表决是否将该问题列入会议议程时，英国投了赞成票，尽管该提案仅涉及是否将有关问题列入议程，而且最后也未获通过，但英国这次投票却有重要意义：这是英国在关于中国代表权的问题上第一次投票支持苏联的提案。②

8 月 11 日，贝文致电驻美大使弗兰克斯，并要他转达美国，把中国代表权问题与朝鲜问题牵扯在一起是不明智的，如果中国问题单独提出，英国将投赞成票，即使赞成票未获多数。这

① 王建朗：《新中国成立初年英国关于中国联合国代表权问题的政策演变》，载《中国社会科学》2000 年第 3 期，187 页。

② 王建朗：《新中国成立初年英国关于中国联合国代表权问题的政策演变》，载《中国社会科学》2000 年第 3 期，186 页。

表明了英国与美国保持距离的决心，以及对美国僵硬态度的反对立场。贝文还认为：“西方国家没有权力仅仅因为他们不喜欢北京政府的政治制度或意识形态就拒绝接纳它。”9月4日，英国内阁会议不顾美国的威胁，认可了贝文关于支持中国进入联合国的立场。9月15日，英国又借英、美、法三国会谈之际向美国做了通报，强调：“我们非常愿意与美国协调一致，但我们在远东有我们自己的责任。”此后，英国又动员印度在第5届联大上抢在苏联之前提出中国代表权问题，以免由于苏联首先提出提案而导致不利气氛，为此英国与印度还与联大主席及秘书处进行了秘密磋商。

9月19日，在第5届联大第一次会议上，印度按照与英国的谋划，首先提出了支持中国代表权（“纳我”）的提案，英国投了赞成票。虽然这个提案最终被否决，但对英国的投票政策来说，其意义更加重要：这是英国第一次投票支持接纳中国进入联合国。不过在随后对苏联“驱蒋纳我”提案进行表决时，英国又投了弃权票。但到10月12日经社理事会会议上，英国对苏联分别提出的“驱蒋”与“纳我”两个提案均投了赞成票。① 这一立场体现了英国既想发展与新中国的关系、又不愿彻底抛弃国民党集团的“骑墙”态度。

10月25日，中国出兵“抗美援朝”，在战场上给美国以重大打击。11月，中国代表伍修权又在联合国这个政治舞台上对美国侵略台湾的行径给予彻底揭露与控诉。美国因此加深了对中国的仇恨，于1951年2月操纵联合国通过决议，污蔑中国为“侵略者”。

为把中国彻底排斥于国际政治舞台之外，美国开始考虑把中国的联合国代表权问题搁置起来，不再讨论。但到1951年3月美国国务院却发现，许多承认中国的欧洲国家将在中国的代

① 王建朗：《新中国成立初年英国关于中国联合国代表权问题的政策演变》，载《中国社会科学》2000年第3期，190页。

表权问题上仿效英国。① 因此美国认为，在搁置讨论问题上必须得到英国支持，否则排斥中国的政策将难以有效执行，甚至自己也要陷于孤立。1951 年 4 月，美国国务卿艾奇逊向英国新任外交大臣莫里森提出了在朝鲜战争进行期间推迟讨论中国的联合国代表权问题的"延期讨论"建议。鉴于国际局势由于朝鲜战争而高度紧张，莫里森希望避免在英美关系中制造新的紧张，因而接受了这一建议，但同时表示，英国支持"延期讨论"建议并不意味着支持国民党当局对中国席位的主张。② 在 1951 年的第 6 届联大上，英国正式对美国所提出的"延期讨论"投了赞成票。此后直到 1960 年，英国一直追随美国，在联合国的中国代表权问题上坚持这一投票立场。

第三节　日内瓦会议与中英"半建交"

日内瓦会议期间中英立场的交汇点

朝鲜战争爆发时，法国正在凭借武力恢复二战期间失去的对印度支那的统治。这一企图遭到了当地人民的坚决反抗，其中越南共产党领导的反法斗争尤为引人注目。朝鲜战争爆发后，杜鲁门在武装干涉朝鲜和台湾的同时，还把干涉印度支那战争作为重要对策之一，从而形成了从朝鲜、台湾、印度支那包围和威胁新中国的三条战线。此后，美国不仅承担了法国 78% 的战争费用，而且还派出顾问团帮助法国作战。③ 美国的干涉造成

① Victor S. Kaufman, 'Chirep': The Anglo – American Dispute over Chinese Representation in the United Nations, 1950 ~ 71. *The English Historical Review*, April 2000, pp. 356.

② Victor S. Kaufman, 'Chirep': The Anglo – American Dispute over Chinese Representation in the United Nations, 1950 ~ 71. *The English Historical Review*, April 2000, pp. 356 ~ 357.

③ 王绳祖主编：《国际关系史》（第八卷）（1949 ~ 1950），109 页，北京，世界知识出版社，1995。

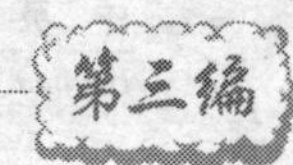

了新的地区紧张局势。

根据朝鲜停战协定，交战双方应在三个月内召开高一级的政治会议，协商从朝鲜撤退一切外国军队并和平解决朝鲜问题。但美国却违背协议，图谋通过与南朝鲜签订共同防御条约实现在朝鲜半岛驻军的长期化。在1953年10月伦敦外长会议上，苏联代表建议召开苏、美、英、法、中五国会议讨论远东局势。中国政府对此表示支持。1954年1～2月苏、美、英、法四国外长柏林会议期间，根据苏联的建议，西方国家同意就解决朝鲜和越南问题进行谈判，但对中国参加会议的问题，美国反对，而英国与法国却采取了不同立场，主张召开五国外长会议。在此情况下，美国改变立场，同意召开国际会议讨论亚洲问题，同时强调会议期间与中国代表的讨论谈判绝不意味着对中国的承认，充分表现出对中国的敌视。苏联代表也作出让步，同意扩大参加国范围。最后，会议达成协议，于1954年4月在日内瓦举行由苏、美、英、法、中等国参加的国际会议，讨论朝鲜及印支问题。

不久，法国在奠边府战役中遭到惨败，印支战局发生了不利于法国的急剧变化。美国在朝鲜失败后不愿再看到印度支那也落入共产党之手，同时企图向法国的殖民利益范围渗透。从1954年3月底到4月初，美国国务卿杜勒斯多次发表演说，要求英国等西方国家及东南亚和印支国家在日内瓦会议召开前采取“联合行动”，反对中国对印度支那战争的“干涉”。杜勒斯还向英国建议，由两国联合向中国发出警告，如果中国不停止对越南北方的援助，就将对中国沿海地区采取海空行动。美国总统艾森豪威尔也于4月1日写信给英国首相丘吉尔，提出建立东南亚区域性军事集团的建议，随后还提出了著名的多米诺骨牌理论。美国的目的在于使印支战争“国际化”，巩固西方特别是美国在印支问题上的影响，增强美国在日内瓦会议上的地位和发言权。

经过朝鲜战争，英国认识到和平手段对解决印支问题更有效。为解决双方之间的分歧，杜勒斯于1954年4月12日访问伦敦。艾登表示，英国政府对以军事手段解决印支问题的可能性表示极大的怀疑，而且在日内瓦会议即将举行之际，英国政府既不愿考虑军事干预的建议，也不赞成对中国发出威胁。[①] 在会谈结束后的联合公报中英国表示，“愿意与其他有关国家共同考虑建立东南亚集体防御的可能性”，但这仅仅是要应付美国的要求。艾登在英国议会表示，“我只是答应考虑，不可能有更进一步的行动”。[②] 4月20日，杜勒斯未同英国商量便召集曾参加“联合国军”的各国及南朝鲜、南越、老挝、柬埔寨等国在华盛顿开会，以示在朝鲜和越南问题上对共产党国家的不妥协立场，同时还讨论了组织东南亚防务联盟的问题。英国拒绝出席这次会议。4月22日，美国在北约理事会上试探英国与美国一起出兵援助在印支处境日益不利的法军的态度。三天后，英国内阁会议决定，在日内瓦会议召开前，英国不准备在印支采取军事行动，在会议取得结果前，不参加东南亚区域防务协定。[③] 此后，美国还建议以美、英、法、菲和印支国家的名义宣布为了“共同遏制共产主义在东南亚的扩张”，各国将不惜使用“最后军事手段”。这一要求也遭到了英国的拒绝。[④] 由于英国带头抵制，美国在日内瓦会议前策划西方联合行动的企图未能得逞，从而为日内瓦会议的按时举行创造了条件。

1954年4月26日，日内瓦会议如期召开。周恩来总理以外长身份率领中国代表团出席了会议。这是新中国以五大国身份第一次参加重大国际问题的讨论。会议首先讨论朝鲜问题，但

① 萨本仁等：《20世纪的中英关系》，347页，上海，上海人民出版社，1996。

② 王绳祖主编：《国际关系史》（第八卷）（1949～1959），114页，北京，世界知识出版社，1995。

③ 资中筠主编：《战后美国外交史——从杜鲁门到里根》，282、283页，北京，世界知识出版社。

④ 王绳祖主编：《国际关系史》（第八卷）（1949～1959），114页，北京，世界知识出版社，1995。

由于美国的极力阻挠，没有取得任何结果。在这个问题上，英国一方面追随美国，向中朝等国施加压力，另一方面也表示了从朝鲜撤出军队的愿望。

在印支问题上，英国也与美国暴露出了尖锐矛盾与分歧。美国的企图是通过军事干涉，把法国势力从印支排挤出去，并把它们纳入亚洲反共轨道，同时又不愿单独承担卷入战争的责任，而是要英国等一起分担。英国出于亚洲殖民利益关注这一地区的和平，同时出于在香港的利益以及与中国的贸易利益而不得不考虑与中国的关系，因而希望通过国际会议，保持东南亚地区的稳定。这就与美国试图扩大印支战争以遏制共产主义扩张的企图发生了冲突。如前所述，英国在日内瓦会议前曾对美国建立东南亚军事集团的建议持否定态度，以免给会议造成障碍。这一立场使美国深感失望，因而会议开始后，美国一方面继续在会外推行其建立军事集团的企图，另一方面也策划把英国排除在该集团之外。为避免与美国破裂，协调与美国的关系，丘吉尔和艾登于1954年6月下旬访问美国，与艾森豪威尔举行会谈。通过会谈，美国感到要阻止日内瓦会议就印支问题达成协议已不可能，因而放弃了原来的阻挠立场，转而要求英法少做些让步。7月中旬，英国答应在日内瓦会议后参加东南亚军事集团。7月21日，日内瓦会议通过最后宣言，终于就停止敌对行动、恢复印支和平达成了协议。美国拒绝在协议上签字，仅仅单独发表声明表示将不使用武力干扰协议的执行。但艾森豪威尔却在当天声称，美国将不受该协议的约束。尽管如此，英国为制止美国破坏日内瓦会议的企图所做的努力仍是不可忽视的。

中英代办级外交关系的建立

建国前后，毛泽东曾谈到，新中国“打扫干净屋子”所需的时间大约是一年左右，这就意味着毛泽东曾设想在一年多以后开始与西方国家发展正常的外交关系。[①] 但这一考虑却由于朝鲜战争的爆发而被迫拖延。出席日内瓦会议标志着新中国终于走上了国际舞台，也为中国与西方国家的关系提供了一个机会。因此，中国政府对这次会议非常重视。早在日内瓦会议召开之前，中央就决定借参加会议的机会，实现亚洲地区的和平，同时与参加会议的各国广泛接触，扩大中国的国际影响，寻求改善同英国和西欧一些国家的关系。据此，周恩来在会议开始后明确指出："我们尊重各国人民的选择和维护他们自己的生活方式和国家制度而不受外来干涉的权利；同时，我们也要求其他国家用同样的态度对待我们。只要世界各国都遵守这些原则，并抱有互相合作的愿望，我们认为，在不同的社会制度下的世界各国是可以和平共处的。"

在当时情况下，最有可能实现突破的是中英关系。首先，在香港问题上英国有现实利益，其次，在朝鲜战争期间英国已表现出了一些与美国不同的态度。第三，日内瓦会议开始前，英国与美国在印支问题上的矛盾已非常突出，反映了英国与美国的不同政策考虑。到会议期间，英国的具体态度进一步表明了它实现印支和平的愿望。实现印支和平同样也是中国政府的真切愿望。正如周恩来在1954年5月12日会议上所指出的，为了保卫亚洲及世界的和平，中国人民极其希望印度支那战争能够早日停止，印度支那的和平生活能够早日恢复。正是中国和英国从不同侧面的努力，日内瓦会议最终就印支和平问题达成了协议。英国与中国在这一重大国际问题上表现出了一定的利益共同性。中英关系突破已具有了现实的可能性。

1954年5月1日，苏联外长莫洛托夫设宴招待周恩来和艾登，这为中英两国外长第一次直接接触提供了机会。宴会期间双方进行了坦率的交谈。艾登声称："英国是承认中国的，只是中国不承认我们。"周恩来则说："不是中国不承认英国，而是

---

① 曲星：《中国外交50年》，100页，南京，江苏人民出版社，2000。

英国在联合国不承认我们。”这其中反映了双方的分歧，也显示了双方对两国关系现状的不满，更流露出了对进一步发展相互关系的共同期望。

鉴于英国在印支问题上不同于美国的立场，为了促进双边关系的进一步发展，5 月 3 日，中国外交部欧非司司长宦乡与英国驻华代办杜维廉首次交换了意见。14 日，艾登首次拜访周恩来。此后，两国外长频繁往来，密切接触，逐渐为中英关系的突破铺平了道路。6 月 1 日，艾登宴请周恩来。其间，艾登三次提到想访问中国，周恩来对此表示欢迎。艾登还表示双方应该努力进一步改进中英关系。他指出：“我们有一个人在北京，而你们却没有人在伦敦。我们之间的关系不应该是半截的。你是否也派一个中国的杜维廉来?”周恩来对此建议作出积极回应。6 月 4 日，中方通知英方，中国政府同意向伦敦派驻代办级官员。17 日，双方就互派代办问题达成协议并发表了联合公报。7 月 8 日，杜维廉向周恩来总理呈递了由外交大臣艾登签署的委任状。从此，他开始享有完全的外交待遇，其任务除谈判建交外，还有侨务和商务问题。9 月 2 日，中国政府任命宦乡为驻英代办。至此，中英之间正式建立了代办级外交关系。

需要指出的是，日内瓦会议期间，在中英双边关系取得重大突破的同时，中、美关系在英国的沟通斡旋下也打开了接触的渠道。

出席日内瓦会议的美国代表团于 5 月间表示想通过参加会议的英国驻华谈判代表杜维廉处理美国在中国被扣押的美国战俘和被拘禁的美国侨民问题。杜维廉向中国代表团转达了这一信息。中国代表团团长周恩来决定抓住机会，开辟与美国直接接触的渠道，于是请杜维廉转告美方，中美双方的问题应该由两国代表团直接接触解决，不必通过第三国。5 月 27 日，中国代表团发言人向媒体表示，中国愿意就被押人员问题同美国举行直接谈判。美国代表团也通过杜维廉向中方表达了愿直接接触的意向。随后，经杜维廉从中斡旋与安排，中美双方从 6 月 5

日到21日进行了初步接触，中国代表王炳南与美国代表约翰逊共进行了4次会谈。在会谈中，王炳南向美方提出了美国扣留中国留学生不准其回国的问题，约翰逊则提交了被押美侨及美国军人的名单。但因美方片面要求中方释放被扣在华的美国人，而拒绝讨论中方关于在美中国留学生回国的问题，会谈没有取得结果，不过双方同意会后仍保留联络渠道。7月29日，中美双方进行了第一次领事级接触，从此以后一直延续到1955年7月，成为中美大使级会谈的前奏。这是双方在没有正式外交关系的情况下建立起的一条接触渠道。英国为这一渠道的建立起到了特殊作用。

第二章

中英关系正常化的艰难进程

第一节　50 年代后期的中英关系

英国突破美国的对华封锁禁运

建立代办级外交关系是一项史无前例的创举，使得中国打破了与西方国家之间的关系僵持状态，同时也为英国实现其在华利益创造了条件。然而，中英之间在台湾问题、联合国代表权问题上的分歧并没有得到解决，这使得双方关系的基础并不稳固。此后双方又围绕香港事务、中印边界冲突、美国入侵越南等问题发生了一系列矛盾与冲突，使得中英关系长期处于停滞状态。

“半外交关系”建立后，中国希望中英关系能够有更大的发展。1954 年 7 月 19 日，周恩来在日内瓦会见英国工党总书记菲利普斯时指出，达成互换代办协议使两国关系得到了改善。中国政府和人民深愿中英关系能够在现有的基础上获得进一步的增进，并愿与英国政府和人民共同努力，发展相互之间的经济往来和文化交流，使两国之间的友好关系得以加强。①

推进中英关系进一步发展也是英国社会的一种愿望。早在1953年底，英国工党执行委员会就通过一个决议，表达了访华的愿望。1954年5月，中国以外交学会的名义发出了邀请。8月15日，英国工党代表团抵达北京。这一访华行动得到了英国外交部的支持，中国政府也很重视。毛泽东在会见时表示，中英之间基本的分歧是不多了，这是中英关系的基本方面。现在中英互相需要。中国搞经济建设主要依靠国内市场，但并不是不要国外联系，不做生意。所以，在和平和通商这两方面，中英两国可以合作。毛泽东还建议英国去做美国的工作，让大家统统解除武装。②

朝鲜战争后，美国对中国的敌视加深，英国无力改变美国对中国的态度，但希望自己与中国的关系能够有所发展。英国选择的突破口就是被中国看作追随美国、敌视中国的贸易禁运措施。正是在这方面，英国出于自身利益考虑，采取了一些措施，突破了美国的对华封锁禁运，为中英关系的发展作出了新的努力。

朝鲜战争爆发后，美国一步步强化对华贸易禁运，继1951年5月操纵联合国对中国实施全面禁运后，1952年又在主要从事对社会主义国家禁运的“巴黎统筹委员会”（“巴统”）之下专门成立了“中国委员会”，对中国实行比苏联东欧国家更为严厉的禁运措施。为迫使各国配合美国的禁运政策，美国国会还于1951年10月通过《相互防御援助管制法》（巴特尔法案），规定任何接受美援的国家，若把战略物资运往中国等社会主义国家，美国就将立即停止其全部军事、经济或财政援助。迫于美国的压力，英国积极配合了美国的对华禁运政策。

① 《周恩来外交活动大事记1949～1975》，73～74页，北京，世界知识出版社，1993。

② 中华人民共和国外交部、中共中央文献研究室编：《毛泽东外交文选》，158～162页，北京，中央文献出版社，世界知识出版社，1994。

但禁运措施对英国利益的损害却越来越明显地表现出来。首先，严厉的贸易禁运损害了香港的贸易及经济状况，造成了香港社会的不稳定，从而威胁到英国在香港的统治地位。其次，贸易禁运严重损害了英国商界的利益，他们要求发展对华经贸关系的呼声日益强烈。1952 年 4 月，国际经济会议在莫斯科举行，来自 49 个国家的经贸界人士出席了会议，其中包括英国和中国的代表。中国政府对这次会议十分重视，周恩来亲自主持确定了代表团人选并修改了代表团的重要讲话，希望代表团能够抓住机会，与各国代表团广泛交往，争取打开同西方国家贸易往来的局面。英国商界也希望借机促进与中国贸易关系的发展。经过共同努力，中英终于达成了总额为 2000 万英镑的贸易协定。英国政府对发展中英贸易关系也持积极态度。它在 1952 年 5 月的一份照会中通知中国政府，准备成立一个代表所有制造商和进出口商的贸易组织，以便“与相关的中国主管部门保持直接的联系”。同年秋，以促进英中贸易为目的的英国国际贸易促进会成立，并于次年 7 月资助一批工商界人士访华，与中国签订总额达 3000 万英镑的贸易协定。1954 年 6 月，英国成立英中贸易委员会取代英国国际贸易促进会。①

然而英国政府的对华禁运政策仍然对中英贸易关系的发展构成严重障碍。1953 年 3 月，英国商务部的一份报告指出，英国的对华禁运损害了英国商界的利益，妨碍了英国商人与其他欧洲商人在中国市场上的竞争。报告为此建议英国政府放松对华贸易管制。② 此后英国政府开始采取行动，以便与美国试图继续战争时期的禁运措施拉开距离。1954 年 3 月，英国政府致函美国政府，要求大幅度解除对苏联及其他社会主义国家的禁运。美国政府被迫答应与英法具体商谈。由于台湾海峡局势趋于紧

---

① 萨本仁等：《20 世纪的中英关系》，353 ~ 354 页，上海，上海人民出版社，1996。

② 陶文钊主编：《中美关系史（1949 ~ 1972）》，121 页，上海，上海人民出版社，1999。

张，美国于 8 月间削减了对苏联东欧国家的禁运物资清单，对华贸易限制却没有任何放松，与此相联系，“巴统”对苏联东欧禁运的战略物资禁运也从 266 种减少到 170 种，而对华禁运清单同样未做任何调整。[①]

1955 年 8 月 1 日，中美大使级会谈在日内瓦举行，这在当时中美尖锐对抗的情况下是一个具有重要意义的事件，为中美关系创造了缓和的气氛。在此情况下，迫于工商界的压力下，英国政府决定脱离美国的禁运轨道。1956 年 5 月，英国政府决定利用禁运政策中的“例外程序”——参加“巴统”禁运机制的国家，如果认为合乎其至关重要的国家利益，可以输出一些禁运物资——这一规定，取消了对中国的橡胶禁运。[②] 6 月，英国政府批准了向中国出口 60 台拖拉机的贸易合同。此后，钢铁、卡车、机床等物资的对华出口也得到了英国政府的许可。

1956 年 10 月，发生了波兰事件和匈牙利事件，苏联控制东欧国家的企图充分暴露了出来。同月，在英国与埃及之间也发生了苏伊士运河危机，英美关系因此也受到了严重影响。在此背景下，英国既对美国不满，又感到有协调英美关系的必要。1957 年 3 月，英国新任首相麦克米伦与美国总统艾森豪威尔进行了会晤，要求放松对华贸易管制，不料美国以国际局势的最新发展为借口拒绝了这一要求。但英国并未因此而改变自己的立场。5 月，在“巴统”中国委员会会议上，英国与法国一起向美国施加压力。由于这次会议没有取得任何结果，英国代表团在会议结束时发表声明，宣布英国准备单方面放松对华贸易管制措施。5 月 30 日，英国外交大臣劳埃德在议会下院宣布，英国将对中国实行与苏联同样的管制清单，从而冲破了由美国发起并竭力维持的对华贸易禁运政策。英国随后还告诫美国不

---

① 萨本仁等：《20 世纪的中英关系》，355 页，上海，上海人民出版社，1996。

② 谢益显主编：《中国外交史（中华人民共和国时期 1949～1979）》，185 页，郑州，河南人民出版社，1988。

要因此而伤害两国关系，1957 年 6 月 6 日，英国海军部宣布，英国军舰准备保护任何同中国进行贸易的英国商船。①

英国的单方面行动沉重打击了美国的对华禁运政策。为防止进一步陷入被动局面，美国终于作出妥协。1957 年 10 月，“巴统”就对华贸易限制作出新规定，取消了先前针对中国的特别限制，这一变更自 1958 年 8 月正式生效。借此机会，英国进一步宣布把对中国和其他社会主义国家的战略物资禁运种类削减 40%，包括民用飞机及发动机、大多数型号的车辆、化工产品及其他不能直接用于军事目的的物品。也是在 1957 年，港英政府对中国的出口物品清单进行重大修改，把所有出口物品划分为高度战略性物资和受数量限制的解禁物资两大类，“这样除开直接军用品外，几乎没有什么物资不能输往中共区了”。② 这种政策调整不仅促进了中英贸易的迅速恢复和发展，也为中英政治关系的发展打下了越来越坚实的经济基础。

香港事务纷争与中英关系的停滞

香港原本是中英之间的历史遗留问题，但新中国成立后却逐渐被纳入了美国的对华政策轨道。二战期间，美国曾支持中国在战后收回香港主权，随着中国局势的变化，美国抛弃原有立场，转而奉行支持英国继续统治香港的政策。1949 年下半年华南迅速获得解放，1949 年 8 月，由南京南迁广州的驻华大使馆和驻广州领事馆相继关闭，随后美国在中国其他城市设立的领事机构也被关闭，所有使领馆人员或是撤退到香港，或是经香港返回美国。这样，香港就成了美国在中国大陆及沿海地区惟一的立足点。为适应中国局势的变化，美国迅速加强了驻港总领事馆，工作人员急剧增加，成为美国驻各国领事馆中人数

① 谢益显主编：《中国外交史（中华人民共和国时期 1949～1979）》，185 页，郑州，河南人民出版社，1988。

② 《香港年鉴 1958》，香港华侨日报出版，36 页。

最多的一个。从此以后，香港就成了美国收集大陆政治、经济和军事情报的最重要的基地。美国还在香港进行了一系列的反共反华活动，包括对国民党集团的支持，以及针对中国大陆的反共宣传。到 1957 年 8 月，艾森豪威尔还批准了名为《美国对香港的政策》的 NSC5717 号文件，强调要强化和利用香港的“物质和政治繁荣与大陆状况的反差”，对大陆展开心理战。香港实际上演变为美国和蒋介石集团的反共反华基地。香港的这一政治角色为中英关系的发展增加了许多不确定因素。

“克什米尔公主号”事件

1955 年 4 月，亚非 25 国在印度尼西亚举行万隆会议，中国政府应邀出席。这是有史以来亚非国家自己召开的第一次国际会议，西方国家被排除在外。美国对此大为不满，对邀请中国更是怀恨在心。为此，美国利用一切可能的办法对会议进行了破坏，甚至还勾结蒋介石集团共同策划制造了震惊中外的“克什米尔公主号”飞机爆炸事件，试图加害以周恩来为首的中国代表团。

为出席万隆会议，中国政府决定包租印度国际航空公司“克什米尔公主号”客机取道香港前往印尼。获悉这一情报后，台湾当局立即命令国民党保密局所属的香港情报站具体实施暗害行动。他们以 50 万元港币和安排去台湾的条件收买了一名名为周驹的香港航空工程公司的清洁工，要他利用容易接近飞机的条件，在飞机上放置炸药。这些炸药是由美国中央情报局提供的。

我方获悉有关情报后，立即由外交部将这一紧急情况通知英国驻华代办处，要求转告港英当局并采取相应措施保证我代表团人员的安全。然而由于香港警方安全措施出现失误，当 4 月 11 日上午 11 时左右“克什米尔公主号”抵达启德机场后，被收买的清洁工周驹乘机将炸药带进机舱。一小时后，包机起飞离港，4 时 50 分，飞机爆炸起火坠海，机上所载中越代表团

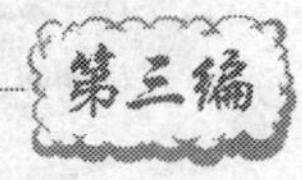

和中外记者11人遇难。周恩来总理因应邀与印度和缅甸总理举行会晤改机赴仰光才幸免遇难。

美蒋勾结制造的这一骇人听闻的事件激起了中国政府和人民的无比愤怒。4月12日，我外交部发表声明，强烈谴责美蒋这一卑鄙、疯狂行径，同时指出：英国政府和港英当局负有“严重责任”，要求“对这一事件进行彻底查究，将参与这一阴谋暗害事件的特务分子逮捕法办”。随后，我国外交部官员又多次约见英国驻华代办，要求彻底调查，严惩凶手。港英当局也发表公报，表示尽一切努力查明真相，惩治凶手。香港警务处还悬赏10万港元缉拿凶犯。

但事实上，港英当局的调查活动直到事发后一个月才开始进行。它虽然拘留、逮捕了几个人，但最终只指控周驹一人有罪，其他要犯则以证据不足被释放，驱逐到台湾了事。即使周驹也未得到惩处，而是在作案后躲藏到陈纳德所属公司停在启德机场的飞机上，随后逃往台湾，港英当局迟至9月才要求台湾当局予以引渡，被拒绝。1956年1月，英国政府发表声明称，由于英国同蒋介石集团“不存在引渡条约”，因此“不能依据法律根据”要求把罪犯“交出受审”等等，推卸责任。据原台湾保密局侦防组组长谷正文1995年4月供认，事件发生后，港英当局曾和台湾在港特务头子王新衡达成口头协议：港英方面答应以后抓到台湾情报人员，不在香港判刑而直接遣送回台；台湾情治人员答应今后不再在香港搞炸机等恐怖活动。[①]

港英政府的亲台政策

“克什米尔公主号”事件尚未平息，港英当局又对侵犯大陆的台湾战斗机进行了庇护。1956年1月31日，台湾一架战斗机侵入福建、广东上空骚扰，后在我空军追击下逃到香港，降落

① 李后：《百年屈辱史的终结——香港问题始末》，48页注①，北京，中央文献出版社，1997。

在启德机场。中国外交部立即将此事通知英国代办处，要求港英当局扣留该机及机上人员。2 月 4 日，外交部再次照会英国代办处，明确指出，该机为全副武装的作战飞机，是在中国领土上空进行骚扰后逃入香港的。港英当局有责任将该机和机上军事人员扣留。照会还强调："中国政府相信英国当局不会容许香港被利用为对中国进行军事破坏活动的基地和逃避的场所。"3 月 12 日，英国复照称：英国政府无意让香港被利用为对任何人进行敌对活动的基地，但同时又以国际惯例为借口，声称应允许飞机及机上人员返回。英国还通知中方，飞机驾驶员已返回台湾。3 月 16 日，中国外交部再次照会英国代办处，明确指出，英国允许该机驾驶员返台是对中国的不友好行为，为此提出了严重抗议，同时要求港英当局扣留飞机，不得以任何方式交予台湾。照会还强调，中国政府不能容忍蒋介石集团利用香港威胁中国安全的行为得到纵容。英方后来不仅允许该机返台，在 1958 年 4 月又在另一起侵犯大陆的台机事件上重演故伎。

50 年代引起中英纷争的还有"九龙及荃湾暴乱事件"。1956 年 10 月 10 日，香港九龙一些亲台分子胁迫居民在户外悬挂国民党"国旗"，当地一官员认为此举同市政卫生局关于不得在户外墙壁上张贴纸旗或其他装饰物的规定相抵触，就撕下了一处墙上所贴的国民党旗子。一些国民党特务便纠集大批黑社会分子于当日制造事端，要求交出撕旗"凶手"，重新悬挂国民党旗子，并向蒋介石像三鞠躬道歉等。在港国民党特务决定利用这一事态打击爱国力量，扩张国民党在港势力，便进一步联络黑社会组织和在港国民党残余分子，在九龙地区和荃湾制造了一场空前规模的暴乱。他们目标明确，打砸矛头直指爱国学校、工会、工厂和商业机构，许多和平居民遭到殴打甚至重伤致死。这一事件引起中国政府高度关注。10 月 13 日，周恩来约见英国驻华代办欧念儒，对国民党特务的暴行表示极大愤慨，对九龙中国和平居民所遭受的严重损失和重大伤亡表示关切，同时对港英当局未能及时制止暴乱提出严重抗议，要求立即采取有效

措施严惩国民党特务，切实保护在港九的中国居民和中国政府所属的机关企业。港英当局不接受中国政府的抗议，甚至还无视事件真相，把这一事件说成是左、右两派中国人之间，或共产党和国民党之间的冲突。周恩来总理和章汉夫副外长先后多次分别约见欧念儒，再三申明中国政府的立场，但英国政府仍然推卸责任，欧念儒甚至说中国的抗议是要利用这一事件寻求政治资本。1957 年 1 月，中国政府进一步指出，长期以来，港英当局对国民党分子在港九地区进行危害中国和平居民和敌视中华人民共和国的活动，一向采取包庇纵容的态度，使港九地区事实上成为国民党特务分子对中国大陆进行颠覆活动的基地。九龙暴乱事件正是港英当局这种政策所造成的结果。中国政府还正告港英当局，中国政府和人民深切关怀港九同胞的安全，绝不能容忍国民党特务分子危害中国和平居民生命财产的活动和把港九作为对中国大陆进行颠覆活动的基地。

1958 年 5 月 1 日前后，香港当局采取了一系列行动，禁止爱国学校师生庆祝"五一"节，禁止在校庆时悬挂国旗唱国歌。8 月 26 日，港英当局又以香港中华中学校舍属"危险房屋"为由，派遣大批警察，动用暴力将该校封闭，并殴打该校教职员、学生及在场采访的新华社香港分社及香港《文汇报》、《大公报》和《新晚报》的记者。27 日，中国政府就此事照会英国驻华代办处，提出严重抗议，要求英方立即停止敌视中国人民的挑衅行为，保证不再发生类似事件，赔偿受害人员的损失，惩办行凶警察，启封中华中学校舍，同时要求制止蒋介石集团分子在办学掩护下进行反对和破坏中国的活动。

在此期间及其后，港英当局还采取了其他一系列不友好行动。1955 年 5 月，港英当局派出武装警察 400 余名侵占中国航空公司在九龙的仓库，驱赶殴打公司职工，并将公司财产强行交于美国人陈纳德。1957 年 6 ~ 7 月，港英当局动用大量警力强行拆毁一些地方的中国居民的民房、田园、果木，强迫他们迁移，导致大量居民流离失所，无家可归。这些做法都对中英两国关系产生了消极影响。

苏伊士运河危机与中国对英国的批评

日内瓦会议后，中英虽建立了代办级外交关系，但英国并没有停止追随美国、遏止中国的活动。1954 年 9 月，英国与美、法、澳、新、泰、菲、巴在马尼拉签订了以对付共产主义威胁为要旨的《东南亚集体防务条约》。中国对此坚决反对。10 月，中国与苏联发表联合宣言谴责这一行动，指责该条约损害了亚洲和远东的安全利益。英国与美国加紧在中国周边建立军事集团的行动显然加深了中国对英国的不信任感。

50 年代中期，英国挑起了“苏伊士运河危机”。在此期间，中国同样对英国进行了严厉抨击。

当时的中东仍然是英、法的势力范围，不过美国的势力也开始逐渐向这里渗透。此外反殖反帝的民族解放运动也在该地区发展起来。1954 年 10 月，埃及与英国签订《关于苏伊士运河区军事基地的协定》，规定废除 1936 年签订的不平等的英埃条约，英国放弃苏伊士基地的权利，并在 20 个月内撤离运河区。不过 1856 年建立的苏伊士运河公司仍然控制在英法手中，根据当时的特许，英法可以管理该公司直到 1968 年。由于苏伊士运河在国际航运中的重要地位，该公司每年也可获得巨额利润，1955 年该公司的利润就达到 1 亿美元，其中埃及所得为 300 万美元，仅占 3%，远低于 1949 年英埃租让协定所规定的 7% 的标准。1955 年万隆会议后，埃及更加明确地举起了反英旗帜。为争取合法权益，1956 年 7 月 26 日，埃及总统纳赛尔宣布将苏伊士运河公司国有化。英法不甘心丧失既得权益，对埃及施加了巨大的经济和外交压力。此时的中埃关系已有突破性发展，1956 年 5 月两国建交，中国因此对埃及的国有化决定表示支持。7 月 30 日，《人民日报》发表社论说，近百年前的不平等条约到现在已经一钱不值，独立了的埃及人民完全有权利宣布废除这种奴役性的条约。但英、法、美三国外长却于 8 月 2 日发表声明，指责埃及的国有化行动威胁了运河的航行自由。8 月 15 日，中国政府再次发表声明，针锋相对地强调，埃及的国有化行动是正义的，“中国政府和人民完全支持埃及政府这一维护自己主权和独立的正义行动”。针对英法日益强硬的态度，中国政府还警告说，任何武力威胁和武力干涉的行为将必然引起亚非人民和全世界人民的坚决反对，而且对英国和法国来说，也绝不会是有利的。1956 年 10 月 29 日，以色列首先向埃及发动进攻，31 日，英法也对埃及发动海空袭击，苏伊士运河战争爆发。11 月 1 日、3 日、7 日，中国政府连续发表声明，强烈谴责和抗议英法对埃及赤裸裸的侵略行为，坚决要求英法立即停止对埃及的侵略，撤出埃及。11 月 10 日，周恩来致电纳赛尔，对埃及人民正义斗争表示支持。在中国和国际社会的巨大压力下，英、法、以终于在 12 月撤出埃及。此后，中国政府进一步指出，英法两国也应该从埃及事件中吸取应有的教训，殖民主义的时代已经一去不复返了。

50 年代后期，中东局势日益不稳。1958 年 3 ~ 4 月间，黎巴嫩局势出现动荡，到 6 月底渐趋平息。但 7 月 14 日伊拉克又发生革命，宣布建立共和国。当日美国决定入侵黎巴嫩，以确保黎巴嫩的亲西方政策，同时对伊拉克施加压力。随后，英国也于 7 月 17 日出兵约旦，并得到美国的外交支持和军事掩护。在此期间，中国对美英的侵略和干涉行为进行了严厉谴责，对黎、约人民则给予有力的声援。6 月 29 日，中国外交部发言人就英美企图干涉黎巴嫩一事发表评论，称这种干涉行为是对黎巴嫩和全体阿拉伯人民的挑衅，是对世界和平事业以及全世界爱好和平的人民的挑衅。7 月 16 日，中国承认伊拉克共和国，次日又就英国出兵约旦、威胁伊拉克的行为向英国提出严重抗议，警告英国政府必须停止其武装侵略，并从约旦撤军。7 月 29 日，周恩来写信给伊拉克总统卡塞姆，表示中国政府和人民坚决反对美英帝国主义武装占领黎巴嫩和约旦、武装威胁伊拉克和其他阿拉伯国家、破坏中东和世界和平的侵略行为。

第二节 60年代的中英关系

蒙哥马利对中英关系升格的试探

1954年中英建立代办级外交关系后，两国关系因种种原因陷于停滞。到20世纪50年代末60年代初，英国政府感到有必要进一步推动中英关系。

首先，经过十年的发展，中国新政府得到了巩固，中英贸易关系也在持续发展，同时，中国通过有声有色的外交活动，国际地位也大大提高，在国际事务中影响也越来越大。中英关系停滞显然不符合英国的利益。

其次，出于香港发展的考虑。在中英关系中，英国对香港问题相当关注。到20世纪60年代初，香港对英国来说已不仅仅是政治利益所在，更有着日益重要的经济利益。在朝鲜战争所带来的经济困难的刺激下，香港开始实行经济转型，并借此走上了迅速发展的工业化阶段。但水资源短缺问题却制约了香港经济的发展，并影响到香港居民的日常生活。为了自己在香港的经济和政治利益，英国感到有必要推动中英关系。

第三，中国对香港的政策日渐明朗和确定。1955年10月，香港总督葛量洪作为英国驻华代办欧念儒的客人对北京进行私人访问，这是新中国成立后来京访问的第一位香港总督。10月8日，周恩来会见了葛量洪。出于对香港的整体考虑，周恩来在会见中没有直接谈香港问题，而是借葡萄牙准备庆祝澳门开埠400周年一事巧妙地表达了中国政府对历史遗留问题的政策。他指出，我们愿意南方能够安静，既然我们主张和平共处，就要用和平的方法解决问题，我们迄今并没有提出澳门问题，这并

不是说我们已经忘记这个问题。[①] 同年12月27日，周恩来在会见来京访问的香港大学中外教授观光团时，就中国什么时候收回香港的问题指出：真理总是会战胜的。快与不快，则不一定。他还强调，在场的年轻人"一定能看到的，来日方长"。[②] 中国政府的一些具体措施体现了这一态度。1956年10月，香港发生"九龙暴乱"后，中国政府强调不允许香港变成针对大陆的"颠覆基地"，但这一事件并没有对中国政府的香港政策产生根本性影响。为解决水资源短缺问题，1960年港英当局向广东省提出引水到港的要求。中国政府出于对香港同胞的关怀，并从香港长远发展考虑，欣然同意向香港供水。这一态度充分体现了中国政府保持香港繁荣稳定的意向，也增强了英国政府改善中英关系的可能性。

在此背景下，英国政府委托二战英雄蒙哥马利元帅两度访华，以试探中国对两国关系升格的态度。1960年5月下旬，蒙哥马利对中国进行了为期5天的访问。中国对这次访问高度重视，并给予很高的礼遇，毛泽东、周恩来等中国领导人均与他进行了会见会谈。会谈期间，蒙哥马利向周恩来表示，英中接近是好事情，两国应当互派大使。当时，中国也希望中英关系能有所发展，以便英国能对美国追求全球霸权构成牵制，正如毛泽东在会见时所指出的，我们希望英国法国强大一些，发言权大一些，那样就可以约束制造国际紧张局势的美国。我们不感到英国对我们是个威胁，也不认为法国对我们是个威胁。对中国的威胁主要来自美国和日本。这就阐明了中国对英法和对美国的不同态度。但英国在台湾问题上的消极态度仍然是两国关系升格的最大障碍。周恩来指出，建立代办级外交关系的时候，艾登曾要求给他一段时间，但不幸的是，我们等了6年，

---

① 李后：《百年屈辱史的终结——香港问题始末》，39页，北京，中央文献出版社，1997。

② 李后：《百年屈辱史的终结——香港问题始末》，39～40页，北京，中央文献出版社，1997。

情况却更不好了。只要英国放弃“两个中国”的立场，在联合国投票赞成恢复中国的合法席位，驱逐国民党代表，就可以实现关系正常化。在毛泽东看来，中英之间也没有太多的麻烦，只留了一点儿尾巴，这就是：在联合国讨论蒋介石的代表权问题时与美国站在一起；在台湾派驻领事；奉行亲台湾而疏远大陆的政策；在西藏问题上追随美国。毛泽东强调，只要英国能在台湾问题上改善一点儿态度，中国就可以和英国建立正式外交关系，互派大使。

1961 年 9 月，蒙哥马利又对中国进行了 20 余天的访问，除与毛、周等中国领导人会谈外，还到一些当时尚未对西方开放的城市进行了访问。中国政府对蒙哥马利反对“两个中国”、认为台湾是中国的一部分、美国应该从台湾和台湾海峡撤出其武装力量的态度表示了赞赏。访问期间，蒙哥马利提出了包括承认只有一个中国、所有外国军队都撤回本国领土在内的关于缓和国际紧张局势的三项原则，中国领导人对此也给予高度评价。蒙哥马利还指出，他的这三点主张不会受到美国人的欢迎，不过西方绝大多数人包括普通老百姓和许多政府是同意他的意见的。英国政府也同意，只是不敢说，怕得罪美国。蒙哥马利在两次访华期间对改善中英关系表现出了极大热情，为停滞不前的两国关系注入了一丝活力。

此后，以英国驻华代办身份于 1961 年 10 访华的英国前驻美大使加西亚也向陈毅提出了中英互换大使的问题。陈毅再次表达了中国政府的原则立场：“你们在联合国投我们的反对票，由于这一点我们没有互换大使。如果你们在联大投赞成票，我们马上就可以互换大使。”①

通过这些试探行动，英国政府进一步了解了中国政府的立场。它认识到，不在中国的联合国代表权问题上采取一定行动，

① 王泰平主编：《中华人民共和国外交史：1957～1969》，390～391 页，北京，世界知识出版社，1998。

要推进中英关系发展是不可能的。

如前所述，英国在 1951 ~ 1960 年间一直投票支持美国针对中国所提出的、旨在阻挠中国进入联合国的“延期讨论”提案。尽管这一提案在这十年间每年都得以通过，但总体形势对美国和英国越来越不利。1956 年以后，联合国成员国不断增加，但在中国代表权问题上，支持美国的国家不仅没有增加，反而持续减少，而反对美国立场的国家却越来越多。从 1956 年到 1960 年，联合国会员国由 79 个增加到 99 个，支持美国立场的由 47 票减少到 42 票，但反对美国立场的却从 24 票增加到 34 票，弃权票也由 8 票增加到 22 票。① 而其中最大的变化就发生在 1960 年的第 15 届联大上。根据这种形势，美国国务院在 1960 年初就感到，今年也许没什么问题，但以后就不能肯定了。1960 年 10 月 11 日，“延期讨论”议案最后一次通过后的第 3 天，英国外交大臣霍姆就对美国驻英大使惠特尼说，这一提案“没有希望”在次年获得通过。②

在这种情况下，美国于 1961 年 7 月末决定把中国的代表权问题当作“重要问题”，继续阻止中国进入联合国。为争取得到英国的支持，美国国务卿腊斯克提出把这一方案与建立一个委员会研究中国代表权问题的方案联系起来。英国外交大臣霍姆认为，“重要问题”方案明显地是要把中国排斥于联合国之外，但把这一方案与一个成立研究委员会的建议联系起来，英国可以支持，因为该委员会可能建议接纳北京。随着第二次柏林危机的爆发，美英与苏联关系趋于紧张，英国不愿因中国问题与美国发生争吵，于是，1961 年 9 月 5 日，英国内阁决定支持美

① 田进等：《中国在联合国——共同缔造更美好的世界》，28 页，北京，世界知识出版社，1999。

② Victor S. Kaufman, ‘Chirep’: The Anglo – American Dispute over Chinese Representation in the United Nations, 1950 ~ 71. *The English Historical Review*, April 2000, pp. 364 ~ 365.

国的立场。[1] 第16届联大开幕后，美国于10月底表示撤消建立研究委员会的建议。英国对美国改变立场的做法不满，但还是决定对美国的方案投赞成票。

1961年12月15日在第16届联大上，英国对苏联提出的驱逐蒋介石集团、接纳新中国的提案投了赞成票。这是英国第一次投票支持“驱蒋纳我”提案，[2] 比1950年仅支持印度的“纳我”提案又进了一步，表明了英国改善中英关系的愿望。但英国同时对新西兰在美国鼓动下提出的、认为中国代表权变更问题应由2/3多数决定的“重要问题”提案也投了赞成票，再次体现出英国追随美国的立场。更有甚者，英国代表在表决之后还声称，英国政府认为“福摩萨的主权是未定的”，应该由谁在联合国代表福摩萨这个问题也是未定的。[3] 这表明英国还不打算断绝它与台湾国民党集团的关系。从此以后直到1970年，英国都一直奉行这种两面政策。

英国显然想通过在中国代表权问题上投赞成票促进中英关系的发展。1962年2月，已出任英国外交部常务次官的加西亚约见中国驻英代办宦乡，以英国已在第16届联大上就中国代表权问题投了赞成票为由，正式提出中英互换大使的建议。7月，在关于老挝问题的日内瓦会议期间，英国外交大臣霍姆也就此向中国外长陈毅问道：“我们在上届联大上已经投了你们的票，我们需要投你们多少次票才能使英中互换大使呢？”陈毅明确指出，“投一次就够了，但必须是全票，而上届联大英国只投了中国半票，就是说，既投了苏联提案的票，也投了美国提案的票”。陈毅进一步指出：“其实英国不投苏联提案的票也可以，

---

① Victor S. Kaufman, 'Chirep': The Anglo – American Dispute over Chinese Representation in the United Nations, 1950 ~ 71. *The English Historical Review*, April 2000, pp. 368 ~ 369.

② 王泰平主编：《新中国外交50年》（中），1013页，北京，北京出版社，1999。

③ 唐家璇主编：《中国外交辞典》，410页，北京，世界知识出版社，2000。

只要英国自己提出一个恢复中国在联合国的全部合法权利的提案，两国就可以马上交换大使。”①

蒙哥马利第二次访华时，周恩来曾于1961年9月21日针对这一问题指出，这次联合国的斗争是个考验，考验有多少国家是对中国友好的。英国在投票中支持美国的立场不能不使中国政府对其发展中英关系的诚意产生怀疑。而且此后英国也没有采取中国所期望的行动。在这种情况下，中英关系升格显然是不可能的。

中印边界冲突与英国对华敌视态度

60年代初，英国在中国联合国代表权问题上继续追随美国的立场使中国怀疑英国对发展中英关系的诚意，同时英国在中印边界冲突问题上所持的支持印度、敌视中国的立场同样也为两国关系的改善设置了障碍。

中印边界问题是一个历史遗留问题，从未正式划定，仅有一条历史上形成的传统习惯边界线。英国在对印度实行殖民统治期间，为了向中国西藏等地渗透，曾在1914年利用中国内乱的机会画过一条“麦克马洪线”。当时的中国政府拒绝承认，英国也长期不敢在地图上把它公开标出来。印度独立后，摆脱了殖民统治，却想把殖民者的“遗产”全部继承下来。1950年，印度借朝鲜战争爆发、中国安全环境恶化之际，开始侵吞中国领土。1954年中印共同倡导和平共处五项原则后，两国关系趋于稳定。1959年3月，西藏发生武装叛乱后，印度大肆干涉中国内政，加快了向西藏扩张势力的步伐。1959年8月25日，印度武装部队越过“麦克马洪线”，向中国边防军开火，挑起第一次中印武装冲突，并在国内掀起反华浪潮。对此中国政府采取了克制的态度，周恩来总理还于1960年4月赴印度与尼赫鲁会

① 王泰平主编：《中华人民共和国外交史：1957～1969》，390～391页，北京，世界知识出版社，1998。

谈，但印度却报之以无端的指责和日趋增多的挑衅，尼赫鲁甚至公然宣称要对中国动武，“清除掉”驻守在中国边境的中国军队。印度的“推进政策”最终在1962年10月20日引发了中印边界的大规模武装冲突。

中印边界争端是英国殖民扩张政策给中印关系留下的不稳定因素，但在这个问题上，英国政府却公然站在中国的对立面。早在1959年3月西藏叛乱发生后，英国官方宣传机构就指责中国为“共产帝国主义”，把西藏说成是“共产主义国家势力范围内的小国”；1959年10月美国操纵第14届联大讨论所谓“西藏问题”决议时，英国又给予积极支持。① 中印边界争端激化后，英国外交大臣霍姆于1962年7月毫不掩饰地指出：“关于当前的边界问题，我们采取的是印度政府的观点，争议中的领土是属于印度的。”9月，他又在联合国声称：“印度正在遭受侵略。”英国这种明显的偏袒立场无疑会对印度领导层起到怂恿和鼓励作用。大规模边界冲突爆发后，英国首先对印度表示了道义和外交支持。英国联邦事务大臣桑迪斯发表声明：“对印度政府和人民表示最大同情，并敬佩他们在不断的挑衅面前（所表现）的忍耐和克制。”英国女王伊丽莎白二世也“对印度领土被中国军队侵略感到震惊”，并声称：“英国政府完全支持印度保卫其合法边境的决策。”此外，英国还采取了一些实际行动来支持印度的侵略行动。大规模边界冲突爆发后，英国政府就对印度提出的提供军事援助的要求做出了迅速反应。11月21日，中国宣布将单方面停火。当天，英国首相麦克米伦宣布将派遣联邦关系部次官蒂尔尼和总参谋长赫尔率领军政代表访问印度，商讨向印度提供武器的计划。中国停火后，联邦事务大臣桑迪斯访问印度，签订了向印度提供军火的协定。②

---

① 谢益显主编：《中国外交史（中华人民共和国时期1949~1979）》，258页，郑州，河南人民出版社，1988。

② 萨本仁等：《20世纪的中英关系》，372~373页，上海，上海人民出版社，1996。

鉴于历史上遭受殖民主义和帝国主义侵略、领土完整受到严重破坏的经历，中国政府在维护国家领土完整方面一向强调“寸土必争”的原则，中国对印度的自卫反击正是这一立场的体现，英国在此问题上积极支持印度的立场自然招致中国政府的坚决反对。中国外长陈毅曾痛斥英国政府对印度的外交支持“恰恰证明印度反动派和英帝国主义是一丘之貉”，而英国向印度提供武器的行为则“不免令人感到英国还在继续怂恿印度打仗”，① 对中国采取敌视态度。在中印边界冲突期间，美国也对印度采取了支持立场，英国的政策自然被看作是与美国政策相勾结。苏联当时也采取了公然支持印度的政策。在中国面临的国际环境不断恶化的情况下，英国政府对印度的支持态度只会加深中国对英国的不信任感。

越南战争时期的中英关系

当60年代初期中国在西部面临着来自印度的威胁的时候，中国南部边境的局势也日渐严峻。1954年日内瓦会议曾就恢复印支和平达成协议，但美国也拒绝签字，这就为它将来更深地卷入印度支那事务埋下了伏笔。随着法国军队撤出，美国加紧了向越南渗透的行动，并在越南南部扶植了吴庭艳傀儡政权。1961年，在美国支持下，南越又自行组织选举，吴庭艳出任总统，从而破坏了日内瓦协议关于组织普选的规定，破坏了越南的统一。为巩固对国家的控制，南越政权采取严厉措施镇压人民的反抗。在此背景下，越南南方民族解放阵线于1960年宣告成立，展开抗美救国斗争。1961年5月，美国宣布派遣武装特工人员到南越从事间谍扰乱和军事破坏活动，发动了“特种战争”。12月，第一批美军在越南南部西贡登陆，从而直接介入越南事务。1962年2月，美国成立“驻越南军事援助司令部”，统

① 萨本仁等：《20世纪的中英关系》，372、374页，上海，上海人民出版社，1996。

一指挥吴庭艳军队和美国特种部队。

在这一过程中，美英从一开始就进行了协调。1961 年 4 月初，英国首相麦克米伦访美。他与美国总统肯尼迪发表联合公报称，双方对所面临的国际关系问题“性质”的估计“取得了很大程度的一致意见”，会谈中，他们还“对于东南亚、特别是老挝和越南这些严重问题给予了密切的注意”。① 9 月，英国宣布向南越派遣军事顾问团，训练和指导越南南方的公安部队和警察。② 11 月，美国国务卿腊斯克与英法驻美大使进行会谈，就美国帮助南越的新计划做了通报。12 月，英国驻远东地面部队总司令坡埃特访问南越，并乘飞机到几个作战地区上空进行了视察。③

越南局势的恶化引起了中国政府的关注。美国向越南派出特种部队后，周恩来代表中国政府郑重声明，中国政府和人民严重关切美国这一步骤所造成的危险形势，深切同情和坚决支持越南人民的爱国正义斗争。④ 1962 年 2 月 24 日，中国外交部发表声明指出，美国在南越加强军事力量是“不宣而战”，“美帝国主义对越南南方的武装干涉和侵略，严重地影响中国的安全和亚洲的和平”，警告“这种状况不容继续下去”，要求美国立即停止“干涉”并且“立即撤出它的一切军事人员和军事装备”。中国政府还要求日内瓦会议两主席英国和苏联尽速进行协商，采取适当措施，通过和平途径，消除在越南南方严重存在的战争危险。但英国外交部于 2 月 26 日拒绝了中国召开国际会议讨论越南局势的要求，英国政府认为，在目前情况下召开一次国际会议不会有助于实现越南的重新统一。⑤ 面对不可避免的战争形势，刘少奇 1963 年访问越南时向胡志明表示：“我们同

---

① 《参考消息》，1961 年 4 月 11 日。

② 《参考消息》，1961 年 9 月 22 日。

③ 《参考消息》，1961 年 12 月 6 日。

④ 曲星：《中国外交 50 年》，415 页，南京，江苏人民出版社，2000。

⑤ 《参考消息》，1962 年 3 月 1 日。

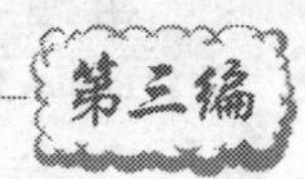

你们是站在一起的，打起仗来，你们可以把中国当成你们的后方。”①

遏制共产主义仍然是这一时期英国追随美国越南政策的主要根据。1964 年年初，英国首相霍姆与美国总统约翰逊进行了会谈，会谈期间，他重申了对美国越南政策的支持。3 月 5 日，霍姆在议会下院称，“保护一个希望生活在独立与和平中的国家，不是不可能的”。② 7 月初，英国外交大臣巴特勒在英联邦国家总理会议上，指责中国向印度支那和马来西亚渗透，因此，“中国的侵略”也被作为一个重点问题进行了讨论。③

美国在加强对南越事务干涉的同时，也不断挑起与北方的冲突，使越南战争面临扩大的危险。针对这一情况，1964 年 7 月，中国外长陈毅在给越南外长春水的信中，谴责了美国扩大对印支侵略的企图，警告说：“任何对越南民主共和国的侵犯，都不能期望中国人民会袖手旁观。”④ 而在此前的 6 月份，毛泽东也对越南人民军总参谋长文进勇表示：“我们两党两国要合作，无条件的共同对敌。”⑤ 1964 年 8 月 1 日，美国策划了“北部湾事件”，借机将战火燃烧到了北越。针对越南战争局势的这一急剧变化，中国政府于 8 月 6 日发表声明，谴责美国扩大战争的行为，强调美国已经跨过了战争边缘，明确警告：“美国对越南民主共和国的侵略，就是对中国的侵犯，中国人民绝不会坐视不救。”⑥《人民日报》同日还发表社论，保证坚决支持越南人民反对美国的侵略，要求美国立即停止对北越的侵略，否则要承担由此引起的一切严重后果。

面对中国的强硬反应，美国试图寻求越南战争的“国际

---

① 曲星：《中国外交 50 年》，416 页，南京，江苏人民出版社，2000。
② 《参考消息》，1962 年 12 月 18 日。
③ 《参考消息》，1964 年 7 月 13 日。
④ 杨公素：《当代中国外交理论与事件》，215 页，香港，励志出版社，2002。
⑤ 曲星：《中国外交 50 年》，416 页，南京，江苏人民出版社，2000。
⑥ 曲星：《中国外交 50 年》，416 页，南京，江苏人民出版社，2000。

化”，甚至还要求英国威尔逊政府派出象征性的军队和飞机参战。这在英国引起广泛关注，担心会把中英卷入战火当中。一些议员积极征集签名，警告威尔逊政府不要将英国拖入战争。英国舆论也充满了反对声音。《卫报》在 1964 年 12 月 7 日发表《不在越南打出更多国家的旗帜》的社论，反对英国继续追随美国的越南政策。因为，这样做“在军事上起不了多大作用”，“不会解决美国政府的问题，而只会把其它政府一起卷入现在有可能发生的崩溃之中”，英国应通过和平途径，寻求越南问题的解决。但也有舆论主张英国应该继续追随美国的越南政策。1965 年 1 月 9 日一期《经济学家》在一篇评论中指出，美国不能放弃越南，否则就“意味着放弃东南亚让它受到中国霸权的统治”，“对英国说来，如果中国的力量向南扩张而不受到阻止，这就差不多肯定意味着英国保持马来西亚独立的企图失败”。评论说，这就表明“美国和英国在东南亚的利益是一致的。在这种情况下，就有充分的理由加强在这个地区的政策的配合”，同时也要求美英“具有忍耐的品质，而不是轻易改变阵势”。[①]

1965 年 3 月 8 日，美国第一次派出 3500 名地面部队进入南越，同时开始对北越各大城市进行大规模海空袭击。美国开始把“特种战争”升级为“局部战争”。3 月 12 日，中国政府发表声明，表示坚决地、无保留地支持越南人民保卫自己伟大祖国的正义立场，中国人民将坚定不移地采取一切可能措施，支持越南人民和印度支那人民，把反对美国侵略者的斗争进行到底。3 月 28 日，中国外长陈毅在给越南外长春水的一份复电中表示，中国人民不但“将尽自己的一切力量，给予英雄的南越人民以必要物质支援，包括武器和一切作战物资”，而且中国人民“随时准备着，当南越人民需要的时候，派出自己的人员，

① 《参考消息》，1965 年 1 月 12 日。

同南越人民一道，共同战斗”。[①] 1965 年 4 月，越南向中国提出了派出支援部队的要求，随后中国陆续向越南派出军事人员 32 万，最高年份达 17 万。与此同时，英国政府继续站在美国一边，为美国的侵越政策摇旗呐喊。3 月 9 日，英国首相威尔逊在议会下院重申，英国政府支持美国对越南问题所采取的立场；[②] 3 月下旬，英国外交大臣斯图尔特访问美国返英后声称，英国“完全支持美国在越南的行动”。[③] 应该说，英国政府对美国侵越问题的支持是一贯的，但值得注意的是，由于国内和工党内部的强烈反对，威尔逊政府一方面在口头上表示支持，另一方面又拒绝派遣军队到越南直接参战。

越战期间，美国还充分利用了香港作为英国远东战略立足点的特殊作用，使香港成了越战期间美国的一个重要的后勤基地。为保证战争需要，美国从香港采购了大量军用物资，美国驻港领事馆也于 1966 年在其原建筑物上加盖一层，作为美军军需部门的办事处，经香港转运的军需品也大量增加。香港也是越战期间美国海空军的重要停靠港。此间，美国进出香港的各类舰艇数量大量增加，从 1961 年到 1968 年上半年，到港活动的美国军舰共达到 2000 艘次。美国还派有一艘舰艇常驻香港，指挥来往舰只。美国军用飞机起降香港也非常频繁。据报道，到 1965 年，美国空军已成为启德机场最大的使用者，每天起降 10 ~ 14 架次，比 1964 年增加了 3 ~ 4 倍，占使用该机场的飞机总数的 1/3 ~ 1/2。美军在机场也驻有代表，监督对飞机的维修工作。香港还是越战期间美军重要的休整基地和度假娱乐场所，1966 年第七舰队有 149000 人次的官兵访问香港，来自越南及日本和其他地方的美国海陆空士兵也有 31000 多人。此外，由于越南战争，美国军方高级官员也经常到港进行活动，美国在港

---

① 谢益显主编：《中国外交史（中华人民共和国时期 1949 ~ 1979）》，332 ~ 333 页，郑州，河南人民出版社，1988。

② 《参考消息》，1965 年 3 月 11 日。

③ 《参考消息》，1965 年 3 月 26 日。

公开军事活动大为增强。很明显，英国在越战期间对美国在香港的军事活动进行了积极配合。究其原因，一方面是因为英国作为北约成员需要承担盟国义务，另一方面也是由于在反对和遏制共产主义的影响扩大问题上具有共同利益。但英国也不希望美国在香港问题上卷入太深。根据60年代末美国国务院关于香港的一份政策计划所说："英国官员一贯不愿讨论他们防御香港的计划以及他们希望美国在防御中所发挥的作用……"。英国担心让美国卷入过深"可能会使中国人认为香港是美国对中国采取行动的一个基地"，从而影响到香港的生存环境，英国只是想通过这种军事合作关系对中国形成一种"心理阻遏，即对香港的攻击将会招致美国核干涉的严重危险"。[①] 美军地面部队直接参战后，中国政府对英国通过香港为美国侵越活动提供支持表现了坚决反对的立场。1965年9月初，中国政府照会英国政府，抗议把香港作为美国侵越的活动基地。随后在英国的要求下，美国曾一度宣布暂停侵越美军赴香港度假。[②]

美国入侵越南之初，中国政府曾要求日内瓦会议两主席英国和苏联采取适当措施，消除战争危险，但英国却追随美国的战争政策，阻挠举行新的日内瓦会议。1964年8月美国制造"北部湾事件"扩大战争后，英国仍然以召开国际会议讨论印支问题没有什么用处而加以拒绝。在英国看来，只有北越停止对南越反美斗争的支持才能使有关会议的召开具备必要的基础。[③] 这种立场显然是站在美国一边的。美国派遣地面部队进入越南，并对越南北方进行长时间的连续轰炸后，威尔逊于1965年4月7日就越南问题发表演说，表示愿意"和平解决越南问题"，只要越南同意"无条件谈判"，美国就可以暂停轰炸北越。这实际上就是"以炸求和"，"就是要迫使越南人民和全世界人民承认

① 王为民：《美国对港政策研究》，14～16页，北京，外交学院博士论文，2001。

② 《参考消息》，1965年9月6日。

③ 《参考消息》，1965年2月9日，2月15日。

美国有任意撕毁日内瓦协议的权利，承认美国有任意奴役和屠杀越南南方人民的权利，承认美国有任意侵犯越南民主共和国的权利”，美国在疯狂扩大战争之际提出“无条件谈判”，“不过是想用谈判尽量取得其战争尚未取得的东西而已，这当然是不能允许的”。[①] 中国认为，如果不在军事上给予美国以有力的打击，谈判不可能取得任何进展，因此在谈判问题上要价应该高一些，应该提出只有在美国停止轰炸且将地面部队撤出南越的情况下才能开始谈判。[②] 1966 年 7 月 9 日，周恩来在庆祝亚非作家紧急会议闭幕宴会上的讲话时强调，中国是日内瓦会议的参加国，但“必须指出，日内瓦协议早就被美国彻底撕光了。要谈日内瓦协议，美国就必须无条件地立即、全部、彻底、干净地从越南撤走它的武装力量。美国兵不走，就根本谈不上重新召开日内瓦会议”。[③]

但英国却对美国的“和谈”计划表现出极大兴趣。1965 年 3 月下旬，英国外交大臣斯图尔特访美说，通过访问，他得到的信息是：约翰逊政府将同意美国谋求和平——体面的和平。英国另一位官员也说，我们在同华盛顿协调一致，我们现在较为清楚地了解到美国人希望的是什么以及他们将走向哪里。[④] 正是在这一背景下，斯图尔特于 4 月 1 日在议会下院宣布，英国将单方面采取主动，在有关国家中试探和平解决越南问题的基础。他还要求中国消除“憎恨美国的情绪”，与英国“进行合作”。[⑤] 1965 年 4 月 1 日和 2 日，英国驻华代办处两次照会中国外交部，建议由英国政府派遣特别代表、前外交大臣戈登—沃克来北京

---

① 谢益显主编：《中国外交史（中华人民共和国时期 1949 ~ 1979）》，338 ~ 339 页，郑州，河南人民出版社，1988。

② 曲星：《中国外交 50 年》，420 页，南京，江苏人民出版社，2000。

③ 谢益显主编：《中国外交史（中华人民共和国时期 1949 ~ 1979）》，340 页，郑州，河南人民出版社，1988。

④ 《参考消息》，1965 年 3 月 27 日。

⑤ 《参考消息》，1965 年 4 月 3 日。

就越南和印支问题同中国政府进行接触。4月7日，约翰逊的“无条件谈判”演说发表后，英国立即称赞说，这是一种“具有政治家风度和富有想象力的态度”，将为越南带来和平的“希望”。[①] 中国的立场完全相反。4月11日，《人民日报》发表观察家文章，称约翰逊的建议为“骗人的鬼话”。4月12日，中国外交部向英国发出照会说，英国派代表就越南问题与中国政府进行接触是不适当的，是不受欢迎的。照会指出，作为1954年日内瓦会议两主席之一的英国政府，不仅没有站在公正的立场上，谴责和制止美国在越南的赤裸裸的侵略，反而亦步亦趋地支持美国扩大侵略战争的每一个步骤，甚至公然为美国使用毒气辩解。英国政府这样做，完全违背了1954年日内瓦协议的原则，完全背弃了它作为日内瓦会议两主席之一所应尽的职责。[②] 4月13日，英国要求中国重新考虑其要求，再次予以拒绝。这样，英国政府通过派遣特使来华了解中国政府对举行日内瓦会议的立场的打算没有成功。

此后，英国政府又以另外一种方式来执行它的计划。1965年6月，英国首相威尔逊在英联邦总理会议上策划组织了一个由英国、加纳、尼日利亚、特立尼达和多巴哥四国首脑组成的“和平使团”，继续与有关各国进行接触，探求召开国际会议的可能性。6月22日，中国驻英代办熊向晖在伦敦会见加纳总统恩克鲁玛，表示英联邦和平使团“仅对美帝国主义有利”，中国对此不欢迎。6月25日，中国向英国政府正式拒绝该使团来华访问。中国政府指出，英国政府的做法是积极配合美国的“和谈”的骗局，是为美国侵略打掩护，便利美国实现它永远分裂越南、霸占越南南方的罪恶企图。而此次组织的代表团实质上是假借英联邦的名义，策动新的“和谈”阴谋，再一次为美国

---

① 《参考消息》，1965年4月9日。

② 谢益显主编：《中国外交史（中华人民共和国时期1949～1979）》，340页，郑州，河南人民出版社，1988。

侵略者效劳。随后恩克鲁玛提出访问河内，越南要他仅以加纳总统而不是英联邦代表团成员身份来访。对此，中国也表示了反对立场。在中国看来，以亚非国家作为调停者的意图在于绕开日内瓦协议为美越直接谈判创造条件。[①] 9月2日，周恩来在出席越南驻华使馆举行的国庆招待会时发表讲话指出，美国的和谈阴谋的目的是要通过谈判，巩固它在南越的地位。9月29日，陈毅也在中外记者招待会上发表重要讲话，指出美国的目的就是要使南越成为一个傀儡国家，“在越南问题上，如果不分是非，区分侵略者和被侵略者，进行调解活动，那么，不管他主观上怎么想，客观上都是有利于美帝国主义的”。[②] 直到1969年尼克松上台后，结束越南战争才逐渐成为美国政府的真正目标，对谈判解决越南问题才真正表现出诚意，根据这一情况，中国政府关于谈判的立场也随之改变。

当然，越南战争期间，英国也曾在中美之间发挥过沟通渠道的作用。60年代初，中国把美国看作是最主要的敌人，但此后不久中国的看法开始发生变化。1963年底，在美国已经发动侵越战争的情况下，毛泽东曾指出：“英、美对社会主义国家的政策不是武力进攻，而是和平演变。”[③] 即使在“北部湾事件”后，毛泽东仍然提出“美国人不想打”的观点。这一观点在政策上的体现，就是一方面在国内进行战争动员，同时又向美国发出信号，寻求双方间的克制与默契。1965年4月，周恩来请即将访美的巴基斯坦总理阿尤布·汗向美国传递了中国对待越南战争的四点方针：1. 中国不会主动挑起对美国的战争；2. 中

① Qiang Zhai, *China and the Vietnam Wars, 1950 ~ 1975*, The University of North Carolina Press, 2000, pp. 160 ~ 161.

② 谢益显主编：《中国外交史（中华人民共和国时期 1949 ~ 1979）》，342 ~ 343页，郑州，河南人民出版社，1988。

③ 1963年12月12日毛泽东与秘共左派代表何塞·索托马约等人的谈话，转引自李丹慧：《毛泽东的安全战略思想及其转变 1964 ~ 65》，载（香港）《二十一世纪》双月刊，2000年6月号，38页。

国人说话是算数的；3. 中国是做了准备的；4. 战争打起来，就没有界限。这其中既表达了中国迎接战争挑衅的决心，也突出了避免直接对抗的意向。由于阿尤布·汗访美安排推迟，中国希望通过其他途径以便及时传递这一信息。1965 年 5 月 31 日，陈毅约见英国驻华代办霍普森，请他向美国转达中国关于越南战争的四点意见，并向他说明了原本想请阿尤布·汗转达的安排。当日，霍普森把有关意见电告英国外交部，次日英国外交部又分别发送给美国驻英大使馆和英国驻美大使馆。随后，英国通过两条途径向美国传递了中国的意见：一是由其外交官递交国务院远东事务助理邦迪，另一是由英国驻美大使迪安传达给国务卿腊斯克。美国从这四点意见中得到的信息是：中国不想直接介入战争，为此告诫美国应避免进行反对中国的行动。6 月 7 日，霍普森告诉中国外交部西欧司官员，英方已经将周恩来的口信转达美方。此后中方又通过坦桑尼亚、赞比亚等途径向美国传递了中国的意见，表现出中方尽力避免与美国发生直接军事冲突的意向。英国显然在这方面发挥了重要的沟通作用。

“文化大革命”对中英关系的冲击

如果说 20 世纪 60 年代中期以前中英关系的停滞不前和动荡不定是由于英国的对华政策造成的话，那么，20 世纪 60 年代中期以后中国国内“文化大革命”的展开也对两国关系的发展产生了巨大冲击，造成了消极影响。

1966 年 5 月“文化大革命”开始后，极“左”思潮迅速席卷全国，这不仅带来了国内政治生活的极大混乱，也严重干扰了正常的外交工作。中国驻外使节除驻埃及大使黄华外，全部陆续奉召回国参加“文革”运动，不少人受到批判，由此导致严重后果：对建交国两三年内不派驻大使，构成一种不友好的表示，引起别国对两国关系的怀疑；而指责、批判各大使在工作中执行修正主义反动路线，使得驻在国对中国外交产生疑问，

也使驻在国产生了中国认为两国关系发展是错误的感觉；[①] 在国外，一些使领馆被当作宣传毛泽东思想的窗口，大力散发毛主席语录和像章，有些人还把使馆改为“支左办公室”，支持驻在国的“左派”反对现政府，甚至鼓动华侨及华侨学生、留学生在国外上街游行，赴苏联、法国、印度、缅甸等国留学生和专家都同驻在国警察发生了冲突。[②] 值得一提的是，外交部也受到了“夺权”风潮的袭击，从1967年1月起，外交部的造反派连续多次揪斗外交部部长陈毅，到7、8月间，更是掀起夺权高潮，外交部政治部被砸，党委被封，日常工作陷于瘫痪。

英国是承认新中国的第一个西方大国，但由于它在越南问题、中印边界问题甚至台湾问题上追随美国，很难赢得普通中国人的好感，在“文革”的混乱局面下，加上某些事件的刺激，最终成为中国人“反帝”的靶子。终于，在北京发生了火烧英国代办处的严重外交事件。

1967年5月，香港新蒲岗一家人造塑料花工厂发生了劳资纠纷，工人在游行中与警察发生冲突。受内地“文革”的影响，事态迅速扩大，香港工人、学生、教师纷纷上街集会，游行示威，对港英当局表示抗议。5月11日，港英当局出动武装警察和防暴队千余人，动用警棍、防暴枪和催泪弹，对示威群众进行了严厉镇压，多人被捕。12日，港英当局宣布宵禁，同时继续逮捕抗议群众，到14日已逮捕400余人。5月15日，中国外交部召见英国代办提出最强烈抗议，同时发表声明，强烈谴责港英当局镇压中国同胞的暴行，强调7亿中国人民支持香港的斗争，要求港英当局立即释放被捕群众，惩办流血冲突的责任者，向受害者道歉，保证不再发生类似事件。此后几天里，到英国驻华代办处游行示威的北京群众达百万之众，在一次10万人的群众集会上，还向英国提出不能把香港作为军事基地、不

① 杨公素：《当代中国外交理论与实践》，152页，香港，励志出版社，2002。

② 杨公素：《当代中国外交理论与实践》，152页，香港，励志出版社，2002。

许干扰在香港宣传毛泽东思想等要求。上海红卫兵还进入英国驻沪侨务工作人员侯卫德住处，砸了玻璃和家具，其本人遭到批斗和殴打。5 月 22 日，中国外交部再次召见英国代办，宣布中国政府决定取消英国驻华代办处向上海派驻侨务工作人员的安排，并限令他们在 48 小时内离沪。外交部的抗议行动和北京、上海的强大声援进一步刺激了香港抗议群众的情绪。在此情况下，“港九各界同胞反对港英迫害斗争委员会”宣告成立，5 月 22 日组织了更大规模的游行示威，并在港督府门前与警察发生严重冲突，多人被捕，200 多人重伤。23 日，警察向群众开枪，一名工人被打死。此后，罢工浪潮席卷港九，扩展到各个行业。英国随即派出多艘军舰甚至航空母舰到香港。这一做法无异于火上浇油。6 月 3 日，《人民日报》发表社论，号召香港爱国者们组织和动员起来，准备一旦伟大祖国发出号召，就粉碎英帝国主义的反动统治。这一号召引起了很大混乱。进入 7 月后，冲突进一步升级，流血冲突不断发生，为镇压抗议群众，港英当局动用了催泪弹、冲锋枪，甚至直升机等现代化武器，抗议群众则利用各种器械、土制炸弹打击港英当局。香港还有人希望中国政府的支持不要停留在口头上，但中国政府并没有提供物质支持。①

为控制舆论，港英当局在 7 月以“煽动罪”逮捕了新华社香港分社、《文汇报》、《大公报》等新闻机构的 19 名记者和 34 名工作人员，中国方面则以间谍罪软禁了路透社驻京记者格雷。中英双方还对对方代办处官员的行动进行了限制。8 月，港英当局采取进一步措施，查封了《文汇报》、《大公报》等 3 家报纸。就此事件，中国外交部于 8 月 20 日向英国驻华代办处发出“最后通牒式的”照会，提出“最紧急、最强烈的抗议”，限令港英当局在 48 小时内撤消对 3 家报纸的停刊令，恢复其正常业务并

① Barbara Barnouin & Yu Changgen, *Chinese Foreign Policy During the Culture Revolution*, London, Kegan Paul International, 1998, pp. 70.

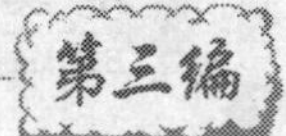

释放被捕爱国人士，否则，英方将承担由此产生的一切后果。

照会通过《人民日报》公布后，一个名为“反帝反修联络站”的组织策划在英国代办处前游行。8 月 22 日下午，聚集在代办处前的群众达到万余名。他们情绪激动，难以自制，形势十分危急。周恩来总理得知有关情况后，感到事态严重，为防止发生意外事件，加强了对英国代办处的保卫工作，同时派遣外交部工作人员前往劝告围攻者不要采取过激行动，不要进入代办处。但在 48 小时期限过后，一些人还是闯入代办处和代办住宅院内，放火烧了办公楼、汽车库和仓库，代办处 20 名成员，包括代办霍普森被揪到大街上围斗，代办头部受轻伤。①

“火烧代办处”事件是一个严重的外交事件，对两国关系的发展产生了消极影响。事件发生后，英国政府向中国政府提出抗议，并相继采取限制中国驻英外交人员离境和自由行动、包围和袭击中国驻英代办处并打伤工作人员等一系列报复措施。中方就此向英方提出了最紧急、最严重、最强烈抗议，并宣布相应限制英国驻华代办处人员离境和自由行动。两国关系出现严重局面。②

“火烧代办处”事件并不是孤立的。“文化大革命”对中英关系的冲击还表现在：1966 年，英国自由党领袖和保守党领袖要求访华遭拒绝；9 月，中英两国因英国人在京坟墓被捣毁一事发生纠纷，英国代办奉命拒绝出席中方举行的国庆招待会；11 月 23 日，中国驻英代办首次抵制英国女王举行的外交使节接见会等。除英国外，“文化大革命”开始后还发生了涉及另外三国的“三砸”事件，即砸了印尼、印度和缅甸驻华大使馆。国内报章上、集会上甚至出现了打倒外国领导人的口号，驻外使领馆也出现了如前所述的一系列过激做法。这些均显示中国在外

---

① 张锡昌等：《峰峦迭起——共和国第三次建交高潮》，115 页，北京，世界知识出版社，1998。

② 王泰平主编：《中华人民共和国外交史：1957 ~ 1969》，393 页，北京，世界知识出版社，1998。

交领域出现了混乱的无政府状态，严重损害了中国的国际形象。“文革”开始后的一年多时间里，中国同40多个建交国家中的近30个国家先后发生了外交纠纷，关系紧张，① 结果使自己陷于孤立。面对这一严重局面，中国高层决定借代办处事件加强对外交外事部门的整顿。1967年8月底，周恩来开始努力制止极“左”行动，1968年1月又着手整顿外交纪律。

英国对代办处事件基本采取了克制态度，无论是首相威尔逊还是外交部都不愿就此事对中国采取针锋相对的强硬报复措施，而是通过外交途径寻求解决问题的办法。1967年8月30日，英国外交大臣布朗致函中国外长陈毅，提出改变两国关系不利局面的建议。随后，两国都采取了相应措施。11月，英国代办处重新开始办公，英国也取消了对中国驻英外交人员的行动限制，随后中方也取消了对在华英国外交人员的行动限制。中英关系开始走出低谷。在被拘人员问题上，英国外交部也采取谨慎态度，冷静处理，一方面对中方提出抗议交涉，甚至公开指责，同时也避免采取激化公众情绪的做法。1968年4月，英国代办获准探望格雷。1969年10月，港英当局释放被捕记者后，中方也释放了格雷。

第三节　中英关系正常化的最终实现

中英关系正常化的最大障碍

中英关系长期动荡不定、徘徊停滞的状况是由许多因素造成的，其中最重要的是由于台湾这个核心问题的存在。英国政府在台湾问题上的骑墙摇摆态度从根本上阻碍了两国关系的发展。

朝鲜战争结束后，鉴于台湾极力寻求美国军事保护的企图，

① 杨公素：《当代中国外交理论与实践》，153页，香港，励志出版社，2002。

中国于1954年7月再次强调了为朝鲜战争延误了的解放台湾的目标。9月初，中国人民解放军炮击金门、马祖。美台立即加紧勾结，于12月2日签订《共同防御条约》，规定双方将“采取行动，以对付共同危险”，同时美国可在台湾及其周围海域部署海陆空军事力量，用以防卫台湾的安全。该条约还规定，未经美国同意，台湾不得对大陆发动攻击。由此可见，该条约的目的正在于使美国在台驻军长期化、两岸分裂长期化，逐渐断绝两岸联系，最终走向“两个中国”。美台协定的签订引起了中国政府和人民的强烈愤慨和谴责。12月3日《人民日报》以《美国对中国人民的严重挑衅》为题刊登条约签订的消息，5日又发表题为《中国人民不解放台湾决不罢休》的社论。12月8日，周恩来发表长篇声明，明确指出，该条约是“对中华人民共和国和中国人民的一个严重的战争挑衅”，“任何战争威胁都不能动摇中国人民解放台湾的决心，只能增加中国人民的愤慨”。声明强调：“如果美国政府不从台湾、澎湖和台湾海峡撤走他的一切武装力量，仍然坚持干涉中国内政，美国政府必须承担由此产生的一切严重后果。”①

朝鲜战争期间，英国曾试图劝阻美国不要在台湾海峡地区制造紧张局势，以免导致战争扩大，而且曾表示如果美国因台湾问题而与中国发生战争，英国将不提供支持。这一政策到丘吉尔上台后有了改变，英国公开支持美国在台海地区的行动。这次台海危机爆发时，中英建立代办级外交关系尚不足半年，但英国明显地站在美国一边。1954年12月12日，英国驻联合国首席代表纳丁在一次电视采访中公然宣称：“中共对台湾的进攻就是对一个联合国成员国的进攻，这无疑将要求联合国采取集体行动。届时，我们作为联合国成员国当然会参加进去。”这一言论在美国和英国引起广泛关注，舆论普遍认为，英国政府

① 《人民日报》，1954年12月9日。

对台湾防御所承担的义务比最初料想的更大。[①] 随后艾登也声称，英国政府“对该条约事实上的纯防御性感到满意”，其“宗旨是将美国政府同国民党中国政府之间的关系置于这样一个基础上，使之能保持更密切的磋商”。[②] 很显然，英国对中国政府所坚决反对的美台条约是持欢迎和支持态度的，而且在刚建交的情况下，艾登在表态中还刻意强调了“国民党中国政府”并把它与“美国政府”并列。英国官员连续把台湾称做“联合国成员国”和“国民党中国政府”，其政策含义应该是比较明显的。“两个中国”论在英国政界已初显其形。

1955 年 1 月，艾登又在议会下院就英国政府的对台政策做了解释，强调了台湾与大陆的区别。他说，1943 年的《开罗宣言》仅仅是二战后台湾应归还中国的“意向陈述”，但由于两个实体都声称代表中国，且大国对这两个实体的地位存在分歧，台湾并未能交还中国。1945 年中国军队对台湾的占领并未带来任何主权变更，在英国政府看来，对日和约的签订也没有改变这一局面。因此台湾、澎湖仍是“法律上的主权未定领土”。在这一“主权未定论”的推动下，英国也出现了“两个中国”的舆论。[③]

英国的对台政策显然已经破坏了中英关系的基础。1954 年 12 月 21 日，周恩来对英国近期以来在台湾问题上的态度指出：“最近以来，英国政府在一些重大问题上，竭力追随美国侵略集团的危险政策，特别是在美国侵略中国领土台湾的问题上，英国政府竟支持美国政府同蒋介石卖国集团签订的所谓‘共同防御条约’，鼓励美国强占台湾。这违背了英国政府在许多国际条

① Robert Boardman, *Britain and the People's Republic of China 1949 ~ 79*, Harper & Row Publishers, Inc, Barnes & Noble Import Division, 1976, p. 116.

② 苏格：《美国对华政策与台湾问题》，245 页，北京，世界知识出版社，1998。

③ Robert Boardman, *Britain and the People's Republic of China 1949 ~ 79*, Harper & Row Publishers, Inc, Barnes & Noble Import Division, 1976, p. 117.

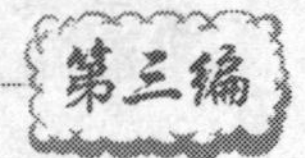

约中所承担的义务，并且使中英关系受到损伤。中国政府对英国政府所采取的这种态度不能不表示很大遗憾。”[①]《人民日报》也于1955年1月指名道姓地严厉批评艾登，正如张伯伦向捷克斯洛伐克施加压力强迫他割让苏台德给希特勒一样，艾登也不遗余力地试图强迫中国人民接受美国对台湾的占领。

美台签订《共同防御协定》后，中国政府决定通过一定军事行动显示自己在维护祖国统一问题上的意志和决心。1955年1月，中国人民解放军攻占了一江山岛，直指大陈岛。美国立即决定干预。不久艾森豪威尔也获得国会的特别授权，可以使用美国军队保卫台澎及有关防区。英国欢迎这一举动，建议美国迫使国民党军队撤离沿海岛屿，与大陆隔海而治，逐渐切断与大陆的联系纽带。在此期间，美国也开始通过多种途径，采取多种步骤来推行其“两个中国”政策，[②]但考虑到完全撤离沿海岛屿可能对台湾产生严重心理影响，美国并没有完全接受英国的建议，而是决定让国民党军队从大陈岛撤军，同时保证金门的“安全”，以便为国民党军队鼓舞士气。英国也不得不放弃其原来的建议。

此后英国的目标转到了通过外交途径消除台海紧张局势上。在这一方面，英国考虑过若干途径：一是请中国参加联合国安理会讨论目前危机的解决方案。这一方案早在1954年就考虑过。由于在美台《共同防御条约》中，美国仅对台湾和澎湖列岛承担防卫责任，为防止金门、马祖等沿海岛屿落入大陆之手，同时又避免与中国发生冲突，美国国务卿杜勒斯建议将沿海岛屿问题提交联合国安理会。为此，杜勒斯于1953年9月前往伦敦与英国外交大臣艾登协商。艾登表示英国将不支持美国为金门采取任何行动，但他对其关于沿海岛屿问题的设想“将给予

---

① 萨本仁等：《20世纪的中英关系》，366～367页，上海，上海人民出版社，1996。

② 王缉思：《论美国“两个中国”政策的起源》，转引自资中筠等：《美台关系四十年》，57～77页，北京，人民出版社，1991。

一切帮助”。艾登建议由新西兰在联合国提出提案，并邀请中国代表参加。1955 年 1 月，“新西兰方案”出台。这个提案的要害是回避美国干涉导致台海局势紧张这一关键问题，而把国共之间的冲突纳入“国际冲突”的范畴，试图通过联合国的“斡旋停火”使台湾问题国际化。中国政府认为外部力量在两岸之间谋求停火，实际上就是干涉中国内政，割裂中国领土，要求美国的一切武装力量必须从台湾和台湾海峡撤走。在此情况下，英国通过外交途径要求中国“避免可能引起全面敌对行动的任何事件”，但中国还是坚决拒绝了这一提案，同时批评英国对该提案的支持。对此，英国表示“深感失望”。此外，英国在联合国范围之外召开国际会议解决台海问题的考虑最后也没有成功。

英国所考虑的另一途径是中美进行直接双边会谈。英国为此做出了巨大努力，促使双方进行某种谈判。1955 年 4 月 23 日，周恩来在万隆会议上宣布，“中国政府愿意同美国政府坐下来谈判，讨论和缓和远东紧张局势的问题，特别是和缓台湾地区的紧张局势问题”。① 最初，美国反应冷淡，但英国决定抓住这一机会推动中美谈判。5 月 9 日，英国驻华代办杜维廉向周恩来转递英国外交大臣的口信，英国对其声明有很大兴趣，询问有无口信希望通过英国向美国转达。5 月 26 日，周恩来作出正式答复：双方采取切实措施缓和台海紧张局势；中美谈判的主要问题是缓和与消除台湾地区的紧张局势；国民党当局在任何情况下都不得参加有关国际会议，但中国政府不拒绝、相反地建议同国民党当局直接谈判。② 英国及时向美国传达了这一信息。7 月 11 日，杜勒斯致电美国驻英使馆，要求向英方致谢，并请英国政府向中国政府建议：中美双方各派大使级代表一名，于双方同意的日期在日内瓦进行谈判。7 月 13 日，英国政府向

---

① 中华人民共和国外交部、中央文献研究室编：《周恩来外交文选》，134 页，北京，中央文献出版社，1990。

② 苏格：《美国对华政策与台湾问题》，283 页，北京，世界知识出版社，1998。

中国转达了美国的建议。15 日，中国政府通过英国政府回复美国政府，同意举行大使级会谈。7 月 25 日，中美同时发布了两国将在日内瓦举行大使级会谈的新闻公报。

可以说，1954 ~ 1955 年的台海危机导致了中英关系紧张，但由于英国与中美双方都有外交联系，且与美国关系密切，最终在促使中美进行大使级谈判方面起到了重要的沟通作用。

第一次台海危机之后，美国继续执行其以台湾为重要立足点，遏制和敌视中国的政策，并极力推动台湾与大陆分离的永久化，追求其“两个中国”的目标。在美国的支持下，国民党不断对大陆进行袭扰，“反攻大陆”宣传步步升级，严重威胁东南沿海地区安全。同时，美国也加紧了霸权活动，1958 年 5 月入侵黎巴嫩。在此情况下，中国政府于 8 月再次对金门等岛屿展开炮击。此即所谓第二次台海危机。炮击开始后，美国立即作出反应，调集大量军事力量集结于台湾海峡，保护国民党军队，威慑大陆。对这次危机，英国也给予密切关注，对台海局势的立场表态甚至比上次危机期间显得更强硬。时任外交大臣的劳埃德曾表示，英国政府的目标是，使国际社会普遍接受这一观点：那些沿海岛屿和台湾的地位不应通过武力来解决。他指出，向另一方屈服是防止使用武力的一种方法，但这种绥靖政策可能很危险。[1] 8 月，中国政府出于对美斗争需要，宣布中国的领海宽度为 12 海里，英国政府拒绝接受，驻港英军的飞机炮舰甚至先后 5 次侵入中国珠江口领口和水面，进行试探挑衅。[2]

值得注意的是，在这次危机中，英国同时还想与美国保持一定的距离，对美国在台海的军事行动也存有某种戒心。1958 年 9 月 11 日，美国总统艾森豪威尔就台湾问题发表电视广播讲

---

① Robert Boardman, *Britain and the People's Republic of China 1949 ~ 79*, Harper & Row Publishers, Inc, Barnes & Noble Import Division, 1976, p. 130.

② 王泰平主编：《中华人民共和国外交史：1957 ~ 1969》，387 页，北京，世界知识出版社，1998。

话，对中国政府所采取的军事行动大肆攻击，宣称美国对于军事征服行动绝不能姑息，绝不会后退，甚至还威胁说："我们武装部队的成员……的确都随时准备保卫不得使用武力来达到侵略目的这一原则。"尽管他在讲话中也表示不相信"中共领袖会坚决执行军事侵略的方针"，"相信不会有战争"，但其好战姿态却表现得淋漓尽致。这一讲话引起了英国领导层的不安。9 月 11 日，英国首相麦克米伦授权发言人发表声明，英国"没有为远东局势对美国承担任何义务"。次日，英国外交部发言人又发表声明强调："我们并没有为保卫金门、马祖或者台湾而采取军事行动的任何种类的义务或诺言。我们唯一的义务是按照联合国宪章承担的义务。"①

经过两次台海危机，中国政府对沿海岛屿的政策基本定型，在继续坚持祖国统一的根本目标的前提下，主张把金门、马祖留在国民党手中，待将来时机成熟，将台澎金马问题一揽子解决。在这一政策的作用下，台海局势在相当长的时期内保持了平稳。② 到 1962 年前后，随着中苏关系紧张和大陆三年自然灾害的发生，蒋介石再次掀起了反攻大陆的浪潮。但中美台两国三方之间所形成的错综复杂和微妙的"三角关系"却制约了蒋介石的反攻计划。中国政府通过"中美大使级会谈"这一渠道，巧妙地化解了第三次台海危机。蒋介石由于无法得到美国的支持，也不得不改变反攻大陆的方式，从过去侧重军事手段转向政治、经济和文化各领域。这样，在国共双方继续保持海峡对峙的前提下，再没有发生大的军事行动。③

台湾海峡局势虽然日渐稳定，但英国并没有停止其在台湾

① 陶文钊主编：《中美关系史：1949～1972》，266 页，上海，上海人民出版社，1999。

② 郑永平：《台湾海峡危机期间的美台关系》，转引自资中筠等：《美台关系四十年》，151 页，北京，人民出版社，1991。

③ 苏格：《美国对华政策与台湾问题》，331～335 页，北京，世界知识出版社，1998。

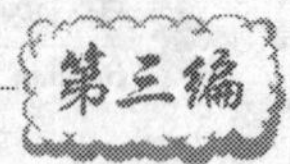

问题上干涉中国内政的活动。1964 年 5 月，英国外交大臣巴特勒在访问日本时声称："台湾的前途，在本质上是国际问题"，应召开国际会议讨论，英国愿意参加这样的国际会议。针对这一试图将台湾问题国际化的言论，中国外交部召见了英国驻华代办表示强烈不满。《人民日报》也发表社论，严厉抨击这一干涉中国内政的言论："英国政府已经不仅是在替美国的'一个中国、一个台湾'的阴谋摇旗呐喊，而且企图直接插手，充当美国推行这个侵略中国的一个探子。" 1966 年 11 月 18 日，英国驻联合国代表卡拉登也在第 21 届联大辩论中国代表权问题时表示，"大家知道英国政府认为福摩萨的主权尚未确定。因此，在我们看来，应当由谁在联合国中代表福摩萨的问题也没有确定"，因此即使英国对支持恢复中国合法席位的提案投赞成票也"不影响我国政府在这一问题上的立场"。他还特别强调：尽管英国在这一问题上的立场已人所共知，加以重申是多余的，"但是，我希望记录在案。如果今后任何场合，英国不再作这样的声明，决不能认为英国政府在这一问题上的观点有所变动"。这一言论使英国推行"台湾地位未定论"的顽固态度暴露无遗。①

与台湾问题相关的中国联合国代表权问题在此期间也没有得到解决。英国自 1961 年以后一直投票支持美国的"重要问题"提案，对美国阻挠中国进入联合国的企图与活动给予了一贯支持和配合。1964 年中法建交对联合国的投票形势产生积极影响，1965 年联合国就"驱蒋纳我"提案进行表决时首次出现了 47 票赞成、47 票反对的局面，但这一局面因文化大革命的爆发而逆转。随后，由于中国政府及时调整对外政策，改善对外关系，到 1970 年时出现了 51 票赞成、47 票反对的历史性突破，赞成票第一次超过了反对票，中国已取得简单多数票，只因赞成票没有达到美国策划、英国支持的"重要问题"所要求的 2/3

---

① 王泰平主编：《中华人民共和国外交史：1957～1969》，388 页，北京，世界知识出版社，1998。

多数而未获通过。[①] 在这次表决中，英国仍然对美国的“重要问题”提案投了赞成票。

中英关系正常化的动因

中英两国从1954年建立半外交关系后，经过15年的停滞不前，到70年代初迎来了转机。这其中既有国际背景，也有国内因素。

首先，中英在反对苏联霸权主义方面存在着共同利益。新中国成立之初，面对冷战对立的国际局势选择了对苏“一边倒”。但20世纪50年代中期以后，两国利益分歧、战略目标差异日益明显，关系日趋激化。1960年，苏联突然召回全部援华专家，并挑起第一次边界冲突，此后边界冲突持续不断；中印边界冲突期间苏又公开站在印度一边；越战后期又极力挑拨中越关系。[②] 苏联的一系列敌对行动使中国最高层不得不正视来自北方的军事威胁，考虑苏联“会不会打我们”？在毛泽东看来，与美国相比，苏联的威胁似乎更为现实，更加紧迫，因而在国内展开“三线”建设，应付苏联的军事威胁。[③] 1969年8月，苏联挑起珍宝岛大规模武装冲突。这一局势迫使中国对形势作出了最坏的估计，号召全国人民“提高警惕，准备打仗”，并在各主要城市展开“深挖洞，广积粮”的战争准备。鉴于苏联不断向美国试探联合袭击中国核基地的行动，20周年国庆刚过，中国政府就于1969年10月7日发表声明，明确警告苏联：“如果一小撮战争狂人敢冒天下之大不韪，袭击中国的战略要地，那就是战争，那就是侵略，七亿中国人民就要奋起抵抗，用革

---

① 田进等：《中国在联合国：共同缔造更美好的世界》，31页，北京，世界知识出版社，1999。

② 谢益显主编：《中国外交史：中华人民共和国时期1949～1979》，343～348页，郑州，河南人民出版社，1988。

③ 李丹慧：《毛泽东的安全战略思路及其转变1964～65》，（香港）《二十一世纪》双月刊，2000年6月号，40～41页。

命战争消灭侵略战争。”为对付苏联威胁，中国除在国内展开积极的军事准备外，还在国际上寻找盟友。1968 年 10 月，中共八届十二中全会明确指出：一切被美帝、苏修及其走狗所压迫的人民，“应当结成一个广泛的统一战线”。中国的考虑就是，在国际上积极争取一切可以争取的力量，消除来自美、苏的威胁。在中国领导人看来，英国就属于可争取的国际力量。从建国前的 1946 年开始，毛泽东一直把英国包括在不同于美、苏的“中间地带”当中，50 年代还把英国作为西方国家中首要的争取对象，“半外交关系”的建立可以说体现了这一意图。1961 年关于老挝问题的日内瓦会议召开前，陈毅还建议与英国、法国合作向美国施加压力。[①] 尽管此后法国在发展与中国的关系方面走到了英国前面，但中国一直把英国看作可以争取的力量。

冷战开始后，欧洲一直是美苏争夺的战略重点，历届英国政府也一贯奉行抗苏政策。进入 20 世纪 60 年代后，苏联借美国深陷越南战场的机会大力发展军事力量，逐渐取得了与美国的战略平衡。苏联在欧洲一边营造缓和气氛，一边加强军事部署，引起西欧国家疑虑，特别是 1968 年侵略捷克斯洛伐克后，西欧与苏联的关系急剧紧张，英苏关系也跌入低谷。1970 年希思出任首相后，对苏联的扩张和霸权主义十分警惕，次年一举驱逐 100 多名苏联驻英外交官，指责他们在英国的行为不符合外交官身份，危害了英国的利益。这反映了希思政府对苏联的不信任态度和强硬立场。很显然，到 20 世纪 70 年代初，中英在反对苏联霸权主义方面找到了共同语言。

其次，中英在维持香港繁荣稳定方面存在着共同利益。新中国成立后并没有立即收回香港，而是提出了“长期打算，充分利用”的方针。这一方针曾在党内引起一些人的急躁情绪，在 20 世纪 60 年代反帝反殖斗争风起云涌、民族解放运动蓬勃发

---

① Qiang Zhai, *China and the Vietnam Wars, 1950 ~ 1975*, The University of North Carolina Press, 2000, p. 99.

展的形势下，也遭到外国一些人的责难和非议，说“社会主义国家竟然允许殖民地存在”。但中国政府仍然坚持从战略高度看待香港的重要性。1963 年 3 月，中国政府公开表明：“中国人民不需要在香港、澳门问题上显示武力，来证明自己反对帝国主义的勇气和坚定性”，而要在通过谈判求得和平解决前“维持现状”。① 这一政策既有政治外交上的考虑，也有经济上的考虑。1957 年 4 月，周恩来提出了保持香港特殊地位“为我所用”的方针，他指出，内地“要进行社会主义建设，香港可以作为我们同国外进行经济联系的基地，可以通过它吸引外资，争取外汇”。② 此后的几十年间，在国际形势极其严峻的情况下，香港一直发挥着中国对外联系的窗口的角色，在中国发展对外贸易、引进国内建设所需要的物资、技术、资金方面确实发挥了其他城市所不能替代的特殊作用。正因此，中国政府对香港也采取了特殊政策，以优惠价格向香港大量供应日用品，包括食品、淡水、燃料、工业原料和半制成品等，甚至把对香港的供应提到了“政治任务”的高度。即使在“文革”这样大规模的、全国性的动乱时期，中国对港供应一直没有中断。1967 年香港发生反英抗暴风潮后，尽管一些部门和一些人由于“文革”影响而作出了不适当反应，但中央政府并没有改变整体的对港政策，而是通过在内地采取紧急措施，迅速稳定了香港局势。

在五六十年代民族解放运动的冲击下，英国几乎失去了所有在亚洲的殖民地，势力急剧收缩，只有对香港的统治还能使它找回一些过去的辉煌。英国非常清楚，香港的命运并不掌握在自己手中，英国之所以能继续统治香港，完全是由于中国政府对香港的战略考虑。1967 年，香港发生反英抗暴风潮，接着，北京发生火烧英国代办处的严重损坏中英关系的事件，使中英

① 国务院港澳事务办公室香港社会文化司：《香港问题读本》，25 页，北京，中央党校出版社，1997。

② 国务院港澳事务办公室香港社会文化司：《香港问题读本》，25 页，北京，中央党校出版社，1997。

关系处于最低潮时，香港的动荡也达到了最高点。[①] 这再次表明，香港局势极易受到中国内地形势的影响，说明英国在香港的统治地位与中英关系状况的密切相关。英国明白，要维持自己在香港的统治利益，就必须尽可能地使中英关系保持积极状态。60 年代以来，香港经济高速发展，1961 ~ 1969 年间，香港贸易总额、转口贸易的年均增长率分别为 13. 1% 和 10. 4% ，而香港本地产品的年均增长率则达到 16. 5% 。[②] 香港的经济发展引起了全世界的关注，从 60 年代中期开始，外国资本也大量进入香港，从而为香港经济开创了良好前景。这一状况更强化了英国维持在港统治地位、发展与中国关系的经济驱动力。

第三，中英对美政策调整为两国关系的发展提供了更大的回旋余地。冷战期间，英国作为西方阵营的一员，极力追随美国的“遏制”政策，试图借英美“特殊关系”来谋求发挥全球性作用。在对华政策问题上，尽管英国的具体政策与美国有不少差别，但一直未能超越冷战的大框框，在很大程度上受到美国的制约，丧失了独立性。然而英国毕竟在衰落，甚至不得不于 1968 年之后从苏伊士运河以东做战略撤退。1970 年上台的希思首相对英国国际地位的变化有清醒认识，明确指出英国只是一个“第一流的中等国家”，“面临着一个新的世界”。与此同时，英国在美国心目中的地位也降低了。1971 年 7 月，美国总统尼克松发表讲话，提出了世界五大“力量中心”的观点，英国没有被列为单独的一极，而是作为“西欧”的一分子而存在。国际地位的这种变化决定了英国与美国利益的不同，也决定了英国应该在对外事务中保持对美国更大的独立性。因此，希思放弃了与美国的“特殊关系”，在对外政策上与美国拉开了距离。

中国在 20 世纪 50 ~ 60 年代的对外政策同样也受到冷战的影

① 萨本仁等:《20 世纪的中英关系》, 387 页, 上海, 上海人民出版社, 1996。

② 《香港经济年鉴》, 第四篇, 15 页, 香港经济导报出版, 1981。

响，表现出明显的“以美划线”的特点，对英政策也受到影响。到20世纪60年代末，中国已清楚认识到苏联而不是美国才是自己最现实的威胁，但既反帝又反修的对外战略却使自己出于极为被动的地位。毛泽东认识到：“两霸，我们总要争取一霸。不能两面作战。”[①] 在此情况下，中国开始考虑采取措施缓和中美关系。这样，到20世纪60年代末70年代初，中英都调整了对美政策，从而使两国关系长期受美国因素制约的局面有所改变，也为双方相互间发展关系提供了更大的回旋余地。

与此同时，美国也开始调整对华政策。1969年上台的尼克松政府面对美国的衰落和苏联实力的增强，采取了一系列步骤来结束主要由美国造成的“中国与世隔绝的状态”，放宽了对来华旅游及中美贸易的限制，逐步减少了派驻台湾海峡的美国军舰。1971年7月基辛格秘密访华，7月16日中美同时发表公告，宣布尼克松将于1972年访问中国。中美关系出现了重大突破。英国长期以来积极追随美国敌视中国的政策，但关键时刻却完全被蒙在鼓里，这对英国是一个很大的刺激，迫使它采取更加积极的态度来考虑对华政策。同时，美国对华政策的调整也意味着长期制约英国对华政策的主要因素被排除了。此外，在美国改善与中国关系的情况下，加拿大、意大利、奥地利、比利时、冰岛等国也纷纷与中国建交，这一局面对英国形成了无形的压力。

中英关系正常化的实现

根据国际形势的新变化和对外政策的调整，中国开始采取行动推进中英关系。1970年5月1日，毛泽东在天安门城楼参加国际劳动节庆典期间，会见了一些外国使节。在与英国驻华代办谭森交谈中，他说：“祝英国发展，请问候女王陛下”，从

① 王永钦：《1969年——中美关系的转折点》，载《党的文献》，1995年第6期，77页。

而表达了同英国改善关系的愿望。随后，中方还邀请英国广播公司记者访华。在英国方面，1970 年 6 月就任的希思首相也向内阁成员表示，英国没有理由不与中国建交。这一观点得到了高度一致的支持。此后，希思又多次表示要尽力改善中英关系。但英方并没有就此采取切实行动。1970 年 10 月，在第 25 届联大关于中国代表权的表决中，英国仍然采取两面政策，既投票支持主张恢复中国合法权利的提案，同时又对美国所主张的“重要问题”提案投了赞成票。

1970 年 10 月和 11 月，加拿大和意大利先后与中国建立大使级外交关系。在这一新情况的推动下，英国的态度才开始积极起来。1971 年 1 月，希思访问印度时，在一次讲话中表示，孤立中国的做法是错误的，北京应占有中国在联合国的席位。当时，英方还向中国外交官暗示，希思的讲话反映了英国官方对中国的最新看法。不久，希思和外交大臣霍姆又指示英国外交部，要他们尽一切努力来发展中英关系。1971 年 1 月 15 日，中国新任驻英临时代办裴坚章拜会英国外交部政务次官罗伊尔。会谈期间罗伊尔表示英国希望将两国关系升格为大使级，建议双方就此问题进行讨论。

中国政府对英方的建议作出了积极回应。3 月 2 日晚，周恩来会见英国代办谭森。周恩来首先就 1967 年火烧英国代办处事件表示道歉，并指出事件起因于北京群众对港英当局逮捕爱国人士的愤怒，但代办处的房子是坏人烧的。尽管此事与中国政府无关，但周恩来还是表示，代办处的修复费用由中国政府负担。关于中英关系全面升格问题，周恩来提出了中国政府的原则立场：撤消英国驻淡水的领事馆；改变其在联合国耍两面手法的态度，完全支持中国在联合国的代表权；澄清英国过去鼓吹的“台湾法律地位未定”的论调，以及为制造“两个中国”和“一中一台”的任何谬论。周恩来还强调，中英全面建交的主要障碍是英国对台湾地位和对中国在联合国合法席位问题上的态度。“脚踏两只船”的态度不改变，中英关系不可能发展。

3 月 17 日，裴坚章宴请英国外交部远东司司长摩根。摩根表示，希望中方明确指出英方应为互换大使采取什么步骤，对此，英方将认真研究。裴坚章根据国内指示答复说，中英关系进一步改善和发展的主要障碍是英国在联大投票中的两面态度和英国在台湾设有领事馆。如果英国在这两个原则问题上改变态度，两国就可以实现关系正常化。6 月，英方表示接受中方的要求，在两国就互换大使达成协议后将撤消驻淡水领事馆，英方不再支持把中国代表权问题作为“重要问题”的提案，也不再支持旨在拖延中国代表进入联合国的议程。10 月 25 日，在第 26 届联大的表决中，英国就接纳中国代表、驱逐国民党代表的提案投了赞成票，履行了就该问题所做的承诺，从而消除了关系正常化中的一个主要障碍。

到这时，英国尚未就台湾的法律地位问题公开表态。为促进谈判进程，中方先行起草了一份关于建立完全外交关系的换文稿，其中载明英国承认台湾为中华人民共和国的一个省。7 月，中方就换文内容征求英方意见。英方建议，关于台湾法律地位问题，换文措辞采用加拿大和意大利与中国建交公报的表达方式，即对台湾法律地位不作明确表态，而由英方表示“注意到”中国政府认为台湾是中国不可分割的一部分的立场。中国政府不接受这一建议，明确指出，英国与加拿大和意大利不同，英国是《开罗宣言》和《波茨坦公告》的签字国，曾在这两个文件中支持台湾应归还中国，但后来却放弃这一立场，参与制造了“台湾地位未定论”，因而英国必须在这个问题上明确表态。

此时，基辛格已成功地秘密访问了中国，并宣布尼克松将于次年访华。中美关系的突破迫使英国不得不考虑自己的立场。此后，经过反复磋商，中英终于在 1972 年 3 月 4 日就互换大使的联合公报的内容和措辞达成一致。3 月 13 日，由中国外交部副部长乔冠华和英国新任驻华代办艾惕思分别代表本国政府签署联合公报，决定从即日起将本国派驻对方首都的外交代表升

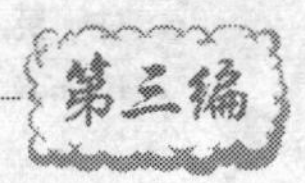

格为大使，英国承认台湾是中国的一个省，即日起撤销其在台官方代表机构。中英关系正常化进程终告完成。1972 年 3 月，艾惕思出任英国驻华首任大使。7 月，中国首任驻英大使宋之光履任。两国关系揭开了新的一页。

第四节　70 年代中英关系的发展

“文革”末期的中英关系

中英大使级外交关系的建立表明了双方对发展两国关系的期望。为加快两国关系发展的步伐，双方在关系升格后两个月的时间里就高层官员互访作出了安排。1972 年 5 月底 6 月初，英国外交部负责亚洲事务的政务次官罗伊尔来华访问，先后与中国副外长乔冠华、外长姬鹏飞等高级官员举行会谈。五个月后，英国外交大臣霍姆又于 10 月底来华访问，与中国外长姬鹏飞和总理周恩来举行了会谈。

在这两次访问中，中英双方都对发展双边关系表示了良好愿望和积极态度，并在文化艺术交流、经济贸易领域取得了可喜进展。双方还就范围广泛的、关系到世界和平与稳定的重大国际问题交换了看法，如越南问题、印巴冲突问题等。其中，反对霸权主义和苏联的扩张威胁尤其引起双方高度重视。罗伊尔一抵达北京就强调：他“特别希望在北京讨论”英国政府的欧洲政策。① 英国长期以来把发展与美国的“特殊关系”作为对外政策的首要任务，20 世纪 60 年代中期以后，逐渐拉开与美国的距离，其对外政策重点开始向欧洲倾斜，但两次申请加入欧共体均被否决。1971 年英国第三次提出申请，1972 年 1 月终于与欧共体签订协议，规定英国于次年正式加入欧共体。中国出于对抗苏联扩张的需要，也希望西欧国家能够走上联合的道路，

---

① 《参考消息》，1972 年 6 月 2 日。

成为牵制苏联霸权扩张的重要力量，因而对英国参加欧共体、谋求西欧独立性的欧洲政策表示支持。通过会谈，英国也加深了对中国的了解，罗伊尔说，我们承认中国不愿做超级大国。[①]

霍姆是第一位访华的英国外交大臣。他在访问期间表示，希望两国关系能发展得更加密切，虽然两国制度不同，但可以找到互利的共同点。他此次来华的目的之一就是，就如何对付苏联问题同中国寻找共同点。

尼克松访华后，加快了与苏联缓和的步伐。1972 年 5 月，美苏达成了战略武器协议，还提出了美苏关系准则。但美国在采取这些行动前并没有同英国等西欧盟国协商，而在此前几个月内北约盟国还在讨论西方如何保持在对苏政策上保持一致的问题。英国和其他西欧国家对美国的做法不满。1972 年 10 月 19 日，欧共体六国和包括英国等三个即将加入的国家在法国巴黎举行首脑会议，会议发表声明说："对欧洲来说，现在已经到了这样的时刻，要明确认识到自己利益的一致，能力的增大和责任的重要"，"欧洲应该能够在世界事务中使人听到它的声音"。[②] 美国加紧发展与苏联关系的做法也引起了中国的疑虑，中国还对美国扩大在越南的军事行动极为不满。在此背景下，中方对西欧联合问题更加重视。

会谈中，中国就有关问题与英方交换了看法。霍姆指出，苏联以武力为后盾在欧洲的渗透和颠覆是西欧紧张的根源。美苏都是超级大国，但在相当长的时期内，欧洲还不能不要美国的核保护伞。姬鹏飞指出，欧洲紧张局势的根源在于美苏两霸的争夺，但苏联更具欺骗性，更危险。会谈中霍姆指出了欧洲联合的必要性，认为苏联始终对欧洲保持一种威胁，所以欧洲不得不联合起来，以便使西欧与美苏平衡。周恩来则表示欣赏

① 《参考消息》，1972 年 6 月 7 日。

② 谢益显主编：《中国外交史（中华人民共和国时期 1949～1979）》，550 页，郑州，河南人民出版社，1988。

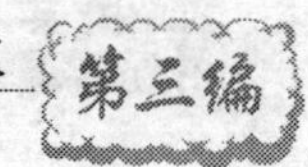

英国政府加入欧共体的决心，同时也认为西欧没有美国的核保护伞还不行。鉴于苏联的霸权扩张不断加强，中国希望西欧的联合与扩大能成为牵制两霸的重要力量。霍姆则称英国希望对欧共体和世界其他地区包括东亚的关系做出“有效而独特的”贡献。①

当然，双方在一些国际问题上也有分歧，如关于承认孟加拉国的问题，但正如霍姆所说，“这种不光明的方面极少”，他认为这次访问是“成功的，确实很有价值的”，中英关系现在也“比过去密切得多”。② 霍姆表示，英中应在中央政府一级形成磋商的惯例，以便英国了解中国对这个充满危险的世界所面临的许多问题的看法。③

很显然，英国对欧政策的调整增强了中国发展与英国关系的动力，中国希望通过英国参加欧共体加强西欧的联合，在经济和政治上表现出更大独立性。随着中英关系的升格，英国在中国对外战略中的重要性已大大提高。1972 年 11 月，乔冠华副外长访英。1973 年 6 月，姬鹏飞外长访问英国，这是中国外长对英国的第一次访问，并由此实现了两国外长的首次互访。希思首相会见了姬鹏飞一行，表达了对中英关系的重视。此时，英国已正式加入欧共体，切实参加了西欧的联合进程，会谈中，中方对西欧联合自强的努力表示支持。

也是在 1973 年 6 月，希思首相宣布接受中国的访问邀请。很显然，这次安排将会对两国关系的发展产生更大的推动作用。但由于英国国内政治、经济等原因，这一安排被迫两度推迟，最终使希思没能在任内实现访华的愿望。1974 年 5 月，希思以在野的保守党领袖的身份访问中国，中国政府仍以极高礼遇予

---

① 王泰平主编：《中华人民共和国外交史：1970～1978》，304 页，北京，世界知识出版社，1999。

② 《参考消息》，1972 年 11 月 3 日。

③ Robert Boardman, *Britain and the People's Republic of China 1949～74*, Happer & Row Publishers, Inc. Narnes & Nobel Import Division, 1976, p. 151.

以隆重接待，毛泽东、邓小平等中国领导人也与他进行了会谈。访问期间，希思表达了西欧国家对发展与中国的关系的重视，指出欧洲各国政府和人民都认为同中国友好合作是我们今后工作中一个必不可少的组成部分。在与毛泽东的会谈中，希思指出，苏联的军事力量在不断增长，这对欧洲和中国构成主要威胁。如果欧洲是软弱的，苏联就可能实现其对中国的企图，因而一个强大的欧洲是很重要的，它可以使苏联发愁。毛泽东对希思关于欧洲应该强大的思想表示赞同，表示欧洲强大起来，我们高兴。[①] 邓小平副总理也指出，西欧团结，美欧结成平等伙伴关系，有利于对付苏联，[②] 有利于反对霸权主义。

中国对希思的高规格接待与他一贯坚持的对苏保持强硬、对美拉开距离、促进欧洲联合、重视英中关系的立场有关。但继希思之后于 1974 年 3 月上台的威尔逊工党政府对发展英苏关系、促进东西缓和表现出更大的兴趣，在欧洲一体化进程中更多地考虑英国的特殊性。这与中国政府对国际形势的判断、视苏联为世界和平的主要威胁和中国的主要敌人、希望英国和欧洲能对苏联构成牵制的战略性考虑是不一致的。在以推进东西缓和为目的的欧安会赫尔辛基首脑会议召开前夕，邓小平在 1975 年 5 月访问法国时指出："现在有那么一两个国家……它们为了争霸世界，正在进行激烈的争夺，从欧洲、地中海、中东、波斯湾到印度洋、亚洲甚至太平洋，它们争夺到哪里，哪里就不得安宁。而欧洲则是它们争夺的重点。现在，谁都知道，那个把和平与安全的调子唱得最高的人，正是把它的军事威胁露骨地强加到世界人民、特别是欧洲人民身上的人。超级大国这样争夺下去，总有一天要爆发战争。"在同年召开的第 30 届联

---

① 中华人民共和国外交部、中共中央文献研究室编：《毛泽东外交文选》，602～606 页，北京，中央文献出版社，世界知识出版社，1994 年。王红续：《七十年代以来的中英关系》，69 页，哈尔滨，黑龙江教育出版社，1996。

② 王泰平主编：《中华人民共和国外交史：1970～1978》，305 页，北京，世界知识出版社，1999。

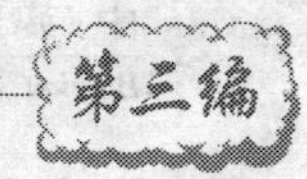

大上，中国代表也指出："美苏两个超级大国争夺遍及全球。……他们争夺的战略重点在欧洲。"① 在此背景下，中英关系受到影响而趋于低落。

欧安会结束后不久，苏联立即在世界范围内展开了新的扩张浪潮，西方与苏联的关系随之紧张起来，1976 年上台的卡拉汉工党政府的对苏政策再趋强硬。这样，中英在国际战略问题上又找到了共同语言。但受中国国内局势的制约，此间中英关系并没有能够出现突破性进展。

经贸利益一直是英国在对华政策上的一个重要考虑。到 20 世纪 70 年代初，随着中英关于外交关系升格谈判的展开，发展贸易关系越来越引起双方的重视。当时执政的英国工党在其 1970 年的竞选政纲中指出，贸易和技术往来会有助于把中国带入国际社会。到保守党执政后，英国驻华商务参赞在英国媒体发表文章，指出中国市场由于文化大革命而受到忽视，并强调了中国经济和对外贸易日益发展的状况，以及英国政府可以对贸易商提供协助的途径。此外，随着中美关系的突破，英国也开始把美国当作中国市场上的一个强劲的竞争对手来看待。②

在此背景下，英国政府采取了一系列措施来推动英国对华贸易的发展。1970 年 1 月，英国取消了 3 类中国出口产品的进口配额限制，随后又同意向中国出口英国生产的一切型号的民用飞机，1972 年双方就中国购买三叉戟飞机达成协议，价值达 1 亿英镑。英国外交大臣霍姆 1972 年 10 月底访华时明确指出："我们需要互相贸易；而且由于英国以贸易为主，我们自然希望在这方面有大的进展。"③ 中国也希望中英贸易关系等获得新的发展，并为此作出了努力。1973 年 1 月，外贸部长白相国率领

---

① 谢益显主编：《中国外交史（中华人民共和国时期 1949～1979）》，461、466～467 页，郑州，河南人民出版社，1988。

② Robert Boardman, *Britain and the People's Republic of China 1949～74*, Happer & Row Publishers, Inc. Narnes & Nobel Import Division, 1976, pp. 157～158.

③ 《人民日报》，1972 年 10 月 31 日。

中国贸易代表团访问英国，对两国贸易关系的发展起到了积极的推动作用。同年 3～4 月间，英国在北京举办了大型工业技术展览会，340 多家英国公司参展的产品涉及航空、机床、电子、科学仪器、化工设备、采矿和发电设备、汽车工业等领域，规模庞大，盛况空前。英国贸易工业大臣沃克专程来华主持开幕式并对中国进行友好访问。这次展览会为“文革”结束后初期的中英贸易关系带来了一个新高潮，特别是为两国的航空技术合作提供了机会。展览会后，中国与英国罗尔斯·罗伊斯公司就引进该公司的发动机及技术展开商谈，并于 1975 年达成协议，签订了购买价值达 1.73 亿英镑的发动机及专利技术的合同。[①] 英国也由此成为最早与中国展开航空技术合作的国家。经贸往来成为这一时期中英关系的重要组成部分。

中英关系正常化伊始，英国就对两国间的文化艺术交流表现出了浓厚兴趣。1972 年 6 月，罗伊尔访华时提出了中英文化交流问题。10 月，霍姆访华时又与中方就扩大文化交流项目问题进行了讨论，此后双方人员往来在数量上不断增加，范围上迅速扩大，涉及的领域包括新闻、体育、音乐、教育、科技、医药等。此后，英国每年都主动向中方提出年度文化科技交流项目设想和建议，商定年度交流计划。[②] 文化外交的展开更拓宽了两国关系的基础。

改革开放之前的中英关系

“文化大革命”的结束、中国国内政局的稳定，为中英关系提供了有力保障。1977 年 4 月，中国政府邀请时任英国保守党领袖的撒切尔夫人访华。她主张发展中英关系、对苏联扩张采取强硬立场的态度，使这次访问取得了成功。

---

① 王泰平主编：《中华人民共和国外交史：1970～1978》，306 页，北京，世界知识出版社，1999。

② 王泰平主编：《中华人民共和国外交史：1970～1978》，307 页，北京，世界知识出版社，1999。

这一时期中英关系的发展还受到中国国内政策调整的影响。从1977年初开始，“拨乱反正”逐渐在全国范围内展开，8月召开的“十一大”，在宣告“文化大革命”已经结束的同时，重申了实现社会主义现代化的根本任务。在此背景下，中国从当年夏天开始派出大量各类经济代表团和经济部门负责人访问英国，[①] 中英在经济领域的交流迅速加强。1978年3月全国五届人大一次会议通过了《国民经济十年规划纲要》，提出了十年内建设120个大项目、保持工业总产值年均增长10%以上的经济发展计划，以全面推进中国的工业化进程。这一计划脱离了当时的现实，因而后来被称作“洋跃进”，但它在客观上却成为中英关系的发展契机。此后，4～7月间，中国派出钢铁工业代表团对西欧5国进行了为期80天的访问，其中访英17天。1978年7～9月，国务院召开务虚会，强调要善于利用国外资金，大量引用国外先进技术设备。英国作为发达资本主义国家，再次引起中国政府的重视。

1978年10月，中国外长黄华应英国外交大臣欧文的邀请访英。欧文在欢迎宴会上说，英中两国“实际上是在急起直追，以求弥补过去一二十年没有进行的合作和失去的机会”。黄华则在致辞中表示，中国在实现四个现代化的过程中，在坚持独立和自力更生原则的同时，“将加强同外国的交往，并认真学习所有外国、包括英国的先进经验”。[②] 通过访问，双方就两国在政治、经济、文化、科技方面的合作达成了一致意见。11月，外贸部长李强、国务院副总理王震也先后访问了英国。访问期间，王震明确指出此行的目的在于与英方具体商讨引进其先进工业设备，并希望中英通过更大的努力促进双方贸易以更大、更快的步伐发展。英国首相卡拉汉表示愿意向中国提供贷款，并同

① 王红续：《七十年代以来的中英关系》，85～86页，哈尔滨，黑龙江教育出版社，1996。

② 《人民日报》，1978年10月12日。

意缔结一项长期经济合作协定，使1979～1985年的累计贸易额达到80亿～100亿美元。在此期间，双方还签订了科技合作协定及议定书，规定了两国进行合作的具体领域和措施。1979年2月底3月初，英国工业大臣瓦利应王震副总理的邀请访华，双方签订了长期经济合作协定和金融信贷协定，确定了两国未来7年经济合作总额140亿美元的目标以及英国向中国提供50亿美元贷款的计划，从而使王震访英的成果具体化。6月，英国能源展览会在京举行，英国海外贸易局副主席坎德公爵主持开幕式并对中国进行了访问。坎德公爵是英国女王伊丽莎白二世的堂弟，这次来访使他成为第一位访问中国的英国王室成员。

1979年10月底11月初，国务院总理华国锋对英国进行了为期一周的国事访问，随行的还有副总理余秋里、外交部长黄华等高级官员。这是中国政府首脑对英国的第一次访问，英国首相撒切尔夫人亲自到机场迎接，这在英国的礼宾规格上是罕见的。女王伊丽莎白设宴款待并引导参观白金汉宫。通过会谈双方在许多重大国际问题上表现出了相同或相近的观点。华国锋指出，“一个强大的西欧定将对维护世界和平和稳定作出积极的贡献”；撒切尔夫人则强调：“我们知道一个强大繁荣的中国是符合英国、欧洲和其他地区人民的利益的。它将是一支有利于世界稳定与和平的力量。”① 双方还从全球战略的高度出发主张积极推进两国关系的发展与合作。访问期间，双方签订了教育和文化协定以及民用航空协定，为双方在这两个领域的关系的发展打下了坚实基础。

在双方共同努力下，到20世纪70年代末，中英经济关系得到了迅速发展。在贸易领域，1970年两国贸易额为4.9亿美元，到1978年增加到6.7亿美元，1979年又增加到9.8亿美元，②

---

① 朱宗玉等：《从香港割让到女王访华——中英关系1840～1986》，225页，福州，福建人民出版社，1990。

② 王红续：《七十年代以来的中英关系》，82、90页，哈尔滨，黑龙江教育出版社，1996。

十年内翻了一番。更重要的是，在这一时期，中英经济关系已突破传统的单纯贸易往来而扩展到技术合作、金融支持等领域。这种发展在很大程度上是以政治关系的发展为保障的，同时也成为政治关系得以巩固和加强的重要推动力。

这一时期中英关系的发展还表现在军事交流方面。1972 年 10 月，英国外交大臣霍姆访华时，与中方就互派武官达成协议，从而为两国保持军事方面的联系开辟了渠道。但两国军事关系的迅速发展是在 20 世纪 70 年代后期才开始的。当时苏联在全球范围内展开了军事干涉与扩张，对西方世界形成了进攻性态势，英国认为中国是抵制苏联霸权的重要力量，因而主动提出加强两军关系。[①] 1978 年 4 月，英国国防参谋长卡梅伦应中国国防部邀请访华，并提出了增加两军交流的建议。同年，中国空军参谋长王定烈率领空军代表团访问英国，随后中国军事院校代表团等也先后访英。1979 年 7 月，中国副总参谋长杨勇访英。1980 年 3 月，英国国防大臣皮姆访华。1981 年 7 月，中国总参谋长杨得志也对英国进行了访问。鉴于当时的国际形势，英国在发展与中国的军事关系方面态度比较坚定。卡梅伦访华参观中国坦克部队时曾发表讲话说，英中两国共同的敌人是莫斯科，需要时，两军应联合起来打掉苏联坦克；1978 年 10 月王震副总理访英时，英国首相卡拉汉还提出愿意根据中国军事装备的需求提供帮助。[②] 此前英国曾多次试探向中国出售能垂直起降的多用途鹞式飞机，王震在访问时表示了购买的愿望。勃列日涅夫为此写信给卡拉汉进行威胁，但英国仍然不顾苏联的压力，坚持自己的立场。撒切尔夫人上台后甚至于 1979 年 5 月明确表示，

---

① 王泰平主编：《中华人民共和国外交史：1970～1978》，308 页，北京，世界知识出版社，1999。

② 王泰平主编：《中华人民共和国外交史：1970～1978》，308 页，北京，世界知识出版社，1999。

向中国出售鹞式飞机是英国“在战略基础上作出的正确决定”。①

中越边界自卫反击战与中英关系

越南战争期间，中国对越南提供了无私的慷慨援助，积极支持其反美斗争，但双方在斗争策略上也发生了一些分歧。② 战争结束后，越南从1974年开始对中国提出领土要求，1976年起开始迫害和驱赶华侨，导致两国关系紧张。越南还执行了亲苏政策，以便把苏联作为其反华政策的战略依托。1978年6月，越南加入由苏联主导的“经互会”，11月又与苏联签订带有军事同盟性质的“友好条约”，从而把自己的对华政策与苏联联系起来。早在1976年，越共中央委员、党报总编辑、中央宣传部副部长黄松就曾对瑞典记者称：“越南同中国这个大国的南部接壤，这种邻国关系既有积极方面也有消极方面。无论如何，来自北方的政治和文化压力必须消除。因此，今天同苏联的和睦对越南来说，起着非常重要的作用。苏联强烈地希望削弱中国在世界的这个部分的影响，这一点正好同越南的利益相吻合。”③ 在苏联的怂恿下，越南的地区霸权主义野心急剧膨胀，对华政策日趋强硬，从1974年到1979年2月，越南在中国边境制造的武装挑衅事件共达3535起。④ 为消除边境紧张局势，中国在寻求外交解决无果的情况下，被迫于1979年2月17日展开对越自卫反击战。

随着越南对华挑衅和对邻国侵略活动的不断升级，中国政府对越南的地区霸权主义也进行了充分揭露。因此，中越关系的持续恶化不能不引起英国的注意。实际上，到1978年底，当

① 王泰平主编：《中华人民共和国外交史：1970～1978》，307页，北京，世界知识出版社，1999。

② 曲星：《中国外交五十年》，419～424页，南京，江苏人民出版社，2000。

③ 《对越自卫反击战实录》，http：//njdj. longhoo. net/dj80/ca16599. htm。

④ 谢益显主编：《中国外交史（中华人民共和国时期1979～1949）》，506页，郑州，河南人民出版社，1988。

时的英国驻华大使柯利达就已经作出了中越关系注定恶化的结论。[①]

自卫反击战开始后，中国政府对国际社会明确宣告这是“保卫祖国边疆的正义行动”，强调：“如果对越南的侵略行径不予制止，无疑将危及东南亚甚至整个亚洲地区的和平与稳定。”[②]但中国的反击作战还是在国际社会引起了震动，苏联甚至声称要“履行自己承担的义务”，还发出了要“中国在为时不晚时停下来”的威胁。[③] 这一局势引起了英国和其他西欧国家的关注甚至忧虑。1979 年 2 月 19 日，包括英国在内的欧共体九国发表公报表示：“共同体九国认为，在东南亚出现的形势，可能对国际关系产生严重后果。它们对此表示忧虑”。它们还“对这一地区日益加剧的紧张局势表示遗憾”，“衷心呼吁建立一种能确保每个国家，特别是柬埔寨和越南的独立、领土完整和自由支配命运的秩序”。[④] 这一声明可以说反映了英国政府的观点。基于此，英国政府对中国的反击作战行动没有表示支持。

为求得东南亚局势的缓和，国际社会提出了中国从越南撤军、越南从柬埔寨撤军的“双撤军”方案。英国支持这一方案。2 月 27 日安理会讨论东南亚局势时，英国代表艾弗·理查德表示，安理会大多数理事国要求“双方都撤军，双方都回去”，“我们要求双方都撤军——不要以一方是否撤军为条件”。[⑤] 实际上，中国也是支持这一方案的。反击作战开始当天，中国政府就向世界明确宣告：“我们不要越南的一寸土地。我们要的只是和平与安定的边界。在给侵略者以必要的还击之后，我边防部

① 王红续：《七十年代以来的中英关系》，75 页，哈尔滨，黑龙江教育出版社，1996。

② 《人民日报》，1979 年 2 月 18 日。

③ 曲星：《中国外交 50 年》，437 页，南京，江苏人民出版社，2000。

④ 《人民日报》，1979 年 2 月 24 日。

⑤ 《人民日报》，1979 年 3 月 1 日。

队将严守祖国边界。”[1] 这就表明了在达到预期目的后撤军回国的意向。中国政府对这一承诺的态度是严肃的，3 月 5 日，中国政府宣布即日起主动撤军，到 3 月 16 日撤军任务完成。因此，英国所要求的双方都撤军的主张实际上主要是针对越南的。在中国的反击作战开始之前，英国就于 2 月 13 日宣布，“鉴于最近出现了一些涉及越南的令人不安的事件”，决定不再向越南提供双边援助。英国驻联合国代表艾弗·理查德还在安理会上批评越南代表企图为入侵柬埔寨的行动辩护。[2]

中国对越自卫反击开始后，越南驻英大使于 2 月 19 日前往英国外交部，要求英国政府“谴责北京的侵略”。英国外交和联邦事务大臣戈仑韦·罗伯茨勋爵对此表示拒绝，明确表示，由于对柬埔寨的入侵，他的国家的立场得不到什么同情。罗伯茨勋爵指出，越南入侵柬埔寨是违背国际法和人权的，越南应当立即撤出自己的部队。英方还提醒越南大使，越南驱逐难民是进一步侵犯了人权，在人权问题未得到纠正前，英国政府将不会同越南缔结任何新的援助协定。[3] 从这一谈话可以看出，英国的态度还是带有明显倾向性的。所以，在此期间，中英关系并没有受到什么影响。在中国对越作战行动开始后，英国仍然安排工业大臣瓦利访华，而此后不久中英军事交流也出现了史无前例的高潮。

英阿马岛战争与中国的反应

中越边界战争结束 3 年后，英国又与阿根廷围绕马尔维纳斯群岛的主权归属爆发了一场战争。马尔维纳斯群岛（简称“马岛”）位于靠近阿根廷的西南大西洋水域，由 2 个大岛和 300 多个小岛组成，面积约 1.28 万平方公里。麦哲伦环球航行

---

① 《人民日报》，1979 年 2 月 18 日。

② 《人民日报》，1979 年 3 月 1 日。

③ 《人民日报》，1979 年 2 月 22 日。

时发现该岛，1690年英国人约翰·斯特朗登岛后称之为“富克兰群岛”。18世纪，法国、英国、西班牙相继在此设立殖民据点，1767年成为西班牙殖民地。1816年阿根廷推翻西班牙殖民统治取得独立后，宣布继承该岛主权。但1833年英国以该岛为英国人首先发现为名派兵占领该岛，不过阿根廷一直没有放弃对该岛的主权要求。1958年马岛归属问题提交联合国。1965年第20届联大通过决议，敦促双方和平解决。此后双方展开长期谈判，一直没有取得结果。不过，从1975年到1981年，不结盟国家首脑会议和外长会议多次就马岛争端表明立场，支持阿根廷的主权要求。1982年3月英国马岛当局因几十名阿根廷工人进岛工作问题与阿方发生争执。4月2日，阿根廷军队4000余人对该岛采取军事行动，英方总督及驻军200余人宣布投降。英国政府立即作出强烈反应，3日宣布与阿根廷断交，并决定抽调2/3的海军力量组成特混舰队远征阿根廷。马岛战争爆发。

对英阿马岛争端，中国政府从一开始就表明了自己的立场。4月2日，阿根廷占领马岛当天，联合国安理会应英国要求举行紧急会议讨论马岛局势。次日通过以英国的决议草案为基础的决议，认为马岛地区“存在着破坏和平的现象”，要求阿根廷“立即停止敌对行动”并从该岛撤军。决议还要求英阿双方通过外交途径解决争端。在表决中，中国投了弃权票。这一投票立场反映了中国政府对马岛争端的基本立场。中国常驻联合国代表凌青在投票后解释中国政府立场时，首先代表中国政府对马岛紧张局势表示关切，接着，他指出，马岛争端是个历史遗留下来的问题。考虑到不结盟国家对该岛主权问题所持的立场，中国不能支持英国提出的决议草案。他还表示希望双方通过谈判使这个问题得到合理的解决。①

中国政府关于英阿马岛战争的基本立场是：

1. 支持阿根廷对马岛的主权要求。4月2日的安理会决议

① 《人民日报》，1982年4月4日。

实际上反映了英国对马岛的主权要求，因此中国政府认为不能支持。相反，对阿根廷的主权要求，中国则持坚决支持的态度。《人民日报》于4月15日发表“短评”说：“阿根廷人民争取和维护主权的民族感情是可以理解的。阿根廷对马尔维纳斯群岛的主权要求应该得到联合国及有关方面的支持和尊重”。① 此后，中国又通过外交部发言人、驻联合国代表以及《人民日报》等多种途径，在不同场合、不同时机，再三重申了这一立场。

中国还以第三世界一员和不结盟运动坚定支持者的身份对阿根廷关于马岛主权的要求表示支持。如前所述，不结盟国家会议曾多次通过决议支持阿根廷的立场，这次英阿争端激化后，不结盟国家协调局两次发表公报重申对阿根廷的支持，美洲国家组织也两次召开外长会议支持阿根廷的立场。4月2日中国驻联合国代表凌青解释中国代表团不接受体现英国对马岛主权要求的决议草案时明确指出，这是“考虑到不结盟国家对该岛主权问题所持的立场”。5月2日，外交部发言人指出：“最近召开的不结盟国家协调局会议和美洲国家外长协商会议通过的决议应当受到尊重。”② 5月24日，时任安理会主席的中国代表凌青在安理会以中国代表身份发言时再次重申这一立场，他明确指出，“中国政府和人民一贯支持第三世界国家捍卫主权和领土完整的斗争”，安理会也“应当尊重”这些决议，“支持阿根廷对马岛的主权要求”。③

2. 坚决反对英国的战争行动。阿根廷占领马岛后，英国决定通过军事行动重新夺回该岛，马岛地区局势日趋激化。中国认为导致局势激化的责任主要在英方。4月25日，英军在南乔治亚岛展开军事行动。4月30日，《人民日报》发表“短评”说，马岛地区的局势“由于英国军队在南乔治亚岛登陆而更趋

---

① 《人民日报》，1982年4月15日。

② 《人民日报》，1982年5月3日。

③ 《人民日报》，1982年5月26日。

紧张”;[①] 5月2日，中国外交部发言人也对这一事态表示“深感遗憾”，同时指出，英国的军事进攻行动“扩大了英国和阿根廷两国军队的流血冲突，给和平增加了困难”。[②]《人民日报》5月7日再次发表短评指出，马岛争端“由于英国海空军连续对马岛发动军事进攻而逐步升级”。[③] 英军5月21日展开全面登陆作战行动后，中国外交部发言人于22日对新华社记者发表谈话，批评英国的军事行动使英阿双方的军事冲突进一步扩大。[④]中国还批评英国的军事行动违背了国际社会维护和平的愿望，不可能导致问题的解决。《人民日报》5月7日短评指出，英国和阿根廷都曾表达过和平解决的意愿，国际社会也做过努力，这“反映了世界舆论要求维护南大西洋和平的强烈愿望”，而且“经过有关国家耐心的和平谈判，问题本来是可以解决的”，但就在国际社会为此而努力的时候，“英国方面竟对马岛发动军事进攻，挑起流血冲突。这种企图以武力和武力威胁达到目的的做法是不正当的，它不可能解决问题，而只能使局势恶化”。短评还批评英国任何以“炮舰政策”来达到其目的的企图都是不能得逞的。[⑤] 5月24日，中国驻联合国代表凌青代表中国政府对联合国秘书长为解决马岛争端所做的努力表示“赞佩和感谢”，同时指出：“遗憾的是，由于有关双方的立场存在着距离，尤其是由于拥有军事优势的一方采取强硬立场，使谈判难以进行下去”。[⑥] 6月14日阿军投降后，《人民日报》于18日发表评论员文章，再次指出：“令人遗憾的是，所有和平解决这一争端的努力都遭失败，而军事冲突则不断升级，……这种情况的出现，主要由于英国在一开始便决心用武力恢复占领”，因而“在联合

① 《人民日报》，1982年4月30日。
② 《人民日报》，1982年5月3日。
③ 《人民日报》，1982年5月7日。
④ 《人民日报》，1982年5月23日。
⑤ 《人民日报》，1982年5月7日。
⑥ 《人民日报》，1982年5月26日。

国及有关国家出面斡旋中，它一再设置障碍，提高要价……”。文章进一步批评英国：“这些情况表明，它对和平解决争端缺乏应有的诚意，而是热衷于用军事手段达到重新占领马岛的目的。”鉴于英军已击败阿根廷，文章指出：英国的“这种做法，即使在军事上能得逞于一时，但远不能导致马岛争端的解决，反而伤害了阿根廷和美洲国家的民族感情，给自己带来严重的后果”。①

中国批评英国的一个重要法理依据，是英国对马岛所提出的主权要求不具有正当性。4月3日，中国驻联合国代表凌青指出，马岛问题是一个历史遗留下来的问题。4月15日《人民日报》短评进一步明确指出，马岛问题“本质上是一个殖民主义遗留下来的历史问题”。② 5月24日，凌青在安理会重申这一观点，并强调：“对马岛的非殖民化问题，联合国曾通过相应决议”，敦促双方和平解决主权争议。因而在中国看来，英国诉诸武力的做法是没有法理依据的。

3. 希望英阿和平解决马岛争端。这是中国对国际争端所持的一贯立场。在联合国通过有关英阿争议的4月3日，凌青就指出，希望英阿双方通过谈判使这个问题得到合理解决；随后，《人民日报》在短评中再三表示希望“英阿双方对这一历史遗留下来的问题，通过和平谈判的方式”，求得一个“和平的”、“合理的”和“公正的”解决办法。③ 外交部发言人5月22日也强调，有关“呼吁和平解决马岛争端的决议”“应受到尊重”。

中国政府对马岛战争的立场首先与它对第三世界的政策有关。20世纪70年代初，毛泽东提出了“三个世界”划分的理论，主张“第三世界”联合“第二世界”反对“第一世界”的美国和苏联。中国认为，第三世界是维护世界和平的重要力量，

① 《人民日报》，1982年6月18日。
② 《人民日报》，1982年4月15日。
③ 《人民日报》，1982年4月15日；4月30日。

中国还强调自己属于而且将永远属于第三世界，并把加强同第三世界的团结与合作作为自己外交工作的基本立足点。1984 年 5 月六届人大二次会议《政府工作报告》中明确提出："第三世界国家进行的斗争，只要是反对外来侵略和干涉，维护自己的民族独立和国家主权的，我们都坚决支持"，"我们决不会因为考虑国家关系而对侵略和干涉行为姑息迁就"。[①] 中国在英阿马岛战争期间站在了阿根廷一边，所体现的正是这一原则立场。

应该说，中国政府对马岛战争的立场也是由它反对霸权主义的政策决定的。20 世纪 60 年代，中国提出了反对霸权主义的任务，到 70 年代，这一概念几乎成了苏联的代名词。进入 80 年代后，中国政府仍然把"反对霸权主义、维护世界和平" 作为新时期的"第一件事"，[②] 但随着美国争霸行动的加强和美苏"互有攻守" 态势的形成，中国政府不再以霸权主义来指代某一特定国家，而是有了新的定义，"辨别一个国家是不是搞霸权主义，不是看它的面积、人口和兵力有多少，而是要看它执行的是什么样的对外政策"。[③] 中国政府的立场是，"谁搞霸权主义我们就反对谁，谁侵略别人我们就反对谁"。[④] 在中国政府看来，阿根廷对马岛采取的行动是第三世界维护国家主权的行动，而英国针对阿根廷所采取的行动显然构成了霸权主义，甚至帝国主义行为。[⑤] 为此，《人民日报》强调："中国人民一贯坚决反对帝国主义、殖民主义和霸权主义，支持第三世界国家和人民捍卫国家主权和领土完整的正义斗争"，[⑥]"应当指出，今天的世界已进入 20 世纪 80 年代，任何依靠炮舰政策来压服第三世界国

---

① 谢益显主编：《中国外交史（中华人民共和国时期 1979～1994)》，196 页，郑州，河南人民出版社，1995。

② 《邓小平文选》(第二卷)，239 页，北京，人民出版社，1983。

③ 《人民日报》，1983 年 1 月 5 日。

④ 《邓小平文选》(第三卷)，162 页，北京，人民出版社，1993。

⑤ 《人民日报》，1982 年 4 月 15 日。

⑥ 《人民日报》，1982 年 6 月 18 日。

家的企图都是不能得逞的”。[1]

中国政府对马岛战争的立场还与香港问题有关。在香港问题搁置30年之后，港督麦里浩根据英国政府的指示，于1979年3月就香港问题第一次向中方做了试探，此后，先后向中国政府试探的还有前首相卡拉汉（1980年5月）、外交及联邦事务大臣布雷克（1980年8月）、外交大臣卡林顿（1981年3月）、副外交大臣兼掌玺大臣艾金斯（1982年1月）等。就在英阿围绕马岛争端激化后，前首相希思（1982年4月6日）还受撒切尔夫人之托前来中国再次试探中国政府的态度。这些频繁的试探使中国政府感到了解决香港问题的时机已经成熟，但此时发生的马岛战争不能不使中国政府关注英国这次军事行动的意义。中国政府在马岛争端问题上一再强调这是一个“殖民主义遗留下来的历史问题”，应该是有所指的。考虑到香港问题已提上日程，“中国的反应和态度决非就事论事，含义不言自明”。[2] 这也是中国政府一再强调用和平谈判解决争端的重要原因。

尽管中国政府对英国的战争政策进行了严厉批评，但并没有对两国关系构成什么严重冲击。在随后两年关于香港问题的谈判中，中英都能“本着以大局为重和友好合作的精神”，“慎重而耐心”地谈判，英国更是“采取了将香港完整地交还给中国的理智态度”。[3]

---

① 《人民日报》，1982年5月7日。

② 萨本仁等：《20世纪的中英关系》，396页，上海，上海人民出版社，1996。

③ 国务院港澳事务办公室香港社会文化司：《香港问题读本》，109页，北京，中央党校出版社，1997。

改革开放后的中英关系

第一章

香港回归与中英关系

第一节 关于香港问题的谈判

历史发展到20世纪80年代，中英两国的力量对比已经大大不同于100年前了。100年前，英国正是帝国的鼎盛时期，四处扩张，建立殖民地。100年后的英国早已因过度扩张而一步步走向衰落，早先的殖民地纷纷独立，建立起了自己的民族国家。中国人民经过了20世纪上半叶的英勇奋斗，赶走了帝国主义，建立了新中国。到了20世纪的下半叶，在进行了几十年的社会主义建设之后，又从70年代末起开始了改革开放的新时期。面对力量对比的变化和殖民帝国的瓦解，英国虽然心有不甘，但世运难违，力不从心，只好竭尽全力，在力所能及的范围内，因势利导，使前殖民地问题得到平稳的解决，并最大限度地保证英国的利益。香港回归的过程，最典型地体现了20世纪的这种变化。

中国政府关于香港问题的原则立场

中华人民共和国自成立以后，曾多次向全世界庄严表示：

中国政府不承认帝国主义强加于中国头上的一切不平等条约，“帝国主义在华特权必须取消，中华民族的独立解放必须实现，这种立场是坚定不移的”。

香港是英帝国主义通过三个不平等条约霸占的中国领土，按理也属帝国主义在华“特权”之一，必须加以解决。但是，自新中国成立直到20世纪80年代初，中国政府对香港问题采取的基本政策立场是在坚持对香港地区拥有全部主权的前提下，“暂不动香港”，维持香港现状，“为我所用”，以便其发挥“窗口”和“桥梁”作用，为国内社会主义建设和国际斗争服务。1951年春，周恩来总理在一次谈话中深刻阐述了当时中央政府在香港问题上的战略考虑。周总理说：“我们对香港的政策是东西方斗争全局战略部署的一部分。不收回香港，维持其资本主义英国占领不变，是不能用狭窄的领土主权原则衡量的，来做决定的。我们在全国解放之前已决定不去解决香港，从长期的全球战略上讲，不是软弱，不是妥协，而是一种更积极主动的进攻和斗争。”“在对华政策上，美英也有极大的分歧和矛盾。美国要蚕食英国在远东的政治经济势力范围，英国要力保大英帝国的余辉。那么保住香港，维持对中国的外交关系，就成了英国在远东的战略要点。所以，可以这样说，我们把香港留在英国人手上比收回来好，也比落入美国人的手上好。香港留在英国人的手上，我们反而主动。我们抓住了英国人的一条辫子，我们就拉住了英国，使它不能也不敢对美国的对华政策和远东战略部署跟得太紧，靠得太拢。这样我们就可以扩大和利用英美在远东问题上对华政策的矛盾。在这种情况下，香港对我们大有好处，大有用处。我们可能最大限度地开展最广泛的爱国统一战线工作，团结一切可以团结的人，支持我们的反美斗争，支持我们的国内经济建设。在这种情况下，香港是我们通往东南亚、亚非拉美和西方世界的窗口。它将是我们的瞭望台、气象台和桥头堡。它将是我们突破以美国为首的西方阵营对我国实行经济封锁的前哨阵地。"[①] 1957 年 4 月，周总理又指出，"香港的主权总有一天我们是要收回的，连英国也可能这样想。"目前，保持香港的特殊地位，可以为我所用，可以通过它吸收外资，争取外汇，它是我们同国外进行经济联系的基地。[②]

"暂不动香港"，作为中国政府的一项既定方针，一直到 20 世纪 80 年代初始终未动摇。与此同时，中国政府也多次声明，"在条件成熟的时候，经过谈判和平解决"香港问题。[③] 1972 年 3 月 8 日，中国政府在致联合国非殖民地化特别委员会主席的信中严正指出："香港、澳门属于历史遗留下来的帝国主义强加于中国的一系列不平等条约的结果。香港和澳门是被英国和葡萄牙当局占领的中国领土的一部分，解决香港、澳门问题完全是属于中国主权范围内的问题，根本不属于通常的所谓'殖民地'范畴。因此，不应列入反殖宣言中适用的殖民地地区的名单之内。中国政府主张，在条件成熟时，用适当的方式和平解决港澳问题，在未解决之前，维持现状。"进入 80 年代后，国内外形势发生了很大变化，解决香港问题的时机逐渐成熟。从国内来说，中共十一届三中全会后，由于完成了思想上的拨乱反正的历史任务，各个领域的改革开放不断深化，政局稳定，经济繁荣，社会主义现代化建设进入了一个新的历史时期。从国际上来说，冷战格局已发生了变化，不同社会制度国家间的矛盾大为缓和，和平与发展成为时代的主流。经过几十年的努力，中国的国际地位得到了空前提高，与 130 多个国家建立了外交关系，在世界上有很大影响。

根据形势的这种变化，1980 年 1 月 16 日，邓小平代表中共中央提出了中国在 80 年代的三大任务，即加紧社会主义现代化建设，维护和平，实现祖国统一。其中实现祖国统一这个任务

---

① 转引自金尧如：《保持香港现状和地位——毛主席周总理的战略思考》，载《香港经济日报》1993 年 7 月 2 日。

② 《周恩来统一战线文选》，353、355 页，北京，人民出版社，1984。

③ 《评美国共产党的声明》，《人民日报》，1963 年 3 月 8 日。

的一部分，就是收回香港的主权。由于香港新界 99 年租期将满，即使英国坚持过去与清政府签订的不平等条约仍然有效，其继续统治新界的“法律根据”到 1997 年也将不复存在。这样，英国要想继续赖在香港不走，无论在道义上还是在法律上都很难得到国际社会的同情和支持。鉴于这种情况，中国政府认为收回香港的时机已经成熟。

邓小平在 1982 年曾说过这样一番话，他说：“我们等待了 33 年，再加上 15 年，就是 48 年，我们是在人民充分信赖的基础上才能如此长期等待的。如果 15 年后还不收回，人民就没有理由信任我们，任何中国政府都应该下野，自动退出历史舞台，没有别的选择。”①

对于香港问题，中国政府的立场是很明确的。既然我们不承认帝国主义强加在我们头上的不平等条约，那么，我们要收回的就不仅仅是新界，而是整个香港地区，包括香港岛、九龙和新界。从英国方面说，新界是必须归还给中国的，但由于新界地区占香港土地总面积的 92%，在香港的经济和社会发展中具有重要的地位，香港岛和九龙离开新界根本不可能独立存在，这就迫使英国政府不能不从整体上认真对待我国提出的收回全部香港地区的要求。因此，在解决香港问题上，主动权在我国手中，英国则处于被动地位。

不过，掌握主动权并不等于可以随心所欲，要想使问题得到圆满解决，还必须考虑各种错综复杂的关系，照顾各方面的利益。这就要求我们既要从历史出发，又要尊重现实，既要坚持原则，又要灵活变通。正是在这一点上，邓小平同志表现出了高度的政治智慧，他以对历史和现实的深刻认识，对人类社会发展规律的深刻把握，高瞻远瞩，开创性地提出了“一国两制”的科学构想。

1984 年 12 月 19 日，邓小平在会见英国首相撒切尔夫人时

---

① 《邓小平文选》第三卷，12 页，北京，人民出版社，1993。

指出："中国面临的实际问题就是用什么方式才能解决香港问题，用什么方式才能解决台湾问题。只能有两种方式，一种是和平方式，一种是非和平方式。而采用和平方式解决香港问题，就必须既考虑到香港的实际情况，也考虑到中国的实际情况和英国的实际情况，就是说，我们解决问题的办法要使三方面都能接受。如果用社会主义来统一，就做不到三方面都能接受。勉强接受了，也会造成混乱局面。即使不发生武力冲突，香港也将成为一个萧条的香港，后遗症很多的香港，不是我们所希望的香港。所以，就香港问题而言，三方面都能接受的只能是'一国两制'，允许香港继续实行资本主义，保留自由港和金融中心的地位，除此以外没有其他办法。"①

关于有关香港问题的谈判，邓小平也高屋建瓴地作出了两点原则指示：第一，不与英国政府讨论主权问题。邓小平指出："坦率地讲，主权问题不是一个可以讨论的问题。"② 不管英国同意不同意，我们都要收回香港，在这一点上没有讨论的余地。我们主要和英国谈1997年之后如何管理香港，以及1997年以前如何保证平稳过渡的问题。第二，谈判日期要设限。以1984年初为最后期限，不能由英国无限期拖下去。要让英方知道，届时如果还谈不成，中国会单方面宣布收回香港的方案。后来中英两国的谈判，基本上就是按照邓小平提出的这两个原则展开的。

1982年12月，第五届全国人民代表大会第五次会议通过了宪法修正案。修改后的《中华人民共和国宪法》第31条规定："国家在必要时得设立特别行政区。在特别行政区内实行的制度按照具体情况由全国人民代表大会以法律规定。"这就为我国在恢复行使主权后，在香港设立特别行政区，并实行不同于内地的社会制度，提供了法律上的依据。

---

① 《邓小平文选》第三卷，101页，北京，人民出版社，1993。

② 《邓小平文选》第三卷，12页，北京，人民出版社，1993。

英国试图以主权换治权

从1979年开始，英国就不断派人到中国来，想摸清中国在香港问题上的底牌。1979年3月，香港总督麦里浩访问北京。在会见邓小平同志时，他极力强调长期延长香港土地租约对维护香港繁荣的重要性，要求我确认英方的打算。邓小平表示“现在距离1997年还有18年，我们还有时间。请转告投资者放心，不管将来怎样解决，我们都不会损坏投资者的利益”。[①] 1981年，英国外交大臣卡灵顿访华，继续询问中国政府在香港问题上的考虑，邓小平回答说，“在16年内或16年后，即使香港的地位有变化，投资者的利益也不会受到损害”。卡灵顿听后，感到中国政府对香港问题已经成竹在胸，有了解决办法。

香港的前途问题是一个涉及香港500多万居民和许多外国投资者利益的大问题。到了1982年，香港社会弥漫开一种不安的情绪。这种不安的情绪首先反映在房地产的变化上，从这年的年初起，香港居然没有签出任何地产和抵押合同。因为这类合同的期限一般都是15年，而15年后的1997年，正是新界租约到期的日子。如果中英两国届时不能顺利解决香港问题，那不就等于把钱扔到了水里？

看来，英国必须迅速做出决定，尽快解决新界租约的问题，否则将无法挽回投资者的信心。可是，这个问题怎么解决才能对英国有利呢？今天的中国早已不同于以往了，甚至也不是40年前的中国了。40年前的第二次世界大战结束前后，英国在香港问题上连谈都没有和中国人谈，就重新占领了香港。今天大英帝国的威风在中国人面前早就抖不起来了，来硬的肯定是不行的。那么，说不好只有将主权交还给中国，但继续由英国人来统治香港，也就是承认中国对整个香港地区，而不仅仅是新

---

① 谭兴举，“中英在香港问题上的首次较量”，见中国外交官回忆录，《新中国外交风云》第五辑，136页，北京，世界知识出版社，1999。

界的主权，以此作为交换，要求中国同意延长香港的租借期限，即“以主权换治权”。英国的一些报纸，也开始鼓噪这种论调。1984 年 4 月 5 日，《每日邮报》发表文章说，“我们心目中的香港，将是一个作为自由港和商业中心的城邦，由英国政府管理，但主权则属于中国。”

1982 年 4 月初，英国前首相希思被撒切尔夫人派往中国访问，进一步打探中国在香港问题上有没有可能接受英国人“以主权换治权”的想法。希思和邓小平一会面，就直奔主题地说：“随着 1997 年的迫近，香港 500 万居民对香港未来深感焦虑与不安，投资者也有恐慌情绪。为了香港的繁荣和稳定，我们必须公开表态，为新的协议进行谈判。”

邓小平回答说，无论将来香港政治地位如何，香港经济现状会维持不变，投资者大可放心。经验丰富的希思听出了邓小平的弦外之音，这就是香港必须收回，至于经济上，香港可维持现行的资本主义制度不变。

希思委婉地要求邓小平讲得更具体一些，邓小平非常干脆地说，“如果可能，我们愿意同贵国政府正式接触，通过谈判来解决这一问题。”希思还想进一步探探中国的底，问道：“您是否觉得现在谈判有失仓促呢?”邓小平说：“不，我们有办经济特区的经验，我们有逐步好转的国际关系，是考虑解决香港问题的时候了!”

希思回到英国后，向英国首相撒切尔夫人作了汇报。听了希思的描述，撒切尔夫人有些喜忧参半。喜的是中国方面到底明确表示了要与英国进行谈判，忧的是中国的态度比预料的要强硬，英国“以主权换治权”的打算，恐怕很不容易。

1982 年 9 月 22 日，英国首相玛格丽特·撒切尔在她的丈夫丹尼斯·撒切尔、香港总督尤德爵士的陪同下飞抵北京。第二天，撒切尔夫人与中国总理举行了会谈。双方就广泛关心的国际问题交换了意见之后，转到了有关香港的实质性问题。撒切尔夫人向中国总理阐述了英国的立场，她说：“我注意到，中国观点的两个主要因素是关于主权和香港继续繁荣。繁荣依赖信心。如果香港的行政控制发生剧烈变化或者甚至现在宣布这一点，将必然导致资金整个外流。英国绝不愿意这种事情发生。但是我们无法防止它。香港的崩溃对我们两国都是不光彩的。信心和繁荣依赖于英国的管理。如果我们两国政府能就未来香港管理的安排达成一致意见；如果这些安排可行并能维持这块殖民地的信心；而且如果它们使英国国会感到满意，那时我们就将考虑主权问题。"① 她翻来覆去地讲："有关香港的三个条约在国际上仍然有效，任何修订必须以三个条约为根据。"这种赤裸裸的帝国主义论调当然遭到了中国总理的驳斥。中国总理严正指出，有关香港的三个不平等条约都是帝国主义强加给中国的，是帝国主义侵略中国的产物。中国政府已多次明确宣布，中国不承认一切不平等条约，不受一切不平等条约的约束。中国总理还代表中国政府正式通知英国：中国政府决定不迟于1997年恢复行使对香港的主权。第一天的谈判，中英双方基本上是各说各的理，没有谈拢。

9月24日，这是决定香港前途的关键一天，邓小平会见英国首相。上午9时，会见在人民大会堂举行。撒切尔夫人知道，与中国总理的两次会谈都只不过是"前哨战"，今天与邓小平的会谈才是真正的"攻坚战"。所以，会见一开始，她就摆出强硬姿态，抛出了"三个条约有效"和"维持香港繁荣稳定离不开英国"这两张牌。撒切尔夫人强调，有关香港的条约白纸黑字写在那里，任何人都不能抹杀这一事实。既然这些条约仍然存在，那么就必须得到遵守。如果中国收回香港，就会给香港带来灾难性的影响。要继续维持香港的繁荣，前提条件就是由英国人治理。因此，所谓香港前途问题的解决方案，必须以英国

① （英）玛格丽特·撒切尔，《唐宁街的岁月》，260～261页，纽约，1993年英文版。转引自王红续著，《七十年代以来的中英关系》，118页，哈尔滨，黑龙江教育出版社，1996。

治理为前提。

撒切尔知道，要想保住英国对香港的“主权”是不可能的。她之所以强调三个条约继续有效，不过是想以此作为中国方面让步的条件，同意英国继续统治香港。针对英国的说法，邓小平不疾不徐地向撒切尔夫人阐述了中国政府在香港问题上的原则立场：

“我们对香港问题的基本立场是明确的，这里主要有三个问题。一个是主权问题；再一个问题，是1997年后中国采取什么方式来管理香港，继续保持香港繁荣；第三个问题，是中国和英国两国政府要妥善商谈如何使香港从现在到1997年的15年中不出现大的波动。

“关于主权问题，中国在这个问题上没有回旋余地。坦率地讲，主权问题不是一个可以讨论的问题。现在时机已经成熟了，应该明确肯定；1997年中国将收回香港。就是说，中国要收回的不仅是新界，而且包括香港岛、九龙。中国和英国就是在这个前提下来进行谈判，商讨解决香港问题的方式和办法……

“保持香港的繁荣，我们希望取得英国的合作，但这不是说，香港继续保持繁荣必须在英国的管辖下才能实现。香港继续保持繁荣根本上取决于中国收回香港后，在中国的管辖之下，实行适合于香港的政策。香港现行的政治、经济制度，甚至大部分法律都可以保留，当然，有些要加以改革。香港仍将实行资本主义，现行的许多适合的制度要保持。我们要同香港各界人士广泛交换意见，制订我们在15年中的方针政策以及15年后的方针政策，这些方针政策应该不仅是香港人民可以接受的，而且在香港的其他投资者首先是英国也能够接受，因为对他们也有好处。我们希望中英两国政府就此进行友好的磋商，我们将非常高兴地听取英国政府对我们提出的建议。这些都需要时间。为什么还要等一、二年才正式宣布收回香港呢？就是希望在这段时间里同各方面进行磋商……

“我们建议达成这样一个协议，即双方同意通过外交途径开始进行香港问题的磋商。前提是1997年中国收回香港，在这个基础上磋商解决今后15年怎样过渡得好以及15年以后香港怎么办的问题。"①

邓小平的这番话，绵里藏针，有理有力，严密得让撒切尔夫人感到没有一点讨价还价的余地。会见结束后，撒切尔夫人走下人民大会堂门外长长的台阶，情绪依然很激动。邓小平的厉害她今天算是真的领教了。正在思索之中，突然一脚踏空，险些跪倒在地。在人民大会堂外守候多时的记者们，正为打探不到什么消息而焦急，见到"铁娘子"出来，便纷纷把镜头对准了她，谁也没有想到拍下的竟是这样的场面。许多人猜测，她和邓小平的会谈肯定没有捞到什么好处。

再试"民意牌"和"经济牌"

在和邓小平谈完后，撒切尔夫人一行又到上海和广州进行了访问，之后来到了香港。当她踏上香港的土地后，她感到可以说些她实在想说而在上海和广州都没敢说的话了。

在到达香港第二天，也就是在9月27日举行的记者招待会上，撒切尔夫人又拿出了强硬的口气，她说，虽然中国领导人向她表示，不承认清政府与英国签订的条约，但英国方面却一定要承认，"因为这些条约是有法律根据的"，"是有效的，不应单方推翻，而只能由双方加以修改"。"英国的立场是根据三个条约"来处理香港问题。"如果有人不喜欢这些条约，解决的方法是由有关双方进行讨论，经双方同意而生效，但不能毁约。如有一方不同意这些条约，想废除条约，则任何新的条约也没有信心执行"②。撒切尔夫人还大谈她本人一定承担起对香港的责任，向香港人民负责，俨然是香港人民利益的保护者。

---

① 《邓小平文选》第三卷，12～15页，北京，人民出版社，1993。

② 柯华，"为香港回归探路"，见中国外交官回忆录，《新中国外交风云》第五辑，155页，北京，世界知识出版社，1999。

但是，撒切尔夫人高估了自己和英国在香港人民心里的地位，低估了香港人民作为炎黄子孙的民族感情。她以为只有她代表着香港的民意，只要她登高一呼，反对中国收回香港，香港人民就会跟着她走，英国就能以“顺应港人意愿”为借口，继续赖在香港不走。她的如意算盘打错了。

就在撒切尔夫人说这番话的同时，香港中文大学和理工学院的学生代表，已经聚集在招待会的会场外示威抗议。他们在抗议书中义正词严地表示：“我们不能接受英国首相的‘修改’条约的建议，这样就等于承认这些条约，无疑令我们民族的尊严再次受损。”“英国不能以‘对香港500万人负责’作为永远统治香港的借口。中国对香港拥有主权是个原则问题，是维护民族尊严的大是大非问题。”

香港舆论界也对撒切尔夫人的言论普遍提出了强烈的批评，就连一向比较亲英的英文《虎报》也发表社论指出：“仅仅基于过去年代发黄了的条约的英国立场，显得顽固，甚至是不合时宜的。”

英国政府试图以香港“民意牌”向中国政府讨价还价，没有讨到什么好处。1983年1月28日，撒切尔首相召集政府高层官员和港督尤德开会，讲到香港问题。撒切尔夫人在会上提出了两个方案：一是在香港发展民主体制，使香港在短期内获得独立或自治；二是提议在联合国的主持下在香港搞全民公决。但其他与会者不赞成首相的设想。①

与此同时，中国政府也在加紧进行完善关于香港方针政策的工作。6月22日，国务院召开港澳工作会议，重新调整了对英谈判策略。在这种情况下，英国的立场开始有所松动。1983年4月，英国外交部通知中方，英国愿意重开谈判，英国不反对中国以主张对香港拥有主权的前提进入谈判。1983年7月1

① 王红续：《邓小平对解决香港问题的战略思考与实践》，载宫力主编《邓小平的外交思想与实践》，169页，哈尔滨，黑龙江教育出版社，1996。

日，中英两国同时发表公报，宣布关于香港前途问题的第二阶段会谈将于 7 月 12 日在北京举行。

到 9 月底，中英双方共进行了 4 轮会谈。尽管每次会谈后发表的新闻公报都说“会谈是有益和建设性的”，但由于英国实际上仍然坚持“以主权换治权”，会谈没有取得实质性的进展。

对于会谈的结果，香港经济作出了反应。面对不甚明朗的前景，香港股票和房地产一个劲儿地下滑，港币对美元的汇价却直线上升。港英政府不但不采取措施，稳定局面，反而推波助澜，借机大打“经济牌”，向中国政府施压。

对此，英国首相撒切尔夫人将其归咎到中方头上。她在伦敦接受美国记者采访时说，香港由于前途不明，正面临重大的金融和政治动荡。英方是为了香港人的利益才进行谈判的，英国未从香港拿走一分钱。香港如果不是因为地位特殊和有新界租约问题，早已独立成为另一个新加坡。别人不应指责英国还在搞殖民主义，因为许多与新加坡差不多的地区，都独立很久了。这真是地地道道的殖民主义者的逻辑。

英国大打“经济牌”，使人们对会谈前景更不乐观，港人的担忧加深了。许多人赶到银行开始将自己手中的港币兑换成美元或黄金，一些外资银行也大量抛售港币，致使港币价格进一步下跌，几乎每小时就破一关，竟然跌至 9.7 港元兑一美元的历史最低点。在这种恐慌气氛影响下，不少市民开始抢购大米、油和罐头等食品，这就是所谓的“九月风暴”。

中方有关人士针对香港的局势严厉指出，“香港当局应对港元汇价下跌负责”，“政府发行钞票，必须对人民负责，至少要保值，保持货币的购买力”。香港各界人士也对英国企图以“经济牌”压中国让步的做法提出了强烈的批评。几千市民举行示威游行，要求港府采取措施，稳定局势。报纸也发表文章，批评港英政府“损人不利己的险招”。

在“经济牌”继续打下去只能搬起石头砸自己的脚的情况下，港英当局只好在 10 月 15 日宣布实行固定汇率，1 美元兑换

7.8 港元，同时取消 10% 的港元存款利息税。这一措施宣布后，港元汇率立即回升。

英国打“民意牌”和“经济牌”，都没有捞到好处，于是在无奈中只好放弃“以主权换治权”要求，改为提出在 1997 年后继续发挥英国的行政管理作用。撒切尔夫人在伦敦公开说，香港之所以取得成功，是因为华人的勤奋和创造力，再加上英式管治体制。如果不能保持这种管治体制，香港就不能继续保持繁荣。

面对英国的这个说法，中方给予了驳斥。中国政府再次重申：中国的立场没有任何改变，中国对未来香港的政策是“收回香港，港人治港，制度不变，保持繁荣”。

中英《联合声明》的签署

“港人治港”的政策，激起了香港人的极大政治热情。曾几何时，英国给予过港人政治权力参与香港的治理？香港人民从“港人治港”的方针中看到了香港未来的希望，也感到了自己身上的责任。于是，香港各界人士纷纷组织“上京团”，通过各种途径表达自己的意愿，了解中国政府的意图。为了使香港人民放心，1984 年 6 月 22 日和 23 日，邓小平分别会见了香港工商界访京团和香港知名人士钟士元等，对他们解释中国政府的立场和方针、政策。邓小平说：“中国政府为解决香港问题所采取的立场、方针、政策是坚定不移的。我们多次讲过，我国政府在 1997 年恢复行使对香港的主权后，香港现行的社会、经济制度不变，法律制度基本不变，生活方式不变，香港自由港的地位和国际贸易、金融中心的地位不变，香港可以继续同其他国家和地区保持和发展经济关系。我们还多次讲过，北京除了派军队以外，不向香港特区政府派干部，这也是不会改变的。我们派军队是为了维护国家的安全，而不是去干预香港的内部事务。我们对香港的政策五十年不变，我们说这个话是算数的。”“我们的政策是实行‘一个国家，两种制度’，具体说，就是在中华人民共和国内，十亿人口的大陆实行社会主义制度，香港、台湾实行资本主义制度。”①

随着一个个“上京团”归来，香港人对中国政府的政策越来越理解和支持，对香港未来的担心和疑虑也越来越减轻。民心的天平进一步向中国方面倾斜，形势的发展对中国越来越有利。在这种情况下，英国不得不采取主动，同意于1984年1月25日与中国政府开始第八轮会谈。

4月15日，英国外交大臣杰弗里·豪对中国进行正式访问，双方的会谈取得了突破性进展。4月20日，杰弗里·豪在香港发表声明说，“要达成一项使香港在1997年以后仍然由英国管治的协议，是不切实际的设想”。英国的方针“是与中国政府研究怎样可以达成会确保香港在1997年之后，在中国主权下得到高度自治权，同时会使香港的生活方式及现行制度的本质得以维持不变化的安排”。② 这个声明表明，1997年后，英国将完全放弃香港的“主权”和治权，到时香港将成为中国的一个特别行政区。

大的分歧至此基本解决。此后，中英双方又举行了9轮会谈，就一些具体的问题，如成立中英联合联络小组、香港驻军等问题举行了谈判，到1984年9月5日，中英第22轮会谈在北京举行的时候，中英关于香港问题的协议已经水到渠成，要瓜熟蒂落了。

北京的金秋，天高云淡，气候宜人。

9月26日，人们都在盼望着这一天，因为中英关于香港问题的联合声明就要在人民大会堂草签。这些天，报纸上天天都用大量篇幅报道中英协议即将草签的消息。各种途径的好消息，使香港股市一路攀升，恒生指数突破了1000点大关，4个交易所全天成交总额达到1.9亿元，两项指标都创造了历史最高

① 《邓小平文选》第三卷，58页，北京，人民出版社，1993。
② 《人民日报》，1984年4月21日。

记录。

这一天，香港港府向香港市民散发了几十万册白皮书，内容包括英国政府编写的《引言》、《中英联合声明》的全文和3个附件及备忘录。《引言》详细阐述了英国政府对《联合声明》的看法。

《引言》说："这样的一份协议，是两个主权国家所能达成的最高承诺。"英国政府相信，"已成功地取得了一个符合香港人的需要和意愿的协议"。"从协议整体来看，英国政府有信心认为这份协议的确可以提供一个大纲，使香港在1997年成为中华人民共和国的一个特别行政区后，能够继续保持稳定和繁荣"。

"为避免有任何误解起见，英国政府有责任清楚说明，除了接受本白皮书所载的协议外，没有任何可行办法。英国政府的意见是：要更改这份协议是没有可能的。假如不接受这份协议，就会没有任何协议。中国政府已明确表示，假如这份协议不被接受，中国政府将不会重开谈判，并且会自行公布对香港的一套方案。这一套单方面宣布的方案是否会包括这份协议草案内所载的各项条款，是不能确知的，而且也不会有两个国家所签订而具有法律约束力的协议的同样地位。不管中英两国政府是否有任何协议，根据1899年协议的条文规定，在1997年7月1日，新界地区必须归还中国。香港其余地区（香港岛和九龙及昂船舟）将缺乏独立存在的条件。自从1899年以来，香港和新界已成了一个整体地区，而英国政府也认为绝不可能把在1997年7月1日便要归还给中国的新界地区和其余地区分开。因此，目前的选择就是在一项双方都同意而又具有法律约束力的国际协议下，把香港归还给中国，或是在没有这种协议的情况下，把香港归还给中国。这并不是英国政府设法强使香港人接受的选择，而是一项历史事实遗留给香港人的选择。"《引言》字里行间流露出一种深深的悲哀和无可奈何，却也不失为明智。

1984年12月19日，两国正式的签字仪式在北京举行。出席签字仪式的中英两国领导人有邓小平、李先念、撒切尔夫人和杰弗里·豪等，中国总理和英国首相分别代表本国政府在《中华人民共和国与大不列颠及北爱尔兰联合王国关于香港问题的联合声明》上郑重签字。声明向全世界庄严宣告：中国政府将于1997年7月1日对香港恢复行使主权，英国将在同日把香港交还中国。正如撒切尔夫人所言，中英《联合声明》的正式签署，“在香港生活中，在英中关系的历程中以及国际外交史上都是一个里程碑”。①

在中英谈判期间，英方先后打出“三个条约有效”、“以主权换治权”、“经济牌”和所谓民意牌，但最后都没有奏效。毕竟今天的中国不再是昔日积弱不振的中国，今天的英国也不再是昔日称雄世界的英国。

香港问题在20世纪80年代之所以能够顺利解决，正如邓小平后来所说：“并不是我们参加谈判的人有特殊的本领，主要是我们这个国家这几年发展起来了，是个兴旺发达的国家，有力量的国家，而且是个值得信任的国家，我们是讲信用的，我们说话是算数的。粉碎‘四人帮’以后，主要是党的十一届三中全会以后，五年多的时间确实发生了非常好的变化。我们国家的形象变了，国内的人民看清了这一点，国际上也看清了这一点。”②

第二节　过渡期的中英较量

彭定康抛出政改方案

1984年12月《中英关于香港问题的联合声明》签署之后，

① 吴帆编译：《外国领导人访华讲话选集》，198页，北京，中国对外翻译出版公司，1990。

② 《邓小平选集》第3卷，85页，北京，人民出版社，1993。

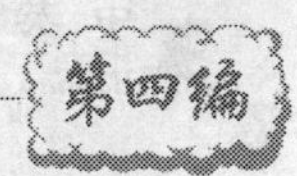

中英两国政府于1985年5月27日在北京互换批准书。中英联合声明正式生效。以此为标志，香港进入过渡时期。但是，过渡期的道路并不平坦。

随着20世纪80年代末国际局势风云变幻，北京发生政治风波，特别是苏联的解体，使英国政府对中国政局和未来发展趋势作出了错误的判断和估计。英国预测，邓小平百年之后，中国有可能走向分裂，发生重大动荡。在这种形势下，英国采取对华强硬政策，改变了在香港问题上多年来合作的态度，开始从多方面给中国政府设置障碍。

1991年12月30日，英国首相府宣布撤换长期主张与中国政府合作的港督卫奕信，打算派一位政治家而不是外交家出任最后一任香港总督。他们的如意算盘是，政治家可以不受外交承诺的约束，在最后的5年时间里，能尽量为英国谋求更多的长远利益。于是，末代港督的人选，在英国政府看来十分关键。

1992年4月24日，英国政府宣布当时任保守党领袖的彭定康出任英国第28任香港总督。在历任港督中彭定康的来头最大，政治地位最高。在英国攫取香港以后，最初担任香港总督一职的基本上是军人，并与当时执掌英国对远东贸易大权的东印度公司有关联，这是因为在英国占领香港之初，经常要对中国采取军事侵略行动。自第六任总督麦当奴开始，总督一职才改由文官担任，主要是由殖民地事务官员出任，主要负责处理香港本地的事务。1971年后，英国首次委派了一名资深外交官麦理浩为香港总督，从他开始到卫奕信这四任港督，不仅要处理香港本地事务，而且还要经常与中国政府打交道。彭定康出任香港总督，一方面是由于他本人与首相梅杰私交很好，在1992年初的英国议会大选中又为保守党赢得选举立下了汗马功劳，自己却把议员的席位给搞丢了，梅杰首相为了酬谢他，给了他香港总督的肥缺，另一方面，更主要的是因为他能以更强硬的姿态贯彻英国的对华和对港政策。

1992年7月末代港督彭定康到港后，为了贯彻英国政府的政策意图，很快就在香港政制改革问题上抛开中国大做文章，致使中英之间好不容易建立起来的合作关系重趋紧张，香港政权交接和平稳过渡变得困难起来。

本来，中国政府为保证邓小平“一国两制”、“港人治港”思想的具体化，使香港人民对中央政府关于香港政策保持不变的承诺放心，对香港的前途放心，中国政府代表在中英谈判期间主动提出来要为香港特区专门制定一个具有宪法性质的法律，使中央对香港的各项方针政策以法律的形式固定下来。为此，1984 年 4 月在中国第六届全国人大三次会议批准《中英联合声明》的同时，还通过了另一个重要文件，即《关于成立中华人民共和国香港特别行政区基本法起草委员会的决定》。基本法起草委员会自 1985 年 7 月成立，到 1990 年 2 月基本法草案通过，1990 年 4 月 4 日全国人大七届三次会议正式通过《基本法》，共经过了近 5 年的时间，最终为香港特区写出了一部具有创造性和历史意义的法律。

《基本法》为香港的政制确立了一种司法机关、行政机关与立法机关相互制衡又相互配合的模式。这个模式，不同于西方的三权分立。它主要的运作方式为：行政长官是香港特区的首长和代表，同时也是特区行政机关的首脑，其职权包括必要时可以解散立法会等一系列保障其职务正常运转的权力；行政长官受行政会议和立法会的监督，立法会有权对行政长官提出弹劾案。也就是说行政长官掌有实权，同时也要受到制约。行政长官产生的办法根据香港的实际情况和循序渐进的原则而规定，最终达到由一个有广泛代表性的提名委员会按民主程序提名后由普选产生。立法会的选举也本着同样的原则进行。①

英国自 19 世纪强占香港后，对香港一直实行英国海外辖区

---

① 《中华人民共和国香港特别行政区基本法》，《人民日报》1990 年 4 月 7 日。参见萧蔚云：《回顾香港基本法政治体制问题起草的经过》，《今日港澳》，1993 年第 2 期。

通常采用的政制模式。港督总揽香港的行政、立法大权，实际上是香港的独裁者。香港的行政局、立法局是港督的咨询机构，其议员长期都由英国政府委派。另外英国还有权驳回香港的法律和立法局的决定，并有权代香港立法。香港人民在港督的统治下，根本谈不上民主权利。在100多年的殖民统治上，港英政府对香港人民的民主要求一直置之不理，甚至对自己内部一些人出于维护殖民统治的目的提出的政治改良建议，也从来不予考虑。可是，彭定康到港后，却别有用心地要在5年的时间里还政于香港人民，莫非真是应了中国那句老话："人之将死，其言也善"，英国在殖民统治行将结束之时，真的要给香港人民以补偿吗？

彭定康加紧谋划政改方案，并在没有和中国政府达成共识的情况下，于1992年10月7日单方面推出了所谓"香港政制改革方案"。这个方案对香港的政治体制进行了大手术：

（一）加强立法局的权力，改变过去行政主导的体制。香港过去一贯实行立法局和行政局的双重委任制，也就是说两局的议员都由总督委任，行政局有的议员任立法局议员，立法局议员也可委任为行政局议员。两局的关系是行政主导，立法局向行政局负责，这一体制与基本法第62条的规定是基本吻合的。彭定康在政改方案中提出把行政局同立法局分开，由行政首脑和行政机关向立法机关负责，立法机关可通过成立一个"政府及立法局事务委员会"介入政府施政过程。这样，立法局在政府决策中的权力和制衡作用就大大加强了。这样一改，立法局将掌握香港政制的实权，1997年以后的立法机关就将控制特区政府，使过去实行的"行政主导"体制名存实亡。

（二）改变1995年选举委员会的组成办法，增加立法局选举中的直选议员人数，不再遵守中英双方已同意的1995年直选议员为20名的数目，使立法局直选和变相直选产生的议员达40名，以便使代表英国利益的"拒中民主派"获选后，坐"直通车"进入1997年后的第一届立法会。

（三）把功能组别一会一票的间接选举改为全行业直接选举。港英政府从1985年开始，在全港推行功能团体间接选举制度。它将香港社会各界分成若干组别，如金融、工业、法律、教育等，其中有的以法人团体为单位进行投票，有的由获得专业资格的个人投票。这种选举方法主要是为了确保香港财经界和一批有特殊作用的团体和个人能有代表进入立法局。在起草基本法时，英方把这种选举制度推荐给基本法起草委员会，中方对这一制度给予了肯定，并将其写入了基本法。彭定康的政改方案改变了这种选举办法，使选民从45万人迅速增加到270万人。另外政改方案在区议会一级，取消委任议席，改为直接选举，并扩大区议会的职权，使之具有政权的性质。

彭定康的这个政改方案，得到了英国政府的支持，梅杰首相在政改方案出台的当天，即发表声明表示他完全赞成彭定康的计划。但是，由于这个政改方案对香港的政治体制和选举制度单方面进行了重大的变动，与香港基本法严重背离，自然而然地引起了中国方面的强烈不满。

10月8日，国务院港澳办和外交部发言人分别发表谈话，指出港督的政改方案是在没有同中方磋商的情况下单方面提出的，是蓄意挑起一场公开的争论。他们重申，香港政治体制的发展必须与基本法衔接。①

10月20日，彭定康对北京进行他就任总督后的首次访问。22日下午，钱其琛外长在钓鱼台国宾馆会见彭定康一行。在会谈中，钱外长指出，彭定康施政报告中对香港政制的重大改变，明显违背了中英联合声明中的有关规定和精神，违背了英方关于要使香港政制发展与基本法衔接的承诺，违背了中英双方已达成的有关谅解。港英当局的这种做法，是对中英合作的挑战，不利于香港的平稳过渡和政权的顺利交接，还是应该回到根据

① 《人民日报》，1992年10月9日。

中英联合声明的规定进行认真磋商的轨道上来。[①]

23日下午，中国国务院港澳办公室主任鲁平在新闻发布会上警告说，如果英方不改变政制方案，根本不考虑与基本法的衔接问题，中国政府将按照联合声明和基本法的规定，组成1997年香港特别行政区第一届立法会。由于彭定康一意孤行，他此次赴京会谈没有取得任何结果。

彭定康的政改方案在香港也未赢得民心。香港《南华早报》于1992年11月22日发表的民意调查显示，彭定康的支持率由过去的56%下降到35%。500名香港企业家联合批评他的政改方案不现实，建议他收回方案。从英国国内也传来了反对的声音，前任港督麦理浩、卫奕信接连发表谈话，警告彭定康绝不能干预中国内政，这才是香港的求生之道。应多听听中国的建议，才有望打破僵局。

英方关闭谈判大门

彭定康在抛出这个政改方案前，不仅没有同中方磋商，也没有征求香港人民的意见，甚至没有征求行政和立法两局议员的意见，完全是突然袭击的手段。当这个方案遭到香港各界和中国政府的强烈批评后，彭定康一意孤行，拒不放弃，甚至连一点修改也不肯作，他的做法表现得没有一丝民主的味道。因此，香港的一位知名人士对他的政改方案批了八个大字，“独揽大权，罔顾信义。”真可谓一针见血，入木三分。

1993年1月，邓小平就彭定康政改方案引发的中英对抗向有关方面发表了谈话。他说，英国在撤出香港之前“搅局”，是蓄谋已久的、精心策划的。应该清醒地认识到这场斗争的不可避免性。我们在原则问题上不能退让，不用说一寸，一分一毫也不能让。越让就越被动，局面就越复杂、混乱。邓小平接着说，我们要尽一切努力使香港的局势好转，但是同时也必须做

---

① 《人民日报》，1992年10月23日。

好香港在过渡时期的最后几年里出现最坏情况的一切准备工作。你英国可以单方面撕毁两国联合声明、两国谅解协议，但是我们中国贯彻执行基本法、实施“一国两制”则是坚定不移的。最后邓小平指出，我们同英国政府和港英当局是一再打招呼，希望按声明、协议办，少些纷争，多些合作。但是英国政府和港英当局硬要搞对抗的话，我们就没有其他选择，只有奉陪到底。①

1993年3月12日，彭定康在没有同中国方面商妥政改方案谈判具体日期的情况下，突然将政改方案草案刊登宪报。彭定康的做法激怒了中国人，鲁平主任称彭定康将成为香港历史上的千古罪人。中方断绝了与英方的一切外交接触。危机持续加深。

英国的舆论界有的为彭定康的勇气叫好，有的开始批评他鲁莽、把事情搞得一团糟。英国前首相希思比别人看得都清楚，他指责彭定康走得太远了，他说，“中国人会说，看，你们拥有香港超过100多年，你们为了民主化做过什么呢？一点也没有。现在突然间你们告诉我们说要扩大香港的投票范围。我们已经看到香港的大部分反应是怀疑的。”

随着1994/1995年香港区议会和市政局选举的临近，许多问题还要与中方商量解决。英国外交部不得不秘密与中国方面接触，希望举行谈判。英国外交大臣赫德也通过各种渠道向钱其琛外长表示，希望打破僵局。中国政府从实现香港平稳过渡和保持香港繁荣稳定的大局出发，同意同英国政府举行谈判。

1993年4月22日，中英两国政府关于香港选举问题的第一轮谈判在北京举行。谈判开始后，中英双方都分别阐述了自己的原则立场。中国方面表示，1997年前香港政制发展应以联合声明为依据，根据香港的实际情况循序渐进，并与基本法衔接；1997年前香港应继续保持“行政主导”的体制，香港1994/

① 转引自《北京党史研究》，1996年，第2期。

1995年选举的问题是涉及1997年平稳过渡的大事，因此中英双方应认真磋商，达成共识。但是，英方在谈判中始终坚持彭定康的政改方案不变，致使谈判一轮又一轮地进行下去，一直没有什么实质性的进展。

中方为了使谈判能够向前推进，做出了许多让步。如中方同意英方提出的关于投票年龄的主张，将选民年龄从21岁降至18岁。中方也同意了英方提出的区议会和两个市政局采取“单议席单票制”的投票方法。中方还默许了可以在1994年9月和1995年3月举行的区议会和两个市政局选举中全部取消委任议席，1997年后再由特区政府决定增设委任议席的数目。但就在中英谈判亮出一线曙光的时候，英方又节外生枝地提出，必须让“单议席单票制”的投票方法也适用于1995年的立法局分区选举，中方当然不能接受这一无理的要求。

11月27日，中英第17轮谈判尚未结束，英方就单方面宣布中断谈判。12月3日，彭定康又宣布香港政府将单方面推行民主改革方案。5日，他将有关香港选举的第一部分立法草案提交立法局讨论。1994年2月24日，香港立法局通过了彭定康提交的这份草案。3月9日，彭定康又将第二部分立法草案提交立法局讨论，恢复中英谈判的大门被彻底关死了。

彭定康毫不理会中国的反对和各方面的批评，顽固地坚持“三违反”的政改方案。不仅如此，他还在香港其他问题上，如新机场财务安排谈判、9号码头合约问题、军事用地安排等问题上，也采取不合作的态度，致使中英对立的局面进一步加剧。

本来，中英联合声明附件二规定，中英两国政府在香港后过渡期要加强合作，共同审议为1997年顺利过渡所要采取的措施。现在看来是难以做到了。英国人想自己搞一套，中方别无他途，只有“另起炉灶”。

中方“另起炉灶”

彭定康单方面推行政改方案，就如同拆毁了“直通车”的路轨。本来，中国政府提出如果政权交接顺利，香港最后一届立法局议员可以乘“直通车”直接过渡到1997年后香港特区的第一届立法会。现在看来，不可能这样做了。

中国政府在10月下旬彭定康赴京会谈毫无结果之后，就感到英方很可能在政改问题上与中国对抗下去，中国方面不着手采取相应的措施，就难以保证香港过渡期内的平稳。10月23日，国务院港澳办公室主任鲁平在记者招待会上向新闻界吹风说，如果彭定康完全不考虑我们意见的话，那么无非到了时候，我们按照基本法的规定来组成第一届的立法会，以及第一届的政府和司法机关。鲁平说，如果英方置基本法于不顾，根本不考虑衔接的问题，那他是要另起炉灶。如果英方的确要另起炉灶的话，我们也要另起炉灶。我们要采取相应的措施，以保证到1997年能够做到平稳过渡。①

12月22日，鲁平又利用接见香港民建联访京团的机会，进一步解释了中方“另起炉灶”的含意。他说，所谓“另起炉灶”，只是针对首届特区政府的组成及立法会的选举方案而言，中方在1997年以前除了可能会考虑设立一个咨询委员会，听取港人对平稳过渡的意见，以研究平稳过渡问题外，绝对无意设立第二个权力中心或影子政府”。鲁平对“另起炉灶”的解释，打消了部分港人对中方的怀疑。一些港事顾问也建议中国政府在无法与英方合作的情况下，尽快成立一个机构，筹划特区政府组成的各项事宜。港事顾问的建议，进一步推动了中国政府“另起炉灶”的决心。

“另起炉灶”的具体安排，于1993年3月31日召开的全国人大八届一次会议做出。这次会议决定，授权八届全国人大常委会设立香港特别行政区筹备委员会的准备工作机构，着手进行各项有关准备工作。7月2日，八届全国人大常委会第二次会议决定正式成立香港特区筹委会预备工作委员会。预委会设立

① 香港《文汇报》，1992年10月24日。

政务、经济、法律、社会与保安、文化5个专题小组，钱其琛任预委会主任。预委会的职责就是在香港特区筹委会成立前，为香港政权的顺利交接进行有关方面的准备工作。

预委会前后工作了两年半的时间，为1996年初成立的香港特区筹委会工作的展开奠定了坚实的基础。中国领导人对预委会的工作给予了高度评价。钱其琛说，预委会像“一部发动机，动员了香港社会各个方面都来关注建立香港特别行政区的事情”。江泽民主席1995年12月8日接见预委会全体委员时说，预委会为中国政府对香港恢复行使主权做了有益的准备工作。实践证明，当初做出成立预委会的决定是果断的、必要的、正确的。

第三节　香港回归中国

香港特区筹备委员会

1996年1月26日，香港特区筹委会成立。这一天正好是1841年英国军队进入香港岛的日子，这个时间的选择是有深意的，它表明香港回归已进入了最后的实施阶段。

筹委会的工作与预委会不同。预委会的任务是通过进行大量的调查研究，提出方案、意见和建议，供有关方面决策参考，它本身不参与决策。筹委会则不同，它是国家最高权力机关授权的专门进行筹备成立香港特区有关工作的机构，它要就筹建香港特区的有关事宜包括行政机关、立法机关和司法机关的筹建作出决策，并组织执行和落实，如筹组第一届香港特区政府、筹组香港特区的立法机关等。筹委会成立后，坚持面向港人、依靠港人的原则，以民主务实的作风，对筹组香港特区的具体工作进行了深入的研究和探讨。筹委会先后召开了五次全体委员会议，通过了关于设立香港特区临时立法会的决定、临时立法会产生办法的决定和特区第一任行政长官人选的产生办法的决定等重要文件，顺利地完成了一系列筹组工作。

有关香港特区第一任行政长官的人选和产生方式，一直是香港社会的一个热门话题。1996年10月初，特区筹委会第五次全体会议通过并公布了第一任行政长官具体产生的办法，即由推选委员会选举产生。筹委会在大规模咨询活动和广泛征集民意的基础上，经过民主投票，推选出了400名香港永久性居民组成的香港特区第一届政府推选委员会，它担负着推举香港特区首任行政长官和选举特区临时立法会的两项重要职能。

选举香港特区行政长官

1996年11月初，特区筹委会主任委员会根据31位参选人士提供的报名材料逐一进行资格审查，确认了8位报名者符合有关规定，成为第一任行政长官的参选人。他们中有香港的知名人士，也有香港的普通市民。11月15日，推委会又以无记名、个人投票的方式，从8位符合资格的参选人中选出了董建华、杨铁梁、吴光正为第一任行政长官候选人。

1996年12月11日，600多万香港同胞通过他们的代表——推选委员会，选举产生了香港特别行政区第一任行政长官人选。59岁的董建华以320票高票当选。16日，国务院总理李鹏签署国务院令，任命董建华为香港特别行政区第一任行政长官。

董建华当选后，马上就投入到了安排特区政府人事这一重要工作中去。1997年1月，董建华公布了特区第一届行政会议成员名单，共15人，除他本人和三名政府主要官员即政务司司长、财务司司长、律政司司长外，另行11人为非官方成员。2月，董建华办公室在港成立。2月17日，董建华提出了香港特区第一届政府的23名主要官员人选名单，并很快获国务院的正式任命。

设立临时立法会的决定也是由筹委会做出的。英国“搅局”，迫使中方不得不“另起炉灶”。但第一届香港特区立法会不可能在1997年7月1日以前产生，因为此时香港还在英国人

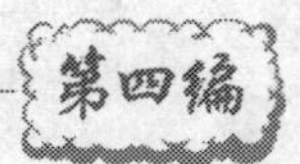

的管辖之下，从主权原则、法律和实际操作上，都不允许也不可能由港英当局主持在港产生香港特区的第一届立法会。另外，要进行立法会议员的选举，还要进行选区的划分、选民登记、投票和开票工作，这也不能在特区政府成立后的短时间内完成。因此，为了实现香港的平稳过渡和政权的顺利交接，避免出现立法真空，香港特别行政区筹委会不得不决定设立香港特区临时立法会。

临立会的产生办法也是在吸收广大港人意见的基础上，本着民主、公平、开放的原则制定的。从 1996 年 11 月 18 日开始，香港各阶层、各界的代表积极参选，200 多人领取了提名表。134 人完成了提名手续，130 人经筹委会主任委员会议通过成为候选人。12 月 21 日经由代表香港 600 多万人口的特区第一届政府推选委员会投票选举后，产生了临时立法会的 60 名议员。这些议员是香港社会各界、各阶层的代表，他们的当选不仅反映了香港社会五湖四海、兼容并蓄的实际，也反应了香港同胞同心同德，维护平稳过渡的决心和信心。

1997 年 1 月 25 日，香港特区临时立法会在深圳举行第一次会议，60 名议员以无记名投票的方式选举了范徐丽泰为临立会的主席。51 岁的范徐丽泰曾任港英行政局和立法局两局议员，她还是香港特别行政区筹委会委员和第一届政府推选委员会委员。

临立会的任务很明确，就是要根据基本法的规定，制定为确保特区正常运作所必不可少的法律，并根据需要修改和废除法律；以及履行基本法规定的审核、通过政府财政预算方案、批准税收和公共开支、听取、辩论行政长官的施政报告、同意特区终审法院和高等法院法官任命等。还包括有关特区护照签发办法、特区区旗、区徽制作和使用办法等立法工作。临立会在“九七”前通过的法律只能从 1997 年 7 月 1 日起实施，临时立法会的工作期不超过一年。

“九七”前夕的中英合作

第二次世界大战后，民族解放运动蓬勃高涨，大英帝国的殖民地纷纷独立，英国的殖民统治不得不宣告结束。但是，英国这个老牌殖民帝国，凭着它丰富的统治经验和政治手腕，在不得不让殖民地独立的同时，几乎无一例外地都做了详细的计划和精心的部署，或是以“民主化”为招牌，推行代议制，扶植亲英势力变相控制这些独立的国家；或是耍弄“分而治之”的手腕，挑拨离间，制造纷争，挑起这些国家的民族、部族、宗教和党派之间的冲突，以坐收渔人之利。

从英国准备自香港撤离所实施的政策看，它也是有一套精心部署的。在中英谈判期间，英国就先后打出了“民意牌”和所谓“经济牌”，试图以主权换治权。过渡期阶段，英国又打出所谓“民主”的旗号，大搞香港政治体制改革，“要从一个时代转到另一个时代”，将《中英联合声明》中关于未来特区政府政治体制的设想，提前到“九七”以前实现，好乘机分化港人，并扶植亲英代理人进入权力机构，把既成事实塞给未来的特区政府，以便在它撤离之后继续通过代理人控制香港，实现没有英国人的英式统治。正如一香港人指出的，在后过渡期的最后几年，英国处心积虑地将“己所不欲，尽施于中国”。“港英政府把它以前使用殖民地统治手法来管治香港时避之惟恐不及的和不愿实施的多种措施，企图在1997年前全部落实，一蹴即成”。“使中央权力下放，极力削弱港府过往权力，好使1997年中方建制的特别行政区政府难以恢复昔日富强，无从运用已遭私营化的政府资源，多方受制于内部议会及民选政治精英代表，造成一个内忧外患、政令不行、内部互相倾轧的局面，这就是港英阴谋所在。”这段话可谓切中要害，道出了彭定康的用心。中国政府正是由于对此有清醒的认识，才对英国的做法给予了坚决的抵制。

1994年下半年，国际形势发生了新的变化。中国在1989年政治风波之后，并没有出现英国预测的分裂动乱的局面，反而政治稳定，经济持续高速增长，成为世界上经济发展速度最快、最具活力的国家之一。包括美国在内的许多西方国家纷纷调整政策，加强与中国的交往和联系，相比之下，英国的对华政策显得过于僵硬，跟不上变化的世界形势。

随着1997年的临近，越来越多的英国人已认识到，香港主权回归已是大局已定，今天的英国在中国面前很难重演过去所谓的“非殖民地化”的伎俩。在中方的抵制下，彭定康的一套做法落了空，他越来越感到随着“九七”的临近，他政治谋略施展的余地已经是越来越小了。

1994年9月29日，中国外长钱其琛与英国外交大臣在纽约会晤。自此中英关系开始缓和，英方高级官员频频发出了愿意与中方加强合作的信号。由于来自英方的干扰逐渐减少，中英关于香港问题的各种会谈进行得越来越顺利。中英联合联络小组的会议越来越多了，两国的官员和专家越来越频繁地往返于北京、伦敦和香港三地之间。1994年11月4日，中英关于香港新机场财政问题的谈判在历时两年半之后终于达成了协议。1996年1月，英国外交大臣里夫金德访问北京，与钱其琛举行会谈，就1997年后香港特区护照的签发、香港永久性居民身份证问题双方达成了协议。对于争执了三年多的9号货柜码头的问题，双方也达成了共识。至于“九七”后土地基金的移交管理问题、港人出入境的自由问题、延续香港现有的社会福利制度问题等等，都随着“九七”的临近一一得到了解决。

香港政权顺利交接

1997年7月1日。随着香港回归日的到来，中国各地的各项盛大活动都已准备就绪，人们正以读秒的心情迫切地期盼着香港交接仪式的举行。

中国政府赴香港出席政权交接仪式的代表团已经确定。国家主席江泽民将亲自率领高规格的具有广泛代表性的代表团赴港。

首都北京焕然一新。北京人民迎接香港回归联欢晚会主会场天安门广场繁花似锦，60 万盆鲜花开遍北京长安街等主要街道，1997 盏红灯笼悬挂在从宣武门至新街口的街道两旁。由 1997 朵鲜花插成的“喜迎回归图”洋溢着浓浓的爱国深情。

在上海，黄浦江上首次出现了“水上舞台”——一艘装饰一新的大型登陆舰艇出现在江心，它把埔西外滩陈毅广场上 400 米长的舞台和埔东新落成的滨江观光大道上 180 米长的舞台联成一体，一百多支歌队将在这里欢庆香港回归，歌颂祖国的繁荣富强。

在南京，各界群众将聚集在曾目睹 1842 年中国近代第一个不平等条约《中英南京条约》的议约地静海寺，撞响“警世钟” 155 下，寓意香港被迫离开祖国 155 年。最后一下的撞击时间是 7 月 1 日零时。雄浑激昂的钟声，象征着香港屈辱历史的结束和新纪元的开始。

在香港，从港九市区到新界乡村，主要的建筑物都装饰了各种迎接回归的灯饰、区旗、区徽。街头的小巴和的士也插上了鲜艳的国旗、区旗，穿梭在大街小巷。全长 3.5 公里的巨龙灯饰，龙头位于尖沙咀码头花园，龙身贯穿整条弥敦道。香港的各项准备工作也已准备就绪。

代表英国女王前来参加政权交接仪式的英国王储查尔斯王子于 6 月 28 日下午抵达香港。前来接载港督离港的英国皇家豪华游轮也已先期到达。

6 月 30 日下午 4 点 30 分，在离政权交接仪式还有 7 个半小时的时候，港督府开始了简单的降旗仪式，最后一任港督就要永久地离开这里了。哀婉的号声响起，4 名英国军士站在旗杆下。彭定康总督脚步沉重地登上了仪式台，向英国国旗行最后的注目礼。他的眉头紧锁，从他的脸上可以看出他沉重的心情。这毕竟不是一个令人愉快的场面，他的脑海里肯定浮想联翩。想当年，1841 年 1 月 26 日，英军在香港岛的西北部，也就是今

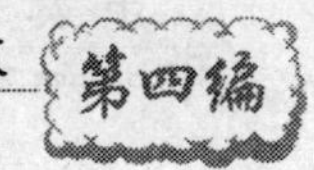

天的上环水坑口街附近第一次升起英国米字旗时，是在隆隆的炮声当中，那时大英帝国是何等的威风！如今150多年后，在这座凝聚了英国对香港殖民统治历史的白色建筑物中，英国国旗缓慢降落，没有了当年耀武扬威的炮声，有的只是这支小号在为一个半世纪的英国殖民统治吹响的最后一个音符。米字旗降下来了，这意味着它永远也不可能再从这里升起。平台上的两名军士将英国国旗小心翼翼地叠起，将国旗交到了彭定康的手中。彭定康双手捧着这面旗，默默地注视良久，最后向它深深地鞠了一躬。他就要带上它登车离去了。等在一旁的港督专用轿车先缓缓地绕着白色建筑前的花园转了一圈，然后停在彭定康的身边，等待这位末代港督带着那面永久降下的英国国旗上车。车载着彭定康和他的家属起动了，但它没有马上开出总督府的院门，而是又一次围绕着港督府花园缓慢地转了起来。彭定康对这里恋恋不舍！按英国的传统，这表明他还会回来。载着香港总督及其家人的车终于在4点40分的时候驶离了港督府。彭定康在车开出大门后再次回头望去，别了，这块历代港督的所在地。他再也不可能以总督的身份回到这里了。

港督府降旗仪式后，英国还要举行一个“告别香港”的正式仪式。下午6点15分，大雨滂沱，被称为“日落仪式”的英方告别仪式在离驻港英军总部不远的添马舰东面举行。前来参加政权交接仪式的英国王储查尔斯王子、首相布莱尔和离任的香港总督彭定康出席了仪式。

在告别仪式上，查尔斯王子宣读了英国女王的“赠言”。“赠言”说，今天，全世界的目光都汇聚于香港。还有5个小时，英国国旗就要降下，中国国旗将飘扬在香港上空。150多年的英国管治即将告终。我们对港人的能力与韧力有无比信心。港人必定能够一如英中联合声明承诺的那样治理香港。7点45分，米字旗和带有米字图案的香港旗从位于告别仪式会场东北角的旗杆上降下。晚8时，仪式在乐队和演出者合唱的“终曲”声中结束，此时，英国政府在香港的殖民统治也“曲终人散”。

晚上23点，香港会展中心的五楼大会堂。香港政权交接仪式将在这里隆重举行。敞亮的大厅里座无虚席，中英双方军乐团交替演奏着欢快的乐曲。4000多位来自世界各地的嘉宾身着盛装，期待着这一历史时刻的到来。

主席台设在大会堂北端的半圆形前厅。前厅北面30米高的蓝色玻璃幕墙中央，并列悬挂着中、英两国国旗。中英两国主要领导人各5个座位并排设在主席台中央的主礼台上。

主礼台前方按照中英相应方位设置了两个棕红色讲台，讲台正面分别镶嵌着两国国徽。讲台的东西两侧各矗立着高矮两根旗杆。此时，中方的旗杆正待升旗，而英方的蓝色米字旗处于待降的位置。

23时46分，中英双方主要领导人进入会场。中国国家主席江泽民、国务院总理李鹏、国务院副总理兼外交部长钱其琛、中央军委副主席张万年、香港第一任行政长官董建华步入大厅，步履矫健地登上主席台，在中方主礼台就座。

23时48分，查尔斯王子走向英方一侧的讲台致词。他说香港在英国管治150多年后，根据1984年签署的联合声明而交还中华人民共和国。

23时56分，中英双方护旗队进场。23时59分，随着英国国歌的旋律，那面蓝底米字旗和英国统治下绘有皇冠狮子、米字图案的港旗缓缓垂落，在场的英国官员肃立。米字旗的降下，标志着一段被鸦片和炮火熏黑的历史结束了。

7月1日0时0秒，中华人民共和国国歌奏响，五星红旗冉冉升起。香港特别行政区区旗同时徐徐升起。五星红旗与紫荆花旗交相辉映，鲜艳夺目。

0点3分，江泽民主席走上讲台，以洪亮的声音庄严宣告：中华人民共和国恢复对香港行使主权。他说："一九九七年七月一日这一天，将作为值得人们永远纪念的日子载入史册。经历了百年沧桑的香港回归祖国，标志着香港同胞从此成为祖国这块土地上的真正主人，香港的发展从此进入一个崭新的时代。”①

江泽民主席的讲话，6 次被热烈的掌声打断。讲话结束时，场内更是响起了暴风雨般的掌声。这掌声洗尽了中华民族背负的耻辱，代表了中华民族的时代最强音，同时也揭示了中华民族繁荣昌盛的未来。

0 时 9 分，交接仪式结束。钱其琛副总理兼外长礼送查尔斯王子一行走出大厅主入口处。查尔斯王子及刚刚去职的香港最后一任总督彭定康，于 0 时 45 分乘“不列颠尼亚”号皇家游轮在茫茫夜色中离开香港，起锚地点正巧是 154 年前第一任港督璞鼎查登陆的地方。

香港正式回归中国，中英关系也由此翻开了新的一页。伴随“一国两制”、“港人治港”方针的成功实施，中英关系在世纪末得到了进一步发展。

① 《人民日报》，1997 年 7 月 1 日。

第二章

新世纪的中英关系

第一节　中英全面伙伴关系的确立

中英关系的新起点

1972 年 3 月中英建立大使级外交关系之后，香港问题成为两国之间唯一悬而未决的问题。随着 1984 年中英关于香港前途的《联合声明》的发表，长期制约两国关系发展的这一最重要、最敏感的问题的解决已成定局，中英关系也呈现出良好的发展前景。但 1989 年之后，末代港督彭定康在英国政府支持下执意提出“政改方案”，又引发了中英之间的持续冲突与对抗。彭定康所采取的对抗性行动，其目的在于最大限度地保持“九七”之后英国在香港的影响力，削弱中国政府对香港的管治能力，也反映着当时英国政府对华政策的基本取向。英国政府视中国为意识形态上的“异己”，政治经济上的对手，而香港的回归则会扩大中国的影响，推动中国的发展，因而它图谋对中国进行遏制、围堵。此外，港英政府的对抗性行动还与苏东剧变、北京政治风波之后英国保守党政府对中国政局未来走向不切实际的预期有关。中英关系因香港问题而受到全局性制约。

1997 年 5 月上台的布莱尔工党政府，在对华政策上较为务实，在香港问题上谋求与中国的合作，力图以香港回归为契机，改善中英关系。1997 年 6 月 30 日，在香港政权交接前夕，中国国家主席江泽民、国务院总理李鹏与英国新首相布莱尔举行了首次会见。江泽民在会谈中指出，香港的顺利交接是中英双方共同努力的结果。在 21 世纪即将来临之际，中英两国领导人应“登高望远”，从战略高度、世界大局和面向 21 世纪的角度看待中英关系，并通过双方的共同努力，建立和发展一种长期稳定的互利合作关系。布莱尔则称香港政权交接为一个历史性时刻，明确表示随着两国关系中旧的一章的终结，双方可以掀开新的一页，迎来两国关系的新的起点，今后的香港也应成为两国关系中的桥梁。英国政府愿意同中国发展在政治、经贸、科技等各个领域中的合作关系。①

客观来讲，中英双方虽然围绕香港的政制发展问题发生了严重冲突，但由于历史和现实原因，双方在香港问题上仍然存在共同利益。对中国而言，能否保持香港的长期繁荣与稳定不仅关系到中国的改革开放和现代化事业的发展，而且关系到国家统一大业的最终完成。英国在香港也拥有巨大的经济利益，就当时来讲，它的对港出口和投资规模甚至远远超过对中国内地的出口和投资。回归后的香港不可避免地会在中英之间扮演起桥梁的角色。因此，香港问题的顺利解决为中英关系的改善和发展提供了新的契机。

两国政府首脑半年间的互访

香港回归后，摆脱了沉重历史包袱的中英两国之间的政治关系迅速回暖，高级官员互访频繁。其中尤为引人注目的是，

---

① 《人民日报》，1997 年 7 月 1 日。

两国政府首脑在进入1998年后的半年之内实现了互访。这种情况与香港回归之前的两国关系状况形成了鲜明对比。高层互访加深了两国间的相互了解，极大地推动了两国关系的发展。

20世纪90年代中期以后，中国外交取得重大突破。继1997年7月顺利收回香港之后，国家主席江泽民于10月访问美国，双方决定共同致力于建立建设性战略伙伴关系。在此背景下，欧盟决定进一步加强与中国的关系。1998年1月，欧盟倡议4月在伦敦举行第二届亚欧首脑会议期间举行中国—欧盟领导人首次会晤。时为欧盟轮值主席国的英国首相布莱尔邀请中国政府总理出席并对英国进行正式访问。1998年3月底4月初，朱镕基总理在出席中欧领导人会晤之前，首先对英国进行了访问。半年之后，英国首相布莱尔又应朱镕基总理的邀请于1998年10月初对中国进行了正式访问。中英政府首脑在半年之内实现互访，充分表明双方巩固和发展相互关系的强烈愿望。

需要指出的是，朱镕基访英、布莱尔访华，都是他们出任政府首脑后第一次访问对方国家，也是两国政府首脑在香港政权移交后对对方国家的第一次访问。此外，朱镕基访英还是中国总理自1985年以来的13年间对英国的第一次访问，而布莱尔访华之前，英国首相对中国的访问也已相隔7年之久。因此，中英政府首脑在1998年所进行的互访，无论对中方还是对英方都具有重要的历史意义，对中英关系发展的意义更是不可忽视。双方对此次访问均给予高度重视，做了精心细致的安排，两国国家元首也都会见了来访的客人。值得强调的是，朱镕基访英时，英国女王伊丽莎白二世原本要在白金汉宫举行晚宴欢迎包括朱镕基在内的出席亚欧会议的所有25国首脑，但仍安排在此之前单独会见中国总理。这也从一个侧面反映出香港移交之后英国方面对中英关系未来发展的重视。

事实上，中英双方在香港政权移交对两国关系意义的认识上存在高度共识。两国总理在访问期间都表现出了结束过去、开辟未来的强烈愿望，都强调要以香港问题的彻底解决为契机，推动中英关系的进一步发展。1998 年 4 月，两国政府首脑会谈后一致认为，香港政权移交后，中英关系翻开了新的一页，表示要共同努力把中英关系提高到新水平。朱镕基强调，香港问题解决后，两国之间没有任何障碍能阻止我们两国发展跨世纪的、稳定的全面合作关系。布莱尔也在 10 月访华前为《人民日报》撰写的文章中称赞香港政权顺利交接是一项了不起的成就，而悲观者的论调现已证明是错误的，因为香港依旧是充满活力的世界主要商业金融中心之一。他明确指出，香港的顺利交接开启了两国新型伙伴关系的大门，也显示出两国能够紧密有效地合作；香港已成为联系我们两国的桥梁，而不是分割我们的障碍。

互访期间，双方都从战略高度来看待对方国家及两国关系在当今国际关系中的地位，表现出推动两国关系发展的真诚愿望。1998 年 4 月朱镕基访英期间表示，中英两国都是安理会常任理事国，在世界上具有重要影响，在维护世界和平和促进经济共同发展方面负有重要责任。在当前形势下，进一步推动中英关系的发展符合两国人民的利益，也有利于维护世界的和平与稳定。中英两国存在着广泛的共同利益，中国政府重视同英国发展长期稳定的友好合作关系。布莱尔表示，中国在世界上拥有重要地位，是国际事务中的重要力量，英国愿与中国加强合作，进一步巩固和发展两国关系。布莱尔 10 月访华期间还对中国在金融危机期间所采取的坚持人民币不贬值的措施表示肯定，称这一行动在帮助有关国家摆脱危机方面起到了很好的作用，受到世界各国的尊重。这次全球经济危机说明，要解决全球性问题，双方只能携手合作。

加强经贸及其他各个领域的合作与交流也是两国政府首脑此次互访的重要着眼点。1998 年 4 月朱镕基总理访英时向布莱尔首相指出，英国是中国在欧盟中的重要贸易伙伴，两国经济互补性强，经贸合作潜力很大。英国在交通、能源、电信、化工、机械制造以及金融服务领域都有很强的优势，这些也都是中国今后相当长时间内优先发展的领域。朱镕基表示，中国拥有广阔的市场和巨大的发展潜力，欢迎英国企业积极来华投资，并希望两国政府共同采取措施，支持两国企业之间以及金融界开展合作。布莱尔则表示，中国的经济发展越来越有力，为世界提供了一个巨大市场，英方愿在各个领域与中国建立更多、更密切的联系。

朱镕基访英期间，与英国工商界、金融界进行了接触，出席了长期以来一直致力于两国经贸关系的48集团举行的有800多人参加的晚宴。布莱尔访华日程中也安排了大量经济性活动。除出席中英双方一系列合作协议的签字仪式外，布莱尔还出席了由中国社会科学院、英中文化协会和英国外交部共同主办的“国有企业改革：中国与英国的经验”研讨会，通过卫星传输系统同正在武汉举行的一个国际金融研讨会和苏州一家英资企业的部分人员进行了交流，并通过卫星传送“出席”了深圳蛇口一家中英合资企业的开工剪彩仪式。访华期间，布莱尔在英国商会举行的晚宴上发表演讲指出，中国的现代化步伐与规模令人惊叹。下个世纪中国将成为世界上伟大的政治和经济力量之一。国际商界在中国的机会就像中国本身的幅员一样大。他说，“很显然英国将与中国建立新的伙伴关系”，这种新关系已经“很好地迈上了轨道”。[①] 访华期间，布莱尔还访问了上海，表示将会鼓励更多的英国企业家前来上海投资。

两国之间日益改善的政治经济关系也为两国就一些存在分歧的问题进行交流创造了适当的气氛。1998年10月布莱尔访华期间，两国政府首脑就人权问题交换了意见，双方同意继续保持对话。朱镕基对布莱尔在推动欧盟调整其对华人权态度方面所起的作用表示赞赏，布莱尔则赞扬中国政府签署《公民权利和政治权利国际公约》是一项重要步骤。布莱尔访华前夕在为《人民日报》撰写的文章中指出，英中之间关于人权问题的讨论

---

① 《人民日报》，1998年10月8日。

应该提上议事日程，在此过程中，“协商与对话远比对立和空洞的言辞有效”。①

中英全面伙伴关系的确立

20世纪90年代中期以来，中国积极主动地与世界主要国家建立了一系列“伙伴关系”。与冷战时期相对比，这无疑是中国在新的国际形势下所采取的一项具有战略意义的行动。

香港回归后，中英双方在发展双边关系方面做出了巨大努力，两国领导人除1998年实现互访外，还在当年10月布莱尔访华期间发表《联合声明》，确立了中英“全面伙伴关系”的发展框架。中英宣布建立“全面伙伴关系”具有全球和双边两个方面的现实基础。在全球层面，中英两国认识到，作为联合国安理会常任理事国，两国在世界上有着广泛的共同利益和责任，因而需要在双边和多边领域包括在联合国框架内加强合作，以维护世界和平与安全。在双边层面，香港问题的解决则为两国关系的进一步发展奠定了坚实基础。

《联合声明》指出了未来两国共同努力、推动两国关系发展的具体领域。双方一致认为，需要进一步促进商贸活动，采取积极措施扩大双边贸易和投资，同时鉴于世界各国经济和金融结构的相互依存性正日益增强，双方将加强财金对话，启动财金对话机制，就战略性的经济和金融问题进行经常性的交流，并促进相关领域更广泛的地区和全球性讨论，以确保发展所需的稳定环境。双方表示将在中国“入世”问题上继续努力，探讨具体合作的途径；将通过扩大发展合作项目，加强两国在国有企业发展和体制改革、为失业工人提供培训和创造小企业就业机会、提供金融方面的培训、消除贫困和促进内陆省份发展等领域的合作。双方强调了保护环境的重要性，一致认为发达国家有责任在环保领域做出表率；双方还同意加强环境合作。

---

① 《人民日报》，1998年10月6日。

双方表示要加强和扩大政治与军事对话，加强警务合作，打击国际犯罪，同时也强调了在不扩散问题上的承诺。双方表示要加强两国人民之间的交流，同意在平等和相互尊重的基础上继续进行人权对话，加强政治磋商，开展司法交流与合作。此外，双方还决定设立“中英论坛”。

由此可见，《中英联合声明》在可能的最为广泛的范围内为中英关系跨世纪的发展确立了一个基本框架，也在很大程度上为未来的中英关系指明了方向。1998 年 11 月，中英财金对话第一次会议在伦敦举行。这可以说是两国为发展全面伙伴关系所采取的一个重要的具体步骤。随着新世纪的到来，摆脱了香港这个沉重历史包袱的中英两国，必将做出更大努力，进一步充实两国之间的全面伙伴关系。

中国国家元首首次访英

香港回归后不断发展的中英关系到 1999 年秋再次出现新高潮。1999 年 10 月，中国国家主席江泽民应邀访问英国。这次访问不仅是对英国女王伊丽莎白二世 1986 年访华的回访，也是历史上中国国家元首首次访英，具有重要的历史意义。

这次访问还有一个特殊背景。1999 年 3 月 24 日，以美国为首的北约绕过联合国对南斯拉夫发动空中突袭，挑起了科索沃战争，以军事手段干涉南斯拉夫的内政。5 月 7 日，以美国为首的北约悍然袭击我驻南斯拉夫大使馆，造成重大人员伤亡和馆舍严重毁坏。美方的这一行径激起了中国人民的极大愤慨。中国政府对此提出强烈谴责和抗议，中国与美国及其盟国的关系也陷于紧张状态。江泽民 1999 年 10 月访英表明，在北约轰炸我驻南使馆事件解决之后，中国并不想让此事件影响到中英关系的发展进程。这次访问不仅要使中英关系重新走上正常的发展轨道，而且要为两国关系注入新的活力。

英国方面也高度重视江泽民的这次访问。究其原因：其一是英国认为中国在当今国际上担当着极其重要的角色，中国的

国际地位举足轻重；其二是香港政权交接成功，英国看到中国履行了“一国两制”、港人治港的承诺，中英高层交往将有益于香港；其三是中国对全球经济有着重大影响，英国希望通过这次访问加强中英经济关系；其四是中英双方近期开始了友好的政治对话，在西方关注的人权和政治改革等问题上进行了有益的讨论，加深了了解。英国舆论对江泽民的访问给予了高度关注。10 月 18 日江泽民抵达当天，《金融时报》发表社论，称这次访问是两国关系进一步发展的重要机遇，布莱尔首相应该抓住这个大好时机，进一步发展与中国的合作关系，加强对话，增进了解。《泰晤士报》则以一个整版的篇幅刊登了该报专栏作家对江泽民主席的专访。路透社也播发评论，认为江泽民主席的这次英国之行标志着英中关系进入了一个新阶段。

10 月 18 日晚，江泽民主席抵达伦敦希思罗机场后发表书面讲话，明确宣布此行的目的是“增进中英两国人民的友谊，发展两国友好合作关系”。[①] 江泽民指出，中英相距遥远，但两国人民的交往源远流长。近年来，在双方共同努力下，两国在政治、经贸等各个领域的交流与合作取得了新的积极成果。他强调，中国重视发展与英国的关系。中英作为世界上有重要影响的国家和联合国安理会常任理事国，在维护世界和平与促进人类共同发展等方面可以发挥重要作用，同时也肩负着重大责任。进一步加强和发展双边关系，符合两国人民的愿望和利益，也有利于世界的和平、稳定与繁荣。

19 日中午，英国女王伊丽莎白二世在伦敦的皇家骑兵检阅场举行了隆重的欢迎仪式，晚上又在白金汉宫举行了盛大国宴。宴会上，伊丽莎白女王和江泽民主席先后致辞，表示希望两国不断增强友好合作并为世界和平与发展而共同努力。女王表示相信，在未来的岁月中，英中两国将继续共同致力于世界和平与繁荣。江泽民表示，这次访问一定会为中英关系的进一步发

---

① 《人民日报》，1999 年 10 月 19 日。

展揭开新的篇章。江泽民强调，中英两国人民应该与各国人民一道，为建立公正合理的国际政治、经济秩序做出应有的贡献。他表示相信，通过两国政府和人民的共同努力，双方的友好互利合作一定会提高到新的水平。

20日，江泽民主席出席英中贸易协会举行的欢迎午宴并发表讲话，介绍了中国经济形势并阐述了中国对加入世界贸易组织的基本立场以及发展中英经贸关系的看法。他强调指出，中国经济与国际经济的联系已经越来越密切。中国经济的发展不仅为世界经济的发展提供了广阔的市场，而且也为国际市场提供了丰富的产品和技术。中国的发展需要世界，世界的繁荣需要中国。江泽民还激励英国企业家从长远的战略眼光出发，探索在新形势下扩大中英经贸合作的新途径和新领域，并表示中国愿与英国政府和工商界一道，努力推动两国经贸关系提高到新的水平，促进中英全面伙伴关系的发展。

21日，江泽民主席与英国首相布莱尔举行会谈，就扩大中英两国在各个领域的相互合作进行了有益的探讨，并就国际局势和国际问题交换了意见。会谈中，布莱尔首先就北约轰炸中国驻南斯拉夫大使馆事件再次向中方表示道歉，表示现在英中关系已走上正常发展的轨道，两国政治、经济关系正面临继续发展的良好契机，希望两国进一步扩大在各个领域的对话、交流与合作。江泽民对中英两国建立“全面伙伴关系”的目标表示肯定，指出中英建立长期稳定的友好合作关系符合两国人民的根本利益。为实现这一目标，江泽民提出了几点想法：第一，牢牢把握两国关系大局。只要抓住了大局，在处理各种问题时就能站得高，看得远，不断扩大和加深双方的合作。第二，经贸合作要互利互补。这样，双方就都能得到好处，经贸合作的路子就会越走越宽。第三，增进各个领域的交流，加深相互了解。江泽民指出，中英两国的历史、文化传统和社会制度不同，有必要加强交流，在平等和相互尊重的基础上，通过对话增进相互了解，鼓励更多的人关心和参与中英关系的发展，使中英

友好更加深入人心，有更广泛的社会基础。

在谈到国际形势和国际关系准则时，江泽民指出，科索沃危机曾引起国际社会的普遍关注，这场危机涉及当今世界如何维护国际安全等许多根本性问题，值得人们认真进行反思。中英有必要加强在国际问题上的磋商，希望英国在重大国际问题上发挥积极的建设性作用。布莱尔表示赞同江泽民主席的观点，认为当前的国际重大问题应在国际关系准则的基础上探讨解决。他说，当今国际关系已进入应建立一种与过去不同的新秩序的阶段，而在这一阶段中国将起到重要的关键作用。英国希望与中国共同努力，为达到这一目的而做出贡献。

22 日，江泽民主席应邀在英国著名学府剑桥大学发表演讲。他指出，中国人民选择和实践的社会主义发展道路和各项基本的内外政策，源于现代中国历史发展的必然，也源于中华民族千百年来形成的优良民族传统，因而具有历史和现实的充分依据和牢固基础。江泽民说，中国的稳定和发展，将会为中英两国在各个领域的友好合作提供良好的机遇。中国愿与英国共同努力，将一个充满活力的中英全面合作伙伴关系带入 21 世纪。江泽民指出，冷战结束以来，世界形势总体趋向缓和。但天下仍很不太平，世界的和平与发展依然受到这样或那样的威胁。解决这些问题的主动权掌握在世界人民手中。推动建立公正合理的国际政治经济新秩序，是各国人民和有远见的政治家必须认真而审慎思考的极其重大的课题。访问期间，江泽民和布莱尔还共同主持了“中英论坛”第一次会议开幕式。

访问期间，两国领导人讨论的话题非常广泛，既涉及双边关系，也涉及国际问题的众多基本领域。江泽民和布莱尔还共同主持了“中英论坛”第一次会议开幕式。可以说，江泽民此次访英，是对中英“全面伙伴关系”的有力推动和充实。

中英关系的迅速发展

中英两国的经贸往来有着非常悠久的历史。1950 年，英国在西方国家中率先承认新中国。1954年，英国“48家集团”成立并冲破重重阻力成功访华，英中贸易关系正式建立。此后直到20世纪70年代初，英国一直是我国在西欧的最大贸易伙伴。70年代初中英建立大使级外交关系之后，特别是70年代末中国改革开放之后，两国之间的经贸关系得到了迅速发展。1979年3月，中英签订了第一个经济合作协定，1985年又签订了第二个经济合作协定。而从双边贸易额来讲，1950年中英贸易仅为7350万美元，1980年突破10亿美元，1988年超过15亿美元。与此同时，合资经营、技术转让、引进设备等其他形式的经济合作也逐步发展起来。到1989年年底，英国在华兴办的合资企业已有40多家，总投资额达3亿英镑，是欧洲国家在中国的最大投资国。[①] 但1989年北京政治风波后中英政治关系趋于冷淡，加之香港问题的冲击，两国的经贸关系也受到了影响。

20世纪90年代中期以后，中英经贸关系逐渐回暖。1995年5月，英国贸工大臣赫塞尔廷率领由130多位企业家组成的大型贸易代表团访华，中国总理李鹏会见了代表团。访问期间，双方同意建立中英经贸联委会，建立定期经贸磋商机制。1996年2月，中国外经贸部部长吴仪率领政府经贸代表团访英，会见了英国首相梅杰，并与英国贸工大臣伊恩·兰共同主持了中英经贸联委会第一次会议。在双方的共同努力下，中英双边贸易在1996年超过了50亿美元。

1997年5月英国工党政府上台后，积极调整对华政策。7月香港的顺利交接，又为两国经贸关系的发展提供了新的契机。1997年，中英双边贸易额比上年增长13.9%，达到近58亿美元，在欧盟国家中升至第二位，仅居德国之后。随后英方又采取了一系列积极措施，以推动中英贸易关系的发展。英方将1998年确定为“中国年”，重组了英中贸易协会，并专门举办了《中国和英国：把握机遇》的双边经贸投资大会。1998年1

---

① 王鹤：《中英经贸关系》，《欧洲》，1999年第6期，47页。

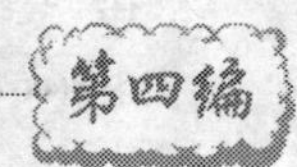

月，英国贸工大臣贝克特访华，成为英国工党政府执政后第一位访华的内阁成员。访问期间，他不仅与外经贸部部长吴仪共同主持了第二届中英经贸联委会会议，还表示要从战略高度看待中英经贸关系。4 月，朱镕基总理访英，10 月，布莱尔首相访华，双方就进一步发展双边关系达成共识。2000 年，中英双边贸易总额达到 99.03 亿美元。[①]

从投资方面来看，英国是欧盟国家中最大的对华投资国，而且随着中英政治关系的好转，英国的对华投资在世纪之交逐年递增。到 1998 年 6 月，英国在华投资项目共 2205 个，协议金额 142.53 亿美元，实际投入近 60 亿美元。到 2000 年年底，英国在华投资项目达到 2803 个，协议金额 168.9 亿美元，实际投入 87.8 亿美元。[②] 而且投资项目规模较大，技术含量也较高。

科技交流与合作是中英关系的一个重要方面。早在 1978 年 11 月，中英两国就签订了政府间科技合作协定，直接推动了两国在科技领域的交流与合作。1998 年 9 月，中英签署《科技合作议定书修正案》，10 月布莱尔首相访华时宣布两国政府将共同出资 60 万英镑建立中英科技合作基金。1999 年 11 日，中国科技代表团访英，双方签署会谈纪要，决定成立中英科技基金，扩大两国在科技领域的交流与合作。

英国是欧洲国家中与中国开展教育合作交流较早的国家之一。自 1997 年到 2000 年，中国教育部、英国驻华使馆连续举行 4 次中英大学校长论坛，就全球化形势下高校办学特色、高等教育与工业的联系等进行了讨论。1998 年，中英双方在甘肃省设立了中英基础教育合作项目，中国教育科研网与英国联合学术网也实现联网。1999 年 7 月，中国教育代表团访英，双方签署了《中英关于教育合作的联合声明》。2000 年 6 月，双方签署

① 卢圣亮、王迎新：《中国与英国的贸易关系》，《经济研究参考》，2002 年第 38 期，22 页。

② 卢圣亮、王迎新：《中国与英国的贸易关系》，《经济研究参考》，2002 年第 38 期，23 页。

《中英两国政府关于教育合作的框架协议》。此外，双方还设有中英互换奖学金项目、英外交部奖学金以及中英友好奖学金基金等。据统计，1998 年在英中国留学人员约 7000 人，2000 年增加到 10000 人左右，而在华的各类英国留学生 1999 年也达到了 404 人。

除科技、教育领域的合作交流外，中英两国的文化交流在 20 世纪末也日益活跃。1998 年，中国交响乐团、中央民族乐团“华韵群芳”演出小组访英演出获得圆满成功，英国皇家国立剧院和皇家音乐学院也分别访华。同年，英国方面举办了“’98 英国在中国”活动，中国驻英使馆也举办了“中英新纪元”等活动。1999 年 4 月，中英两国政府签署《1999 至 2002 年中英文化交流执行计划》，同年 5 月，世界著名的英国皇家芭蕾舞团访华，江泽民主席亲临剧场观看演出。10 月，江泽民主席访英期间，大英博物馆举行了“陕西省文物精品展”。2000 年 8 月，由中国中央电视台和上海电视台联合主办的大型歌舞晚会“为中国喝彩”在伦敦千禧宫成功举行。文化艺术交流不仅增进了两国人民之间的相互了解，也为双方的合作创造了良好的氛围，为推动两国关系的全面发展发挥了积极作用。

在军事交往方面，1998 年 9 月，英国皇家国防研究学院院长麦柯奈利海军中将访华。1999 年 3 月，中国空军司令刘顺尧访英，英国海军参谋长鲍尔斯上将访华；10 月，英国国防参谋长格斯里上将访华。2000 年 1 月，中央军委副主席、国务委员兼国防部长迟浩田访英；4 月，中国海军司令员石云生访英；6 月，总装备部部长曹刚川访英。同月，英国国防大臣胡恩首次访华。英国皇家海军“康沃尔”号导弹护卫舰和“纽卡斯尔”号导弹驱逐舰也在 2000 年分别访问了上海和青岛。这表明，中英之间已经建立起了较为完整的军事交流机制。

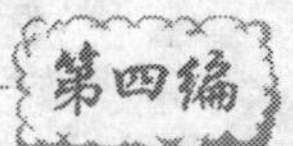

第二节 中英全面战略伙伴关系的新定位

中英合作的新动力

香港回归之后，中英关系在20世纪末的几年间得到了迅速发展。两国在世纪之交宣布建立“全面伙伴关系”，这不仅是对过去几年双边关系发展进程的总结，也为两国关系在21世纪的进一步发展确立了基本框架和方向。

进入21世纪之后，中英双方均表现出在新的历史时期推动两国关系进一步发展的强烈愿望。2001年6月，布莱尔连任英国首相后，中国总理朱镕基在贺电中充分肯定了布莱尔在中英关系发展中所发挥的积极推动作用，希望并且相信经过双方的共同努力，中英全面伙伴关系必将得到不断发展和加强。7月初，来华访问的英国副首相普雷斯科特向朱镕基总理转交布莱尔首相的一封信，并表达了英方希望继续发展对华关系的积极意愿。随后，在中国新一届领导集体形成之际，英方也以贺信、贺电方式表示热烈祝贺和良好祝愿，希望两国关系继续得到加强。

中国国内经济的发展、对外开放步伐的加快为中英关系的发展提供了新的推动力。20世纪80年代中期以来，中国为“复关”、“入世”做了积极努力。经过十多年的谈判，中国的“入世”进程在新世纪伊始已接近完成。对中国来说，加入世贸组织是融入国际经济主流的重要举措，也是国内经济发展和自身改革开放的客观要求。同时，中国为“入世”而在国内各经济领域推行的一系列配套措施，也为国际社会提供了无限商机。在此背景下，中国在多种场合向英方表达了进一步发展中英经贸合作的愿望，以在“入世”谈判的最后阶段进一步赢得有利地位。英国政府深知“入世”对中国的意义，也深知中国“入世”对英国所蕴含的经济利益，因而采取了积极立场，多次明确承诺将支持中国加入世贸组织。2001 年 11 月，中国正式成为世界贸易组织的成员。英国政府对此表示欢迎，希望以此为契机进一步推动中英经贸关系的发展。

国际社会在进入新世纪之初所显示出的复杂性也表明了中英两国加强合作的重要性。2001 年 9 月 11 日，美国遭到大规模恐怖袭击。美国、英国乃至整个国际社会的安全受到巨大冲击。人们普遍认识到，恐怖主义已成为新的历史背景下国际社会所必须面对的共同敌人，鉴于恐怖主义自身的特点，国际社会必须加强合作。另一方面，“9·11”事件后，美国的单边主义盛行，甚至抛开联合国发动了阿富汗战争和伊拉克战争。这不仅构成了国际和平与安全的新的不确定因素，也对联合国的权威构成了严峻挑战。中英两国都是联合国安理会常任理事国，在维护国际和平与安全方面均承担着重大责任。国际社会所面临的复杂局面促使中英双方在重大国际问题上进行合作。

2002 年 3 月 13 日是中英建立大使级外交关系 30 周年。中英双方利用这一时机总结了过去 30 年两国关系的发展历程，展望了两国关系的未来前景。

在 30 周年到来之际，中国外长唐家璇、英国外交大臣斯特劳于 3 月 12 日互相致电表示祝贺，并为中国驻英大使馆出版的纪念专刊分别致词、撰文。唐家璇在致辞中指出，中英合作已形成多领域、多渠道、官民并举、硕果累累的可喜局面。30 年来中英关系发展的历程表明，尽管两国在社会制度、价值观念以及国情等方面存有差异，但更存在广泛的共同利益。只要双方本着平等与相互尊重的原则，积极寻求和扩大双方利益的交汇点，互利合作，中英关系就能够顺利向前发展。因此两国需要从战略高度，以更长远的眼光和更宽广的视野来看待和处理相互关系。斯特劳指出，过去 30 年间两国关系已经发生了“彻底的改变”，两国政府之间以及商界之间的关系“从未像今天这样紧密而丰富多样”，而两国人民之间联系的加强则是“最令人

兴奋的变化”。①

与此同时，中国总理朱镕基、英国首相布莱尔也分别为英国著名杂志《名流》出版的中国特刊致辞。② 朱镕基在致辞中指出，中英关系已进入“全面发展的新阶段”，而且两国有着广泛的共同利益，彼此可以成为长期合作的伙伴。布莱尔在致辞中特别指出，英国在1950年就已经成为第一个承认中国的西方国家，所以中英正式关系事实上已有50年的历史。他强调两国关系的牢固性有着广泛的基础，希望与中国进行长期的友好和密切合作。

随后英国副首相普雷斯科特5月访华时也强调英国早在50多年前就承认了新中国，并表示为此感到自豪。2002年5月，全国政协主席李瑞环对英国进行了正式访问。他以30年来中英关系的发展为切入点，强调此行的目的在于“进一步增进中英两国人民之间的相互了解与友谊，推动中英关系向更高水平发展”。③ 2002年7月，英国外交大臣斯特劳对中国进行了上任以来的首次访问。江泽民主席在会见时指出，经过30年的发展，中英关系已走上了全面改善和发展的轨道。今天的中英关系无论在深度还是广度上均超过以往任何时期，希望双方从长远发展角度看待和处理两国关系，致力中英全面伙伴关系的发展。由此可见，中英建立大使级外交关系30周年为两国关系的在新世纪的进一步发展提供了新的契机。

国际局势骤变下胡锦涛访英

新世纪伊始，积极主张发展中英关系的布莱尔首相于2001年6月成功连任，中国的“入世”进程也即将完成，这为中英关系的进一步发展提供了新的机遇。与此同时，2001年发生的

---

① 《人民日报》，2002年3月13日。

② 《人民日报》，2002年3月22日。

③ 《人民日报》，2002年5月27日。

"9·11"恐怖袭击事件以及随后美英发动的阿富汗战争，使演变中的国际形势更加错综复杂，国际关系出现了深层次的调整。如何在国际局势骤变的情况下进一步推动中英关系的发展，成为中英两国政府面临的迫切问题。

2001年10月28日至11月1日，应英国首相布莱尔的邀请，中国国家副主席胡锦涛对英国进行了正式访问。这是布莱尔连任之后、也是"9·11"事件发生之后，中国国家领导人对英国的首次访问，也是在国际形势出现巨大变动的情况下，两国高层之间的一次重要接触，目的在于增进了解，扩大共识，促进两国关系进一步发展。

访问期间，中英双方都从全球战略的高度强调了两国关系的重要性。胡锦涛在与布莱尔首相的会谈中指出，中国政府重视中英关系，愿同英方共同努力，推动两国关系向更高水平发展。这符合两国的长远和根本利益，也有利于世界和平与发展。布莱尔也强调，英中关系顺利发展不仅有利于两国，而且符合整个世界的利益。

值得指出的是，中英双方均强调了两国在新的国际形势下加强合作的必要性。胡锦涛抵达伦敦时在机场发表书面讲话表示，国际形势正在发生复杂而深刻的变化，人类面临新的机遇和挑战。中英两国都是联合国安理会常任理事国，对维护世界和平与发展负有重任，完全有必要进一步密切交往，加强对话与合作。在与布莱尔会谈时，胡锦涛再次强调，在新形势下，加强国际合作十分必要和紧迫，中英作为联合国安理会常任理事国，对世界和平与发展负有重大责任，两国在许多重大问题上也有着广泛的共同利益，合作潜力很大。布莱尔强调，在当前国际形势发生变化的情况下，这次访问非常重要。

反对恐怖主义是双方讨论的一个重要议题。布莱尔表示，"9·11"事件后，中国采取了反对恐怖主义的明确立场，受到国际社会的普遍赞扬。英国愿在反恐方面加强与中国的合作。经过会谈，双方就反恐问题达成了广泛共识。双方一致认为：

"9·11"事件表明，恐怖主义是国际公害。不论恐怖主义发生在何时何地，由谁组织，针对何人，以何方式，国际社会都应加强合作，坚决打击。打击恐怖主义要符合联合国宪章的宗旨和原则及国际关系基本准则。打击恐怖主义的行动，应有准确、具体的目标，避免伤及无辜，并有利于地区和世界和平与发展的长远利益。双方今后将就此加强磋商与合作。

访问期间，胡锦涛还表达了中国关于阿富汗问题的原则立场。胡锦涛指出，阿富汗人民饱受战乱之苦，渴望早日得到和平。未来在阿富汗建立什么样的政权，应尊重阿富汗人民的选择和决定。阿富汗的历史表明，任何一个由单一民族组成的政府都不可能给阿富汗带来和平。未来的阿富汗应有一个基础广泛、能代表阿富汗各民族利益、与所有国家特别是邻国和睦相处的联合政府。联合国在阿富汗和平进程中应发挥主导作用。布莱尔对此表示赞同。

访问期间，英国女王伊丽莎白二世会见了胡锦涛副主席。女王表示，两国关系近年来发展较快，两国领导人之间的直接联系和交往对于加强相互了解、扩大共识是很有益的。胡锦涛则肯定了女王及王室为增进两国人民之间的了解与友谊、推动中英关系发展所作的积极贡献，希望女王今后继续关心和支持两国关系的发展。

此外，胡锦涛还与英国政界人士进行了广泛接触。在会见英国议会上院议长欧文时，胡锦涛肯定了议会交往在两国关系发展中发挥的重要作用，指出中国全国人大和英国议会之间的访问和接触，增进了相互了解，促进了双边关系的发展，希望两国议会间能进行更多的交流，并欢迎有更多的英国议员访华，以增加对中国全面、客观的了解，为中英关系的长期稳定发展起到积极的促进作用。在会见英国主要反对党保守党领袖邓肯·史密斯时，胡锦涛指出，中英关系的发展是与英国各政党和各界人士的努力分不开的。保守党无论是执政还是在野期间都为中英关系的发展做出过积极贡献，希望保守党继续为促进两国关系发挥作用。此外，胡锦涛还会见了中英论坛英方主席、前副首相赫塞尔廷以及前首相希思等。

推动中英经贸关系进一步发展是胡锦涛此行的重要内容。胡锦涛在与布莱尔首相会谈时指出，中英两国经济互补性很强，英国在许多领域具有优势，拥有先进的技术、成熟的管理经验和各方面的专业人才，这正是中国发展经济所需要的。目前，中国经济正在持续快速健康发展，改革开放不断深化和扩大，中国即将加入世贸组织，这些都为英国企业家提供了巨大的机遇，欢迎英国企业界更积极地参与中国的经济建设。访问期间，胡锦涛还与英国工商界、金融界人士进行了广泛接触，会见了英格兰银行行长，出席了英中贸易协会举行的欢迎晚宴并发表演讲。演讲中，胡锦涛介绍了中国的经济形势和发展前景，指出今后 5 到 10 年，是中国经济和社会发展的重要时期。随着第十个五年计划的实施，中国市场的巨大潜力将进一步开发出来，将为外国投资者提供更多的商机；加入世贸组织后，中国将以更积极的姿态推进全方位、多层次、宽领域的对外开放，有步骤地开放金融、保险、电信、贸易、商业、运输、建筑、旅游以及中介服务等领域，将积极开辟利用外资的新方式、新途径，允许外商在相关领域设立中外合资、合作或独资企业。胡锦涛指出，中英经贸关系近年来不断发展，但两国经贸合作仍有巨大发展潜力。在基础设施、通信、能源、环保等中国优先发展的领域，英国具有很强的竞争实力，应当有更大的作为。中国希望富有进取精神的英国企业界抓住机遇，以更长远和更开阔的眼光参与中国市场的竞争。

通过胡锦涛的英国之行可以看出，在新世纪到来之际，在国际形势发生深刻变化的背景下，两国之间的共同利益、相同或相似的看法明显增多，中英双方加强政治关系与经贸合作的愿望也非常强烈。这为两国关系的进一步发展奠定了基础。

布莱尔访华与中英关系摆脱伊拉克战争阴影

2002年11月，胡锦涛当选中共中央总书记；2003年3月，胡锦涛当选中国国家主席，温家宝当选国务院总理。中国新一届领导集体正式形成。新的领导集体面临着艰巨的国内建设任务和严峻的国际环境。就国内来说，2002年11月召开的党的十六大提出了“全面建设小康社会”的奋斗目标，并把21世纪前二十年看做是一个必须紧紧抓住并且可以大有作为的重要战略机遇期。但就国际环境而言却日益复杂。世纪之交的世界很不安宁，影响和平与发展的不确定因素有所增加。自“9·11”事件之后，美国大肆奉行单边主义，将反恐斗争扩大化，甚至提出“先发制人”的战略，于2003年3月20日发动伊拉克战争。在此情况下，中国必须展开更加积极主动的外交活动，在巩固和加强同发展中国家的团结与合作、坚持睦邻外交的同时，还要超越社会制度和意识形态差异，继续改善和发展同发达国家的关系，在和平共处五项原则的基础上，扩大共同利益的会合点，妥善解决分歧。

需要指出的是，中英关系在2003年曾一度受到伊拉克问题的困扰。在此问题上，英国一直是美国最坚定的支持者，态度强硬，甚至主张动用武力。相比之下，中国与美、英却有着原则分歧。中国政府主张，伊拉克问题应在联合国框架内通过政治手段和平解决，尽量避免战争，只要有一线希望，就不应放弃通过政治方式解决的努力。2003年3月20日，英国与美国一起发动了伊拉克战争。布莱尔还发表电视讲话，宣布部署在海湾地区的英国部队全面投入对伊军事行动。对美英的军事行动，中国政府立即发表声明表示“严重关切”。中国认为，不顾世界人民的反对，绕开联合国，对伊拉克进行军事打击是违反联合国宪章和国际法的，而且“战争必将带来人道主义灾难，影响地区和世界的安全、稳定与发展”，因而明确表示反对在国际事务中使用武力或以武力相威胁，“强烈呼吁有关国家停止军事行动，重新回到政治解决伊拉克问题的正确道路上来”。[1] 全国人大外事委员会、政协全国委员会外事委员会也发表声明，谴责美英“对一个主权国家肆意使用武力”，践踏《联合国宪章》和国际关系基本准则，“其行为在二十一世纪的国际关系中开创了一个恶劣的先例”。[2] 与此同时，中国在联合国内也对美英的战争行为提出了严厉批评。

但从双边角度来看，伊拉克战争并未动摇中英关系的基础。2003 年 3 月 26 日，中英签署《体育合作交流备忘录》；4～5 月间，英国外交大臣斯特劳代表英国政府就中国抗击非典型肺炎的努力表示声援和支持，英国政府还通过世界银行和亚洲开发银行向中国提供了 500 万美元的援助。中国对此表示感谢，表示愿意在传染病的应对、监控和防止等方面借鉴英国等国家的经验，积极开展合作。5 月初，唐家璇与斯特劳通电话，除“非典”问题外，双方还表示中英应就中东、朝核、伊拉克等问题加强磋商与沟通。

2003 年 7 月，英国首相布莱尔对中国进行了为期 3 天的正式访问。这是相隔 5 年之后布莱尔首相第二次访华。中方对此次访问高度重视，国务院总理温家宝、中央军委主席江泽民、国家主席胡锦涛先后与之会见会谈，就双边关系和双方共同感兴趣的国际问题交换了意见。

访问期间，中英双方都充分肯定了推动两国关系进一步发展的必要性。温家宝指出，当前国际形势复杂多变，中英作为联合国安理会常任理事国，有着共同的利益和重要的责任，有着加强合作的必要性和紧迫性。无论是维护世界和平还是促进经济发展，中英关系都需要进一步加强。胡锦涛指出，中英两国都是世界上有重要影响的国家和联合国常任理事国，继续加强两国全面伙伴关系，不仅符合两国人民的利益，也将对世界

① 《人民日报》，2003 年 3 月 21 日。
② 《人民日报》，2003 年 3 月 22 日。

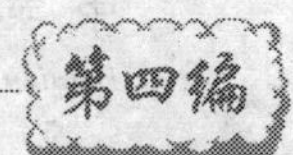

的和平、稳定与发展做出积极贡献。胡锦涛强调，中英双方应增进政治互信，深化互利合作，既不断扩大共同利益的会合点，又妥善处理彼此的差异与关切。中国新一届领导集体高度重视发展中英关系，愿与英方一道，使两国全面伙伴关系在新世纪取得更大的发展。江泽民也表示，中英双方应进一步努力，共同开创两国全面合作的新局面。江泽民强调，各国情况千差万别，存在分歧是难免的。各国应在政治上相互尊重，经济上相互促进，文化上相互借鉴，这才有利于全人类的进步。

英方与中方有着类似的考虑。布莱尔对温家宝表示，中英两国间有着广泛的共同利益，在维护世界稳定、促进发展方面也有着共同的期待和追求。英方愿与中方携手努力，不断促进两国在政治、经贸、教育、文化等各领域的合作。布莱尔还对胡锦涛表示，中国的经济迅速发展，在国际事务中的影响不断扩大。英中两国在不少重大国际问题上有着相似的看法，在促进世界和平与发展方面存在着广泛的共同利益。这些都使两国关系面临着重要的发展机遇。英方愿同中方共同努力，不断加强两国在各个领域的交流与合作。由此可见，中英两国已走出了伊拉克问题所造成的阴影，两国关系再次走上了全面发展的正确轨道。中英双方都希望以这次访问为新起点，携手努力，共同拓展双边关系，使之得到更快、更大的发展。

通过会谈，两国领导人就进一步发展两国关系达成了广泛共识，并对新世纪两国关系的发展提出了更高的目标。温家宝总理在与布莱尔会谈时就中英关系的未来发展提出了四点希望：（1）继续保持高层互访势头，建立和完善战略对话及磋商机制；（2）拓展经贸合作，帮助两国中小企业加强交往，推动英资企业到中国中西部地区发展，在今后三到五年内实现双边贸易额从100亿到150亿美元的跨越；（3）深化文化、教育合作，增进两国人民的了解与信任；（4）通过对话，妥善处理相互之间的分歧。布莱尔对此表示完全赞同。访问期间，双方决定成立专门的工作小组以进一步加强相互间的合作。据此，布莱尔首相指示成立了“对华关系专门小组”，由副首相普雷斯克特出任组长，中方也根据温家宝总理的指示成立了以国务委员唐家璇为组长的“中英关系协调小组”，研究确定指导新世纪中英关系发展的思路。

温家宝访英与中英全面战略伙伴关系的确立

2004年5月，温家宝总理对英国进行了正式访问。这是对布莱尔首相2003年访华的回访，也是温家宝就任总理以来首次访英。访问期间，温家宝分别与女王伊丽莎白二世、议会下院议长马丁、上院议长福尔克纳、副首相普雷斯科特及英国对华关系小组成员、布莱尔首相举行了会见会谈，并与英国科教界、工商界进行了接触。2004年正值中英建交50周年，中方希望通过此次访问与英方共同探讨如何加强两国在各领域的合作，推动两国关系的进一步发展。

2003年7月布莱尔访华后，中国国内政治经济生活发生了新的变化，先后提出了“全面、协调、可持续”的发展观以及“振兴东北地区等老工业基地”战略。这一新发展观和新的发展战略在温家宝总理此次英国之行中得到了充分体现。

经贸关系一直是中英关系的重要基础。温家宝此次访英为推动两国经贸合作关系的发展展开了一系列努力。访英期间，温家宝总理与英国副首相普雷斯科特共同启动了中英商务合作网站，两国企业签署了总额达16.3亿美元的商贸合同。温家宝总理还参观了与中方有密切合作关系的葛兰素史克公司、英国石油公司，并出席了由中国贸促会和英中贸协联合主办的“振兴中国东北老工业基地”研讨会开幕式。温家宝在开幕式致词中表示，中国将对东北经济结构进行战略性调整，对老工业基地进行技术性改造，并推进体制转变。英国在工业改造方面取得的成功是可借鉴的经验，可以使中国企业免走弯路。温家宝表示，欢迎英国老工业基地的企业家到中国传播经验，参加东北企业的技术改造和转制，与东北企业进行合资与合作，中国企业家也可以到英国进行研究。温家宝还表示，东北振兴应把教育和科技放在重要位置，欢迎英国与中国东北的大学和科研机构开展合作。温家宝表示相信，两国企业家将在东北振兴过程中找到良好的合作机会。

访问期间，温家宝总理会见了英国48家集团俱乐部主要负责人，出席了英中贸协举行的欢迎晚宴并发表了讲话。温家宝在讲话中向英国工商界人士指出，当今世界，经济全球化不断深入，新科技革命方兴未艾，国际产业和技术转移步伐加快。在这种大背景下，中英合作应该坚持全方位和高起点，即进行多领域、高水平、高质量的合作。温家宝还就中英经贸合作提出了六点建议：(1) 欢迎英国工商界积极参与中国东北等老工业基地的改造和建设，发挥其在传统工业改造方面的丰富经验和雄厚技术实力。(2) 愿就金融稳定和金融服务与英国加强交流与合作，欢迎英国金融界积极参与中国的银行、证券和保险等领域的改革和发展。(3) 希望加强与英国在能源领域的合作，包括油气资源勘探开发、节能技术研发、新能源和可再生能源的利用等。(4) 鼓励双方在高技术领域扩大交流和深化合作，包括生物、信息、新材料以及农业育种、重大疾病防治、食品安全等。(5) 期待开展多种形式的教育合作，借鉴英国在建设研究型大学等方面的经验，支持两国大学在教学和研究方面开展实质性合作，尤其是联合培养高层次人才；扩大文化交流，通过各种形式促进相互了解。(6) 支持加强两国环保领域的交流和合作，鼓励并支持包括英国在内的外国投资者参与中国的环境保护和生态建设。

科技教育合作在温家宝此次访英日程中占有很大分量。抵达英国当天，温家宝总理就与10多位英国科技界、教育界的领袖人物进行了座谈，其中包括牛津大学、剑桥大学、诺丁汉大学、伦敦经济学院、帝国理工学院等英国最著名高等学府的校长、院长，双方讨论了中英科技教育合作以及英国科技发展的经验。温家宝指出，如果说经贸代表今天，那么科技就代表明天，教育则代表后天。温家宝表示，中国新一届政府贯彻新的发展观，努力通过统筹兼顾，实现经济与社会的均衡协调发展。为此目的，中国政府正在制订中长期科技发展规划，实施新一轮教育振兴计划。温家宝强调，中国需要把科研与产业结合起来。座谈期间，英方科教界领袖介绍了设立科学园以及科技产业化过程中的经验，并就加强中英科教合作与交流提出了建议。温家宝强调，教育、科技和培养年轻人，既关系到两国的合作，也关系到两国的友谊能否后继有人。访问期间，温家宝还参观了牛津大学。

随着近年来中英经贸科技合作的发展，特别是国际关系的深刻演变，中英两国对双边关系的发展提出了更高的要求。中英两国都认为，双方不仅应成为经济伙伴，而且应成为政治伙伴。温家宝访问期间，中英双方签署了十余个经贸、教育、科技协定和备忘录，其中《中英关于便利人员合法往来和打击非法移民活动备忘录》是中国与世界各国签署的第一个关于打击非法移民的备忘录。访问期间，温家宝就发展中英关系提出了四点建议：(1) 建立领导人会晤机制，将两国政府领导人和外长年度会晤机制化，及时就双边关系和重大国际问题交换意见；(2) 加强对战略问题的磋商，进一步密切在反恐、防扩散、环保和可持续发展等问题上的合作；(3) 确立合作重点领域，其中包括贸易与投资、财政金融、能源、科学技术、教育文化、环保等；(4) 完善双边对话机制，从战略高度和长远角度出发，增进了解，扩大共识，妥善处理分歧，使两国关系更加成熟地发展。这些建议得到了布莱尔的赞同。

这次访问最为引人注目之处在于对新世纪的中英关系进行了新的定位。访问期间，双方发表了《联合声明》，宣布中英两国建立“全面战略伙伴关系”。访英之前，温家宝曾在欧盟总部发表了《积极发展同欧盟全面战略伙伴关系》的讲话，其中对“全面战略伙伴关系”这一概念的内涵做出了全面阐述。这一阐述有助于我们加深对中英关系新定位的理解。温家宝指出，所谓“全面”，是指双方的合作全方位、宽领域、多层次；所谓“战略”，是指双方的合作具有全局性、长期性和稳定性，超越意识形态和社会制度的差异，不受一时一事的干扰，也不针对第三方；所谓“伙伴”，是指双方的合作是平等、互利、共赢的，在相互尊重、相互信任的基础上，求大同存小异，努力扩大双方的共同利益。很显然，以此为核心内涵的中英“全面战略伙伴关系”不仅符合中英两国的长远利益，而且有助于推动建立一个更加安全、繁荣和开放的世界。

与中英“全面战略伙伴关系”的新定位相适应，中英两国在《联合声明》中明确指出，双方均把两国关系视为各自对外关系的重点之一，并一致同意加强两国在双边、多边和全球问题上的合作。

在双边领域，中英双方同意：(1) 增加高层互访，通过两国政府领导人和外长年度互访，加强并扩大两国在战略安全、防扩散等领域的双边政治合作；(2) 加强在贸易和投资领域的广泛合作；(3) 加强在科学、技术、教育、文化和环保领域的合作；(4) 建议“中英论坛”就其今后在工业、金融服务、科学技术和环境领域应发挥的作用进行研究。

在多边领域，双方表示：(1) 将加强在联合国内的协调，推动联合国改革，扩大在联合国维和框架内的合作；(2) 启动反恐对话机制，加强在反恐领域的交流与合作；(3) 加强在安全、军控、裁军和防扩散领域的交流与合作；(4) 密切警务合作，加强信息交流与执法合作，共同合作打击非法移民、跨国犯罪；(5) 加强在亚欧会议上的合作。

在《联合声明》中，中英双方还承诺增进在国际经济问题上的合作，促进可持续发展，包括共同努力实现“联合国千年发展目标”，推动国际贸易自由化，保护知识产权，以及加强在气候、环境领域的合作，共同努力帮助发展中国家解决贫困和其他与发展有关的问题。

中英“全面战略伙伴关系”是对两国“全面伙伴关系”的

进一步提升，从战略高度进一步规划了两国之间的整体关系。通过《联合声明》可以看出，双方对未来两国关系的规划，立意高远，雄心勃勃，展现了将两国政治关系及各领域的实际合作推向前所未有的广度和深度的决心。温家宝总理在英中贸易协会欢迎晚宴发表的讲话中强调，面对中英合作的新的历史机遇，我们需要站在战略高度，着眼未来，不断扩大双方利益的共同点，妥善处理分歧和彼此关切的问题，努力把发展全面战略伙伴关系引向深入。

胡锦涛访英与中英战略伙伴关系的深化

中英两国继 1998 年宣布建立“全面伙伴关系”之后，又于 2004 年宣布建立“全面战略伙伴关系”，充分表明中英双方对发展与对方关系的重视，展现了双方发展两国关系的真诚意愿，也为两国关系的未来发展奠定了坚实基础。2005 年下半年，胡锦涛主席与英国首相布莱尔在不同场合下三度会面，这种频繁的接触大大深化了中英关系。

2005 年 7 月上旬，第 30 届八国集团首脑会议在英国举行。作为八国集团轮值主席，英国首相布莱尔邀请中国国家主席胡锦涛出席“八国集团与中国、印度、巴西、南非、墨西哥五国领导人对话会”（“8 +5”对话会）。八国集团曾被认为是世界富国专属俱乐部，其一举一动对国际经济、国际金融有着重大影响。但近年来，随着经济的高速发展，中国的国际影响力日益增强，并在很大程度上影响了国际经济秩序的重构。西方发达国家越来越深刻地认识到，没有中国的参与，许多重要的全球议题将无法获得有效处理，国际舆论也发出了接纳中国加入八国俱乐部以反映急剧变化的全球经济格局的呼声。此次英国作为八国集团轮值主席邀请中国领导人与会，充分反映了英国对中国日益增强的经济实力和国际影响力的重视。

另一方面，此次英国邀请中国与会，中国也认真对待积极参与，事实上是中英双方充实两国“全面战略伙伴关系”的一

次重要努力。2004年中英两国在宣布建立“全面战略伙伴关系”的声明中明确表示，要巩固和加强两国在国际经济问题、全球问题上的合作，促进可持续发展。英国作为2005年八国集团轮值主席国，把消除非洲贫困和解决全球气候变化作为此次峰会的两大议题，而这两方面也是中国高度重视并正着力解决的问题。改革开放以来，中国采取一系列措施进行经济建设，在消除贫困方面卓有成效，同时也越来越重视环境保护和可持续发展问题，其中的经验教训可以为国际社会提供借鉴。而且多年来，中国一直尽其所能向非洲国家提供援助，减免债务，并为减缓气候变化做出了积极努力，展示了一个负责任大国的形象。会议期间，胡锦涛主席就推进全球合作提出了4点主张，针对气候变化问题提出了3项建议并介绍了中国为应对气候变化所采取的一系列政策措施，同时呼吁国际社会更多地关注非洲发展问题，增加对非援助，落实加快减免债务的承诺。因此，中国的参与对英国在会议期间实现其预定目标具有重要意义，同时英国邀请中国与会也为国际社会进一步了解中国提供了机会。

此次“8+5”对话会也为中英双边关系的发展提供了机会。在对话会正式召开之前，胡锦涛与布莱尔进行了会谈。胡锦涛首先对英国获得2012年奥运会主办权表示祝贺，布莱尔则表示希望与即将举办2008年奥运会的中国加强交流与合作。胡锦涛就中英双边关系指出，2004年两国宣布建立全面战略伙伴关系，标志着两国关系进入新的发展阶段。进一步发展中英全面战略伙伴关系，符合两国人民的利益，也有利于世界的和平与发展。鉴于英国在2005年下半年担任欧盟轮值主席，第八次中欧领导人会晤也将在北京举行，胡锦涛还希望英国在担任欧盟轮值主席期间为中国与欧盟关系的发展发挥积极作用，推动中欧实质性合作取得切实成效。胡锦涛特别指出了中欧之间现存的欧盟解除对华军售禁令和承认中国的完全市场经济地位问题，表示希望欧方从中欧关系大局出发，做出政治决断，也希望英方发挥积极影响，推动这两个问题早日得到解决。布莱尔则表示，英方希望同中方在政治方面进一步加强对话和合作，也将在中欧关系上就中国关注的有关问题积极努力寻求进展，使欧中合作更好地向前发展。

2005年9月5日，第八次中欧领导人会晤在北京举行。布莱尔以欧盟轮值主席国身份与会，并与欧盟委员会主席巴罗佐、欧盟理事会秘书长兼欧盟共同外交与安全政策高级代表索拉纳一起，代表欧盟与中国总理温家宝举行了会晤。双方以中欧建交30周年为背景，表示中欧关系“正在迅速发展成为一种成熟的全面战略伙伴关系”，并希望通过具体行动发展这一关系。[①] 通过会晤，双方同意启动副外长级定期战略对话机制，继续在防扩散和裁军领域、国际和地区事务中进行合作，继续在伽利略计划框架下进行合作，双方决定在气候变化领域建立伙伴关系，同时加强在人权、知识产权、贸易、能源、交通、航空、旅游、移民等问题上的合作。可见，中欧关系已经涵盖了全球政治与安全、经贸与科技、人权以及其他社会性领域。会晤中，双方还就中欧关系中中国所关注的两个问题进行了讨论。关于欧盟军售禁令问题，欧盟确认了继续朝着解禁方向努力的意愿，表示将为此继续工作；关于市场经济地位问题，欧盟方面表示欢迎中国在建设市场经济中取得的成就，双方同意展开高层对话，以便在该问题上取得进展。总体而言，双方在这两个问题上并未取得实质性突破，但仍留下了进一步商讨的空间。

与此同时，布莱尔还利用中欧领导人会晤的机会，以英国首相身份对中国进行了访问。这是布莱尔第三次访华。9月5日，胡锦涛主席在会见布莱尔时指出，中方高度重视中英关系，愿与英方一道，进一步深化中英全面战略伙伴关系。9月6日，温家宝总理与布莱尔举行了会谈，双方一致表示，应继续保持和推动中英全面战略伙伴关系发展的良好势头，造福两国人民，

---

① 《人民日报》，2005年9月6日。

维护世界和平，促进共同发展。温家宝指出，只要双方从战略高度和长远角度把握未来关系的发展方向，尊重彼此重大关切的问题，妥善解决分歧，加强合作，两国完全可以成为相互信赖的合作伙伴。会谈期间，温家宝对加强中英关系提出三点建议：（1）加强政治对话与合作，发挥双边关系互动小组在规划、协调双边合作方面的重要作用，深化政治磋商。（2）继续推动各领域实质性合作，发挥互补优势，扩大贸易与投资，支持两国能源企业合作；鼓励教育和文化交流，就2008年北京奥运会和2012年伦敦奥运会开展合作；积极筹备建立中英可持续发展磋商机制。（3）共同致力于解决全球性问题。在各种国际场合就联合国改革、落实联合国千年发展目标、推动世贸组织多哈回合谈判、非洲减贫、促进世界经济发展等问题加强沟通、协调与合作。布莱尔赞同温家宝对英中关系的评价和建议。他说，目前英中之间多层次的对话机制为两国关系进一步发展提供了良好条件，英方期待在双边和多边的广泛议题上与中方加强合作，包括共同努力，推动双边贸易在2010年达到更高水平，深化文化和教育往来，在举办奥运会方面开展合作，在落实千年发展目标，推动公开贸易，反恐和可持续发展方面加强对话与协调。

布莱尔此次访华时间虽短，但经济色彩很浓。此次中国之行有贸工大臣、贸易部长等经济官员以及众多工商界人士随行，双方共签署了价值达25亿美元的商贸合同，其中包括总额为18亿美元的中国南方航空公司购买10架A330客机的合同，以及英国渣打银行向筹备中的渤海银行投资1.23亿美元资金的合同。布莱尔首相还在贸工部长、贸易部长的陪同下，率领一个由来自英国主要企业的46名资深管理人员组成的代表团与中国9家电子、IT业领军企业的决策人物举行了商务早餐会，宣传英国成熟的商业环境和强大的研究力量，表示欢迎中国企业到英国投资。此外，布莱尔及其夫人还参加了一系列文化体育类活动。访问期间，中英双方签订了4个有关文化、博物馆、银行和民航合作的协议，进一步加强了两国之间的商务、文化、体育和教育关系。

2005 年 11 月 8～10 日，应英国女王伊丽莎白二世的邀请，胡锦涛主席对英国进行为期 3 天的国事访问。这是胡锦涛出任国家主席以来第一次访英，也是新世纪以来中国国家元首首次访英，因而得到英国王室、英国政府、英国政界人士、工商界人士以及舆论媒体的高度关注。英国《名流》杂志和阿高拉出版公司为此分别出版“中国特刊”，就中国的方方面面进行了详细介绍。

10 月 8 日胡锦涛抵达伦敦后，英国女王伊丽莎白二世在皇家骑兵检阅场举行了隆重的欢迎仪式，随后陪同胡锦涛夫妇乘坐传统风格的马车前往白金汉宫下榻，并于当晚举行了盛大欢迎宴会。11 月 9 日下午，胡锦涛主席和女王伊丽莎白二世共同出席了在皇家艺术学院举行的“盛世华章”故宫文物展开幕式，为文物展开幕剪彩。

胡锦涛主席此次访英，目的在于进一步深化中英全面战略伙伴关系。胡锦涛抵达伦敦后在机场发表的书面讲话中表示，希望通过这次访问，增进两国和两国人民的相互了解和友谊，促进双方各领域合作，继续推动中英全面战略伙伴关系向前发展。① 他还在女王举行的欢迎宴会上发表致词说，中国愿同英国加强相互信任、扩大交流合作、为增进两国人民的福祉、推动建设一个持久和平、共同繁荣的和谐世界而共同努力。② 英国女王在致词中也表示，期望中英之间建立一种对两国人民潜力巨大、机会丰富的建设性关系。③

近年来，中英两国的双边关系小组为两国关系的发展发挥了重要作用。作为谋求中英关系进一步发展的重要步骤，胡锦

---

① 《人民日报》，2005 年 11 月 9 日。

② 《人民日报》，2005 年 11 月 10 日。

③ *The State Visit of The President of the People's Republic of China, 8 to 10 November 2005*, www. royal. gov. uk/output/Page4646. asp.

涛主席于11月9日上午会见了英国副首相普雷斯科特及其领导的英中双边关系小组成员，肯定了他们在推动两国合作方面所发挥的积极作用，希望双方小组继续努力，在深入研究中英各自发展战略和双方互补优势的基础上，及时提出发展两国关系的思路和建议，包括提出一些新的重点合作领域。胡锦涛还与英方小组成员就加强两国教育、卫生、可持续发展等领域的合作进行了深入探讨。

11月9日中午，胡锦涛主席与布莱尔首相举行会谈，就双边贸易、全球安全、气候变化等问题进行了讨论，并就推动两国全面战略伙伴关系向更高水平发展深入交换意见并达成了重要共识。胡锦涛强调，中国高度重视发展同英国的关系。中国的发展对英国来说是机遇。双方应该从战略高度和长远的角度看待中英关系，推动两国关系向更高水平发展。为此他提出了四点建议：(1) 应保持高层交往的良好势头，充分利用好两国政府领导人和外长的年度会晤机制，同时扩大两国立法机构、政党的往来。(2) 应加强政治对话和合作，落实好高级别政治对话机制，在联合国、世界贸易组织、亚欧会议等多边框架内就可持续发展、减贫、气候变化、促进自由贸易等全球性问题进行磋商和合作。(3) 应进一步深化各领域的双边合作，除已确定的贸易和投资、财政金融、能源、科技、教育文化、环保和可持续发展六个重点领域外，还可以加强防治禽流感、筹备奥运会等方面的交流，同时要更好地发挥双边关系小组的积极作用。(4) 应妥善处理彼此的重大关切，在相互尊重、平等互利的基础上，通过对话和磋商增进了解、缩小分歧、拓展合作。

为巩固中英关系发展的政治和社会基础，胡锦涛访问期间分别会见了英国保守党领袖霍华德、自民党领袖肯尼迪，以及上院议长福尔克纳、下院议长马丁和议会中国小组的成员，向他们介绍了中国的经济社会发展情况、中英关系状况以及中国政府进一步发展中英战略伙伴关系的积极态度。这一努力得到了他们的积极回应。胡锦涛在会见英国议会领袖时指出，立法机构交往已成为中英全面战略伙伴关系的重要组成部分，为推动两国交流合作发挥了重要作用。他表示欢迎更多的议员访华，进一步加强对中国的了解。两位议会领袖一致强调，英国议会支持建立持续长久的英中合作，希望进一步扩大同中国立法机构的交流和相互学习借鉴。

胡锦涛此次访英日程中最引人注目的一点，是就中国的“和平发展道路”问题向英国社会作了全面阐述。

20 世纪 90 年代以来，随着中国经济的迅速发展和综合国力的不断增强，国际社会出现了形形色色的“中国威胁论”，一些人对中国的未来发展方向也产生了担忧和疑虑。为回击各种“中国威胁论”，消除国际间对中国未来发展的担忧和误解，中国政府于 2004 年明确提出了“和平发展道路”的概念，并于 2005 年初将其提升为国家发展战略。这一战略明确了我国的历史方位和前进方向，但其全面顺利实施仍然需要国际社会的了解和理解。胡锦涛这次英国之行为中国提供了向西方国家全面阐述“和平发展道路”的恰当时机。

11 月 9 日，胡锦涛主席在会见英国议会领袖和工商团体及企业界代表时就强调指出，中国将坚持以人为本、全面协调可持续的科学发展观，聚精会神搞建设、一心一意谋发展；中国将坚定不移地走和平发展道路，坚持对外开放，致力于在平等相待、互利共赢的基础上发展同世界各国的友好合作，为促进人类和平与发展的崇高事业做出自己的贡献。

11 月 9 日晚，胡锦涛主席在伦敦金融城市长萨沃里举行的欢迎晚宴上发表了演讲，着重就中国的“和平发展道路”作了全面阐述。演讲中，胡锦涛对“和平发展道路”的基本内涵作了高度概括，指出“中国的发展是和平的发展、开放的发展、合作的发展”。他进一步阐释道：“坚持走和平发展道路，就是既通过争取和平的国际环境来发展自己，又通过自己的发展来促进世界和平，永远做维护世界和平、促进共同发展的坚定力量。中国将主要依靠自身力量和改革创新来实现发展，同时坚持对外开放的基本国策，在平等互利的基础上同世界各国开展交流合作，努力实现互利共赢。”胡锦涛在演讲中还深入阐述了中国选择“和平发展道路”的现实需要和历史根源，明确指出，中国国情、中国历史文化传统以及当今世界发展潮流共同决定了“和平发展道路”是中国的“必然选择”。[①]

实际上，在国际间不断有人渲染“中国威胁论”的情况下，英国对中国的不断发展有着自己的看法。布莱尔在与胡锦涛会见时明确表示，中国的迅速发展不是威胁，而是重要机遇。英国是安理会常任理事国，也是欧盟、北约、八国集团、英联邦等重要国际组织和机构的重要成员，在欧洲乃至整个世界都有着重要影响。在英国阐释中国的“和平发展道路”，争取英国的了解和理解，其增信释疑作用可能会远远超出英伦之外。

中英关系近年来的迅速发展得益于两国商界的积极推动，经贸关系已经成为两国全面战略伙伴关系的重要支柱。此次胡锦涛主席访英期间，也为推动中英经贸合作做出了一系列努力。

11 月 9 日上午，胡锦涛主席会见了英中贸易协会主席鲍威尔和英国 48 家集团俱乐部主席佩里及其他英国企业界代表。胡锦涛指出，中英贸易关系已取得了长足进展，但仍有很大发展潜力，希望中英双方继续共同努力，不断推动中英经贸合作向前发展。他表示欢迎更多的英国企业进入中国市场，扩大高技术产品贸易，加强服务领域的合作，包括探讨合作开拓国际市场。英国工商界代表表示，中国的迅速发展、英中良好的政治关系为英国企业开展对华合作提供了难得的机遇，他们将推动更多英国企业同中国开展多种形式的互利合作。当天中午，胡锦涛又向布莱尔首相表达了中国的发展对英国来说是机遇的观点。访英期间，中英两国企业签署了多个商贸合同，金额高达 13 亿美元。胡锦涛当晚在伦敦金融城的演说中以此为例，说明了两国密切的经贸合作给两国人民带来了实实在在的利益。胡

① 《人民日报》，2005 年 11 月 11 日。

锦涛还指出，加入世贸组织以来，从2001年12月到2005年9月，中国进口了17698亿美元的商品。今后，中国每年的进口额还将不断扩大，到2010年年进口额将超过10000亿美元。从而以事实说明中国的发展将给包括英国在内的世界各国带来更多的机会和更广阔的市场。胡锦涛还希望英国工商界发扬50年前“破冰者”的开拓精神，积极探索扩大双方经贸合作的新途径新领域，努力把两国经贸关系提高到一个新的水平。

第三节　中英关系的全面发展

不断加强的政治关系

进入新世纪以来，中英两国的政治关系不断加强，呈现出前所未有的可喜局面。两国高层密切往来是其中一个重要特点，非常引人注目。仅就中国新一届领导集体形成以来的情况看，2003年5月底6月初，胡锦涛主席在俄罗斯圣彼得堡建市300周年庆典和法国埃维昂南北领导人非正式对话会议期间，两次与布莱尔首相会面并交谈；7月，布莱尔首相正式访华，国家主席胡锦涛、军委主席江泽民和温家宝总理分别与之会见、会谈；2004年5月，温家宝总理访英与布莱尔首相举行会谈；2005年7月，胡锦涛主席赴英出席八国集团同五大发展中国家对话会期间会见布莱尔首相；9月，第八次中欧领导人会晤在北京举行，布莱尔以英国首相和欧盟轮值主席的双重身份第三次访华，胡锦涛主席、温家宝总理与之会见；11月，胡锦涛主席访问英国与布莱尔首相会谈。除此之外，两国之间其他级别的政府官员进行的访问更加频繁。两国元首、政府首脑和高级官员之间的频繁接触显然有助于两国政治关系的发展。

新世纪以来，中英政治关系发展的另一个特点是各个层次对话与磋商机制的形成和完善。1999年10月，“中英论坛”正式启动，到2003年共举行了4次会议。该论坛集聚了两国政治、

经济、文化和学术界的重要人士，构成了两国间高级别、非政府的论坛框架，讨论议题涉及工业、金融、科技、环保、文教、新闻、法律等各方面。2003 年，中英成立由两国政府高级官员领导的双边关系互动小组，探讨推动两国发展的具体措施，在贸易与投资、金融、能源、教育文化、科学技术、环境与气候变化、可持续发展等领域提出了一系列建议。2003 年，两国启动战略安全对话机制，并于 2003 年 10 月和 2004 年 3 月进行了两轮战略安全对话。2004 年 5 月，两国决定建立政府首脑和外长年度会晤机制，从而确立了高级别的政治对话机制。2005 年 11 月，两国决定建立可持续发展高级别对话机制。此外，中英双方还就双边、多边以及全球领域的范围广泛的问题进行了交流和磋商。这种对话与磋商既以两国关系的发展和相互信任的增强为基础，同时也促进了两国之间实质性的政治合作。

中英关于香港问题的对话与交涉

随着 1997 年香港问题的顺利解决，中英关系迎来了新的发展契机。英国首相布莱尔和外交大臣斯特劳曾多次公开表示，香港回归后成功落实了“一国两制”，保持了繁荣。但另一方面，双方在香港问题上仍存在一些分歧。英国在香港不仅有着巨大的经济利益，而且对香港的政治生活有着不可忽视的影响。1997 年香港回归前，英国在香港大力推行政制改革，有目的地扶植“民主派”势力。1997 年香港回归后，英国一再声称对香港负有“道义及政治上的责任”，一直高度关注香港民主化进程、人权状况、新闻自由以及“23 条立法”等问题，并不时与美国和香港的“民主派”势力配合，干预香港特区政府的事务，在中英关系发展中发出不和谐声音。到 2005 年 7 月，英国已先后发表了 17 份以香港的公民权利及人权状况为重点内容的《香港半年报告》。

英国及美国的干预，为香港政治局势的发展埋下了不稳定因素。2003 年 7 月 1 日，在香港回归 6 周年之际，香港“民主派”组织了大规模游行示威，反对“23条立法”。2003年7月布莱尔访华时，中英双方就香港问题进行了深入讨论。温家宝强调，一个稳定、繁荣的香港不仅符合包括香港同胞在内的全中国人民的利益，也有利于外国在港利益，希望有关国家多做有利于香港稳定和发展的事情。布莱尔表示，过去六年间，“一国两制”方针在香港执行的效果很好。“一国两制”是新鲜事物，在实施过程中完全有可能出现大的问题，但实际上这种情况并没有发生。英方愿为香港的稳定做出努力。随后，布莱尔访港期间在英商会午餐会上致词时又表示，“一国两制”是独特的，然而两个不同经济体系要协调差异，当中难免有争议。“23条”立法问题引起的争议，正显示“一国两制”有足够弹性，容许不同意见。他赞扬特区政府听取民意，修改草案内容和押后立法，并强调稳定是香港成功的基石。

2004年4月，全国人大常委会就《基本法》关于行政长官和立法会选举办法做出了权威解释，并根据香港的实际情况就2007年行政长官和2008年立法会选举问题做出了决定。这些都是全国人大常委会依法行使职权的行动，具有充分而明确的法律依据。但英国方面却公然干涉中国内政，指责这些行动“限制了香港政制发展的空间”，“侵蚀”了香港的高度自治。① 中方对这些言论进行了严厉驳斥。2004年5月温家宝访问英国时，香港问题再次成为中英两国政府首脑讨论的重要议题。经过会谈，中英双方就香港问题达成了共识。双方发表《联合声明》表示，按照“一国两制”原则和基本法维护和促进香港的繁荣与稳定符合双方的利益。但英国外交大臣斯特劳在2005年7月提交给议会的《香港半年报告》的前言中，一方面承认人大常委会拥有《基本法》的解释权，另一方面又要求“在行使该项

① The Secretary of State for Foreign and Commonwealth Affairs, *Six－monthly Report on Hong Kong, January － June 2005*, p. 1.

权力和展现香港的司法独立及高度自治两者之间需取得平衡”。[1] 由此可见，香港问题仍是中英关系发展中一个有着潜在消极影响的因素。

中英在台湾问题上的交涉与对话

在台湾问题上，英国政府长期以来一直表示坚持“一个中国”立场，并反对将“台湾参与联合国”提案列入联大议程。但台湾问题在世纪之交也曾引发双方之间的摩擦。2000 年 6 月，英国政府不顾中国政府的反对，允许李登辉访英出席其孙女的中学毕业典礼。这是李登辉下台以来的首次出访。英方要求李登辉在英期间避免任何公开活动，并将此行定位为“私人访问”。但据台湾媒体报道，李登辉此次英国之行是在新上台的陈水扁当局的协助下安排的，并由台湾当局卸任官员陪同。李登辉离台前，陈水扁也曾专门前往其住所拜访送行。李登辉到英国后，也会见了前首相撒切尔夫人等。因此，李登辉的英国之行绝不是纯粹的“私人访问”，而是有其政治意图。正如中国外交部发言人所指出的，李登辉绝不是什么普通公民，他一贯从事分裂中国的活动，提出臭名昭著的“两国论”，竭力宣扬“台独”主张，并且极力以各种手段在国际上继续推行他的政治图谋，进行制造“两个中国”的活动，是一个麻烦制造者。所以中国政府坚决反对李登辉去英国活动。中方还召见英国驻华大使，向英国政府提出了严正交涉。

中英关系在本世纪初虽然由于李登辉对英国的“私人访问”而受到一定干扰，但总体而言，台湾问题并未构成中英关系发展的重大障碍。新世纪以来，英方再三重申了它的“一个中国”立场。2002 年 7 月，英国外交大臣斯特劳访华时表示，英国政府在台湾问题上的立场是一贯的，即不承认台湾是一个“独立

---

① The Secretary of State for Foreign and Commonwealth Affairs, *Six - monthly Report on Hong Kong, January - June 2005*, piii.

的国家”，而是中国的一个省，中华人民共和国政府是代表全中国的唯一合法政府，英国不会与台湾建立正式关系，不会与台湾进行官方往来。唐家璇外长对此表示赞赏，希望英方恪守承诺，对台湾当局通过“出访外交”、“过境外交”等各种手段在国际上从事分裂活动的图谋保持警惕，从中英关系的大局出发，妥善处理涉台问题。2003 年 7 月，布莱尔访华期间也表示，通过与中国各界人士的接触，更深刻地理解了“一个中国”原则的重要含义，英方将坚持“一个中国”的政策，妥善处理有关问题。2004 年 5 月温家宝访问英国时，双方发表《联合声明》，宣布在台湾问题上达成了共识：英国承认中国政府关于台湾是中国一个省的立场，承认中华人民共和国政府是中国的唯一合法政府。

值得指出的是，英国在台湾问题上的政策仍然留有尾巴。20 世纪 90 年代中期以来，特别是 2000 年陈水扁上台以来，台湾岛内的“台独”分裂势力日益发展，导致台海地区局势日趋紧张。针对这一局势，英国政府一方面承认台湾的前途是海峡两岸人民自己的事情，表示欢迎海峡两岸缓和紧张局势、寻求双方都能接受的基础以恢复和平对话的任何努力，另一方面又对台海地区的军事形势感到不安，对任何诉诸军事行动的努力表示“极为关注”，并“利用任何适当的机会向中国政府表达其强烈反对使用武力的立场”。①

中英关于人权问题的分歧与对话

中英双边关系中比较突出的问题还表现在人权领域。20 世纪 90 年代初以来，美国在联合国人权委员会内多次就人权问题向中国发难。在此过程中，英国曾是美国的坚定支持者。但 20 世纪 90 年代中期以后，英国对华人权政策有所调整，更多地通

① *UK House of Lords debate on UK-Taiwan relations*, August 13, 2004, www. roc-taiwan. org. uk/press/20040813/2004081304. html.

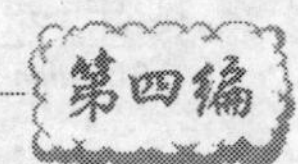

过双边途径就该问题进行对话。这在很大程度上瓦解了美国在联合国人权会上所营造的西方“反华联盟”，也为双方在人权领域的具体合作提供了很好的机会。中英人权对话开始于1997年，到1999年共举行了3轮人权对话。2000年以后，中英人权对话进一步加强，当年2月和10月，分别举行了第4轮和第5轮人权对话，此后便增加为每半年一轮。对话中涉及领域很广，包括死刑、劳教、行政拘留以及所谓宗教自由、言论自由、结社自由、法轮功、西藏问题、新疆问题等，双方分歧较大。[①] 在中英两国领导人的会谈中，英方也经常会将人权问题纳入会谈日程。新世纪以来，中国在人权领域采取了一系列重大步骤，2004年3月首次将“国家尊重和保障人权”写入宪法，从而确立了人权原则在中国法律体系和国家发展战略中的突出地位。2004年5月温家宝访英时，英方对此表示欢迎。访问期间，温家宝总理与布莱尔首相就人权问题交换意见并达成了共识。双方在发表的《联合声明》中表示，双方一致认为，所有国家都应尊重和保护人权；双方也高度重视中英人权对话，并将继续在平等和相互尊重的基础上开展人权领域的交流。但实际上，英国自1997年以来每年都要就人权问题发表年度报告，其中不乏对中国的公开批评与指责。

关于英国对欧盟对华军售禁令的态度

中英之间另一个比较突出的问题是关于欧盟对华军售禁令的态度问题。1989年6月，美国宣布对中国实施制裁，停止对华军品销售。随后，当时的欧共体首脑会议宣布中止与中国的军事合作与武器贸易。这一禁令一直延续至今。显然，欧盟对华军售禁令是冷战时期的产物，随着20世纪90年代中期以来中欧关系的日益发展，此项禁令的消极作用也日益明显。中国认

① United Kingdom, Foreign & Commonwealth Office, *Human Rights*, *Annual Report 2005*.

为，这一禁令是对中国的政治歧视，与中欧发展全面战略伙伴关系的目标相悖，应予立即取消。但欧盟内部在对华武器解禁问题上一直存在不同声音。以法国、德国为代表的一些欧盟国家领导人认为，此项禁令已经过时，已不符合当今国际社会的政治现实，且不利于中欧关系的深入发展，因而也不符合欧盟国家的利益，必须尽快取消。但其他一些欧洲国家的态度则比较消极。这一方面是由于对中国的政治偏见，另一方面也是由于美国的极力反对。

英国是美国的盟国，其对外政策在很大程度上受到美国的影响。但中英关系自20世纪末以来迅速发展，英国也从日益发展的中国经济当中获得了巨大的实际利益。因此，英国在对外政策上既不愿得罪美国，也不愿得罪中国，表现在欧盟对华武器解禁问题上就是既不公开反对，也不明确支持，而是采取一种模棱两可的所谓“中立”政策。

近年来，在中国的积极努力和法、德等国的积极推动下，欧盟国家中支持对华武器解禁的声音逐渐占据上方。2004年12月，欧盟在第七次中欧领导人会议上确认了解除对华军售禁令的政治意愿，随后欧盟25国元首和政府首脑又在欧盟峰会上重申了解禁承诺，而且暗示将在2005年上半年做出正式决定。与此同时，欧盟加紧制定新的武器出口规则，以确保禁令解除后不会有先进武器销往中国。这实际上是在为解除对华武器禁令做准备。在此情况下，英国的态度开始发生积极变化。2004年年底，外交大臣斯特劳表示，英国没有反对欧盟解除对华武器禁运，布莱尔首相也打电话给胡锦涛主席，表示英国站在支持解禁国家的一边。2005年1月，英国外交大臣斯特劳访华。来华之前，斯特劳向英国下议院表示，虽然面临美国的反对，但他相信欧盟会在未来几个月内解除对中国的武器禁运。斯特劳表示，尽管欧盟仍需继续关注中国人权问题，但因此对中国实施和津巴布韦、缅甸等国一样的禁令是错误的，英国期望2005年上半年卢森堡担任欧盟轮值主席国期间尽快解除对华武器禁运。他指出，军售禁令的解除并不意味着会有大量武器进入中国，欧盟将通过武器出口行为准则严格控制军火销售。

但2005年以来，美国反对欧盟解除对华军售禁令的立场日益强硬。国务卿赖斯、总统布什在2005年年初访欧时均明确表示反对欧盟解除对华武器禁令。美国国会在布什访欧前还通过一项措辞激烈的决议，声称若欧盟不顾美国反对，执意取消对华军售禁令，国会将要求美国政府中止与欧盟的军事合作。2005年3月14日，中国全国人大十届三次会议通过了《反分裂国家法》，其立法意图在于遏制“台独”分裂势力，促进祖国和平统一，维护台海地区和平稳定。但美国却以此为借口，进一步对欧盟施压。美国参议院于3月17日通过决议声称，如果欧盟解除对华军售禁令，将会影响到大西洋两岸的防务合作。

在美国的压力下，态度原本就不积极的英国，其立场再次出现倒退。3月20日，斯特劳在接受电视采访时表示，中国通过《反分裂国家法》之后，解除对华军售禁令的政治环境恶化了，中国在台湾问题上的立场使得欧盟解除其对华武器禁运变得更加困难。① 鉴于自己将在下半年担任欧盟轮值主席国，英国开始谋求推迟欧盟对华武器解禁，以避免在自己的任期之内触及这个遭到美国坚决反对的问题。7月1日，英国正式担任欧盟轮值主席国。在此之前，外交大臣斯特劳在伦敦举行记者招待会表示，欧盟内部对解除对华军售禁令一事还存在很大分歧，欧洲议会的多次决议也表明现在解除禁令比较困难。他暗示，在英国担任欧盟轮值主席国期间，英国不会游说其他国家考虑解除该禁令。因此，尽管2005年下半年中方多次敦促英国在担任欧盟轮值主席国的半年内，在欧盟解除对华军售禁令方面“发挥积极作用”，但英国的态度并未发生明显变化。2005年9月，布莱尔在前来北京出席第八次中欧峰会并访华前夕表示，

① *UK: China's Taiwan Law Complicates Lifting EU Arms Embargo*, March 20, 2005, www.voanews.com/english/2005-03-20-voa38.cfm.

在对武器禁令做出决定前，将需要在欧盟内以及与其他国际伙伴进行更多的磋商。峰会期间，欧盟也仅限于确认其继续朝着解禁方向努力的意愿。最终，在英国担任欧盟轮值主席期间，欧盟对华军售禁令问题没有出现突破。

中英在反对国际恐怖主义问题上的合作与斗争

受"9·11"事件的冲击，反恐问题在新世纪初成为国际社会关注的焦点。中英两国在双边关系上也做出重大调整。"9·11"事件发生后，中英两国都对这一恐怖袭击事件进行了严厉谴责。这意味着两国在反对恐怖主义问题上有着共同立场。另一方面，双方认为，联合国安理会在维护国际和平与安全方面肩负着主要责任，将反恐问题纳入安理会议事日程，是两国作为安理会常任理事国的国际责任所在。但英国政府则与美国积极配合，力图组建国际反恐联盟。在此背景下，反恐问题被纳入了两国政府的议事日程。2001 年 9 月 18 日，中国国家主席江泽民应约与英国首相布莱尔通电话，明确宣布中方在反恐问题上的原则立场：(1) 恐怖主义是对世界和平与稳定的重大威胁，已经成为严重的国际公害。中国政府坚决反对一切形式的恐怖主义。(2) 反对恐怖主义，国际合作非常必要，也非常紧迫。(3) 在反对恐怖主义问题上，中国人民与美国人民、英国人民和国际社会是站在一起的。这表明，中英两国在反恐问题上的共同立场已上升为基本共识，反恐斗争成为中英合作的新领域。

2001 年 10 月 7 日，美英军队在"反恐"名义下开始对阿富汗塔利班政权实施军事打击，国际反恐斗争出现了新形势。10 月 10 日，中国外长唐家璇应约与英国外交大臣斯特劳通电话，重申中方在反对恐怖主义问题上的原则立场，强调打击恐怖主义是一项长期、艰巨的任务，需要长期的国际合作，特别是要发挥联合国和安理会的作用。唐外长还针对美英军事打击阿富汗问题指出，有关军事行动应只针对恐怖主义的具体目标，不能扩大或波及其他国家，不能伤及无辜平民。一切行动都应有利于阿富汗问题合理、公正的解决，有利于恢复该地区的和平与稳定，有利于世界的和平与发展。唐外长指出，在当前形势下，中英作为安理会常任理事国，就重大问题及时交换看法十分必要，中方愿进一步加强与英方在反恐问题上的磋商与合作。斯特劳表示赞同中方的立场，希望与中方继续保持磋商，并加强在联合国和安理会的协调与配合。2001 年 10 月底，时任国家副主席的胡锦涛对英国进行了正式访问。在与布莱尔首相的会谈中，双方再次就反恐问题达成广泛共识。英方表示愿意加强与中国在反恐方面的合作。

2002 年 1 月，唐家璇作为外长首次访英，与英国首相布莱尔、外交大臣斯特劳就国际反恐合作等问题交换了看法。唐外长希望以反恐问题为突破口，推动中英在更广泛领域的合作。他向斯特劳指出，“9·11”事件表明，国际关系中的不稳定因素增多，国际恐怖主义、跨国犯罪、气候变化、贫困等问题对世界和平与发展构成严重威胁和挑战。中国主张建立“以互信求安全、以互利求合作”为核心的新安全观，维护世界的长久安全。斯特劳也重申，英中作为安理会常任理事国，加强在国际事务中的磋商与合作极为重要。唐外长在英国“亚洲之家”举行的宴会上发表演讲，再次重申了中方在反恐问题上的原则立场，以及中国积极参与国际反恐合作的意愿。他指出，恐怖主义、贫困、环境恶化、毒品、艾滋病、非法移民等非传统安全问题日益突出。这些问题和挑战是全球性的，解决这些问题单凭一国的资源和力量是不够的。全球性问题需要全球性的努力，需要各国团结合作。[①] 2002 年 7 月，英国外交大臣斯特劳访华期间在清华大学发表题为《迈向一个安全的全球新秩序》的演讲，明确指出，作为安理会常任理事国，中国和英国的地位和影响能够涉及全球每个角落的事态发展，两国加强反恐怖主

① 唐家璇：《加强国际合作，共同应对挑战》，2002/01/18，外交部网站：http://www.fmprc.gov.cn/chn/wjdt/zyjh/t5248.htm。

义合作，将有助于建立国际安全秩序。由此可见，中英双方都是从战略高度来看待反恐斗争的，都希望以国际反恐斗争为契机，进一步推动中英关系的深入发展。

中英两国都是恐怖主义的受害者。就中国来说，这主要是“东突厥斯坦”分裂主义势力在新疆制造爆炸等恶性案件策动分裂的问题。长期以来，中国为打击“东突”极端分离主义和极端宗教势力采取了一系列坚决行动。由于价值观、文化观和具体国情不同，特别是由于政治因素的影响，美国和欧洲一些国家往往从人权角度对中国提出批评。“9·11”事件进一步坚定了中国在国内打击恐怖主义的决心，并为此展开外交努力以争取国际社会的支持。2001年11月，唐外长在联合国安理会就反对国际恐怖主义问题举行的首次外长会议上指出，“东突”恐怖势力长期接受国际恐怖主义集团的训练、资助和支持，多次在中国新疆地区及其他国家制造各种恐怖活动，残害无辜平民。“东突”是彻头彻尾的恐怖主义，是国际恐怖主义的一部分，应予以坚决打击。[①] 2002年1月，唐外长在英国“亚洲之家”发表的演说中也指出，打击和扫除“东突”恐怖势力，是国际反恐斗争的重要方面。[②] 中方的外交努力得到了英方的理解。英方对中国政府打击“东突”恐怖势力的措施明确表示支持。英国驻华大使韩魁发曾表示，中国西部爆发暴力事件，政府搜捕和惩处滋事分子是理所当然的。[③]

英国同样面临着恐怖主义威胁。“9·11”事件后，英国的海外机构和国内设施不时成为恐怖袭击的目标。2003年11月，英国驻土耳其伊斯坦布尔总领事馆和汇丰银行分行遭到恐怖袭击，中国外长李肇星致电慰问，表示强烈谴责这一恐怖主义行

① 《人民日报》，2001年11月14日。

② 唐家璇：《加强国际合作，共同应对挑战》，2002/01/18，外交部网站：www.fmprc.gov.cn/chn/wjdt/zyjh/t5248.htm。

③ 姜发：《中英关系：双方感觉良好》，星辰在线网站：www.csonline.com.cn/gb/content/2003-07/23/content_273193.htm。

径，愿与包括英国在内的国际社会一道，为维护世界和平与安全做出不懈努力。2005 年 7 月 7 日，在英国举办八国集团与五大发展中国家领导人对话会之际，伦敦地铁发生了严重恐怖袭击事件。温家宝总理致电布莱尔首相、李肇星外长致电外交大臣斯特劳表示慰问，并对此恐怖事件表示谴责。出席会议的胡锦涛主席也发表讲话，强烈谴责这一恐怖袭击事件，重申中国政府愿同国际社会一道，加强合作，共同打击任何形式的恐怖主义。

反恐问题上的共同立场和共同利益为新世纪初中英关系的发展提供了新的推动力。2004 年 5 月温家宝访英时，双方重申了打击恐怖主义的决心，并发表《联合声明》宣布两国将启动反恐对话机制，加强在反恐领域的对话与合作。反恐合作已成为两国“全面战略伙伴关系”的重要组成部分。

中英在伊拉克战争问题上的分歧

从20 世纪90 年代以来，伊拉克问题一直是国际社会关注的一个焦点问题。2001 年“9·11”事件后，美国政府以反恐为借口，不断加大对伊拉克的压力，甚至主张通过军事打击推翻萨达姆政权，解除伊拉克的武装力量。在伊拉克问题上，中英两国的立场有着原则分歧。英国是美国的积极支持者，但美英的对伊政策却遭到了包括中国在内的国际社会的普遍反对。

英美特殊关系由来已久，英国希望通过英美合作发挥英国的大国作用，这是英国历届政府长期以来的既定政策。另一方面，新世纪以来，英国越来越重视中国在重大国际问题上的作用，明确表示，中国和英国作为联合国安理会常任理事国，其地位和影响能够涉及全球每个角落的事态发展。但在伊拉克问题上，双方出现分歧。英国与美国相配合，对包括中国在内的世界主要国家展开了积极游说。2002 年 9 月底，英国外交大臣斯特劳委派特使欧威廉专门就伊拉克问题访华，通报英国的有关考虑，希望在伊拉克问题上与中方保持密切磋商与协调。中国外交部副部长王光亚重申了中国在伊拉克问题上的立场，同时表示将继续与安理会其他成员国一道，推动伊拉克问题在联合国框架内得到政治解决。10 月中旬，斯特劳又向唐家璇外长通报了布莱尔首相与俄罗斯领导人讨论伊拉克问题的情况，介绍了安理会有关磋商及英方的考虑。

为阻止美英军事打击伊拉克，维护联合国的权威，同时促使伊拉克与联合国充分合作，中国建设性地参与了安理会关于伊拉克问题的磋商，并在担任安理会轮值主席期间与安理会其他成员国一起于 2002 年 11 月推动通过了关于伊拉克武器核查问题的 1441 号决议。该决议既加强了对伊拉克的国际压力，也未授权美英直接对伊采取军事行动。但此后，美英又以伊拉克没有履行该决议为借口，力争得到对伊动武的授权。此举导致安理会成员国之间的立场对立，中英分属不同阵营。英美敦促安理会尽快通过授权动武的新决议，中国则明确否定英美等国搞新决议的必要性，并与俄、法、德等国不断磋商，积极寻求在联合国框架内实现政治解决的办法。英国首相布莱尔于 2003 年 3 月 9 日与江泽民主席通电话，介绍了英国政府关于伊拉克问题的立场，断言没有充分证据表明伊拉克愿与联合国全面合作，联合国应采取进一步措施。江泽民则表示，根据 1441 号决议所进行的核查是有进展的，只要继续坚持和加强核查，在联合国框架内政治解决伊拉克问题的目标是有可能实现的。江泽民强调，我们这个世界面临的问题很多，仅靠武力是解决不了问题的，战争对谁都没有好处。政治解决问题需要的时间可能长一些，但代价小，也最符合各方利益。

面对国际社会的压力，美英决定放弃争取联合国支持的外交努力，对伊实施军事打击，但在采取军事行动前夕，英国仍然与中国进行了沟通。3 月 17 日，外交大臣斯特劳致电李肇星外长，表示尽管英中两国在伊拉克问题上有一些不同看法，但英国始终重视与中国的关系，希望与中方在双边和国际问题上保持沟通与合作。2003 年 3 月 20 日，美英最终绕开联合国发动

了伊拉克战争。此举遭到中国政府的严厉谴责。

在对伊战争问题上，英国是美国的坚定盟友。但在伊拉克战后重建及联合国的作用等问题上，英国与美国也有着不同主张。“9·11”事件以来，美国的单边主义盛行，在伊拉克问题上坚持无论有无联合国授权都要采取军事行动。英国一直强调反恐领域的国际合作，在伊拉克问题上支持美国动武，但在争取联合国授权方面相对积极，即使在做出放弃争取联合国支持的外交努力之后，英国仍然强调联合国应在伊拉克战后重建问题上扮演重要角色。战争爆发当天，布莱尔就派国际开发事务大臣赴纽约与联合国秘书长安南会谈。对伊开战一周后，布莱尔于3月26日亲赴华盛顿与布什会晤，除军事进展情况外，重点讨论了对伊人道主义援助和战后重建问题，力图说服美国在这两个问题上接受联合国的主导地位。会谈之后，布莱尔在记者会上表示，英美仍然愿意与联合国合作。随后，布莱尔又与联合国秘书长安南进行了会谈。在英国看来，在战后重建问题上得到联合国的支持和参与，不仅能使对伊军事行动“合法化”，使英国摆脱在欧洲的孤立局面，也可以减轻战后重建的负担，并缓解国内民众的不满情绪。4月上旬，布什访英，不得不承诺允许联合国在伊拉克过渡政府中发挥“重要作用”，布莱尔则直截了当地表示，联合国将在战后伊拉克重建中发挥关键作用。①

美英对伊军事行动对联合国的权威提出了严重挑战。英国关于在伊拉克问题上发挥联合国作用的主张，与中国的一贯立场相一致，有助于强化联合国的作用，这为中英在伊拉克问题上的进一步磋商提供了可能。2003年3月31日，中国外长李肇星与英国外交大臣斯特劳进行了电话交谈。斯特劳通报了英美首脑的会谈情况，介绍了英方对伊拉克战后安排的考虑，表示英方希望联合国在伊拉克战后安排中发挥核心作用。李肇星强

---

① 《人民日报》，2003年4月9日。

调，用武力解决伊拉克问题不符合各方利益。伊拉克问题的妥善解决最终离不开联合国。中方愿与国际社会一道，共同维护联合国在国际事务中的作用和安理会的权威。此后，伊拉克重建问题成为中英外交磋商的一个重要议题。

2003年5月，中国外交部副部长杨文昌赴伦敦与英国外交部官员就伊拉克问题进行磋商。6月，李肇星外长正式访英，其间对英方关于伊拉克问题应回到联合国框架内加以解决的主张表示赞赏，同时强调中国在伊拉克合法利益应得到切实保护。英国外交大臣斯特劳表示将尽力满足中方的关切。[①] 7月布莱尔首相访华时，中英双方决定建立和完善战略对话与磋商机制，通过对话妥善处理相互之间的差异和分歧。这意味着，因伊拉克问题而给中英两国关系造成的阴影已经消退。2003年10月，中英战略安全对话机制在北京正式启动，伊拉克局势是双方讨论的重要问题之一。

2003年9月初，美英就伊拉克的未来安排问题提出一份决议草案，但未包括尽快将主权交还伊拉克人民和加强联合国在伊拉克战后重建中的作用等重要内容，因而遭到安理会大多数成员国的反对。随后，美英根据其他各方意见对草案进行了修改。10月15日晚，在安理会就新决议草案进行表决前夕，英国外交大臣斯特劳与李肇星外长通电话，就该草案交换意见。斯特劳表示，草案吸纳了包括中国在内的安理会成员国的关切，强调了联合国的作用，希望能尽快得到通过。李肇星表示，中方对决议草案采纳中方的修改意见表示欢迎，希望美英继续努力，进一步考虑各方关切，争取达成更多共识。10月16日，安理会一致通过了这个关于伊拉克未来安排问题的新决议，强调联合国应在伊拉克发挥关键作用。这样，伊拉克未来安排问题被重新置于安理会的监督之下。

---

① 《人民日报》，2003年6月26日。

中英在环境安全问题上的合作

20世纪中期以来，人类所面临的生存和发展环境日益严峻，环境污染、臭氧层破坏、全球气候变化、土地沙漠化、生物多样性减少等引起了一系列全球性经济、社会、资源和环境问题。国际社会越来越明确地认识到，把经济、社会和环境割裂开来谋求发展，只能给世界和人类带来毁灭性灾难。

1983年11月，联合国世界环境与发展委员会宣告成立。该委员会于1987年发表研究报告《我们的未来》，第一次提出了“可持续发展”的概念，并从人口、资源、环境、生态系统、能源、工业、城市化等方面对可持续发展问题进行了系统分析和研究。可持续发展问题是整个国际社会所面临的全球性挑战，实现这一目标需要国际社会的广泛合作。1992年6月，联合国环境与发展首脑会议召开，联合国可持续发展委员会随之成立。2002年，联合国召开可持续发展世界首脑会议，并就可持续发展问题通过了政治宣言和实施计划。

中国政府在改革开放以来，大力推动经济发展的同时，积极谋求经济、环境与社会的协调发展。20世纪80年代，中国制定并实施了一系列保护环境的法律法规，1992年联合国环境和发展首脑会议召开后，中国政府立即行动并于1994年通过了《中国21世纪议程》，提出了中国可持续发展的总体战略、对策以及行动方案。1996年3月，八届人大四次会议正式把可持续发展确定为中国今后经济和社会发展的基本战略之一。与此同时，可持续发展问题也得到了英国方面的高度重视。1999年，英国提出名为《更好的生活质量》的可持续发展战略，其中包括具体的指导原则和行动领域。

随着20世纪90年代末中英关系的迅速发展，可持续发展成为中英合作的新领域。2000年10月，英国副首相兼环境、运输和地区事务大臣普雷斯科特访华时对时任国家副主席的胡锦涛表示，中国在进行大规模建设的同时，十分重视经济的可持续发展和环境保护，并取得了巨大成绩。英方愿与中方在相关领域加强互利合作和交流。2000 年 12 月，第 55 届联大决定将于 2002 年在南非召开可持续发展世界首脑会议，以便在新世纪到来之际进一步推动国际社会积极应对所面临的环境与发展问题。中英对此均持积极态度。但 2001 年上台的美国小布什政府却于当年 3 月宣布退出旨在减少温室气体排放量、抑制全球气候变暖的《京都议定书》。美国是世界温室气体排放第一大国，美国拒绝承担相应责任，是其单边主义对国际社会的巨大挑战，也为即将召开的联合国可持续发展首脑会议蒙上了阴影，因而引起了英国及欧盟其他成员国普遍不满，也遭到了中国的批评。2001 年 7 月，英国副首相普雷斯科特访华就《京都议定书》问题进行磋商，布莱尔首相借此机会致函朱镕基总理，介绍了英国政府对《京都议定书》问题的立场。普雷斯科特表示，英国和欧盟都认为应该维持《京都议定书》，即使美国不批准，欧盟仍将决心促使该议定书得到批准。朱镕基对此表示赞赏，指出《联合国气候变化框架公约》及其《京都议定书》是国际社会共同意志和利益在气候变化问题上的体现，推动议定书早日生效符合国际社会的整体利益。2002 年 5 月，普雷斯科特再次访华，与中方就可持续发展问题深入交流看法，协调立场。双方一致表示高度重视即将在南非举行的可持续发展世界首脑会议，两国在此问题上有许多共同看法，希望保持密切接触，加强协调与合作。随后，布莱尔首相与朱镕基总理又互相致函，就首脑会议问题进行沟通。

2002 年 8 月底 9 月初，可持续发展世界首脑会议在南非举行。朱镕基总理和布莱尔首相在会议期间举行了双边会晤。这次会议的主题是消除贫困、保护自然资源等与全人类生存发展息息相关的问题，但仍然面临许多人为阻力。美国对这次会议态度消极，不仅拒绝批准《京都议定书》，布什总统甚至决定不出席会议。会议召开前夕，英代表团团长、环境大臣马格丽特·贝克特对美国提出批评，指出美国的态度将给此次峰会带

来不利的影响，美国政府没有像大家期望的那样为世界做一些事情。布莱尔首相在会议期间也强调，《京都议定书》是正确的，所有国家都应该批准。中国政府认为，《联合国气候变化框架公约》及其《京都议定书》为国际合作应对气候变化确立了基本原则，提供了有效框架和规则，应当得到普遍遵守。会议期间，朱镕基总理宣布了中国批准《京都议定书》的决定，并在会议发言时指出，实现可持续发展是世界各国的共同任务。发达国家和发展中国家都应承担义务，但发达国家负有更大责任。发达国家应在解决本国环境问题的同时，向发展中国家提供技术咨询、人员培训、机制建设等方面的帮助，并希望发达国家在提供资金和技术转让方面采取有效行动。应当说，中英双方为会议的成功召开做出了积极努力。2003 年 6 月，李肇星外长访英时，积极评价了英方在推动环保和可持续发展领域国际合作方面做出的努力和贡献，表示中方愿意与英方合作，促进南非可持续发展大会后续行动的落实和《京都议定书》的落实。英国副首相普雷斯科特肯定了中国在环保和可持续发展领域取得的重要成就，并为推动《京都议定书》的落实发挥了积极作用，表示中英双方在解决世界面临的贫困、不公正等问题方面可共同发挥作用，英方愿与中方加强在该领域的合作。

首脑会议之后，中英两国在可持续发展领域的合作步步深化。2004 年 5 月温家宝总理访英时，中英双方进一步把环保和可持续发展问题纳入两国对战略问题的磋商范围之内。2005 年 7 月，布莱尔首相邀请胡锦涛主席出席八国集团与五大发展中国家对话会，共同商讨消除非洲贫困和解决全球气候变化问题。胡主席就此提出了一系列建议。2005 年 11 月胡锦涛访英期间，国务委员唐家璇与普雷斯科特签署联合声明，正式启动了中英可持续发展高级别对话机制。唐家璇强调，中英在实现可持续发展领域有许多共同点，开展务实合作对两国人民有利，也有利于推进世界的共同发展和繁荣。

在与可持续发展相关的诸如环保、气候变化等领域，中英双方也开展了一系列具体的双边合作项目。2001 年 7 月，中国科技部与英国环境、粮食和农村事务部签署协议，决定开展与气候变化相关的科学和技术研究合作。当年 9 月，“气候变化对中国农业的影响”研究项目正式启动。2002～2003 年，中英合作实施英国气候变化挑战基金项目——“中国省级决策者能力建设培训”项目。众所周知，气候变化与所采用的能源和温室气体排放有关，中英近年来在这些领域也开展了密切合作。2003 年 7 月布莱尔访华时，为清华大学“清华 BP 清洁能源研究与教育中心”揭牌。该中心专门从事清洁能源系统和战略研究，英国石油公司为该中心提供了 50 万美元启动资金，并提供 1000 万美元支持该中心与中科院合作的为期 10 年的“清洁能源—面向未来”研究项目。2005 年 7 月，英国外交部全球机遇基金资助的“通过激励机制促进低碳发展”项目在中国社科院启动。2005 年 9 月，英国担任轮值主席国期间，欧盟与中国达成协议，决定合作开展“近零排放”技术合作项目，在中国建设采用二氧化碳捕集和封存技术的大型燃煤电厂。作为该项目的一部分，英国政府于 2005 年 12 月同中国签订协议，英国将在 3 年间出资 350 万英镑（610 万美元）与中国合作研究清洁碳能源技术，以减少温室气体排放。此外，英方还与中方合作，在宁夏、湖南、南京等地开展了风力、水力、垃圾填埋气发电项目，以降低温室气体排放。

由此可见，新世纪以来，中英两国的政治关系得到了迅速发展，对话与合作机制不断完善，涉及的议题涵盖了双边、多变、全球层面。但中英两国毕竟存在诸多方面差异，两国的国家利益关注点也不完全一致，因而中英双方在一些问题上仍然存在一些分歧。不过对话与合作已经成为两国决策者的共识，这为两国政治关系的未来发展提供了必要的条件。

日益密切的经济关系

随着 21 世纪的到来，中国的经济建设进入了一个新的发展阶段。中国政府采取一系列有效措施，深化经济改革，推动经济转型，谋求可持续发展，进一步激发了中国经济的活力。在此期间，中国于2001年11月正式加入世界贸易组织，并在国内各相关领域实行了一系列配套改革，使中国经济进一步融入了国际经济主流。

经济改革的深化和对外开放力度的加强，为中国经济持续高速发展提供了保障。中国在世界经济中的地位也进一步提高。新世纪以来，中国的GDP总量持续增长，到2004年，中国已成为世界第6大经济体。在国际贸易领域，中国的发展更为引人注目。中国对外贸易额在世界排名中，1999年为第11位，2000年跃升至第7位，此后每年上一个新台阶，到2004年已成为仅次于美国、德国的第3大贸易国。

与此同时，中国仍然是国际资本的热点投资地区，所吸引的外资连续多年位居发展中国家之首，而且随着"入世"进程的完成，中国对国际资本的吸引力进一步加强。根据世界著名管理顾问公司——美国科尔尼公司《2002年外国直接投资信心指数》报告，2000年，中国的外国直接投资信心指数比美国低29%，2001年缩小到20%，但"入世"之后第一年即2002年，中国反超美国5%，第一次取代美国成为全球最具吸引力的外国直接投资目的国。[①] 根据经合组织2003年6月的年度报告，2002年，在世界上几乎所有国家的投资吸引力都呈下降趋势的情况下，中国成为世界上最大的直接投资接受国。[②] 在华投资的各跨国公司为适应中国"入世"的新形势，也纷纷调整投资战略，在继续增加投资的同时，开始将投资重点转向高科技领域与服务业，并力图通过本土化战略，扎根中国市场。中国巨大的市场规模为国际资本提供了投资机会，也使各国投资者得以

① 《市场报》，2002年10月1日。

② OECD, *Trends and Recent Developments in Foreign Direct Investment*, June 2003, p4, www.oecd.org/dataoecd/52/11/2958722.pdf.

分享中国经济快速发展带来的利益。

英国经济高度发达，具有很强的开放性，对外贸易、对外投资是其经济发展的重要依托。虽然英国经济自 1997 年以来连续 8 年保持了稳定增长，是近年来唯一未陷入衰退的西方经济大国，[①] 但随着世界经济一体化和区域经济集团化趋势的发展，英国所面临的国际经济环境也日益严峻。在此情况下，英国开始将注意力转向中国。中国经济的迅速发展、市场规模的不断扩大，特别是加入 WTO 的战略性行动，使英国商界对中国经济的信心进一步增强。2001 年 9 月，英中贸易协会主席鲍威尔曾表示，改革开放以来，中国发生了“超乎想象”的巨大变化，经济发展充满活力与生机。在世界经济普遍不景气的时候，中国经济是唯一仍然高速稳定增长的经济。中国加入世界贸易组织将给中国自身的经济发展和整个世界带来新的活力。[②] 2003 年英中贸易协会年会也把主题确定为“中国：面向未来”。

中英两国政府也从战略高度来看待双方经贸合作的发展，并把这作为两国关系发展的一个重要支柱。两国政府经贸部门频繁接触，密切合作，对两国经贸关系的发展创造了必要的条件。2001 年 9 月，中英签署双向投资合作伙伴关系谅解备忘录，这是中国政府首次与欧洲国家签订同类文件，同月，“中英投资促进机构”宣布成立。两国政府部门还出面组织了一系列论坛和研讨会。2004 年 1 月，中国商务部外资司和驻英使馆经商处在伦敦联合主办“投资中国”论坛，中国驻英大使、商务部官员以及天津、广东、杭州和上海外经贸委、经济技术开发区的代表向英国中小企业介绍了中国的经济发展状况、引资政策、投资环境及合作机会。

经贸合作也得到两国政府领导人的大力推动。新世纪以来，

---

① 《近期英国经济基本走向》，商务部网站：http://fec.mofcom.gov.cn/aarticle/duzpb/cf/ch/200508/20050800372561.html。

② 《人民日报》，2001 年 9 月 25 日。

经贸问题一直是两国领导人会谈中的主要议题。2003 年布莱尔访华时，温家宝总理提出今后 3 到 5 年内实现双边贸易从 100 亿美元到 150 亿美元跨越。2004 年 5 月温家宝访英时又提出三年内双边贸易达到 200 亿美元，而且把“加强在贸易和投资领域的广泛合作”作为中英“全面战略伙伴关系”的重要内容。两国领导人访问时往往也有规模庞大的经贸代表团随行，并特别重视与对方工商界的接触。胡锦涛主席、温家宝总理访英时多次对英国工商界发表演讲，阐述两国经济的互补性及中国经济发展所带来的机遇，布莱尔首相也通过多种方式与中国工商界沟通。2003 年布莱尔首相访华时出席“英国中心”的揭牌仪式。该中心内聚集了英中贸易协会、中国—英国商会和驻华使馆商务处信息资源中心三家机构。它的设立既体现了双方经贸关系的不断发展，也将会使英国的商务服务更集中，并给中英两国商界带来更多发展机会。布莱尔 2005 年 9 月访华时又与中国商界人士举行了商务早餐会。

在中英双方的共同努力下，两国的经贸合作在新世纪初的短短几年间取得了可喜进展，中英贸易与英国对华投资在 2001 年均突破了百亿美元大关。就双边贸易来讲，2001 ~ 2004 年，中英贸易额分别为 103 亿美元、114 亿美元、144 亿美元和 197 亿美元，分别比上年增长 4.1%、10.6%、26.3%、37.1%。在投资领域，英国的对华投资稳步增长，保持了欧盟对华最大投资国地位。2000 年底，英国在华投资项目共 2803 个，协议外资金额 168.9 亿美元，实际投入 87.8 亿美元。① 到 2004 年底，英国在华投资项目累计达到 4344 个，协议外资金额 221 亿美元，实际投资 122 亿美元，② 分别比 2000 年增加了 55%、30.8% 和 39%。

---

① 《人民日报》，2001 年 9 月 10 日。

② 《胡锦涛抵达伦敦对英国进行国事访问》，新华网：http://news.xinhuanet.com/world/2005-11/08/content_3751166.htm。

需要指出的是，2008 年北京奥运会也为双方的投资和贸易搭建了一个新的合作平台。英国 ARUP 结构工程咨询公司参与了北京国家体育馆和水上运动中心项目，ARUP 公司和 Fosters 建筑公司负责设计奥运会的门户项目——北京国际机场三号航站楼工程。

新世纪以来，英国对华投资在地域上开始超越沿海地区和内地大城市向西部和东北地区发展。这与中国政府在世纪之交提出的一系列推动国内经济发展的战略性举措有关。改革开放以来，中国整体的经济和社会发展都取得了长足进展，但地区发展不平衡问题也日益突出，不同地区间经济发展水平的差距甚至有拉大的趋势。针对这一情况，中国政府于 1999 年提出“西部大开发”战略，以加强西部地区的基础设施建设，调整产业结构，发展特色经济和优势产业，加强生态环境保护。2003 年又提出“振兴东北地区等老工业基地”战略，其重点是推动东北地区的高技术产业发展，推进产业结构优化升级。“西部大开发”和“东北振兴”战略对中国具有全局性意义，但其成功实施需要大量资金和现金技术。这为英国在华投资提供了新的方向，对中英经济技术合作是一个重要机遇。

英国政府敏锐地注意到了“西部大开发战略”所蕴藏着的巨大商机。其重要标志就是于 2000 年 3 月设立英国驻重庆总领事馆，以推动英国与中国西南各省市之间的合作，并把贸易、投资、环境、文化、教育作为工作重点。① 此外，英国政府还组团来华，考察中西部地区的投资环境，积极推动英国商界在中国西部地区的投资活动，英国政府官员也通过参加有关西部开发的研讨会等方式，有针对性地宣传英国在相关领域的优势，为英国企业争取投资机会。英国工商界对西部大开发也表现出高度兴趣，英中贸易协会、香港英国商会等纷纷组织英国公司

---

① 英国驻华大使馆网站：http://www.uk.cn/bj/index.asp? menu_id = 190&artid = 298。

到西部进行考察，寻求合作机会。2004年1月，英国48家集团在中国新年到来之际还举行了主题为“走向西部”中国年会活动。事实上，英国公司在中国西部地区的投资起步较早，也有一些代表性的投资项目，如1988年成立的重庆葛兰素制药有限公司、1995年成立的重庆扬子江乙酰化工有限公司等。西部大开发战略的出台推动了英国在中国西部地区的投资活动。“扬子乙酰”首期投资2亿美元，曾是中国最大的醋酸合资企业。西部大开发战略出台后，英方投资者“英国石油”于2001年决定大规模增加投资，在2004年前增资1.28亿美元，进行二、三期项目建设。2005年12月，随着三期工程完工，“扬子乙酰”已成为目前中国最大的醋酸生产基地。“扬子乙酰”增资充分反映了英国商界对中国西部大开发战略的信心。

“振兴东北”战略同样推动了中英两国投资关系的发展。众所周知，英国是最早完成工业化的国家，在传统工业改造方面具有丰富经验，中国希望在该领域加强与英方的合作。2004年5月，中国贸促会和英中贸协在温家宝总理访英之际联合主办了“振兴中国东北等老工业基地”研讨会，温家宝总理出席了开幕式并致词，表示欢迎英国工商界发挥资金、技术和管理优势，参与东北企业的技术改造、转制和改组。国家发改委主任马凯、商务部部长薄熙来也到会发表演讲，指出了东北地区在能源、石化、钢铁、汽车、装备制造业、船舶、高新技术和医药等行业的优势，及其为英国制造业扩大对华投资所创造的有利条件。温家宝总理在英中贸协欢迎晚宴上就中英合作提出的六点建议中，第一点就是欢迎英国工商界积极参与中国东北等老工业基地的改造和建设。另一方面，东北振兴战略启动后，中国政府提出了一系列政策措施，启动了一系列调整改造项目和高技术产业化项目，其中所蕴藏的巨大商机引起英国政府和商界的关注。2004年5月温家宝总理访英时，布莱尔首相明确表示，英国政府将鼓励英国企业全面参与中国振兴东北和西部大开发，与中方企业和研究机构开展科技领域的合作。2004年12月，就任以来已7次访华的英国副首相普雷斯科特首次踏上东北的土地，访问了沈阳、大连。他表示，英国北部和中国东北地区面临的情况有相似之处，希望双方分享经验，一起发展。与此同时，大批英资企业到东北地区投资，其中在辽宁的投资项目到2004年已达200多个，[①] 业务收入达到53.8亿元，比上年增加了24.5%。[②]

中英投资关系长期以来以英国对华投资为主，但在进入新世纪之后，双方的投资关系发生了具有转折意义的变化，呈现出双向同步发展的特点。这一变化的原因是多方面的。

首先，英国有着比较优越的投资环境。政治形势稳定，经济持续增长，市场体系完善，法律环境透明，劳动力素质较高，加之与欧盟其他国家经济关系密切，也是进入世界上最大统一市场——欧盟市场的重要门户和桥头堡。这些因素对整个世界的投资者都有着巨大的吸引力。

其次，英国有着完善的引资措施和完善的引资机制。在吸引海外投资方面，英国政府制定有"全球企业家计划"和"全球伙伴关系计划"，设有"贸易投资总署"[③] 等投资引导机构。英国贸易投资总署是英国政府的一个主要机构，隶属于外交部和贸工部，主要任务是为在海外经营的英国公司提供支持，并通过提供免费的专业服务以吸引海外企业到英国投资。英国地方政府也设有"投资署"等引资机构，制定有具体的引资政策和措施。这些措施得力有效，使英国成为世界上对外资最具吸引力的国家之一。

第三，进入新世纪后，英国所吸引的外资数量有所下降。

---

① 《英国副首相访问辽宁 要与辽宁分享城市发展经验》，振兴东北网网站：http://chinaneast.xinhuanet.com/2004-12/03/content_3326538.htm。

② 《2004年辽宁外商投资企业收入和利润总额全面增长》，振兴东北网网站：http://chinaneast.xinhuanet.com/2005-06/04/content_4365313.htm。

③ 2003年10月，英国投资局、英国国际贸易局和英国国际贸易署合并，组建英国贸易投资总署。

2000 年，英国所吸收的外国投资从世界第 2 位下降到了第 4 位。[①]

第四，中国的对外投资活动日益活跃。早在 20 世纪 90 年代中期，中国政府就提出了“走出去”的发展思路，2000 年初进一步将“走出去”提升到战略高度。2001 年 9 月在厦门举行的第五届中国投资贸易洽谈会，首次将促进双向投资与合作列为重点，鼓励中国企业出境投资。其间还举行了包括中国—英国双向投资研讨会在内的多场双向投资研讨会。2004 年 5 月，中国商务部主办了中国企业“走出去”国际论坛。这是中国实施“走出去”战略以来，首次举办的中央政府层次的国际论坛。中国企业到海外投资的热情也越来越高，引起了国际社会的关注。根据联合国贸发会议 2003 年度世界投资报告，中国正在发展成为重要的对外投资国。[②]

在此情况下，中英双方对于对方的兴趣都迅速增强。中国政府积极鼓励中国企业到英国投资，英国方面则采取积极措施在中国招商引资。自 1998 年，英国投资局（贸易投资总署前身）开始在中国开展工作以来，先后在北京、广州、重庆设立了办事处，并在驻华大使馆、驻上海和广州的总领事馆派有全职工作人员，积极推动中国对英投资。进入新世纪以来，随着中国入世进程加速和中国企业国际化步伐加快，英国投资局加大了中国事务科的人员配备，制定了一整套“吸引中资”的长期战略计划。为吸引中国企业的投资，英国贸易投资总署对英投资部积极参与中方举办的“投资贸易洽谈会”、“科技产业博览会”等各种商务活动，在中国举办了系列专题研讨会、推介会，向中国投资者介绍在英国设立企业的具体程序及相关法律问题，着力宣传英国乃“中国企业投资欧洲首选之地”。2004

① 《国际金融报》，2001 年 4 月 30 日。

② UNCTAD, *The World Investment Report 2003*, *FDI Policies for Development: National and International Perspectives*, United Nations, New York and Geneva, 2003, p29.

年第七届“中国北京国际科技产业博览会”期间，英国贸易投资总署举办了“英国：技术创新先锋”研讨会，总署对英投资部亚太区总裁、中国区经理及其他高级投资官员、英国驻华使馆科技参赞纷纷登台发表演讲，介绍英国的投资环境及其在科技领域特别是在通信和信息技术方面的创新优势，希望中国的高新技术企业在英国投资。对英投资部还组织中国企业赴英考察，了解投资环境，寻找合作伙伴，甚至帮助他们制定拓展欧洲的商业计划。事实表明，随着中国企业国际化步伐的加快，英国政府已把吸引中国企业赴英投资作为引资工作的重点。值得注意的是，英国贸易投资总署的引资对象也不再局限于北京、上海、广州等发达地区，包括东北这些急需“输血”的经济欠发达地区也成为引资对象。2003 年 12 月，英国贸易投资总署与辽宁省及大连市相关部门在大连联合举办了“英国：中国企业在欧洲的投资伙伴”大型招商研讨会，这是英国投资总署在东北举行的首次研讨会。此外，英国地方政府的投资引导机构也在中国设立办事处，积极争取中国企业的投资。这些行动大大拓展了中英两国的双向投资战略伙伴关系。

这样，越来越多的中国企业走上了对英投资的道路，投资项目呈现出逐年递增趋势。2002 年年底时，在英投资的中国企业有 100 余家，到 2005 年 7 月已达到 180 多家。其中，2002 ~ 2003 年度，在英设立营业机构的中国公司有 22 家，从新增数量来说，中国已成为亚太地区第二大对英投资国。① 2003 ~ 2004 年度中国对英投资项目增加了 23 个，2004 ~ 2005 年度则达到 37 个，激增 61% 。② 中国对英投资企业从类型来说发生了很大变化。改革开放初期，对英投资的中国企业基本上是国有大型服务性企业，如中国银行、中国保险、中国远洋运输公司等，近年来高科技企业和民营企业对英投资大大增加，其中包括华为

① 《市场报》，2003 年 7 月 14 日。

② 《市场报》，2004 年 7 月 16 日；《环球时报》，2005 年 11 月 11 日。

技术、中兴通讯、美的集团、方正集团、海尔集团、三九药业等。一些正在改制的中国大型国有企业也加入了对英投资行列，如中国电信、中国石油、中海油等。2003 年 9 月，中国工商银行在英国开设分行，这是新中国成立后第一家在英设立分行的中方银行。除设立办事处或分公司外，越来越多的中国公司在英国设立了欧洲总部，一些技术研究及开发类公司则在英国设立了研发中心。中国公司的投资已扩展到包括服务、贸易、技术研发等多个领域，呈现出多样化发展的态势。从目前来看，英国已经成为许多中国企业在欧洲的大本营，中国公司通过直接投资、合资、合并收购或其他方式，不仅投资数量和规模不断扩大，而且取得了可喜成绩。华为技术公司在实力和业绩方面得到英国方面的充分肯定，2005 年 2 月在由伦敦出口协会及 48 集团俱乐部联合举办的庆祝中国新年晚会上，华为获得了“最佳中国投资者年度大奖”。2005 年 4 月，华为成功入选英国电信“21 世纪网络”计划八大优先供应商之一。事实表明，对英投资不仅在当地创造了就业机会，增加了税收，而且为中国企业带来了新的发展空间，密切了双方的经济关系，为中英经贸合作注入了新的活力。

中英在科技领域的合作

继 20 世纪末中英签订科技合作议定书修正案、设立“中英科技合作基金”之后，两国在新世纪的科技合作进一步加强。新世纪以来，中英双方就科技合作举行了一系列论坛和研讨会。其中具有代表性的是“中英高技术论坛”。该论坛由中国科技部和英国贸工部联合举办，已于 2002 年 10 月（上海)，2003 年 11 月（伦敦)、2005 年 1 月（北京）连续举办了三届。论坛的设立在两国科学家、企业家之间形成了一种交流机制，涉及的内容涵盖了生命科学、海洋科学、能源和环境问题、电子技术和移动通讯、新药研发等广泛领域。此外，中英双方还联合举行了“科技周”、“科技年”等一系列活动，有力地推进了两国之间的科技交流。2004年9月，中国信息产业部、国务院信息化工作办公室携手英国贸工部、英国贸易投资总署、英国驻华使馆，联合发起了“中英ICT周”（中英信息与通讯技术周）活动。活动同时在北京、上海、成都、深圳等地展开，内容主要涵盖无线技术、有线技术、移动软件、应用开发等领域。2005年1月正式启动的“精英科技年”是由英国文化协会、英国驻华使馆发起的，得到了中国政府的大力支持。“科技年”安排了90余项研讨、展览、讲座、考察等多种形式的合作与交流活动，内容涵盖了能源、生命科学、气候变化、可持续发展、医药、电子、食品安全等领域。其目的在于向中国展示英国在科技领域的领先地位和优势领域，加强与中国的科技合作，“使英国在竞争者中占有优势地位”。①

中英在科技领域已进入了实质性合作阶段。2002年10月，两国科技部签署《关于中英两国共同创建中英科技创业园的合作备忘录》，并将此确定为两国政府的双边合作项目。在中英两国政府的支持下，中英剑桥科技园2003年10月正式启动。这是中国在欧洲设立的第一个国家级海外创业园。2003年2月，武汉“中英科技园”启动，这是中国国内第一家中外合作创办的企业孵化器。同年11月，曼彻斯特“中国科技园”启动。中英科技园项目是中英之间，也是中国与欧洲国家之间进行科技合作的一种新形式，旨在以园区建设的形式，推动两国的高技术合作，帮助中国企业特别是科技型企业“走出去”，提升产品研发能力，扩大产品的国际知名度和国际市场份额，并将海外先进的技术、资金和智力引进来实现跨越式发展。2004年5月温家宝总理访英期间，中国科技部与英国贸工部又签署了《中英科技创业园合作谅解备忘录》，力图进一步推动中国企业与英国研发机构和高技术企业的合作，以提高中国高科技企业的科技

① 《2005“精英科技”年》，英国驻华大使馆网站：http://www.uk.cn/science/chi/about_campaign.asp? v = intr。

素质和自主创新能力。为鼓励中国科技人员的技术创新，中国科技部与英国工贸部在2003年3月“创意英国”活动期间宣布各出资5万英镑共同设立“中英科技创业奖”，中国英国商会也于2004年8月设立了“有创新力企业奖”。就具体合作领域来讲，近年来的中英合作已涵盖生物科学、清洁能源、环境保护、航空航天等领域，且不断升级。2004年，中英共签订了6项技术转让协定。[①]

中英在金融领域的合作

改革开放以来，中国的保险市场日益发展，所蕴含的巨大的市场潜力为世人所瞩目。1999年4月，英国保诚集团公司获准在华设立合资寿险公司，并于2000年10月与中国国际信托投资公司合资在广州组建了信诚人寿保险有限公司。这是在中国设立的第一家中英合资人寿保险公司。随着2001年中国“入世”进程的完成和中国在金融领域开放步伐的加快，中英在保险领域的合作进一步发展。“信诚人寿”最初注册资本为2亿元人民币，2002年增至7亿元，其营销网络也迅速扩展。2003年8月，信诚北京分公司开业，成为京城第一家中外合资寿险公司；2004年9月，信诚苏州分公司开业，成为江苏省第一家中外合资寿险公司；2005年5月，信诚上海分公司也正式对外营业。与此同时，更多的英国保险公司开始进入中国市场。2001年9月，英国最大的综合保险集团“英国商联”获准经营寿险业务，2003年1月与中国粮油食品进出口（集团）公司在广州组建合资公司“中英人寿保险有限公司”，注册资本5亿元人民币，中英双方各占50%。2002年11月，英国标准人寿保险公司获准与天津泰达投资控股有限公司合资组建恒安标准人寿保险有限公司，2003年12月于天津成立，注册资本13亿元人民币，为目前国内最大的合资寿险公司，中英双方出资各占50%。

---

① 《国际金融报》，2005年1月21日。

2002 年之后，由于中国保险市场不断开放，而英国的金融服务业出现滑坡，失业人数增加，中国成为英国金融保险业的新的增长点，在华英资保险公司纷纷制定了市场扩张计划。“中英人寿”落户广州不到两年即着手北进，其北京分公司和成都分公司于 2004 年 9 月在两天之内先后开业，从而迈出了中国扩张战略的实质性的一步。与此同时，“中国人寿”英国投资方决定将其在亚洲的非寿险业务出售给日本公司，所得 2.5 亿英镑巨额资金全部投入到中国市场。2004 年底，外资保险公司在华从事经营活动的地域限制被取消，英国公司在华经营网络进一步扩展。2005 年 7 月，中英合资“信诚人寿”获准进入南京和深圳，在华业务扩大到 10 个城市，从而在业务布局上超过了其他在华外资保险公司。2005 年 11 月，全球最大的保险市场——伦敦劳合社获准在华成立再保险公司，从而在经过长达 7 年的谈判之后，在中国即将于 2006 年全面开放再保险市场的前夕，正式进入了中国的保险市场。此外，英国“标准人寿”等保险公司也与中国政府合作，通过提供经济和技术服务以及人员培训等方式，参与了中国的养老金保险改革。

中英银行业的合作也在不断深化。中国入世时曾做出承诺，将在 2006 年底全面开放银行业。此后，为提高国有银行的管理水平和效率，中国政府逐渐向外资出售国有银行的股份（单一外资持股方的最高持股比例不得超过 20%）。这为外国银行进入中国提供了一种新途径，欧美银行随之陆续投资中国国有银行。2004 年，英国汇丰银行购买了交通银行 19.9% 的股份。2005 年 8 月，皇家苏格兰银行与中国银行签署战略性投资与合作协议，出资 31 亿美元购入中国银行 10% 的股权。此外，英国渣打银行于 2005 年 9 月正式签署协议，投资 1.23 亿美元认购筹建中的全国性股份制商业银行——渤海银行 19.99% 的股份，成为该银行的第二大股东，也是该银行唯一的外资战略投资伙伴。英资银行的战略性投资无疑有利于加快中方有关银行的股份制改造进程。与此同时，英资银行也着手拓展在华经营网络。2005 年 12

月，英国巴克莱银行获准在上海设立首家分行。

值得强调的是，中英之间日益密切的经济关系绝不仅仅局限于两国在各经济领域合作关系的加深，实际上，两国在整个经济领域已形成了一系列对话与磋商机制。1996 年建立的旨在推动两国贸易与投资关系的中英经贸联委会机制运转良好，到 2005 年 11 月已举行了 5 次会议，其中 2004 年和 2005 年连续举行了两次。中英财金对话机制是由两国财政部牵头、多部门共同参加、就双方共同感兴趣的财政、经济和金融等问题交换意见的一个综合性论坛，每一年半举行一次。该机制自 1998 年启动以来高效运转，于 2001 年 11 月、2003 年 7 月、2004 年 12 月先后举行了第二、三、四次财金对话。此外，中英两国还通过高级别的非政府“中英论坛”在商贸、金融等领域展开了交流、对话与合作。2003 年 10 月召开的“中英论坛”第四次会议以“应对变革、规划未来”为主题，以工业和金融两个领域为重点，主要讨论了中国经济发展给金融领域带来的影响和机遇、国有企业改革、融资及保险市场的改革、建立全球商务体系等问题。这些对话与磋商机制显然有助于双方经济合作的进一步深化。

中英在教育领域的合作

新世纪以来，中英之间的教育交流与合作持续发展。中国继续鼓励发展留学生教育，来华英国留学生不断增多，由 1999 年的 404 人增加到 2001 年的 699 人，[①] 增幅高达 73%，但其数量仍然不大。针对这一情况，中国方面采取了一系列积极措施。2003 年 11 月，中国首次在伦敦举行中国高等教育展，向英国各界介绍中国高等教育，吸引当地学生前来中国学习深造，包括北京大学、清华大学在内的中国 19 所著名大学和研究机构参加

① 外交部政策研究室：《中国外交》2002 年版，339 页，北京，世界知识出版社，2002。

了展览。相比之下，20 世纪末中国出现的新一轮“留英热”延续了下来。2000 年，英国的中国留学人员约 1 万人，到 2005 年初已达 6 万人。从学年度来看，1998 ~ 1999 年度进入英国高校学习的人数为 3850 人，2001 ~ 2002 年度增加到 10332 人，2003/2004 学年增加到 4.8 万人。从英国的国际学生排名来看，20 世纪末，中国未能进入前 10 名，到 2004 年已跃居第 1 位。英国甚至超过美国成为中国学生留学的第一目标国。①

中国赴英留学热原因是多方面的。除“9·11”事件后美国收紧签证政策以及中英政治、经济关系健康发展之外，主要原因还在于英国一流的教育水平对中国学生的吸引力，以及英国政府积极有效的鼓励政策。留学生学费是英国高校经费的重要来源，教育出口也是英国无形贸易出口的重要组成部分，2001 年总额高达 80 亿英镑。② 英国政府因而把教育作为一种产业向世界推广。另一方面，中国经济迅速发展，国民消费能力不断增强，国际化步伐日益加快，形成了潜力巨大的教育市场。这一情况又引起了英国的强烈兴趣。

为开拓中国市场，英国每年都要在中国举办“英国教育展”，英国高校和教育机构也会积极参加“中国国际高等教育巡回展”等活动，在中国各大城市举办展览，进行大型招生宣传活动。为吸引海外留学生，英国政府在医疗保险、旅游签证、陪读打工、奖学金等方面提供了许多优惠政策。就奖学金来说，最有代表性的是“志奋领奖学金”。该奖学金是英国政府推出的一项旗舰奖学金计划，由外交部提供资金。2002 年，英国政府决定增加该奖学金名额，总数达到 2000 多个，其中提供给中国的名额增至 200 多个，规模最大。③ 2004 年 3 月，英国政府宣布

---

① 《中国留英学生数量又创新高》，新浪网：http://edu.sina.com.cn/m/2005-03-01/102994.html；《人民日报》海外版，2002 年 5 月 23 日。

② 《环球时报》，2002 年 9 月 12 日。

③ 英国文化协会网站：www.britishcouncil.org.cn/zh/education/scholarships/chevening.htm。

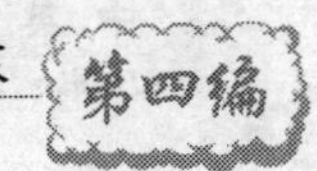

设立总额超过 100 万英镑的“多罗西·霍奇金研究生奖学金”，资助包括中国在内的优秀海外学生在英攻读博士学位，牛津大学、剑桥大学、帝国理工学院等 24 所英国著名高校参与了这一项目。

目前，几乎所有英国高校都已接受了中国留学生。但由于近来英国增加海外学生签证费用，加之美国签证政策逐步放松，2004 年以来中国留英学生人数急剧下降，其中 2005 学年英国各大学接受的中国学生从上年的 4401 名减少到 3464 名，下降了 21.3%。[①] 英国高校对此表示忧虑，并对英国政府提出了批评。面对压力，英国政府从 2005 年初开始酝酿调整签证政策，使之更加透明灵活。

长期以来，中英高校之间保持着密切的交流合作关系。进入新世纪以来，双方于 2000 年、2001 年、2003 年先后举行了第四、五、六届“中英大学校长论坛”。2002 年 7 月和 2004 年 8 月，包括剑桥、牛津、伦敦经济学院在内的英国高校又积极参与了中国教育部组织的两次“中外大学校长论坛”，就面向 21 世纪的大学办学理念、大学发展战略、大学科研与科研成果转化等问题进行了研讨。中英高校之间也开展了各种类型的合作。这种合作涉及面广，包括了约 70% 以上的英国高校，合作形式也呈现出多样性特点，包括合作办学、合作科研、学者学生交换、学术研讨，等等。[②] 其中，合作办学成为两国教育合作的有效途径。2003 年 10 月，英国诺丁汉大学与浙江万里教育集团签订合作办学协议书，决定在浙江宁波成立分校。2004 年 9 月，宁波诺丁汉大学正式成立并开始招生，2005 年 9 月新校园正式启用。“宁波诺丁汉”的课程根据 21 世纪全球化和国际化的要求设计，所用教材、教学体系与“英国诺丁汉”完全一致，授

① 《环球时报》，2005 年 9 月 5 日。

② 《中国驻英国使馆教育参赞谈中英教育合作》，http://world.people.com.cn/GB/41218/3164965.html。

课教师也由英国本部派遣，并向毕业生颁发英国诺丁汉大学的统一文凭。宁波诺丁汉大学是中国第一所通过中英合作创办的具有独立法人资格的高等院校，也是目前中国唯一一所中外合作高等院校。中英双方对该项目均非常重视。中国教育部、浙江及宁波地方政府对此项目给予极大支持，英国首相布莱尔在该校建设期间曾派特使前去考察，[①] 2005年9月访华期间，在参加中央电视台《高端访问》节目录制时，又通过卫星网络与宁波诺丁汉大学的师生进行了实时对话，称赞宁波诺丁汉大学是中英文化教育合作的成功范例。布莱尔还称，英国的牛津大学、利物浦大学也都在中国寻找合作办学的机会。[②]

近年来，特别是2000年6月两国签署《关于教育合作的框架协议》以来，中英教育合作不断深化。2003年2月，中英两国教育部签署《关于相互承认高等教育学位证书的框架协议》，规定凡取得中国学士学位的大学毕业生，在达到英方高校招生条件后，可以到英国攻读研究生学位，获得硕士学位者可直接攻读英国的博士学位。2004年，中英双方就合作培养高层次人才、两国教育部建立定期对话机制等问题达成协议。2004年和2005年，中国教育部还与牛津大学、剑桥大学先后就合作培养研究生达成了协议。为进一步推动中英教育合作，英国政府于2005年12月宣布将斥资400万英镑建立新的“英中高校伙伴计划”，并在未来两年内投入200万英镑以加强两国高校间的联系与交流。

实际上，中英教育合作并不仅仅局限于中英两国高校与高校之间，英国公司也参与了教育交流。其中比较有代表性的就是英国石油公司与清华大学合作建立的“清洁能源研究教育中心”。2003年7月，布莱尔首相访华时出席了该中心的揭牌仪

---

① 《宁波诺丁汉如何走近布莱尔》，新华网：www. zj. xinhuanet. com/newscenter/2005/09/08/content_5081296. htm。

② 《诺丁汉大学连线央视 宁波学子对话英首相布莱尔》，宁波诺丁汉大学网站：www. nottingham. edu. cn/classaction/progtech/n_show. asp? ArticleID = 200。

式。此外，英国文化委员会（在中国通过英国驻华使领馆文化教育处开展工作）也于2005年支持成立了设于北京师范大学附属幼儿园的“中英早期教育中心”，以促进两国在幼儿教育方面的合作。2005年9月布莱尔首相访华期间，布莱尔夫人出席了该中心的揭牌仪式。正如中国教育部长所指出的，中英高等教育合作正在建立政府、高校和企业相结合的新模式，深化和拓展合作领域。①

在两国的教育交流方面，值得特别强调的是英国高校聘请中国教育家担任校长一事。2000年底，英国诺丁汉大学决定聘请中科院院士、著名物理学家、前复旦大学校长杨福家教授担任该校第六任校长，并于2003年底做出继续聘任的决定。英国高校聘请中国人担任校长，这在历史上是第一次，在一定程度上反映了英国人对中国的新观念。这一决定对中英教育交流具有重要意义，上述“宁波诺丁汉大学”就是在杨福家校长的积极推动下成立的。

英国高校及其他教育机构近年来还推出了一系列针对中国的人才培训项目，涉及领域非常广泛。以英国米德塞克斯大学为例。该校设有中国项目管理中心，在校本部和北京都设有专职人员为参加培训的人员提供服务。该校为中国提供的培训项目得到了中国国家外专局的认可，其中包括短期、中长期以及固定培训项目。自2000年以来，该校已成功组织了一系列培训团，除教育部门外，还涉及中央企业工作委员会、国务院体改办及新闻办、交通部、中华全国总工会、北京市经贸委及地税局、四川及湖北电力部门、中国国家投资公司、中国国债协会、中国儿童中心等多个部门，涉及领域包括人力资源管理、媒体管理、国债发行、企业转型、公务用车，等等，培训方式除课程学习外，还包括对英国政府机构、新闻机构、金融机构、公

---

① 《人民日报》，2005年10月2日。

司企业的实地考察。[①]

随着中国经济的高速发展，英国近年来出现了“汉语热”。2001 年年中，英国有 24 所高校开设汉语或中国研究等本科及硕士课程，到 2005 年初已增加到 30 多所，而开设中文课程的主流中小学也有 100 多所，此外还有华人华侨周末中文学校 200 余所，留学人员普通话中文学校 10 多所，全英学习汉语的人数达到 4 万左右。[②] 持续升温的“汉语热”导致英国对汉语教师的需求大大增加。为解决严峻的汉语教师缺口问题，英国文化委员会和 GAP 组织每年都分别从中国选聘 20～30 名教师前往英国主流中学任教。

英国“汉语热”的发展得益于中英两国政府的支持和推动。英国政府鼓励大、中学校开设中文课程，自 2000 年起每年追加拨款 500 万英镑用于支持有关大学开展中国研究和建立中国研究资料库，还拨专款支持中小学校开展中文教学或与中国有关学校建立校际交流。汉语也被纳入英国教学大纲所规定的初中结业考试（GCSE）及高中会考（A Level）科目之中。2002 年，两国教育部签署协议，决定同时加强中国的英语教学和英国的汉语教学。同年，英国政府决定在主流小学引入中文普通话课程，对有关小学提供了政府资助。2002 年 11 月，中国国家汉办与英国文化委员会签署协议，决定合作出版《快乐汉语》教材供英国中学生使用。2003 年，英国文化委员会与英国教育部合作制定了中学汉语教学大纲。根据大纲，英方与中国国家汉办合作编写了《快乐汉语》教材，并于当年 10 月在英国文化委员会总部举行了首发仪式。与此同时，中方也开始与英国方面讨论开办“孔子学院”事宜。2005 年 7 月，中国全国人大常委会副委员长许嘉璐、国务委员陈至立向分布在全球 20 个国家的 25

① http://ciep.chinajob.com.

② 《中国驻英国使馆教育参赞谈中英教育合作》，人民网：http://world.people.com.cn/GB/41218/3164965.html。

所大学的首批孔子学院授牌，其中包括英国伦敦大学孔子学院。

中英文化交流与合作

长期以来，文化交流一直是中英两国政府大力推动的一个重要领域。新世纪以来，中英文化交流步伐明显加快，文化外交在两国关系中的地位有所上升。在新世纪到来之际，中国于2000年4月在伦敦举行了为期3天的“中国日”活动，8月又推出“为中国喝彩——伦敦泰晤士河之夜”大型音乐歌舞晚会，向英国公众展示了中国文化的风采。2004年北京新年音乐会上，中方邀请伦敦爱乐乐团与北京交响乐团组成170人的联合乐队，与其他中国文艺团体一起向中国观众奉献了一台融合中国特色与英格兰风格的精彩音乐盛会。英国则于2003年4月至2004年1月间，在北京、上海、广州和重庆发起了规模空前的以“中英共创未来”为主题的“创意英国”大型推广活动，以音乐会、展览、竞赛和论坛等形式，向中国公众展示英国在教育、商业、技术和艺术方面的精粹创意与创新活力，以消除对英国的偏见，推动两国之间特别是年轻人之间的交流。

为进一步推动中英文化交流，2002年7月，中国文化部长孙家正与来访的英国外交大臣斯特劳签署备忘录，决定在伦敦和北京分别设立中国文化中心和英国文化中心。2005年9月布莱尔首相访华期间，中英双方又就文化交流签署了备忘录，温家宝总理和布莱尔首相出席了签字仪式。其中中国国家博物馆与大英博物馆的合作备忘录规定，未来五年两馆将互借展品举办展览；布莱尔夫人也出席了有关故宫与英国皇家艺术学院艺术品共享协议签字仪式；布莱尔和夫人还前往北京舞蹈学院参加了“芭蕾大师班”活动。2005年11月“盛世华章”故宫文物展在英国皇家艺术学院开幕。正在英国访问的胡锦涛主席与英国女王伊丽莎白二世亲自为开幕剪彩并一起参观。这次展览共展出1662年至1795年康熙、雍正、乾隆三朝时期文物珍品400多件，是北京故宫博物院在中国境外展出规模最大、珍品级别最高的一次展览。英国媒体纷纷对展览进行了报道，引起英国社会的广泛关注。“盛事华章”文物展为中英文化交流增添了独特而绚丽的一章。

中英体育交流不断发展

2003 年 3 月签署的中英《体育合作交流备忘录》为新世纪初两国之间的体育交流与合作提供了保障。此外，奥林匹克运动也已成为中英双方关系发展中的重要纽带。2001 年和 2005 年，北京和伦敦先后分别获得 2008 年第 29 届、2012 年第 30 届奥运会主办权。对此，中英双方均对对方表示了祝贺。事实表明，奥运会已成为两国交往当中的一个重要议题。2003 年 7 月，来华访问的布莱尔首相专门会见了北京市委书记、北京奥组委主席刘淇，表示相信北京一定能举办一届非常出色的奥运会。布莱尔针对当时伦敦正在“申奥”一事说，他此行也是来向北京学习奥运申办经验的，希望今后双方加强经验交流。刘淇预祝伦敦“申奥”成功，并指出英国曾举办过两届夏季奥运会和众多大型体育活动，有很多经验值得北京学习。2005 年 7 月 6 日伦敦“申奥”成功，正在访英的胡锦涛主席向布莱尔表达了祝贺之意。布莱尔则表示，北京 2008 年奥运会必将是一次盛会，人们会对 2012 年的奥运会有更高期待，希望双方就此加强交流合作。2005 年 9 月初，布莱尔首相再次访华。在伦敦“申奥”成功的背景下，布莱尔的这次访问带有浓厚的体育色彩。此行不仅有英国足球教练鲍比·罗布森、英国短跑名将科林·杰克逊等体育界名人随行，而且中英双方在此期间还进行了一系列体育交流活动，其中包括在月坛体育场举行的“奥运大师班”和“足球大师班”活动。布莱尔及夫人前往观摩，展示球技，并与中国奥运冠军刘翔等田径运动员进行了交流。布莱尔夫人还拜访了中国残疾人联合会和中国残奥会，观摩了中国残奥运动员的训练。中国残联主席、北京奥组委执行主席邓朴方会见了布莱尔夫人，并希望中英两国作为奥运会与残奥会主办国加强在残疾人运动领域的广泛合作。2005 年 9 月下旬，英国王室成员、国际奥委会委员安妮公主访华时，参观了国家体操馆和跳水馆，观看了中国运动员的训练和表演，并会见了北京市市长王岐山。王岐山表示，北京将通过举办奥运会集中体现中国改革开放以来的发展与变化，努力实现举办一届有特色、高水平奥运会的目标，并希望进一步加强北京与伦敦的联系，增进两市的友好交往，在举办奥运会方面互相交流与学习。安妮公主表示，伦敦将积极向申奥成功的城市学习借鉴经验，希望继续加强伦敦与北京的交流与沟通，通过举办奥运会，促进两市的共同发展。需要指出的是，奥运会也确实为中英体育交流与合作搭起了桥梁。2004 年雅典奥运会上，中国运动员取得了可喜成绩，共取得金牌 32 枚，名列金牌榜第二，而英国代表团仅获 9 枚金牌。为在 2008 年北京奥运会上有所作为，英国奥委会积极寻求与中国合作。2004 年 10 月 27 日，英国奥委会主席里迪与中国奥委会主席袁伟民签署备忘录，规定双方在北京奥运会前交换教练和专家，从而在体育领域展开全面合作。两国之间的体育交流对构筑两国特别是两国年轻人之间的桥梁具有价值。

中英两国旅游业交流

旅游观光是中英两国民间往来的重要渠道。2004 年，英国旅华人数 41.81 万人次，分别比 2002 年和 2003 年增长 21.92% 和 45.03%，英国已成为我国第十大客源国。随着中国经济发展和国民消费水平的提高，中国人海外旅游观光的热情也日益高涨。2005 年 1 月，中英签署备忘录，英国正式成为我国公民旅游目的地国。2 月，北京旅游局在伦敦举行大型旅游说明会，并举办了“北京风情舞动伦敦”大型文化艺术节。2005 年 7 月 24 日晚，中国首个旅游团抵达伦敦，英国旅游局局长亲自到机场迎接，安德鲁王子邀请全部团员在伦敦塔共进晚餐。2005 年 11 月，英国旅游局组织了旅游开放后的第一个英国旅游业代表团访华，出席国际旅游交易会，开展对中国的旅游促销。英国对中国公民开放旅游无疑将为英国带来可观的经济利益。据英国旅游局估计，今后5年内，英国将从中国游客身上获利2亿英镑。更重要的是，这为两国交流提供了新的渠道和便利，有助于加深英国对中国的认识，也有助于中国对英国这个“古典和现代融合的国度”的了解，因而将进一步巩固两国间的经济和文化合作。①

中英在卫生领域的合作

进入新世纪，中英两国在卫生领域的合作日趋活跃，已建立和实施了一系列合作项目，特别是在艾滋病控制、贫困人口卫生保健以及发展社区卫生服务等领域的合作卓有成效。20世纪80年代以来，艾滋病在我国迅速蔓延，造成了严重的社会问题。2000年6月，为期5年的“中英性病艾滋病防治合作项目”正式启动。该项目是迄今为止我国在艾滋病防治领域最大的双边政府间合作项目，英国国际发展部提供了1530万英镑无偿援助。项目以云南、四川两省为重点展开，随后向全国其他省份推广。到2005年初，英国国际发展部已向我国的艾滋病防治工作提供了2500万英镑的援助。② 英国还参与了我国结核病控制工作。2002年启动的“世界银行贷款/英国赠款中国结核病控制项目”为期7年，覆盖我国16个省、自治区、直辖市的6.88亿人口，是迄今全球最大的结核病控制项目。该项目采取了全新的融资方式，中国政府利用英国国际发展部提供的2700万英镑赠款大大降低世界银行贷款利率，共贷款1.04亿美元。针对我国城市贫困人口就医困难的问题，英国国际发展部提供了959.9万英镑赠款，并由中国政府提供相应的配套资金，于

---

① 《英国成为中国公民旅游目的地国家》，英国驻华大使馆网站：www.uk.cn/bj/index.asp? menu_id = 275&artid = 1149。

② 《英国国际发展部在中国：国家状况简介》，2005年1月，英国驻华大使馆网站：www.uk.cn/uploadfiles/2005310105019144.pdf。

2001年起实施“中英城市社区服务与贫困救助项目”。其总体目标是，通过建立可持续、可推广的社区卫生服务体制，通过开发医疗经济救助模式，提高城市贫困人口对卫生服务的可及性，改善其健康状况。[①] 该项目是我国在城市社区卫生领域接受无偿援助规模最大的一个国际项目，已在成都、沈阳、西宁、银川4个城市实施。到2005年初，已有9万多贫困人口得到救助。[②] 除此之外，为提高中国的卫生决策能力，建设高效、公平、高质量的卫生系统，英国国际发展部决定提供600万英镑资助，与世界卫生组织、中国政府共同实施“中国卫生支持项目”。该项目已于2005年10月启动，为期4年。近年来，中英在卫生领域的合作已经制度化，2004年6月双方签署了《中英卫生谅解备忘录》。

英国帮助中国消除贫困

英国在华从事这一工作的是以促进世界发展和消除贫困为目标的国际发展部。改革开放以来，中国经济得到了迅速发展。但中国的经济发展很不平衡，特别是在农村、边远省份甚至城市当中还存在着大量贫困人口。针对这一情况，英国国际发展部在华设立了中国办公室，力图在卫生、教育、环境等多个领域为中国的经济社会发展、消除贫困提供帮助。英国政府对国际发展部的中国项目非常重视，布莱尔首相2003年7月访华时出席了国际发展部驻华办启用仪式。根据英国国际发展部的材料，2005~2006年度，其对华援助将达3500万英镑，2006~2007年度将达4000万英镑，且均以捐款方式提供。[③]

① 《中英城市社区卫生服务与贫困救助项目》，卫生部网站：www. moh. gov. cn/public/open. aspx? n_id = 8748。

② 《英国国际发展部在中国：国家状况简介》，2005年1月，英国驻华大使馆网站：www. uk. cn/uploadfiles/2005310105019144. pdf。

③ 《英国国际发展部在中国：国家状况简介》，2005年1月，英国驻华大使馆网站：www. uk. cn/uploadfiles/2005310105019144. pdf。

在消除贫困的努力中，水资源问题非常重要。合理利用水资源可以增加收入，改善卫生条件，减少污染，推动环境的可持续发展，从而使贫困人口的生活更加健康并具有活力。基于这种认识，英国政府相关部门和企业界与中国在水资源领域展开合作，水行业发展项目也成为英国国际发展部在中国最大的环境技术援助项目。① “中英水行业发展项目”是英国国际发展部与中国水利部之间的第一个合作项目，2001 年 7 月启动，为期 4 年，2005 年 3 月顺利完成。英方为该项目提供了 697.9 万英镑的无偿援助。该项目以建立水资源公平、可持续利用机制，增强农村人口获得清洁饮用水和改善卫生条件的能力为目标，在辽宁、甘肃进行了水需求管理试点，在四川和云南建设了农村供水设施，重点解决两省 4.2 万贫困人口的吃水问题。项目实施期间所产生的“群众参与式方法”和“基于社区的农村供水管理模式”已向全国推广。②

贫困地区的发展问题从根本上讲是人的发展问题，是教育发展问题。为此，以促进世界发展和消除贫困为宗旨的英国国际发展部对中国贫困地区的基础教育问题给予了特别的重视，在建设高质量学校、救助贫困学生、进行教师培训、完善学校发展规划、提高教育管理水平等方面实施了一系列合作项目。这些项目主要支持甘肃、宁夏、四川、云南、广西等边远省区最贫困地区的基础教育，致力于为最贫困的儿童，特别是女童、残疾儿童和少数民族儿童提供受教育的机会。英国教育发展部还通过救助儿童基金会为西藏的基础教育提供帮助。③

---

① 英国驻北京大使馆代办郭乃杰公使：《在中英水行业发展项目启动仪式暨研讨会上的致辞》，2001 年 7 月 26 ~ 27 日，中国水利国际合作与科技网：www.cws.net.cn/CWSNews/newshtm/y010726-3.htm。

② 《中英合作“中国水行业发展项目”农村供水工程参与式管理推广研讨会在云南召开》，中国水利水电科学研究院网站：http://old.iwhr.com/news2000/newsview.asp? s = 2048。

③ 《英国国际发展部中国简报：基础教育》，2005 年 6 月，英国驻华大使馆网站：http://www.uk.cn/uploadfiles/200572172224486.pdf。

目前英国国际发展部仍有一系列基础教育项目在实施当中。“中英甘肃基础教育项目”（1999～2006年）针对甘肃4个少数民族贫困县实施，项目金额1440万英镑。该项目是针对贫困地区的实验性项目，由英国国际发展部提供资金，由剑桥教育咨询公司通过一支国内外专家队伍提供技术支持。项目的最大特点是充分挖掘当地资源，引进国际先进教育理念与成果，探索适合当地教育持续发展的道路。该项目在增加新生入学、防止学生流失、提高教育质量、进行教师培训及创建优质学校等方面取得了显著成绩，其部分成果已在四川、云南、广西、宁夏等省区推广。2003年7月布莱尔首相访华时曾在北京接见了4名甘肃受益女学生代表。2005年9月，安妮公主访华时也参观了该项目。“西部地区基础教育项目”（2003～2007年）是我国首次利用世界银行贷款和英国政府赠款实施的基础教育项目，其中英国国际发展部提供赠款2450万英镑。项目涵盖四川、云南、广西、甘肃、宁夏5省区共112个县，旨在支持中国贫困和少数民族地区实现普及小学教育和扩大初中教育的目标，提高教育质量。“利用远程教育和信息交流技术提高教师素质项目”（2002～2007年）由英国国际发展部提供400万英镑与联合国发展署共同实施，目标在于为甘肃、四川、云南3省共9个贫困县的小学教师（尤其是女教师和少数民族教师）提供远程教师培训。目前正在设计规划当中的项目还有“中英西南基础教育项目”、“中英甘肃基础教育项目”经验推广项目等，前者以云南、四川、贵州、广西4省区贫困村镇为对象，后者则是要把原项目在教师培训、学校发展计划、教材开发等方面的经验推广到甘肃其他地区。

21世纪初中英关系的展望

中英两国社会性交往的加深，是两国政治经济关系发展的必然结果，也是全球化时代国际关系的必然要求。语言教学、教育合作、文化交流、人员往来、扶贫助教绝不是政治关系与经济关系的附属品，而是两国关系当中不可分割、不可忽视的一个重要组成部分。这些交往可以在两国之间架起沟通的桥梁，增进两国人民之间的相互理解与相互尊重。

进入新世纪，随着两国经济联系日益密切和文化交流日益频繁，中国传统文化在英国社会的影响不断扩大。2005 年春节前夕，英国首相布莱尔通过英国广播公司（BBC）中文网向在英国的华人发表春节祝辞，表达“最良好的祝愿”。这是英国首相第一次通过公共传媒正式向全英国华人拜年。布莱尔还把华人的庆新年活动看做是英国社会“多样性”的一个标志，以及为英国社会“认识华人在英国的积极影响”、了解华人“为英国的成功、繁荣和文化所做出的重要贡献”提供的一个重要机会。[①] 春节前夕，英国议会也举行了“送猴迎鸡庆祝晚会”，这也是史无前例的。此外，英国外交部通过英国贸易投资总署、伦敦市长通过伦敦引资局和英国贸易投资总署举行了大型春节招待会，英国 48 家集团俱乐部也组织了大型春节晚餐会。英国政界、民间所掀起的这股“中国热”，从规模上说是空前的，而意义则更为深远，在很大程度上表明了英国社会对中国以及中国文化的认可与尊重。通过中英之间各种形式的交流与合作，中国百姓对英国的认识也越来越全面、客观，中英合作项目的那些直接获益者对英国更有一种发自内心的好感。因“中英甘肃基础教育项目”而获得学习机会并得到布莱尔首相接见的 4 名小学生，曾于 2003 年底分别给布莱尔首相写了一封信，信的字里行间洋溢着对首相本人、英国政府及英国人民的感激之情。[②]

尽管中英两国在政治领域还存在一些分歧，但双方之间并不存在根本的利益冲突，相反两国都在积极扩大利益的交汇点，

---

① 《人民日报》，2005 年 2 月 8 日。

② 英国驻华大使馆网站：http://www.uk.cn/uploadfiles/2004629171340331.doc。

努力拓宽合作领域。在经贸方面，双方的贸易额、投资额得到了快速增长，且仍有巨大的发展余地。特别是随着中国“西部大开发”和“东北振兴”等一系列战略性规划的实施，中英双方都认识到合作共赢模式对对方的巨大价值。日益频繁、形式多样的社会性交往，可以增进两国人民之间的相互了解和心灵沟通，有利于促进两国之间的互利合作。从这个意义上说，中英之间的社会性交往已经在很大程度上为中英之间崭新的“全面战略伙伴关系”的发展奠定了社会基础。

附　　录

百年中英关系大事记

1900 年

6 月 10 日　英国东亚舰队司令西摩尔率八国联军 2000 人自天津向北京进攻。

1901 年

9 月 7 日　清政府与英国等八个联合侵华的国家签订《辛丑条约》。

1902 年

9 月 5 日　中英签订《续议通商行船条约》。

1903 年

12 月　英军上校荣赫鹏以谈判商约为名，率军入侵西藏，遭到西藏军民英勇反击。

1904 年

9 月 7 日　英军进占拉萨，因达赖喇嘛已出走，遂包围布达拉宫，逼签《拉萨条约》。

1906 年

4 月 27 日　《中英续订藏印条约》在北京签订。该条约共六款，《拉萨条约》被作为附约。

1907 年

8 月 31 日　英俄两国签订了分割中国西藏、波斯、阿富汗的《协约》，在这三个问题上进行了一揽子政治交易。

1908 年

4 月 20 日　中英两国政府签订《中英修订藏印通商章程》。

1911 年

5 月 20 日　清政府与四国银行团签订《粤汉川铁路借款合同》。

1912 年

1 月 1 日　中华民国政府成立，再次明确宣布西藏是中国不可分割的一部分。

1913 年

4 月 26 日　北京政府与五国银行团签订《善后借款合同》。

10 月 13 日　中英代表在印度西姆拉举行会议，西藏地方代表参加了会议。

1914 年

7 月　英国在西姆拉会议上提出“内、外藏”划界，胁迫中国接受，被拒绝，会议遂告破产。

1919 年

9 月 15 日　北洋政府公布非法的《西姆拉条约》部分内容，遭到全国人民的强烈反对。

1923 年

11 月　英国人蛊惑亲英势力破坏西藏内部团结，九世班禅被迫出走内地。

1931 年

9 月 21 日　英国宣布放弃金本位，实行英镑贬值，这是英国力量减弱必须面对日本挑战的标志。

1932 年

1 月 28 日　日本武装侵犯上海，严重威胁了英国在华东的利益。

1933 年

5 月 31 日　中日签署《塘沽停战协定》，英国在华北利益受到日本进犯的直接威胁。

12 月 17 日　十三世达赖喇嘛圆寂。

1934 年

1 月　国民政府批准热振呼图克图摄理西藏地方政教事务。国民政府派专使前往西藏追封、致祭十三世达赖喇嘛。

4 月 17 日　日本外务省情报部长天羽英二发表声明，欲将英美势力驱逐于亚洲之外。

1937 年

12 月 1 日　九世班禅由于英帝国主义的干扰，未能返藏，圆寂于青海玉树。

12 月 12 日　日军炮火击伤英国“瓢虫”号炮舰，击沉美国“帕奈”号炮舰，向英美在华利益发出正面挑战。

1937 年

10 月 22 日　英日达成出卖中国津秦海关的“临时协议”。

1938 年

5 月 2 日　英日签订了关于中国沦陷区海关的非法协议，是中日战争爆发以来英国绥靖日本的第一个具体事例。

11 月 3 日　日本发表第二次近卫声明，第一次以“建立东亚新秩序”的口号否认了《九国公约》的对华原则，向英美提出公开挑战。

12 月 7 日　英国议会批准给中国 1000 万英镑出口信贷的立法。

1939 年

3 月 18 日　英国公布了对华提供 500 万英镑外汇平准基金的计划，标志着英国对华政策的转变，开始援助中国。

7 月 22 日　日本与英国达成《有田—克莱琪》协定。

1940 年

7 月 18 日　英国关闭滇缅公路，切断了国际社会对中国的援助。

10 月 8 日　英国决定重开滇缅公路和香港道路。

1941 年

8 月 12 日　　中英达成联合军事行动协议，标志着中英抗日军事合作的开始。

1942 年

7 月 6 日　　西藏地方政府在英人煽动下，宣布成立所谓“外交局”。

10 月 10 日　　中英两国政府关于废除不平等条约和外国在华特权，包括领事裁判权、驻军权、租界权等问题的谈判正式开始。

1943 年

1 月 11 日　　中英签订《关于取消英国在华治外法权及处理有关问题之条约》。

1945 年

2 月 11 日　　美、苏、英三国在雅尔塔会议上共同签署《关于日本的协定》。

8 月 30 日　　英军重返香港。

9 月 16 日　　驻港日军司令在港督府正式向驻港英军统帅哈考特少将投降。

1947 年

3 月　　英国人唆使西藏派遣“代表团”参加在印度召开的“泛亚洲会议”。

4 月 ~5 月　　英国人操纵亲英分子在西藏制造了“热振事件”，杀害著名的爱国人士热振呼图克图。

8 月 15 日　　印度独立，英国驻藏代表机构改为印度政府驻藏代表机构。

10 月至　　美、英支持“西藏商务代表团”赴欧美考察，

1948 年　　进行分裂活动。

1949 年

7 月 8 日　　在帝国主义分子的煽动和支持下，西藏地方政府策划“7·8 事件”，驱逐国民政府驻藏官员。

10 月 1 日　　周恩来总理兼外长将中央人民政府愿意与遵循平等互利及互相尊重领土主权的任何外国政府建立外交关系的愿望函告各国。

10 月 5 日　　英国复照中国政府，建议在英国领事官员与“中央人民政府辖区内的相应当局之间”先建立“非正式关系”。

1950 年

1 月 6 日　　英国外交大臣贝文照会中国政府，宣布承认中华人民共和国中央人民政府为“中国法律上之政府”，同时表示愿意在平等互利及互相尊重领土主权的基础上与新中国建立外交关系，同时撤消对国民党政府的承认。

1 月 9 日　　周恩来外长复电英国外交大臣贝文，表示愿意与英国建立外交关系。

1 月 13 日　　安理会就苏联代表马立克提出的驱逐国民党代表、接纳新中国政府代表的提案进行表决，英国投了弃权票。随后，英国在联合国其他机构关于中国代表权问题的表决中也投了弃权票。

3 月 2 日　　中英建交谈判正式拉开帷幕。

8 月 3 日　　苏联代表马立克在安理会提出要求讨论中国代表权问题的议案。英国投赞成票，支持将该问题列入会议议程。

9 月 19 日　　英国投票支持印度提出的支持恢复中国合法席位的提案。

1951 年

2 月 1 日　美国操纵联合国通过污蔑中国为"侵略者"的提案。英国在提出一些保留的情况下投了赞成票。

1954 年

5 月 1 日　中国外长周恩来和英国外交大臣艾登在日内瓦会议期间进行了第一次直接接触。

6 月 17 日　中英双方就互派代办问题达成协议并发表了联合公报。

8 月　英国工党代表团访华。

9 月 2 日　中国政府任命宦乡为驻英代办。中英正式建立了代办级外交关系。

1955 年

4 月 11 日　中国出席万隆会议的工作人员包租的"克什米尔公主号"飞机由香港起飞后爆炸，中国政府要求港英当局严惩凶犯，但港英当局并没有采取积极措施。

1956 年

10 月 29 日　苏伊士运河战争爆发，中国政府发表声明，强烈谴责英法对埃及赤裸裸的侵略行为，并对埃及人民正义斗争表示支持。

1960 年

5 月　蒙哥马利元帅访华。

1961 年

9 月　蒙哥马利元帅第二次访华。

12 月 15 日　在第16届联大上，英国投票支持“驱蒋纳我”提案，同时对新西兰在美国鼓动下提出的“重要问题”提案也投了赞成票。该提案认为，中国代表权问题属于“重要问题”，应由联合国成员国2/3 多数决定。

1962 年

10 月 20 日　中印边界冲突爆发。英国采取了支持印度的立场。

1965 年

5 月 31 日　陈毅外长约见英国驻华代办霍普森，请他向美国转达中国关于越南战争的四点方针：（1）中国不会主动挑起对美国的战争；（2）中国人说话是算数的；（3）中国是做了准备的；（4）战争打起来，就没有界限。

1967 年

5 月　香港一家人造塑料花工厂发生了劳资纠纷，港英当局进行镇压，引发香港反英抗暴斗争。

6 月 3 日　《人民日报》发表社论，号召香港爱国者们组织和动员起来，准备一旦伟大祖国发出号召，就粉碎英帝国主义的反动统治。

8 月 22 日　北京发生焚烧英国驻华代办处事件，中英关系降到最低点。

1971 年

1 月 15 日　英国外交部政务次官罗伊尔对中国驻英临时代办

裴坚章表示，希望将两国关系升格为大使级。

3 月 2 日　　周恩来会见英国代办谭森，就 1967 年火烧英国代办处事件表示道歉。

10 月 25 日　　在第 26 届联大上，英国就“驱蒋纳我”提案投了赞成票，支持恢复中华人民共和国在联合国的一切合法权利。

1972 年

3 月 13 日　　中英两国发表联合公报，宣布将两国关系升格为大使级。

10 月　　英国外交大臣霍姆访问中国。

1973 年

6 月　　姬鹏飞外长访问英国。

1978 年

11 月　　中英签订政府间科技合作协定。

1979 年

2 月 17 日　　中国开始对越自卫反击战。英国支持“双撤军”方案，要求中国从越南、越南从柬埔寨同时撤军。

3 月　　中英签订经济合作协定。

10 月底至 11 月初　　华国锋总理对英国进行为期一周的国事访问。这是中国政府首脑对英国的首次访问。

11 月　　中英首次签订政府间教育与文化合作协定。

1982 年

4 月　　英国和阿根廷围绕马尔维纳斯群岛主权归属问题发生战争。中国政府反对英国通过武力解决马岛争端。

9 月 22 日　英国首相玛格丽特·撒切尔夫人访问北京，与中国领导人就香港问题进行谈判。

1984 年

4 月　中国第六届全国人民代表大会第三次会议通过《关于成立香港特别行政区基本法起草委员会的决定》。

9 月 26 日　中英关于香港问题的联合声明在北京人民大会堂草签。

12 月 19 日　中英正式签署《中华人民共和国与大不列颠及北爱尔兰联合王国关于香港问题的联合声明》。

1985 年

7 月　香港特别行政区基本法起草委员会成立。

1990 年

4 月 4 日　全国人民代表大会第七届三次会议正式通过《香港特别行政区基本法》。

1991 年

12 月 30 日　英国首相府宣布香港总督卫奕信离港卸任。

1992 年

4 月 24 日　英国政府宣布时任保守党领袖的彭定康出任英国第 28 任（最后一任）香港总督。

10 月 7 日　香港总督彭定康单方面推出了所谓“香港政制改革方案”。

10 月 20 日　彭定康就任总督后首次访问北京。

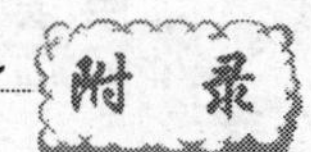

1993 年

3 月 12 日　彭定康在没有同中国方面商妥政改方案谈判具体日期的情况下，突然将政改方案草案刊登见报。

3 月 31 日　全国人大八届一次会议决定授权八届全国人大常委会设立香港特别行政区筹备委员会准备工作机构。

4 月 22 日　中英两国政府关于香港选举问题的第一轮谈判在北京举行。

7 月 2 日　八届全国人大常委会第二次会议决定正式成立香港特别行政区筹备委员会预备工作委员会。

1994 年

4 月 13 日　英国国会外交事务委员会发表《关于联合王国与中国 1997 年之前及以后关系》报告。

11 月 4 日　中英关于香港新机场财政问题的谈判在历时两年半之后终于达成协议。

1996 年

1 月 9 日至 11 日　英国外交大臣里夫金德访问北京，与钱其琛举行会谈，双方就 1997 年后香港特区护照的签发、香港永久性居民身份证问题达成协议。

1 月 26 日　香港特别行政区筹备委员会成立。

12 月 11 日　600 多万香港同胞通过推选委员会，选举产生香港特别行政区第一任行政长官，董建华当选。

12 月 16 日　国务院总理李鹏签署国务院令，任命董建华为香港特别行政区第一任行政长官。

1997 年

1 月 25 日　香港特区临时立法会在深圳举行第一次会议，60 名议员以无记名投票的方式选举了范徐丽泰为临立会的主席。

6 月 30 日　港督彭定康与英国王储查尔斯、首相布莱尔出席英方告别香港的“日落仪式”。在香港政权交接前夕，中国国家主席江泽民、国务院总理李鹏会见英国首相布莱尔。

1997 年

7 月 1 日零时　中英香港政权交接仪式举行。中华人民共和国政府恢复对香港行使主权。

1998 年

1 月 20 日　英国外交大臣库克访华。

3 月 31 日至 4 月 5 日　朱镕基总理应布莱尔首相的邀请，在参加于伦敦召开的第二届亚欧会议期间对英国进行正式访问。

10 月 6 日至 10 日　英国首相布莱尔对中国进行正式访问，《中英联合声明》明确将中英关系定位于发展全面的伙伴关系。

11 月　中英财金对话机制第一次会议在伦敦举行。

1999 年

4 月　中英两国政府签署《1999 至 2002 年中英文化交流执行计划》。

10 月 18 日至 22 日　中国国家主席江泽民应邀访问英国。“中英论坛”举行第一次会议。

2000 年

6 月 13 日　中英两国政府签署《关于教育合作的框架协议》。

8 月　由中国中央电视台和上海电视台联合主办的大型

歌舞晚会“为中国喝彩”在伦敦千禧宫成功举行。

2001 年

9 月　中英两国政府签署《中英双向投资合作伙伴关系谅解备忘录》，中英投资促进机构成立。

10 月 28 日至 11 月 1 日　中国国家副主席胡锦涛访问英国。

2002 年

5 月 26 日～31 日　全国政协主席李瑞环访问英国。

7 月　中英两国政府签订《关于互设文化中心的备忘录》。

9 月 2 日　朱镕基总理与布莱尔首相在可持续发展世界首脑会议期间举行双边会晤。

2003 年

2 月 13 日　中英两国政府签署《关于相互承认高等教育学位证书的框架协议》。

3 月 26 日　中英两国政府签署《体育合作交流备忘录》。

7 月 20 日至 22 日　布莱尔首相第二次访华。双方决定成立双边关系互动小组。

10 月 20 日　中英在北京举行首轮战略安全对话。

11 月　中国 19 所著名大学和研究机构首次在伦敦举行中国高等教育展。

2004 年

5 月 9 日至 11 日　温家宝总理访问英国。中英双方发表《联合声明》，宣布建立“全面战略伙伴关系”，建立政府首脑和外长年度会晤机制。

6 月　　中英两国政府签署《中英卫生谅解备忘录》。

2005 年

7 月 7 日　　胡锦涛主席应布莱尔首相邀请出席在英国苏格兰鹰谷举行的八国集团与中国、印度、巴西、南非、墨西哥五国领导人对话会。

9 月 5 日至 6 日　　布莱尔以欧盟轮值主席身份在北京出席第八次中欧领导人会晤，并以英国首相身份访华。

11 月 8 日至 10 日　　胡锦涛主席应英国女王伊丽莎白二世的邀请对英国进行国事访问。

11 月 8 日　　中英两国政府签署《中英可持续发展高级别对话机制联合声明》。

主要参考书目

《毛泽东外交文选》，北京，中央文献出版社，世界知识出版社，1994 年。
《周恩来外交文选》，北京，中央文献出版社，1990 年。
《周恩来外交活动大事记：1949 ~ 1975》，北京，世界知识出版社，1993 年。
《邓小平文选》第三卷，北京，人民出版社，1993 年。
《中华人民共和国外交大事记》第二卷，北京，世界知识出版社，2001 年。
何茂春：《中国外交通史》，北京，中国社会科学出版社，1996 年。
魏永理：《中国近代经济史纲》（上，下），兰州，甘肃人民出版社，1983 年。
高鸿志：《英国与中国边疆危机：1637 ~ 1912》，哈尔滨，黑龙江教育出版社，1998 年。
刘培华：《近代中外关系史》，北京，北京大学出版社，1986 年。
唐培吉：《中国近现代对外关系史》，北京，高等教育出版社，1994 年。
汪敬虞：《十九世纪西方资本主义对中国的经济侵略》，北京，人民出版社，1983 年。
丁名楠、余绳武等：《帝国主义侵华史》，北京，人民出版社，

1973 年。

茅海建：《天朝的崩溃》，北京，三联书店，1995 年。

赵佳楹：《中国近代外交史》，太原，山西高校联合出版社，1994 年。

王绍坊主编：《中国外交史（鸦片战争至辛亥革命时期 1840 ~ 1911）》，郑州，河南人民出版社，1988 年。

茅家琦：《太平天国对外关系史》，北京，人民出版社，1984 年。

卢汉超：《赫德传》，上海，上海人民出版社，1986 年。

朱宗玉、杨元华、窦晖：《从香港割让到女王访华——中英关系 1840 ~ 1986》，福州，福建人民出版社，1990 年。

萨本仁、潘兴明：《20 世纪的中英关系》，上海，上海人民出版社，1996 年。

吴东之主编：《中国外交史》（中华民国时期 1911 ~ 1949），郑州，河南人民出版社，1990 年。

李新主编：《中华民国史》第一编，北京，中华书局，1982 年。

宓汝成：《帝国主义与中国铁路》，上海，上海人民出版社，1980 年。

胡绳：《从鸦片战争到五四运动》，北京，人民出版社，1981 年。

陈旭麓主编：《近代中国八十年》，上海，上海人民出版社，1983 年。

中国近代经济史资料丛刊编辑委员会编：《中国海关与辛亥革命》，中华书局，1964 年。

中国社会科学院近代史研究所、《近代史资料》编辑室主编：《秘笈录存》，北京，中国社会科学出版社，1984 年版。

胡滨译：《英国蓝皮书有关辛亥革命资料选译》，北京，中华书局，1984 年。

顾明义：《中国近代外交史略》，长春，吉林文史出版社，1987 年。

王芸生：《六十年来中国与日本》，北京，三联书店，1980 年、

1981年。
王泰平主编：《中华人民共和国外交史：1957～1969》，北京，世界知识出版社，1998年。
王泰平主编：《中华人民共和国外交史：1970～1978》，北京，世界知识出版社，1999年。
王泰平主编：《新中国外交50年》（上、中、下），北京，北京出版社，1999年。
王红续：《七十年代以来的中英关系》，哈尔滨，黑龙江教育出版社，1996年。
谢益显主编：《中国外交史（中华人民共和国时期1949～1979）》，郑州，河南人民出版社，1988年。
王绳祖主编：《国际关系史》，北京，世界知识出版社，1996年。
苏格：《美国对华政策与台湾问题》，北京，世界知识出版社，1998年。
陶文钊主编：《中美关系史（1949～1972）》，上海，上海人民出版社，1999年。
李后：《百年屈辱史的终结——香港问题始末》，北京，中央文献出版社，1997年。
田进等：《中国在联合国——共同缔造更美好的世界》，北京，世界知识出版社，1999年。
唐家璇主编：《中国外交辞典》，北京，世界知识出版社，2000年。
张锡昌、王义浩、王泰平、黄志良：《峰峦迭起——共和国第三次建交高潮》，北京，世界知识出版社，1998年。
曲星：《中国外交50年》，南京，江苏人民出版社，2000年。
徐京利等：《另起炉灶——崛起巨人的外交方略》，北京，世界知识出版社，1998年。
外交部外交史研究室编：《新中国外交风云》（第三辑），北京，世界知识出版社，1999年。
陶文钊、杨奎松、王建朗：《抗日战争时期中国对外关系》，北京，中共党史出版社，1995年。

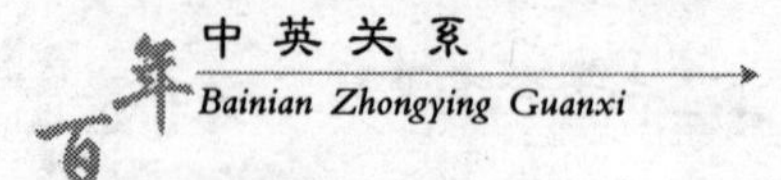

徐蓝:《英国与中日战争(1931~1941)》,北京,北京师范学院出版社,1991年。

李世安:《太平洋战争时期的中英关系》,北京,中国社会科学出版社,1994年。

资中筠主编:《战后美国外交史——从杜鲁门到里根》,北京,世界知识出版社,1994年。

爱德温·W.马丁:《抉择与分歧——英美对共产党在中国的胜利的反应》,北京,中共党史出版社,1990年。

金冲及主编:《周恩来传》,北京,人民出版社,1989年。

布莱尔:《新英国》,北京,世界知识出版社,1996年。

王振华主编:《变革中的英国》,北京,中国社会科学出版社,1997年。

袁明主编:《国际关系史》,北京,北京大学出版社,1994年。

牙含章:《达赖喇嘛传》,北京,人民出版社,1984年。

(英)贝尔:《西藏之过去与现在》,北平商务印书馆,1930年。

杨公素:《中国反对外国侵略干涉西藏地方斗争史》,北京,中国藏学出版社,1992年。

西藏社会科学院、中国社会科学院民族研究所编:《西藏地方是中国不可分割的一部分》(史料选辑),拉萨,西藏人民出版社,1986年。

中国藏学研究中心等编:《元以来西藏地方与中央政府关系档案史料汇编》,北京,中国藏学出版社,1994年。

谭·戈伦夫:《现代西藏的诞生》,北京,中国藏学出版社,1990年。

祝启源、喜饶尼玛:《中华民国时期西藏地方与中央政府的关系》,北京,中国藏学出版社,1991年。

北京大学历史系等编:《西藏地方历史资料选辑》,北京,三联书店,1963年。

王贵、喜饶尼玛、唐家卫:《西藏历史地位辨》,北京,民族出版社,1995年。

David Clayton, *Imperialism Revisited: Political and Economic Relations between Britain and China, 1950 ~ 1954*, Macmillan Press Ltd. 1997.

Robert Boardman, *Britain and the People's Republic of China 1949 ~ 74*, Happer & Row Publishers, Inc. Narnes & Nobel Import Division, 1976.

Barbara Barnouin & Yu Changgen, *Chinese Foreign Policy During the Culture Revolution*, London, Kegan Paul International, 1998.

J. E. Hoare, *Embassies in the East*, Curzon Press, England, 1999.

后　记

《百年中英关系》一书终于完成了。本书曾根据丛书主编及出版社的要求和建议，几易其稿，以在体现学术性的同时也保持较强的可读性。各位作者携手合作，认真修订、补充书稿，为本书的最终面世付出了巨大努力。他们的精神使我深受感动。在写作过程中，各位作者查阅了近年来的大量研究成果，这些成果为本书的写作奠定了基础。在此一并表示衷心感谢！

我在此要特别感谢朱立群教授。虽然我承担了本书最终的审读、统稿工作，但朱教授从一开始就为本书的写作计划、章节体例做了大量的关键性的工作，并审阅了全部书稿。丛书主编杨闯教授本着认真负责的精神审定了书稿，续补了大事记，并对章节体例做了进一步调整。卢静博士主动承担了书稿的文字校对和大事记整理工作。在此向他们表示深深的谢意！

本书写作任务的具体分工按作者姓氏笔划注明如下：

王为民，北京语言大学副教授，承担第一编第一章第一、二、四节；第三编第一、二章；第四编第二章第二、三节；

王传剑，山东建筑工程学院副教授，承担第二编第三章；第四编第二章第一节；

卢静，外交学院博士，承担第一编第一章第三节、第二章第一、二、三、四节；第二编第一章第一、二、四、五节；

关燕于，中央民族大学副教授，承担第二编第二章第一、二、三节；

朱立群，外交学院教授，承担第二编第二章第四节；第四编第一章；

喜饶尼玛，中央民族大学教授，承担第一编第一章第五节、第二章第五节；第二编第一章第三节、第二章第五节。

由于我们的研究水平有限，对书中错谬和疏漏之处，敬请读者批评指正。

王为民

2006 年 7 月于北京语言大学